【제5판】

사회정의실현을 위한 사회복지정책론

김영화 · 박태정 · 장경은

KNOWLEDGE COMMUNITY 공동체

PREFACE

본 교재, 『사회정의 실현을 위한 사회복지정책론』 제4판을 출간한 지 3년 만에 다시 제5판을 출간할 수 있게 되어 참으로 감사하게 생각한다. 지난 3년간 코로나19 기간 중에 학교 수업은 비대면으로 이루어졌고, 교재는 거의 구입하지 않아도 수업에 큰 지장이 없었을 텐데, 독자들께서 꾸준히 관심과 사랑을 주시니 감사하기 이를 데 없다.

지난 3년간 전 세계는 코로나19의 두려움과 불안으로 팬데믹에 시달렸고, 제2차 세계대전 때보다 훨씬 더 많은 사람들이 사망하였다. 이제 그 어둡고 불안한 시기가 정점을 지나 서서히 터널을 빠져 나오는 느낌이다. 한국에서도 지난 6월 1일을 기해서 확진자 격리의무와 마스크 착용이 해제되었다. 일상의 소중함, 이웃과 공동체, 지역사회의 귀중함을 뼈저리게 느꼈던 기간이었다.

또한 2022년 5월 10일 윤석열정부가 새롭게 출범하고 1년 남짓 지나면서 많은 정책들이 변하고 있다. 특히 복지정책은 민간주도의 경쟁력 강화를 위한 방향으로 옮겨가고 있고, 복지분야에서도 시장경제의 자유주의 원칙을 강조하고 있다. 초유의 저출생률로 이제야 정부는 위기의식을 가지고 저출생 대책을 마련하느라 고심하고 있다. 아침부터 최대 오후 8시까지 초등돌봄교실과 다양한 방과 후 수업을 제공하는 늘봄교실은 충분한 예산과 전문인력없이 지난 3월부터 급하게 실시함으로써 소기의 목적을 달성하지 못하고 있고, 지역마다 큰 편차를 보이고 있다.

2025년부터 실시할 예정인 유보통합은 어린이집과 우치원을 통합하여 새로운 돌봄기관을 만들고 관리체계를 교육부로 통합한다는 것인데, 현재 그 논란 또한 만만치 않다. 이해당사자들의 의견과 현장의 문제점 그리고 정책의 대상이 되는 유아들과 어린이들의 성장 발전에 가장 도움이 되는 방향이 무엇일까 토론과 공론화를 통해 숙고하며 결정되어야 할 것이다.

이번 개정판엔 전체적인 목차와 틀은 그대로 두고 지난 3년간 바뀐 내용들을 첨가하고 또 새로운 자료들을 쇄신하는 방향으로 작업을 진행하였다. 또한 내용 전달에 적합하다고 판단되는 사례들이나 자료들은 조금 오래된 것이라 하더라도 그대로 두었다. 더 적합한 사례들을 찾을 때까진 그대로 사용할 예정이다.

이제 여기서 마음을 무겁게 누르고 있는 슬픈 소식을 독자들께 전하지 않을 수 없다. 본 저서의 공저자로 매사에 최선을 다하여, 열정적으로 책 저술에 임하였던, 나의 사랑하는 제자, 장경은 교수는 2021년 5월 21일 심장마비로 우리 곁을 돌연히 떠나버렸다. 믿을 수 없었던 소식으로 그 황망함과 슬픔은 아직도 누를 길 없고 그 안타까움에 아직도 가슴이 저려온다. 크고 작은 어려움을 활달하게 극복하던 그의 긍정적인 에너지는 우리에게 늘 큰 동력이었고 희망이었다. 누구보다 먼저 달려와서 "교수님~" 하고 힘을 주었던 그를 이제는 떠나보내야 할 때가 온 것 같다. 그러나 이 책과 함께 그는 늘 우리와 같이 있을 것이며, 그가 써 내려간 문장 하나하나, 글자 하나하나에 그의 생각과 혼이 스며 있음을 생생하게 가슴 깊이 간직할 것이다. 이 책으로 그가 우리와 늘 함께 있음을 확인하며, 제5판의 개정본은 먼저 하늘의 별 된 장경은 교수에게 바친다.

2023. 8. 30.
저자 대표 김영화

PREFACE

『사회정의실현을 위한 사회복지정책론』이 지난 2016년 8월, 3차 개정판으로 발간된 이래 벌써 4년이 지났다. 그동안의 개정판 발간의 선례로 보면, 어떤 이유이든 간에 4차 개정판을 내는 데 걸린 시간이 평균보다 길었다. 그럼으로써 저자들이 수정과 보완작업을 하는 데 그만큼 더 많은 시간이 필요하였다.

지난 4년 동안 우리 사회에서 일어난 변화와 사건들은 정치사의 대변화와 문명의 대전환이라 할 만큼 급격한 상황들의 연속이었다. 우선 2016년 9월, 미르재단과 K스포츠재단으로 불거진 최순실의 국정농단사건과 2016년 12월 박근혜 대통령의 탄핵과 직무정지, 수감, 국정조사, 삼성 비리, 2017년 5월 촛불집회로 탄생된 문재인 정부의 출범, 2018년 4월 김정은과 문재인의 역사적인 만남, 2019년 2월 김정은과 트럼프 대통령과의 회담, 2020년 초부터 밀어닥친 전 세계의 코로나19의 팬데믹 상황과 방역체제, 그리고 2020년 6월 남북연락사무소의 폭파 등. 이들 일련의 가히 혁명적인 사건들을 바라보면서 사회는 발전적으로 가는 것인지 더 악화되고 퇴보하는 쪽으로 가는 것인지 회의가 들 때가 많았다. 그러나 사회를 발전적으로 만들어 가는 것은 동시대를 살아가고 있는 사람들의 몫이라는 결론에 도달하였다. 항상 사람들의 연대와 협력이 중요한 요인이 된다. 불가능한 것으로 보이던 기본소득의 도입은 국민 모두가 받은 재난생계지원금으로 재점화되어 활발하게 논의되고 있으며, 코로나19 확진이나 격리로 인한 긴급돌봄서비스는 이제 상시적으로 사회가 책임져야 할 과제로 인식되었다. 코로나로 인해 드러난 돌봄의 사각지대와 공백 그리고 행정과 정책의 틈새가 가시화됨으로써 재난상황뿐만 아니라 일상생활에서 소외되고 발굴되지 않았던 사례들이 얼마나 많은지 인식하게 되는 계기가 되었다.

특히 2019년부터 시범적으로 대구를 비롯한 4개 지역에 설립된 사회서비스원은 코로나사태에 대응한 긴급돌봄서비스로 인해 공공성의 역할을 공고히 하는 계기가 되었다. 정치적인 이유로 미루어져 왔던 사회서비스원법도 이 긴급돌봄서비스로 인해 올해 안에는 통과될 수 있는 근거를 마련하였다.

4차 개정판

머리말

이러한 격변의 시대를 맞이하여 이번 개정판은 전체적으로 새로운 데이터와 예시들을 중심으로 최근의 자료들로 보완하였고, 사회적 변화로 인한 새로운 쟁점들을 다루려고 노력하였다. 그리고 앞으로 펼쳐질 불확실한 사회에 대비하여 우리가 "어떻게 공백 없는 삶을 지속할 수 있을까"에 주된 관심을 가지고 수정작업에 임하였다. 이미 우리 앞에 다가와 있는 고령화, 저출산, 비정규직 문제에 더하여, 현재 벌어지고 있는 위기적 상황과 앞으로 다가올 사회변화를 어떻게 감당하고 수용할 것인가, 돌봄사회의 돌봄인력들을 어떻게 확대하고 전문화시킬 것인가, 돌봄체계를 어떻게 구축하여 비상사태와 상시적 상황에 대비할 것인가 등에 특별한 관심을 가졌다.

코로나 이후의 포스트코로나(post-corona)가 아니라 이제는 장기적으로 코로나와 함께 살아가야 할지도 모르는 위드코로나(with-corona) 시대를 맞이하여 뉴노멀(new- normal)을 어떻게 만들어 나갈 것이며, 이러한 위기상황을 어떻게 기회로 삼을 것인가를 집중적으로 연구하여야 한다. 복지제도에서도 전달체계에 많은 변화를 예고하고 있고, 코로나19가 발견한 많은 틈새와 공백들을 어떻게 제도화하고 정책화할 것인가의 큰 과제를 안고 있다. 차분하고 냉철하게 하나하나 짚으며 구체화시켜 나가야 할 것이다. 지금은 포용국가, 돌봄사회의 역할이 어느 때보다도 더욱 요구되는 시대이다.

개정판을 출간할 기회를 준 공동체 출판사에 깊은 감사를 드리며, 어렵고 힘든 시간을 함께 인내해 준 공동저자들에게도 고마움을 전한다. 이 책이 복지현상을 둘러싼 최근의 상황들을 더 잘 파악하게 하고, 향후 복지의 사회적 역할과 책무를 설정하는 데 독자들에게 조금이라도 더 많은 도움이 된다면 저자들은 더할 나위 없이 기쁠 것이다. 이 책을 읽어주시는 독자들과 저서와 출판에 관련하여 도움을 주신 모든 분들에게 고마움을 전하며, 코로나19 백신이 빨리 개발되어 소중한 우리의 일상으로 되돌아갈 수 있기를 간절히 바란다.

2020. 8. 31.

저자 대표 김영화

PREFACE

『사회정의실현을 위한 사회복지정책론』 2판이 출간된 지 1년 만에 다시 3판이 출간되었다. 저자들로서는 새로운 판을 낸다는 것은 부담이 되는 일이지만, 우리 사회가 빠르게 변화하는 상황들을 반영할 수 있는 기회가 되어 다행으로 생각한다.

지난 1년간을 되돌아보면, 우리 사회에서는 특별히 아동학대 사건들이 다른 해보다 더욱 빈번하게 발생하였고, 청년일자리 문제, 그리고 비정규직 문제들이 더욱 심각해졌다. 일자리 문제를 해결하기 위해서 창업이나 사회적기업, 마을기업 등을 지원하며 각 방면에서 노력하고 있다고 하나, 아직 가시적인 효과를 내기엔 시간이 더 필요해 보인다.

일찌감치 유럽사회에서 뿌리를 내리기 시작하였던 복지국가는 "노동하는 사람"을 인간의 최우선적 정체성으로 삼아 노동과 관련되는 복지정책들이 먼저 정착하기 시작하였다. 그런 반면에 한국은 잔여적 공적부조로부터 시작하여, 아직도 복지는 권리의 개념보다는 베풀어 주는 시혜의 개념으로 보는 경향이 농후하다. 그래서인지 지금까지도 우리는 보편적인 복지를 "퍼주는 복지"로 생각하고 있고, 도덕적 해이를 걱정하고 있다. 그 전형적인 예로 성남시와 서울시에서 실시하고 있는 "청년수당"을 들 수 있는데, '복지권'이냐 '복지복권'이냐로 중앙정부와 갈등을 겪고 있기도 하다.

또 한편으론 사드배치 문제로 현재 우리 사회는 홍역을 치르고 있는 중이다. 우리나라에 사드가 필요한가, 국익에 얼마나 도움이 되는가에 대해 주민들과 근본적인 문제를 논의하기도 전에 일방적으로 사드배치를 결정하고 위치를 발표한 정부에 대해 많은 비판이 따르고 있다. 소통하는 협치의 모습을 보여야 하는 상황에서 권위주의 시대의 형태로 정책결정을 감행한 모습에서 국민들은 정부에 대해 몹시 실망하고 있다. 결국 우리 사회가 지향해야 하는 것은 주민과 소통하고 주민중심에서 세우는 정책결정 방법이며, 한 정책의 시행과정에 있어서도 항상 주민들과 소통하고 주민들의 참여가 전제되어야 함을 깨우쳐 주는 사례가 되고 있다.

3차 개정판

머리말

이번 개정작업은 작년에 이어 이번에도 새로운 자료들을 보충하고 갱신하는 일에 주력함으로써 사회가 변하는 모습을 보여주려고 하였다. 적절한 사례를 찾아 이해를 돕는 일과 실제 변화의 경향을 제시하고 해석하는 일은 저자들의 가장 중요한 역할이다. 한국의 사회복지는 전반적으로 볼 때 사회의 중요한 변화들과 문제들을 잘 따라가고 있지 못하는 것으로 보인다. 고령사회, 저출산문제, 청년실업 등으로 인한 노인복지정책, 여성복지정책, 아동과 청년복지정책 등 여러 가지 영역에서 서로 연관되어 있는 통합적인 정책고리들을 찾아서 상호 긍정적이며 시너지 효과를 낼 수 있는 결과를 만들어야 한다. 나아가서 미래의 비전과 희망을 제시하는 일 또한 중요하다. 최저임금에서 생활임금, 그리고 기본소득 등으로 옮겨갈 수 있는 정책기반을 마련할 수 있다면 분명히 내일은 오늘보다 나을 것이라는 희망을 우리 모두가 가질 수 있을 것이다.

저자들이 여러모로 최선을 다했다고는 하나 아직도 미진한 부분들이 한두 곳은 아닐 것이다. 이 책을 사용하시는 분들께서 조언과 의견을 주신다면 더없이 귀하게 받들 것이며, 다음 기회에 꼭 반영하겠다는 말씀을 드린다. 출판의 기회를 주신 도서출판 공동체에 감사드리며, 이 책이 한국 사회복지의 발전에 직·간접적으로 도움이 된다면 저자들로서는 더 바랄 나위 없을 것이다.

2016년 8월 유난히 더운 여름

저자 대표 김영화

PREFACE

『사회정의실현을 위한 사회복지정책론』이 공동체에서 2008년 3월에 1판 1쇄로 발행된 이후 2011년 7월에 1판 3쇄가 발행되었다. 새로 인쇄될 때마다 부분적인 수정은 있었으나, 전체를 아우르는 대대적인 수정과 보완은 이번 개정판을 통해서 처음으로 이루어졌다. 우리 공동저자 3명은 2014년 12월 초에 첫 개정판 모임을 가지고 8개월 동안의 논의를 거쳐 2015년 7월 말에 수정작업을 마치게 되었음을 참으로 다행스럽고 기쁘게 생각한다.

2011년 7월 이후 4년 동안 한국엔 참으로 많은 변화가 있었다. 우선 2011년에 터져 나온 무상급식의 논란 속에서 보편적 복지와 선별적 복지의 담론이 우리 사회에 복지쟁점을 던져주었고, 이를 계기로 국민들에게 한국복지의 현주소를 파악할 수 있게 만들게 주었다. 또한 이 기간 동안 이명박 정부에서 박근혜 정부로의 이동이 있었고, 두 정부는 모두 적극적으로 보편적 복지로 나아갔다기보다는 여러 가지 환경적 변수로 인해 제자리걸음을 하거나 오히려 뒷걸음질하고 있는 모습을 보여왔다. 또한 기초연금, 연말정산, 누리사업 등을 통하여 증세냐 복지 축소냐의 논쟁을 불러 일으키기도 하였다. 2014년 송파 세 모녀 사건, 세월호 침몰사고, 2015년 메르스 사태를 겪으며, 한국사회는 참으로 많은 사각지대가 존재하고, 문제의 온상지라는 것을 깨달았다. 이런 일련의 사고들은 한 사건이 제대로 해결책을 찾지 못하면 연속적으로 관련된 다른 사건들이 터질 수밖에 없음을 보여주고 있다.

이번 개정작업을 통하여 저자들이 공통으로 가진 문제의식은 "한국 사회복지, 어디로 가야 하는가"에 대한 물음이었다. 그리하여 우리 사회의 변화를 놓치지 않고 그 의미를 찾으려 애썼으며, 적절한 사례를 들어 본문의 내용이해를 돕고자 하였다. 또한 과거와 현재를 조명하면서 우리들의 바람은 미래의 비전과 희망이었으며, 그런 의미에서 14장 "한국 사회복지의 전망과 과제"가 추가되었다. 책 전체를 흐르는 한국 사회복지의 관심에도 불구하고 따로 독립된 장을 마련한 것은 좀 더 집중적으로 우리 사회의 복지를 미래지향적으로 살펴보자는 의미가 들어 있다.

2차 개정판

머리말

저자들이 그동안 변화된 부분들을 세심히 살피고 이를 보완하려고 최선을 다하였으나, 아직도 부족한 점을 인정하지 않을 수 없다. 이번에 다 담지 못한 내용은 다음 기회에 다시 보충하도록 약속하겠다. 아무쪼록 이번 개정판을 통하여 사회복지정책에 대한 이해, 그리고 한국 사회복지정책의 현주소, 앞으로 가야 할 방향을 조금이라도 더 명쾌하게 이해할 수 있다면 저자들의 바람은 더 할 나위가 없겠다.

개정판 출간의 기회를 주신 도서출판 공동체에 감사드리며, 이 책이 한국 사회복지를 발전시키는 데 조금이나마 힘이 될 수 있다면 더 바랄 것이 없을 것이다.

2015년 8월

저자 대표 김영화

PREFACE

『사회정의실현을 위한 사회복지정책론』이 출판된 지 2년 반 만에 다시 개정판을 내게 되었다. 우리 사회의 변화가 하도 빨라서 사회현상을 다루는 사회과학영역은 더욱더 그 변화가 급격하므로 이 책의 개정판을 내는 일이 시급하다고 느끼고 있었는데 그 기회가 주어져서 참으로 다행스럽게 생각한다.

그동안 이 책을 사용해 주신 독자들께 깊은 감사와 더불어 죄송함과 송구스러움을 가지고 있었다. 정교하게 교정을 보지 못한 데서 오는 오자와 탈자, 그리고 문법에 어긋나는 조사들이 내용을 이해하는 데 적잖은 교란을 일으켰으리라 생각되어 독자들께 죄송함을 금할 수가 없었기 때문이다.

개정판에서 달라진 점은 우선 그동안 이 책의 "가치"부분이 어렵다는 평가를 대폭 수용하여, 제7장의 "사회복지정책에서의 욕구와 권리"는 제외하였고, 제6장 "사회복지정책과 가치"를 좀더 간결하고 쉽게 설명해 보려고 노력하였다(장경은 집필).

또한 제3장의 "신자유주의와 세계화시대의 사회복지정책"은 "한국사회변화와 복지의 발전"이라는 새로운 장을 만들어 한국의 복지부분을 좀더 강조하였고, 한국 사회의 변화와 더불어 복지가 어떤 영향을 받게 되었는지 그 사회적 흐름과 변화와의 관계에 관심을 두고 설명하였다(김영화 집필). 따라서 신자유주의와 세계화의 영향도 자연히 3장 마지막 부분에 연결하여 다루게 되었다.

제5장 "사회복지정책과 이데올로기"의 내용은 전체적으로 보강하여 새롭게 다시 쓰여졌으며(박태정 집필), 그 이외 나머지 장들은 기존의 내용을 수정하고 최근의 자료들로 대치하였다.

공동저자도 3명으로 바뀌었고, 책의 전체적인 디자인도 바뀌었으며, 출판사도 변경되었다. 개정판으로 독자들이 좀더 신선하고 편안하게 책의 내용을 읽고 이해할 수 있기를 바라며, 좀더 상세하고 풍부한 내용으로 보충되었다는 느낌을 가지게 되면 좋겠다.

앞으로도 독자들의 지속적인 관심과 비판을 기대한다. 사회정의 실현을 위해 이 『사회복지정책론』이 조금이나마 이론적으로 기여하게 된다면 더 이상의 보람은 없을 것이다.

2008년 2월 1일

저자 대표 김영화

CONTENTS

차 례

CONTENTS

차 례

PART 01

사회복지정책에 대한 이해

Chapter 1 사회복지정책이란 무엇인가?
Chapter 2 사회복지정책의 역사
Chapter 3 한국사회 변화와 복지의 발전
Chapter 4 사회복지정책의 발달을 설명하는 이론들
Chapter 5 사회복지정책과 이데올로기
Chapter 6 사회복지정책과 가치

CHAPTER 01

사회복지정책이란 무엇인가?

사회복지정책이란 개인의 최저생계를 보장하고 사회적 위험에 대비하여 일상생활을 보호하며, 삶의 질을 향상시키려는 사회적이면서 실천적인 수단과 방법을 의미한다. 이 장에서는 사회복지정책을 이해하기 위해서 우선 영국, 독일, 미국의 사회복지정책의 출발과 배경을 알아본다.

또한 학문과 현장에서의 사회복지정책을 이해하기 위해서 이론과 실천으로서의 사회복지정책의 개념과 과제를 설명하고, 사회복지정책은 왜 가치판단적일 수밖에 없는지, 사회정의 실현을 위해서 사회복지는 어떤 역할을 하는지 살펴본다.

나아가서 사회복지정책이 궁극적으로 도달하려는 복지국가는 어떤 경제정책과 정치체제를 갖는지 그 관련성을 밝힌다.

1. 서구 사회복지의 출발과 배경

사회복지정책의 개념과 내용을 이해하는 것은 그리 단순하지 않은데, 그것은 한 사회의 복지정책이란 절대적으로 시대적·환경적 영향을 받기 때문이다. 그러나 단순화시켜서 한마디로 정의해 본다면, 사회복지정책이란 각 개인의 최저생계를 보장하고 사회적 위험에 대비하여 일상생활을 보호하며 나아가 삶의 질을 향상시키려는 사회적이고도 실천적인 수단과 방법을 의미한다고 할 수 있다.

독일어에서 복지국가를 의미하는 '볼파르트 슈타트(wohlfahrt staat)'는 19세기 말 비스마르크의 '가부장적 온정주의' 국가라는 의미로 쓰였다. 당시 정치 엘리트들의 각성에 의해서 나타난 독일의 사회보험제도가 "채찍과 사탕"의 정책으로서 정권유지의 목적으로 쓰였다고는 하나, 최초의 사회복지정책으로 평가를 받는 것은 초기 산업사회의 위험에 대비하는 사회보장으로서 중요한 역할을 했기 때문이다. 그러나 지금 독일에서는 사회복지정책이라는 말 대신에 '사회정책(sozialpolitik)'이라 하고 복지국가 대신 '사회국가(sozialstaat)'라는 용어를 사용하고 있다. 한국이나 미국에서 사용하고 있는 사회복지정책(social welfare policy)을 독일과 유럽에서는 '사회정책(sozialpolitik, social policy)'으로 사용하고 있는데, 그 이유는 영국이나 미국 또는 유럽과 독일의 서로 다른 고유한 사회적 배경, 역사적 배경 속에서 사회복지가 발전되었기 때문이다.

산업혁명과 프랑스혁명을 계기로 시민권이 확립되었고 국가와 사회가 분리되는 새로운 정치질서, 경제질서 속에서 사람들이 기대한 것은 국민에 대한 정부의 적극적 역할이었다. 자본주의 발달은 정치, 경제, 사회에 여러 가지 문제들을 발생하게 하였는데 대부분의 문제들은 개인적인 힘으로는, 또는 개인적인 차원에서는 해결하기 어려운 것들이었다. 공업기계의 발명, 기술의 발달, 기업가의 등장, 자본의 축적, 인구의 증가, 도시화 현상 등 이러한 배경하에서 등장하는 노동(자)문제는 18세기와 19세기 초의 자유방임주의적인 국가정책만으로는 해결될 수 없는 것들이었다. 이러한 문제해결을 위해서 국가는 야경으로서의 소극적 역할에서 벗어나 적극적으로 국민의 생활에 개입할 수밖에 없었으며, 모든 국민이 자신의 기본권을 누리며 인간다운 생활을 할 수 있도록 보장하기 위해서는 사회국가로서의 역할을 수행해야만 하였다.

사회정책(social policy)으로서의 의미가 오늘날의 뜻을 가지고 쓰이기 시작한 것은 무엇보다도 유럽에서는 산업혁명 이후로 이해되어야 하며, 초기 산업시대의 사회적 상황과 함께 파악되어야 한다. 그것은 사회정책이 노동운동과 맥을 같이 하면서 전개되었기 때문이다. 사회정책이 발달하게 된 근본적인 원인은 자본주의의 전개과정, 산업기술 발달 등과 밀접한 관계가 있으며, 자본주의의 전개과정에서 나타나는 여러 가지 모순을 극복하고 그 단점을 보완·보충하려는 노력이 바로 사회정책이라고 할 수 있기 때문이다. 그 노력이 고전적 자본주의 이론이나 마르크스주의적인 경향이든, 사회민주주의적인 틀에 근거한 것이든 간에 복지국가란 한편으로는 자본주의의 모순을 극복하고, 다른 한편으로는 그 체제가 가진 장점을 발전시킨 특수한 형태의 자본주의 국가를 말한다. 복지국가를 이루게 한 것은 근본적으로 자본주의 시장체제의 중요성과 문제점을 인식하는 데서 출발하였고, 자본주의의 문제점을 해결하려는 사회정책적 노력이 있었기 때문이다.

이러한 점을 염두에 두면서 영국과 독일, 그리고 미국에서의 사회복지정책 출발의 사회적 배경을 살펴봄으로써 사회복지정책에 대한 이해를 넓히도록 한다. 영국은 사회서비스를 제일 먼저 시작하였고, 독일은 사회보험정책을 제일 먼저, 미국은 사회보장을 제도적으로 먼저 확립하였다는 의미에서 세 나라의 예가 중요하다.

1) 영국 : 사회서비스와 사회행정

영국은 국가가 처음으로 빈민들의 문제에 개입하면서 제정하였던 엘리자베스 빈민법(1601)이 있으나, 사회복지정책을 설명할 때는 국가로부터 사회가 분리된 시민혁명 이후, 시민사회의 대두부터 논하는 것이 일반적이다.

[사진 1-1] Elizabeth 1세
출처 : http://namu.mirror.wiki/w/%EC%97%98%EB%A6%AC%EC%9E%90%EB%B2%A0%EC%8A%A4%201%EC%84%B8

영국은 유럽에서도 사회복지의 역사가 제일 길며 산업혁명을 제일 먼저 경험한 선진국으로서 유럽의 다른 나라들에 비해 사회복지제도가 더 일찍 발전되었다. 유럽대륙에서 노동자들이 강경노선을 선택하며 투쟁할 동안, 영국의 노동자들은 산업혁명 후의 불안한 생활로부터 스스로를 지키기 위해 제일 먼저 우애조합(Friendly Society)을 만들었고 노동자들끼리의 자조와 부조활동을 전개하였다. 19세기 후반 점점 노동조합이 기반을 닦기 시작하면서 미숙련 노동자들도 포함된 산업별 노조인 신노동조합(New Model Union)이 생겨났다. 이로 인해 단순하게 자조에 의한 구제가 아니라 입법에 의해 노동자들의 권익을 보호할 수 있어야 한다는 생각이 강화되었고, 이러한 인식이 1900년대의 영국 사회보험제도의 도입을 촉진시키는 계기가 되었다.

이러한 사회적 분위기를 촉진하는 중요한 계기 중 하나는 개혁적 지식인들의 각성이었다. 독일이나 프랑스에서의 정통적 마르크스주의자들이 노동자들에 의한 급진적 혁명을 부르짖고 있을 때, 영국의 지식인들은 영국사회에 적절한 사회발전 형태는 급격한 혁명이 아니라 점진적 개혁에 의한 진보로 생각하였고, 이에 동조하는 사람들이 모여 페이비언 협회(Fabian Society)를 만들었다. 이들은 주로 영국사회의 지식인들로서 사회민주주의를 표방하였다. 이들은 자본주의의 도입으로 인한 빈부격차의 문제는 사회가 그 책임을 지고 해결해야 하지만 프롤레타리아 혁명과 독재에 의해서가 아니라 대의적 민주주의 제도를 통해서 해결해야 한다고 보았다.

이러한 사회적 분위기에 영향을 받아 영국의 사회복지정책은 개인의 의·식·주와 관련된 생활문제와 기본 생존권의 보장, 즉 개인의 욕구를 해결하기 위한 서비스에 중점을 두었다. 따라서 영국의 사회복지정책은 사회서비스(social service)나 사회행정(social administration)으로 불리는 경향이 강하다. 불리한 사회적 조건으로 인한 개인적 욕구를 어떻게 대인적 사회서비스를 통해 해결할 것인가 하는 것이 영국사회의 주된 관심이었다고 할 수 있다. 소득, 보건, 주택, 교육, 대인서비스 등 5개 영역이 그 중심을 이루고 있었으며, 영국의 보건서비스(NHS : National Health Service)는 지금까지도 선진복지국가의 우수한 보편적 서비스 모델이 되고 있다. 또한 주택과 교육이 보편적 사회서비스로 시행되고 있는 것도 영국의 특징 중 하나로 볼 수 있다. 개인의 생존권을 국가가 보장하며 국민 건강과 교육에 투자함으로써 더 심각한 사회문제를 사전에 예방하고 빈부격차를 완화하여 사회의 통합을 강조했던 측면을 바로 영국의 특징으로 이해할 수 있다.

2) 독일 : 노동정책과 분배정책

독일의 사회복지를 살펴보기 위해서는 시대적 배경과 특징의 개괄이 중요하다. 18세기 말에 세계사에 나타났던 획기적인 두 가지의 역사적 사건이 있었으니, 그것은 바로 산업혁명과 프랑스혁명이었다. 또한 이로 인하여 산업사회, 시민사회가 등장하게 되었는데, 급격한 사회변화에 의해 새로운 사회질서가 도래

함으로써 이에 직접적인 영향을 받은 노동자들이 열악한 노동조건의 문제들을 표출하기 시작하였다.

영국, 프랑스 등지에서처럼 독일에서도 노동문제가 당시 사회운동의 핵심문제로 등장하였고, 이러한 사회운동을 보다 조직화하여 사회구조적 변혁을 원하는 집단들이 노동자 계급의 권리획득을 위하여 투쟁하였다. 노동자들은 그들의 노동조건, 즉 노동시간, 임금문제 등을 내걸었고, 이에 노동문제가 중심이 된 사회운동으로 퍼지게 되었다. 초기 자본주의 사회에서의 노동문제는 계층적·계급적 불평등으로부터 출발하여 심화되기 시작하였으며, 독일 사회정책의 역사는 특히 독일 계급투쟁의 역사와 그 맥을 같이하게 되었다. 따라서 독일 사회정책의 근원은 노동정책이나 분배정책에 있을 수밖에 없었고, 영국의 페이비언 사회주의와 함께 후에 현대 복지국가 사상을 형성하는 민주적 사회주의의 발전에 기여하게 되었다. 1880년대의 이 새로운 사회정책적 체계는 오늘날 독일의 변화된 사회질서와 구조 속에서도, 그리고 그 기능상 여러 가지의 문제점이 드러남에도 불구하고 현재까지 수정과 보완을 거듭하며 독일의 사회보장제도의 기저로 유지되고 있다.

초기 산업사회의 이행을 순조롭게 하고 산업화를 원활히 진행하기 위한 비스마르크의 사회통합정책은 진정한 사회개혁, 즉 빈곤을 해결하기 위한 자원의 재분배적 측면이라든지, 또는 기존 사회체제로부터의 개혁이나 인권을 위한 관점에서 본다면 그 한계가 있다. 그러나 그의 사회정책적 시행의 동기가 어떠하였든지 간에 그가 실시한 사회보험제도가 현재의 사회정책, 특히 사회보장제도의 초석을 이루고 있다는 데서 그 의미를 결코 과소평가할 수 없다.

[사진 1-2] Otto Eduard Leopold von Bismarck
출처 : https://en.wikipedia.org/wiki/Otto_von_Bismarck

유럽에서 가장 늦게 산업화 과정을 경험하고, 민주주의 제도가 상대적으로 늦게 도입되었던 후발주자로서의 독일은, 프로이센의 초기 산업화 과정에서 사회정책에 크게 진전이 없었다. 비스마르크 시대에 와서 비약적으로 발전한 독일은 국내에서는 국가의 권위와 영향력으로 더욱 확고하게 산업화를 추진해 나갔다. 국외로는 인접한 유럽 여러 나라들보다 그 기반을 더 튼튼히 하기 위해서 사회주의자들을 설득하고 위기적 상황을 극복하는 것이 비스마르크 최대 의무였다. 그러기 위해서는 1850년 이후 급속도로 성장해 온 노동자 계층의 불만을 해소하고 비스마르크 자신이 지향하고 있는 사회적 질서에 노동자들을 통합시키는 것이 그의 과제였다.

이러한 분위기에서 비스마르크의 이중적 전략, 즉 사회보험정책과 사회주의자 금지법을 의미하는 '사탕과 채찍'의 정책은 그 의미가 대단히 큰 것이었다. 다시 말하자면, 독일의 사회복지를 이해하는 데 빼놓을 수 없는 것이 바로 비스마르크(Otto Eduard Leopold Bismarck, 1815~1898)의 사회보험제도이다. 1883년의 질병보험, 1884년의 재해보험, 1889년의 양로 및 연금보험은 모두 세계 최초의 사회보험법으로 제정되었다. 그러나 이러한 1880년대의 여러 사회적인 법률 제정도 사실상은 노동운동을 진압하기 위한 조처로 나타난 것임을 간과할 수 없다.

3) 미국 : 사회보장

미국은 유럽과는 달리 이민의 나라이며, 세계 각국, 특히 유럽에서 건너온 다양한 이민자들로 이루어진 국가이다. 한 개인이 열심히 노력하면 얼마든지 많은 것을 성취할 수 있었고 부를 축적할 수 있는 무한한 가능성이 있었다. 그러므로 유럽대륙과는 달리 미국에서는 노동운동이 일어나지도 않았고, 사회주의 운동도 일어날 필요가 없었으며, 개인의 자유와 선택, 노력과 성취가 중요한 덕목이었다. 개인의 자유와 선택을 보장하는 것이 국가의 임무였고, 개인의 영역에 국가가 개입하는 것은 개인의 사적 영역에 침범하는 것이며, 이는 미국사회의 자유주의적 가치관에 어긋나는 일이었다. 실업이나 가난은 개인의 나태와 무능에 기인하는 것이므로 국가가 나서서 도와줄 필요가 없으나, 단지 신체적으로, 정신적으로 노동이 가능하지 않은 사람들(deserving poor)에게는 최소한의 보장이 필요하다는 인식이 지배적인 사회였다.

미국은 유럽대륙처럼 긴 역사에 걸쳐 서로 전쟁하며 영토분쟁하고, 시민혁명을 통하여 산업혁명과 신분제가 타파되는 경험을 하지 않았다. 민주주의, 자본주의 제도가 도입되는 일련의 근대화 과정을 경험하지 않은 미국으로서는 사회갈등이나 계급투쟁, 자본주의의 구조적 문제 등에 별다른 인식이 없었다. 사회구성원들 각자 열심히 자신이 맡은 바 임무를 충실히 수행하면, 사회가 균형있게 발전한다는 구조기능주의 시각이 지배적인 사회였기 때문이었다. 그러나 제1차 세계대전, 경제공황 등을 경험하면서 개인의 능력과 노력으로는 해결되지 않는 사회구조적 모순이 있음을 인식하게 되었다. 개인에게만 맡겨둘 수 없는 사회의 구조적 문제가 있음을 깨달으면서 적극적 국가의 개입이 불가피함도 알게 되었다.

[사진 1-3] Theodore Roosevelt

출처 : www.whitehouse.gov/history/presents

1929년에 시작된 경제대공황은 대량실업과 빈곤을 몰고 왔고, 사회갈등과 사회문제에 대비가 없었던 미국사회에 엄청난 어려움을 가져왔다. 이러한 사회적 배경에서 당시의 루즈벨트(Franklin Roosevelt) 대통령은 일자리 창출을 통하여 실업자를 구하고, 구매력을 늘리기 위하여 대규모 공공사업인 뉴딜정책을 실시하였으며, 1935년에는 드디어 사회보장법을 제정하기에 이르렀다. 이 법은 최초로 미국 연방정부의 보조를 받는 실업보험과 공공부조, 사회복지서비스 등으로 구성되어 있다. 현재까지도 이 사회보장법은 그 근간을 그대로 유지하고 있으며 아직까지도 보편적 제도로서 의료보험은 제외되고 있다. 이 사회보장법을 계기로 미국도 뒤늦게나마 복지국가의 대열에 끼게 되었고, 미국의 영향으로 사회보장(social security)의 개념이 국제사회에도 정착하게 되었다.

앞에서 살펴본 대로 사회복지정책의 출발시기와 내용은 각 나라마다 모두 고유한 사회적 배경과 특성을 가지고 있다. 사회복지정책을 한마디로 정의하기 어려운 이유가 바로 여기에 있다. 복지국가라는 말이 쓰이기 시작한 것은 1941년 영국의 템플(Temple) 주교가 쓴 『시민과 성직자(Citizen and Churchman)』에서 전쟁을 하는 국가(warfare state)에 대비하여 복지국가(welfare state)라는 용어를 씀으로써 시작된 것이다. 복지국가가 복지 발전과 확대를 위해 실시하게 되는 사회복지정책은 1945년 이후 사용되어 왔다고 보는 견해에 대한 타당성이 여기에 있다. 독일과 영국에서는 여전히 사회정책으로 사용하고 있으나, 미국에서의 복지(welfare)는 무능함과 나태한 인간의 속성을 드러내는 부정적 용어로 쓰이는 경향이 농후하다. 1945년 이후 서구에서 복지국가의 전성기가 시작되면서 사회복지정책은 개인의 기본 생존권을 보장하고, 사회의 위험에 대처하며, 개인의 욕구 충족과 삶의 질 향상을 위한 국가의 구체적이고 실천적인 정책으로서 사용되고 있다.

요약하면 근대적 의미에서의 사회복지정책의 출발은 영국에서는 개인의 욕구를 충족시키는 사회서비스 중심의 사회행정으로, 독일에서는 노동과 분배정책으로서의 사회정책으로 출발하였고, 미국에서는 두 나라보다는 뒤늦게 개인의 생활을 보장하는 사회보장으로 각각 자리매김하면서 시작되었다. 제2장 사회복지정책의 역사에서 조금 더 자세히 그 흐름과 내용을 살펴보게 된다. 서로 다른 역사적 배경 속에서 사회복지정책이 다르게 출발하였다는 것을 눈여겨보아야 할 것이다.

2. 이론과 실천으로서의 사회복지정책

1) 이론과 실천적 사회복지정책의 개념과 과제

사회과학의 개념은 여러 가지의 입장에서 정의될 수 있겠으나 가장 지배적인 형태로는 "사회적 현상과 실제에 대해 보편타당한 인식체계를 세우는 것이며, 이러한 객관성의 견지에서 보편타당한 인식에 도달하는 것이 사회과학의 과제"라고 볼 수 있다. 사회과학의 이러한 과제에서 학문적 관심으로서의 정책적 과제도 도출된다. 즉, 사회적 현상에 대한 보편타당한 인식체계를 세우려는 사회과학의 보편적 노력이 정책분야에도 나타나게 되었는데, 산업사회의 발달과 더불어 나타나는 제반 노동문제가 중요한 학문적 관심이 되기 시작한 것이 바로 그것이었다. 산업의 발전은 인간에게 빈곤으로부터 벗어나 물질적인 욕구를 충족시킬 수 있는 가능성을 제공해 준 반면 분배를 둘러싼 모순과 부조리도 아울러 동반하여 사회의 갈등과 불안의 요인이 되었다. 이러한 문제들을 해결하고 다원화된 사회집단 간의 이해와 갈등을 조절하기 위해서는 체계적인 정책에 관한 이론의 정립과 실천으로서의 정책 수립이 전제가 된다.

학문적 관심으로서의 정책에 접근하기 위해서는 그 시대적 상황에 대한 이해가 필수적이며, 정치・사회・경제적 여건과 더불어 그 시대를 움직이는 지배 이데올로기와 사회변혁을 시도하는 진보주의자들의 갈등과 대립에 주목할 필요가 있다. 또한 나아가서 어떠한 사회적 장치와 과정을 거쳐 인간사회의 불평등한 현상이 심화 또는 완화되어 나가는가?, 어떠한 계급대립과 갈등국면에서 어떤 형태의 국가 개입이 나타나는가?, 어떠한 국가정책을 통하여 사회가 진전되어 나갈 것인가? 등의 문제에도 관심을 가져야 한다.

급격한 변화를 경험하고 있는 우리 사회에서 적절한 정책을 제시하고 있지 못한다면 이것은 "이론"의 부재로 설명될 수 있다. 정책에서 중요한 기반이 되는 것은 이론적 토대이며, 현실에 적절한 실천적 동력은 이론이 제공한다. 왜 우리 사회에서 장애인들의 권익이 더욱 보호되어야 하는가?, 왜 노인의 지위는 점점 축소되어 결국 사회적 약자로 배제되기에 이르는가?, 여성은 왜 점점 빈곤해지는가?, 왜 성매매 특별법은 사회적으로 필요한 법이며, 호주제는 왜 폐지되어야 하는가? 이러한 수많은 문제제기가 이론적 틀을 통하여 우리들에게 정리된 시각을 제공해 줄 수 있으며, 나아가 어떠한 구체적인 정책이 이러한 사회적 모순을 해결할 수 있을지 보여준다.

또한 이론이 없는 실천은 기반을 닦지 않은 건물처럼 곧 붕괴되지만 실천이 없는 정책도 무의미하며 공허하다. 생활의 장 속에서 일어나고 있는 구체적인 문제들을 개선하고, 사회적 약자들을 보호하며, 생존을 보장하기 위한 수많은 정책들이 현장에서 실천됨으로써 사회구성원들의 삶의 질을 향상시키는 것에 정책의 중요한 역할과 기능이 주어져 있다.

실천으로서 사회복지정책을 보면, 정책이란 우선 일차적으로는 질병이나 불의의 사고로 인해 노동력을 상실하게 되어 나타나는 일시적인 취업불능의 상태를 비롯하여, 실직, 부양자의 사망, 노령 등의 경우에 노동자들의 수입을 보장해 주는 국가적 조치로 이해된다. 사회보장을 통해 이러한 질병이나 재해, 사고, 사망 등의 사회적 위험으로부터 보호하며, 나아가 국민들의 질적 향상을 위해 노력하게 된다. 구체적 분야로서는 대상으로 본다면 청소년 및 노인, 여성정책 등이 이에 해당되며, 빈민구제정책이나 소득 및 자산분배정책, 노동시장정책 등도 국가의 중요한 정책적 영역에 속하게 된다. 이 책에서는 사회복지정책의 영역을 소득보장, 의료, 교육, 주거, 서비스, 조세와 노동시장 등 일곱 가지 영역으로 분류하고 있으나, 실제 한국에서는 소득보장, 의료, 서비스 세 가지 정도에 초점이 맞추어져 있으며 최근에 와서야 사회적 약자 중심의 교육, 주택정책이 수립되고 있다. 노동시장과 관련된 노동복지도 우리 사회가 적극적으로 도입해야 하는 영역이다. 사회복지정책의 영역에 대해 아직도 각 나라마다 서로 다른 시각을 가지고 정착 중에 있는 것으로 보인다. 이것은 두 가지로 그 이유를 설명할 수 있는데, 첫째, 사회복지정책이란 시대적·역사적으로 각 사회가 처한 상황에 따라 달라질 수 있으며, 정책적 대상이 되는 사회집단의 상이성, 정책시행자의 시각과 인식범위, 정권교체에 따른 정책적 노선의 변화 등에 따라 달라지기 때문이다. 둘째, 사회복지정책의 범위를 어떻게 잡을 것인가의 문제이다. 즉, 사회복지정책이 노동자를 위한 정책이냐 경제적 취약성을 가진 사람들을 위한 수입보장정책으로 간주되느냐, 나아가서 사회적 약자를 위한 개인적 후원과 조정의 역할로 생각되고 있느냐, 또는 사회구성원 모두의 자유와 권리를 보장하고 나아가서 사회정의를 실현할 목적을 가진 종합사회정책(gesellschaftspolitik)으로 이해되는가에 따라서 정책의 역할과 기능에 차이가 있게 된다.

19세기 말 독일의 사회적 상황에서 수립된 독일의 사회정책과 영국의 사회적 배경에서 수립된 영국의 사회정책은 다를 수밖에 없으며, 20세기 초 일본의 사회정책과는 더욱 차이가 날 수밖에 없다. 한 사회 내에서조차도 시대가 달라짐에 따라 더 이상 적용될 수 없는 정책적 조치가 있는가 하면 시대를 초월하여 계속 적용될 수 있는 정책도 있다. 사회복지정책은 사회의 변화와 더불어 새롭게 수립되는 정책들은 대체로 진보적 성향을 가지고 있는 반면, 사회가 변화되었는데도 기존의 제도를 바꾸지 않으려는 보수적 성향 모두를 가지고 있다. 또한 실천으로서의 사회복지정책에는 구체적인 사회복지정책의 분석도 포함된다. 다양한 분석과정을 통하여 한 복지 프로그램이 어떤 내용으로 구성되어 있으며, 어떤 정책결정 과정을 통하여 어떤 결과를 가져오는가를 살펴보는 일 또한 중요한 사회복지정책의 몫이다.

사회복지정책의 목적을 세 가지로 종합하여 정리해 보면, 첫째, 절대적 또는 상대적 사회약자로 취급되는 사람들의 경제적·사회적 위험의 완화, 둘째, 생활을 위협하는 위기가 출현할 때 스스로의 능력만으로 해결하기 어려운 경우에 대비하여 경제적·사회적 지위를 보장해 주는 것, 셋째, 생활의 질을 보다 높여주는 것 등으로 파악되는데, 우리나라의 경우 대부분 첫째, 둘째의 범주에 머무르고 있다. 그러나 사회복지정책의 구체적 목표는 ① 모든 국민의 복지를 보장하고, ② 사회문제를 해결하고 예방하며, ③ 사회적 안전을 보장하고, ④ 사회계급 간의 대립을 완화시키며, ⑤ 사회의 불균등한 소득분배를 시정한다. 그러므로 사회복지정책은 더 조화로운 사회관계를 형성하고, 보다 더 잘 기능하는 사회제도를 만들어 나가며, 더욱 적절하고 정의롭게 사회를 운영하는 제도적인 장치를 뜻하게 된다.

이로써 이론과 실천의 관련성 속에서 사회복지정책의 속성과 특징을 간단히 살펴보았다. 이론과 실천은 지속적으로 상호작용하게 된다. 이론이 실천을 위한 근거와 방향을 제시한다면, 실천은 기존의 이론이 부합되지 않는 측면을 현장에서 파악하여 보다 더 발전된 이론을 세우도록 만든다. 즉, 실천은 이론의 변화와 확대, 발전을 이끌고, 이론은 우리가 파악해야 할 대상과 현상을 보다 정교하게 파악하도록 하여 실천적 영역을 보다 넓혀나간다. 사회복지정책의 궁극적 관심은 실천이며, 보다 나은 현실적 삶을 위해 이론이 그 인식체계를 만들어 주는 역할을 한다.

따라서 사회이론은 세 가지 주요한 목적에 기여한다. 첫째, 사회이론은 구체적인 현상을 몇몇 종류의 분류도식이나 분류항목에 적용하여 파악함으로써 사회 속에서 어떤 일이 일어나고 있는지 기술하는 데 도움을 준다. 둘째, 이론은 상이한 요소들 간의 관계를 규명하고 어떤 일이 발생하고 있는지를 설명해 줌으로써 개괄적인 분석을 가능하게 해준다. 셋째, 이론은 행위의 원칙을 이해할 수 있게 해준다(박형신 외 공역, 2004 : 17).

2) 사회복지정책은 왜 가치판단적일 수밖에 없는가?

일반적으로 사회과학은 가치판단을 배제(value-free)하여야 한다고 말한다. 막스 베버(Max Weber)의 가치자유(wert-freiheit)의 개념도 같은 맥락에서 이해되는데, 그는 사회과학자가 어떤 사회현상을 연구주제로 택할 때는 분명히 자신이 가진 문제의식이나 학문적 성향에 따라 가치판단(value judgement)하여 선택하게 되지만, 일단 연구가 진행되는 과정에서는 엄격한 객관성과 검증 가능성이 확보되어야 하며, 학자로서 철저한 과학정신에 의해 실증적으로 연구결과를 도출하여야 한다고 본다. 그러나 사회복지정책은 어떤 사회적 현실 속에 구체화시켜야 하는가 하는 문제와 관련되므로 가치판단적일 수밖에 없다. 왜냐하면 그 시대가 가진 사회문제와 사회적 과제, 정치경제적 환경, 국민소득, 국가의 재정상태, 정책입안자의 가치와 이데올로기, 국정방향, 국민여론 등에 따라 그 사회의 여건에 적절한 형태로서의 정책 프로그램을 만들어야 하기 때문이다. 한 사회가 가장 시급하게 해결해야 할 문제들의 우선순위, 그리고 그 사회가 가진 특수한 사회문제, 한 사회의 고유한 사회경제, 정치적 환경, 재정적 여건 등이 정책적 연구와 실천의 방향을 선택하게 만들며, 국가정책 방향과 이념에도 영향을 받을 수밖에 없으므로 가치판단을 불가피하게 만든다.

사회복지정책이 가치판단적일 수밖에 없는 점과 관련하여 사회복지가 왜 이데올로기적이어야 하는가에도 우리는 관심을 가져야 한다. 탈냉전 시대 이후 이데올로기 대립의 역사는 끝났다고 보는 여타의 사회과학적 인식과 달리 이데올로기가 복지이론에서 더욱 활발히 논의되고 있는 이유는 무엇인가? 그것은 복지가 바로 이데올로기이기 때문이다. 복지국가는 제2차 세계대전의 폐허 속에서 이데올로기적인 합의를 토대로 형성되었다. 분배 정의, 불평등 없는 사회, 국민최저선 확보를 통한 기본권 보장 등의 복지과제는 이데올로기에 기반하여 수행되어 왔다. 따라서 각 시대, 각 사회를 지배하는 가치관과 신념체계에 의해 복지형태는 달라질 수밖에 없다. 이데올로기에 관한 논쟁 없이 복지 개념을 정립할 수 없으며, 복지 개념이 정립되지 않은 상태에서는 복지정책을 논할 수 없다. 이데올로기에 따라 복지국가의 본질이 달라지고 복지국가를 성장시키는 동력이 달라지는 것이다.

3) 사회복지와 사회정의

정의로운 사회는 공정하고(just), 공평한(fair) 사회를 일컫는다. 공정한 것은 도덕적으로 옳으며 바람직한 것이지만, 단순히 "옳고", "바람직한" 것과 동일하지만은 않다. 공정한 것은 원래 의도한 대로 유익한 결과가 나타날 때, 그 행위는 바람직한 것이다. 그렇지만 개인의 자유와 민주주의 또는 분배와 충돌될 때 그것은 한 사회에서 바람직하지 않을 수도 있다.

공평하다는 것은 만일 특정한 행위(예 노숙자 점심 무료제공)가 합의된 일정한 기준과 절차에 따라 사람들(노숙자)을 적절하게 대우한다면, 그 행위는 '공평한 것'이다. 장애인과 비장애인을 구분하지 않고 동시에 달리기를 하도록 경쟁의 원리를 적용시키는 것은 불공평하다. 아무리 직장을 구하려 애써도 경기불황으로 직장을 구할 수 없는 사람에게 의료비가 없다는 이유로 병원에서 치료를 거부한다면 그것 또한 불공평하다.

사회정의는 기본적으로 어떻게 분배되어야 하는가의 분배원리와 직접적으로 관련되어 있다. 사람들이 사회에 기여한 정도에 따라 어떻게 얼마나 분배받아야 하는가?, 그리고 기여하지 못한 사람들은 그것이 개인적인 책임인가?, 개인적인 책임과 사회적인 책임의 기준은 무엇으로 정해야 하는가? 만약 그것이 사회적 책임이라 서로 합의할 때 사회는 무엇을 어떤 방법으로 사회적 약자들에게 제공해야 하는가?

사회정의가 반드시 평등주의적인 것은 아니며, 평등한 분배의 원리가 특정 집단의 불이익을 정당화할 수도 있다. 분배가 사회기여도에 비례하는 경우에는 분배결과가 대단히 불공평할 수도 있다. 따라서 분배정의의 원리에서는 각 개인에게 부여되는 불가피한 차이가 포함된다. 예를 들면, 장애수당이나 연금, 보험 등은 각자의 기여도에만 비례하는 것은 아니므로 수혜액수에 대해서는 사람들이 불평등하다고 생각할 가능성이 많지만, 이러한 불평등 원리는 사회정의에서 정당한 원리로 인정될 수 있다.

사람들은 어느 면에서는 공통적인 점을 지니고 있다 할지라도 그들은 정신적·육체적 상태가 다르고, 재능이나 독창성, 취미와 기호 등이 모두 다르다. 사람들은 서로 다른 삶의 기회를 타고나며, 서로 다른 환경 속에서 살게 된다. 우리 모두가 질병으로 의사에게 치료를 받지만, 모두 똑같은 양질의 치료를 받지는 못한다(R. H. Tawney, 1952 : 12). 빈민이나 노인, 장애인이나 탈북이주민들, 외국인 노동자들, 그리고 때에 따라서는 여성 등의 소수집단들은 동등한 기회를 부여받지 못하고 있으며, 그렇다고 하여 그들이 스스로 기존 사회의 규범과 질서를 바꿀 수 있는 개혁적 세력 형성도 불가능하다. 각각 다른 삶의 조건과 환경 속에서 서로 다른 개개인들의 다양한 욕구들을 어떻게 충족시킬 수 있을 것인가에 대한 방안을 찾는 것이 사회복지정책의 궁극적인 관심이 된다.

존 롤스(John Rawls)는 그의 저서 『사회정의론(Social Justice)』에서 칸트(Kant)의 "공평으로서의 정의(justice as fairness)"로 논의를 시작한다. 그는 정의롭지 못한 사회적 부당함과 불평등은 기본적인 인간 자원의 개념으로 볼 때 낭비적이고 비효율적이라고 생각하였다. 그리고 그는 '자유'의 개념과 '안정된 사회질서'의 개념에 대해서도 심사숙고하였으며, 이 두 개념은 결코 서로 모순되고 갈등을 일으키는 개념이 아님을 보여주었다(J. Rawls, 1972). 그리고 그에게 있어서 평등(equality)과 공평(fairness)은 그 자체에 목적이 있기보다는 사회정의를 유지하기 위한 수단이 되어야 하며, 동시에 평등과 공평 간의 관계를 규정하는 기본 원칙 또한 사회정의여야 한다고 보았다(K. Jones et al., 1985 : 14-15).

롤스(Rawls)의 『사회정의론』은 사회 속에 존재하는 불평등을 완화하기 위해 실제적이며 현실적인 방법으로서 사회정의를 논한 점에서 그 공헌이 있다. 그는 사회정의를 논하기 위해 평등의 원칙과 차등의 원칙으로 나누는데, 평등의 원칙은 기본 자유에 대한 모든 국민들의 동등한 권리를 의미하는 근본적인 사회원칙이며, 차등의 원칙은 사회구성원의 공평성을 위해 개인적 요구에 따라 차등하게 적용되는 원칙을 의미한다. 특히 이 차등의 원칙은 불평등의 적용이 사회의 가장 불우한 구성원들에게 보상적 결과를 가져올 때만 정당한 것으로 본다(John Rawls, 1971 : 14-15). 이것은 요구에 따른 차등적 권리로서 사회・경제적 가치의 공정한 분배를 위해 정당한 불평등(justifiable inequality)의 기준이 전제된다. 정의로운 사회는 '각자의 능력에 따라 혜택을 받는 것보다는 각자의 욕구에 따라 혜택을 받을 수 있는 사회'이다. 사람들의 욕구란 다양하므로 정의로운 사회에서의 욕구충족이란, 사회적으로는 공정하지만 균등하지 않은 자원의 분배를 의미한다. 일정한 기준을 가지고 보았을 때, 장애인의 욕구는 일반인들의 욕구보다 더 크고, 저소득층 부모의 욕구는 중산층 부모의 욕구보다 더 많으며, 오랜 세월 동안 사회적인 불평등과 부당한 대접을 받아온 여성은 남성보다 상대적으로 더 많은 욕구를 가지고 있음을 뜻한다. 사회적 불평등이 없는 정의로운 사회는 권리와 부에 대한 분배가 공평하도록 조정되어야 한다(김영화, 1993 : 15). 사회복지정책은 바로 개인의 기본적 권리와 자유를 침범하지 않으려고 최대한 노력하면서 동시에 사회구성원들 간의 공평성을 확보하려는 것이 가장 중요한 쟁점이 되는 것이다(김영화, 1996 : 162-164).

요약하면 사회복지는 본질적으로 재분배를 통해 사회정의를 실현하려고 하며, 사회복지정책은 재분배를 정당화하기 위한 수단이 된다. 또한 사회복지정책은 공평한 재분배를 통해 사회적 연대감을 강화시키고 사회적 통합과 합의에 이르게 만드는 동력이 된다.

3. 사회복지정책과 관련 영역

1) 사회복지정책과 경제정책

복지정책은 그 나라의 경제정책에 절대적 영향을 받는다. 경제정책에 의해 정부예산이 세워지고, 경제정책이 얼마나 성공하느냐에 따라 한 나라의 경제성장이 좌우되며, 경제성장에 따라 분배정책의 성공 여부도 달려 있다. 대부분의 국가에서는 경제정책이 복지정책보다 우선적 위치를 차지하고, 복지정책은 경제정책에 종속적이며, 사회복지를 촉진시키는 수단으로 보는 경향이 강하다.

역사적으로 볼 때 1945년 제2차 세계대전 이후 20여 년 동안의 복지국가 전성기에는, 선진국들의 경제적 번영이 사회복지정책을 확대하는 기반이 되었고, 최저생계선의 유지와 완전고용을 가능하게 하는 원동력이 되었다. 1970년대 초 석유파동이 가져온 경기침체는 곧바로 복지국가의 위기로 연결되었고, 국가 재정난을 해결하기 위해 민영화와 복지축소를 단행하게 만들었으며, 이것이 정부의 긴축재정으로 재편되었다. 1980년대로 접어들면서는 세계화와 신자유주의의 흐름에 지대한 영향을 받았고, 복지에서도 사회보장과 재분배에서 선택과 집중으로 바뀌게 되었다. 이러한 일련의 시대적 경험은 복지를 경제의 부속물로 만들었으며 경제논리로 복지를 접근하게 만드는 경향을 보여주었다.

그러나 사회복지정책의 기능은 경제정책의 기능과는 다르다. 복지정책은 사회적 연대와 합의를 이루고 사회통합을 가져오며 국가 거시경제의 안정적 기반을 만든다. 복지정책을 통하여 정부, 사용자, 노동자는 상호 간의 신뢰감과 연대성을 바탕으로 균형 잡힌 파트너십을 구축할 수 있고, 임금정책이나 경기변동에 공동으로 대처할 수 있다. 노사정 상호 간의 연대감은 국가의 정당성을 높이고, 보다 더 굳건하게 사회문제에 대응하며 경기변화에 대해서도 유연성과 경쟁력을 동시에 강화하게 만든다.

사회복지정책이 추구하는 궁극적 목표는 삶의 질적 향상이다. 경제정책이 파이를 늘리는 데 있다면, 복지정책은 이것을 어떻게 합의를 통해 분배하는가에 있다. 고용이나 노동시장 활성화 등 직접적인 경제과정을 원활히 작동시키기 위해서는 노동인구의 건강보호와 가족의 보호, 그들을 전문인력으로 배양하는 직업교육, 그리고 사회적 보장을 제공하는 사회안전망 등이 필수적이다. 경제를 촉진시키는 것은 경제제도만이 아니라 노동력을 보유한 사람도 중요하며, 건강한 노동력을 통하여 지속적으로 변화하는 사회적 요구에 대처하기 위해서는 이에 적절한 복지제도가 필요하다. 경제적 활성화를 위한 영양분이 바로 복지정책이며, 복지정책 또한 경제적·재정적 토양이 없으면 불가능한 것이다. 즉, 삶의 질을 향상시키기 위한 방법으로는 경제정책과 복지정책이 서로 상생적 역할과 기능을 하지 않으면 안 된다. 이를 위해서는 복지정책의 중요성을 재인식하여 사회의 양극화를 막고 사회적 분열을 사전에 방지함으로써 국가의 정당성과 사회적 균형을 확보할 수 있다.

2) 사회복지정책과 정치체제

사회복지정책이 제대로 시행되려면 정치체제가 민주주의적이어야 한다. 이것은 제2차 세계대전 이후 선진복지국가의 정치체제를 살펴보면 어느 정도 공통점을 찾을 수 있다. 민주주의 국가라 함은 국민의 생활을 책임지는 정부, 법치국가, 개인과 소수집단의 권리보호를 그 의무로 한다. 한 국가가 민주주의적 정치제도를 가지고 있다 하여도 각 국가의 상황에 따라 복지수준에는 많은 차이가 있을 수 있다. 그러나 대체로 민주주의가 정착된 나라에서는 복지제도가 발전되었음을 알 수 있고, 경제발전을 위해서 필요한 정치제도가 민주주의임을 알 수 있다. 아마르티아 센(Amartya Sen)[1]은 가난한 나라에서의 기근은 식량부족 때문이 아니라 식량을 공급받을 자격의 결여, 있는 식량을 먹을 권리가 없기 때문에 발생한다고 보았다. 비록 기근의 원인이 홍수나 가뭄과 같은 자연재해일지라도 그 사회가 어떻게 조직되어 있느냐에 따라 기근은 주민에게 막대한 영향을 미치는 하나의 사회적 현상으로 보았다(박형신 외 공역, 2004 : 269). 민주주의적 국가에서는 기근이 잘 일어나지 않는다. 민주주의와 농작물의 생산에 어떤 관련성이 있는지는 분명하지 않지만, 대체로 풍족한 국가에서 민주정부를 수립하고 있으며, 민주정부를 수립하고 있는 국가에서는 기근이 잘 일어나지 않는다는 것도 사실이다. 여기서 우리가 유추할 수 있는 사실은 민주주의 정치체제는 인간의 기본 생존권이 보장된 후에야 가능한 통치질서로 볼 수 있다는 것과, 국민의 연대와 합의 그리고 통합을 이끌어 내는 데 보다 더 합당한 제도라는 점이다.

---

1) 아마르티아 센은 1933년 벵갈에서 태어나 캘커타 대학교, 케임브리지 대학교에서 수학했다. "경제학의 테레사 수녀"라 불릴 정도로 인간의 복지를 중심으로 한 경제학을 주로 연구하고 있다. 1998년 노벨경제학상 수상자이기도 한 그는 케임브리지 대학교 트리니티 대학 학장을 거쳐(1998~2004) 현재 하버드 대학교에 재임 중이다. *Collective Choice and Social Welfare, An Economic Inequality, Choice, Welfare and Management* 외 다수를 저술했다.

민주주의는 두 가지 관점으로 나누어 설명할 수 있는데, 하나는 자유민주주의(liberal democracy)와 다른 하나는 공동체적 민주주의(communitarian democracy)이다(박형신 외 공역, 2004 : 269). 자유민주주의 옹호자들은 국가의 역할을 최소화하고, 국가는 개인의 자유를 최대한 보장하는 의무를 가지고 있음을 강조하며 대의민주주의 모델을 대변한다. 공동체적 민주주의는 공동체와의 연대를 통한 개인 권리의 확대와 보장을 강조하며, 참여민주주의 모델을 강조한다. 따라서 자유민주주의적 관점에서 보는 사회복지정책은 개인의 자유를 보장하는 정도의 수준에서 그 역할이 주어지므로 사회적 약자에 대한 소극적 역할만이 수행되는 것이며, 공동체 민주주의에서는 삶의 질을 향상시키기 위한 국가 차원의 적극적 역할과 더불어 보편적 복지제도가 확대되는 현상이 나타난다. 이러한 경우에는 개인의 자유에 대한 침해 여부가 논란이 될 수도 있다.

3) 사회복지정책과 복지국가

사회복지정책은 사회복지라는 추상적 목표를 향하여 나가기 위해 필요한 구체적 수단과 방법이 된다. 이를 추진하는 주체는 국가가 되지만, 복지국가라 함은 사회안전망과 최저생계선의 보장, 삶의 질을 높일 수 있는 보편적 건강, 사회적 서비스, 교육제도 등 일정한 정도의 복지수준을 갖춘 국가를 이르게 된다. 적절한 사회복지정책을 통하여 국민들의 생활이 보장되고, 삶의 질이 향상되면, 사회는 복지국가를 향해 발전하게 된다.

복지국가에 대해서는 합의된 하나의 개념은 없지만 복지국가의 제도적 장치 전달체계로 사회복지서비스가 전달되며, 서비스는 가능한 한 모든 국민에게 적용되도록 하고, 가능한 한 최상의 수준에서 포괄적인 범위로 제공되어야 한다는 목적을 가지고 있다. 아사 브릭스(Asa Briggs)는 복지국가의 역할을 다음과 같이 세 가지로 규명했다(박형신 외, 2004 : 286). ① 시장에서 환산되는 노동이나 재산가치와는 무관하게 개인과 가족에게 최저소득을 보장한다. ② 개인과 가족을 소득상실의 사회적 위기상황으로부터 보호하여 불안전을 감소시킨다. ③ 계급이나 신분의 차별 없이 모든 시민들이 일련의 사회적 서비스를 최고의 기준으로 이용할 수 있게 한다.

복지국가는 제2차 세계대전 이후 복지국가의 전성시대를 맞이하면서 보다 그 역할과 기능이 확대되었다. 완전고용과 최저생계 보장의 시대가 열리면서 복지국가의 황금기를 맞이하였으나, 1970년대 석유파동으로 재정적 기반이 흔들리면서 점점 복지국가의 역할이 축소되었고, 그 기능은 점점 감소하고 있다. 이것은 국민국가(nation-state)에 대한 신뢰와 지지가 약해지면서 우파(자유주의)와 좌파(마르크스주의) 모두로부터의 불신에 근거하고 있는데, 우파는 개인에 대한 국가의 간섭이 복지국가에서는 지나치다고 보았고, 좌파는 복지국가가 자본주의에 기본하고 있는 한, 그 모순을 극복하기는 어렵다고 보았다. 좌파와 우파에 의한 복지국가의 사회민주주의적 합의는 깨어지고, 복지국가는 위기의 탈출구를 찾기 위해 시행착오를 거듭하고 있다. 그러나 신마르크스주의자들도 지적하듯이 이 지구상에 나타난 국가의 형태 중 복지국가보다 더 나은 국가의 형태는 없기 때문에 당분간 복지국가는 지속될 것이다. 경기의 불황 속에서도 민주주의가 정착된 나라에서는 대부분 복지국가의 틀을 유지하고 있고, 복지국가는 국민들에게 기본적인 사회보장 및 사회적 위험으로부터 보호를 통해 개개인들의 욕구를 충족시키기 위해 고안된 국가형태로 현재까지는 긍정적인 평가를 받고 있다.

참고문헌

김영화(1993). 여성과 사회정의. **사회과학 연구**, 제9집. 경북대학교 사회과학연구소.

______(1996). 이론과 실천으로서의 사회정책 : 복지국가와 사회정책. **사회복지정책**, 제2집. 한국사회복지정책학연구원.

김영화 외(2013). **현장에서 본 사회문제**. 경기 : 양서원.

Briggs, A.(1961). The welfare state in historical perspective. *European Journal of Sociology, 2.*

Dreze, J., & A. Sen(1989). *Hunger and Public Action.* Oxford : Clarendon Press.

Jones, K., et al.(1985). *Issues in Social Policy.* Routledge & Kegan Paul : London, Boston.

Maurice Mullard & Paul Spicker 공저. 박형신 외 공역(2004). **사회이론과 사회정책**. 서울 : 일신사.

Rawls, J.(1971). *A Theory Social Justice.* The Belknap Press of Harvard Univ. Press.

Tawney, R. H.(1952). *Equality.* Allen and Unwin.

이 장의 요약

1. 사회정책(social policy)으로서의 의미가 오늘날의 뜻을 가지고 쓰이기 시작한 것은 무엇보다도 유럽에서는 산업혁명 이후로 이해되어야 하며, 초기 산업시대의 사회적 상황과 함께 파악되어야 한다. 그것은 사회정책이 노동운동과 맥을 같이하면서 전개되었기 때문이다. 다시 말하면, 사회정책이 발달하게 된 근본적인 원인은 자본주의의 전개과정, 산업기술의 발달 등과 밀접한 관계가 있으며, 자본주의의 전개과정에서 나타나는 여러 가지 모순을 극복하고 그 단점을 보완·보충하려는 노력이 바로 사회정책이다.

2. 근대적 의미에서 사회복지정책의 출발은 영국의 개인의 욕구를 충족시키는 사회서비스 중심의 사회행정으로, 독일에서는 노동과 분배정책으로서 사회정책이 출발하였고, 미국에서는 두 나라보다는 뒤늦게 개인의 생활을 보장하는 사회보장으로 각각 자리매김하면서 시작되었다.

3. 사회복지정책의 목적을 세 가지로 종합하여 정리해 보면, 첫째, 한 사회에서 절대적 또는 상대적으로 사회약자로 취급되는 사람들의 경제적·사회적 위험의 개선, 둘째, 생활을 위협하는 위기가 출현할 때 스스로의 능력만으로 해결하기 어려운 경우에 대비하여 경제적·사회적 위치를 보장해 주는 것, 셋째, 생활의 질을 보다 높여주는 것이다.

4. 복지국가에 대한 좌·우파의 평가와 그 장단점에도 불구하고 민주주의가 정착된 나라에서는 대부분 복지국가의 틀을 유지하고 있다. 복지국가는 국민들에게 기본적인 사회보장 및 사회적 위험으로부터 보호를 통해 개개인들의 욕구를 충족시키기 위해 고안된 국가형

태로 아직까지 긍정적인 평가를 받고 있다.

5. 이론과 실천은 지속적으로 상호작용하게 된다. 이론이 실천을 위한 근거와 방향을 제시한다면, 실천은 기존의 이론이 부합되지 않는 측면을 현장에서 파악하도록 하여 보다 더 발전된 이론을 세우도록 만든다. 즉, 실천은 이론의 변화와 확대, 발전을 이끌고, 이론은 우리가 파악해야 할 대상과 현상을 보다 정교하게 파악하도록 하여 실천적 영역을 점점 넓혀나간다. 사회복지정책의 궁극적 관심은 실천이며, 보다 나은 현실적 삶을 위해 이론이 그 인식체계를 만들어 주는 역할을 한다.

6. 한 사회가 가장 시급하게 해결해야 할 문제들의 우선순위, 그리고 그 사회가 가진 특수한 사회문제, 한 사회의 고유한 사회경제, 정치적 환경, 재정적 여건 등이 정책적 연구와 실천의 방향을 선택하게 만들며, 사회복지정책은 국가의 정책방향과 이념에도 영향을 미쳐 가치판단을 불가피하게 만든다.

7. 요약하면 사회복지는 본질적으로 재분배를 통해 사회정의를 실현하려고 하며 사회복지정책은 재분배를 정당화하기 위한 수단이 된다. 또한 사회복지정책은 공평한 재분배를 통해 사회적 연대감을 강화시키고 사회적 통합과 합의에 이르게 만드는 동력이 된다.

8. 삶의 질을 향상시키기 위한 방법으로는 경제정책과 복지정책이 서로 상생적 역할과 기능을 하지 않으면 안 된다. 이를 위해서는 복지정책의 중요성을 재인식함으로써 사회의 양극화를 막고 사회적 분열을 사전에 방지함으로써 국가의 정당성과 균형을 확보할 수 있다.

9. 자유민주주의적 관점에서 보는 사회복지정책은 개인의 자유를 보장하는 정도의 수준에서 그 역할이 주어지므로 사회적 약자에 대한 소극적 역할만이 수행되는 것이며, 공동체 민주주의에서는 삶의 질을 향상시키기 위한 국가 차원의 적극적 역할과 더불어 보편적 복지제도가 확대되는 현상이 나타난다. 이러한 경우에는 물론 개인의 자유에 대한 침해 여부가 논란이 될 수도 있다.

10. 복지국가에 의해 사회복지서비스가 전달되며, 서비스는 가능한 한 모든 국민에게 적용되도록 하고, 가능한 한 최상의 수준에서 포괄적인 범위로 제공되어야 한다는 목적을 가지고 있다. 아사 브릭스(Asa Briggs)는 복지국가의 역할을 다음과 같이 세 가지로 규명했다(박형신 외, 2004 : 286). ① 시장에서 환산되는 노동이나 재산가치와는 무관하게 개인과 가족에게 최저소득을 보장한다. ② 개인과 가족을 소득상실의 사회적 위기상황으로부터 보호하여 불안전을 감소시킨다. ③ 계급이나 신분의 차별 없이 모든 시민들이 일련의 사회적 서비스를 최고의 기준으로 이용할 수 있게 한다.

주요 용어

- **사회복지정책** : 각 개인의 최저생계를 보장하고 사회적 위험에 대비하여 일상생활을 보호하며, 나아가 삶의 질을 향상시키려는 실천적 · 사회적인 수단과 방법을 의미한다.
- **사탕과 채찍의 정책** : 비스마르크의 이중적 전략, 즉 사회보험정책과 사회주의자 금지법을 뜻한다.
- **복지국가** : 1941년 영국의 템플(Temple) 주교가 쓴 『시민과 성직자(Citizen and Churchman)』에서 전쟁을 하는 국가(warfare state)에 대비하여 복지국가(welfare state)라는 용어를 씀으로써 시작되었다.
- **평등의 원칙** : 기본 자유에 대한 모든 국민들의 동등한 권리를 의미하는 근본적인 사회원칙이다.
- **차등의 원칙** : 사회구성원의 공평성을 위해 개인적 요구에 따라 차등하게 적용되는 원칙이다.

추천자료

강상준(2023). **행복계약을 맺은 사람들–복지국가의 원초적 약속에 관한 이야기**. 지식의 날개.
김영화 외(2013). **현장과 함께 하는 사회문제론**. 경기 : 양서원.
김지혜(2019). **선량한 차별주의자**. 경기 : 창비
Amartya Sen 저. 박우희 역(2001). **자유로서의 발전**. 서울 : 세종연구소.
Maurice Mullard & Paul Spicker 공저. 박형신 외 공역(2004). **사회이론과 사회정책**. 서울 : 일신사.

CHAPTER 02 사회복지정책의 역사

사회복지정책의 역사는 시대순으로 나열하여 살펴보기보다는 역사적 사실의 사회문화적 맥락까지 함께 분석되어야 할 필요가 있다. 특정한 사회문제를 해결하기 위한 국가의 대안적인 조처가 국민들의 생활에 어떠한 영향을 미쳤는가, 불평등을 조금이라도 해소하는 방향으로 나아갔는가 아니면 보다 편재시키는 방향으로 역기능적인 작용을 하였는가 등 복합적이고 다원적인 시각과 분석이 요구된다.

1601년 빈민정책으로부터 시작한 사회복지정책의 역사는 최저생계 유지를 위한 투쟁과 사회보험, 보장정책을 실시함으로써 350년에 걸쳐 최저임금제와 완전고용정책을 이룩하게 되었다. 이로써 제2차 세계대전 후에 복지국가는 그 전성시대를 이루게 되었지만 1973년 석유파동과 함께 다시 복지국가의 위기를 맞게 되었고 세계화와 더불어 더욱 강화되는 신자유주의적 흐름과 함께 위기극복을 위한 다각적인 시도가 나타나고 있다.

* 이 부분은 김영화 외(2011). 『사회복지개론 : 인간과 복지』. 경기 : 정민사의 "제5장 자본주의와 함께 걸어온 역사"를 수정, 보완한 것이다.

사회복지의 성격은 국가의 특성과 성격에 따라 달라지는데, 그 특성을 살펴보면 대략 다음과 같이 4단계로 구분된다. 첫 번째 단계는 빈곤문제를 해결하기 위해 국가가 처음으로 개입했던 시기를 말하며, 두 번째 단계는 산업혁명 이후 자본주의와 더불어 산업화되기 시작하면서 나타났던 여러 가지의 노동불평등 문제를 해결하려고 시도했던 시기이다. 이 시기는 비스마르크(Bismark)의 사회보험제도를 중심으로 한 사회정책을 그 전형적인 특성으로 들 수 있다. 세 번째 단계로는 1945년 이후 30년간 케인즈(Keynes)와 베버리지(Beveridge)로 대표되던 복지국가의 전성시기로서 공공부조, 사회서비스, 사회보장제도를 중심으로 한 사회복지정책이 자리 잡힌 시기였다. 네 번째 단계는 20세기 말 이후부터 지금까지의 시점인데, 이 시기는 경제상황의 악화와 복지예산 삭감으로 인해 공공

산업의 민간화・민영화가 이루어지고, 나아가 국가역할의 축소로 이어지는 신자유주의적인 색채를 특징으로 하고 있다.

1. 빈민정책시대(1600~1800년대)

1) 엘리자베스 빈민법(1601)

고대부터 중세에 이르기까지 국가가 국민의 생활에 개입하여 개개인의 문제해결을 위해 노력한 일은 극히 드물었고, 대부분 혈연, 지역공동체 중심으로 상부상조의 형태를 띠었다. 중세 말 이래 빈곤문제는 교회의 자선사업, 혹은 봉건영주가 어려움에 처한 사람들을 지원하는 것에서 그 해결방법을 찾고 있는 모습이었다.

봉건제도가 무너지면서 영국에서는 거대한 농토가 목장으로 바뀌었고 수많은 농노들은 일자리를 잃게 되었다. 이들이 도시로 유입되면서 대부분 부랑자로 전락하였고 일상생활에 혼란과 무질서를 가져왔다. 또한 종교개혁으로 많은 수도원들이 해산・폐쇄되었고, 수도원에서 운영하던 숙박소가 문을 닫게 되었다. 이로 인해 그동안 자선사업의 대상으로 구제를 받은 빈민들이 다시 거리로 내몰려야 하는 사태로 전락하게 됨으로써, 수많은 걸인, 부랑자, 빈민이 양산되기에 이르렀다. 빈민문제가 점점 더 심각한 양상을 띠게 되자 빈민구제사업을 종교단체나 자선단체에만 맡겨놓을 수 없게 되었고, 국가가 개입하여 이 문제를 해결하지 않으면 안 되는 위기상황에 직면하게 되었다.

영국 엘리자베스 여왕 시대는 그동안 빈민을 다루었던 빈민법(The Poor Law Act, 1389)의 주된 내용 중 교구에 의한 구빈에 많은 문제점이 있다고 판단하여 구빈의 책임을 교회가 아닌 지방정부에 맡기게 되었다. 이 빈민법(The Poor Law, 1601)에 의하면, 빈민을 노동능력자(undeserving poor), 노동무능력자(deserving poor)로 분류하여 노동이 가능한 사람에게는 작업을 시키고, 노동이 불가능한 사람에게는 최저한의 구제를 제공하였다.

엘리자베스 빈민법의 특징은 구빈의 책임소재를 교회에서 교구의 지방정부로 옮겼다는 점에 있다. 지방세에 의해 지방관리가 빈민을 감독하였으며, 원칙에 의해 행정이 이루어져 빈민행정이 법제화되고 제도화되는 데 많은 진전을 보였다. 빈민 전체를 대상으로 하고 빈민을 그 특성에 따라 분류하여 각 집단에 따라 각기 다른 대책을 마련하였다는 점이 특징이며, 최초로 국가가 개입하여 지방공무원으로 하여금 구빈대책을 마련하려 했다는 점에 그 의의가 있다.

그러나 빈민을 비인간적으로 다루던 그 이전 시기의 형태에 비하여 다소 완화된 면이 있지만 역시 빈민을 위한 법이라기보다는 빈민을 다스리는 강제성이 동반된 법으로 보아야 마땅하다고 생각된다(한국사회복지연구회, 1988 : 59-61; Fraser, 1973 : 30; Friedlender & Apte, 1975 : 16; Sidney, W., & Beatrice, W., 1927 : 396).

2) 길버트법(1782), 스핀햄랜드법(1795), 신빈민법(1834)

빈민을 분류한 후 대상의 특성에 따라 적절하게 적용하고자 했던 엘리자베스 빈민법의 의미는 시간이 지날수록 퇴색되어서 그 규정이 지켜지지 않게 되었다. 그리하여 다시 빈민법을 정리할 필요가 생기게 되었는데, 이즈음 길버트 의원에 의해 주도된 길버트법(The Thomas Gilbert Act, 1782)이 발표되었다. 노동이 불가능한 빈민을 위해 작업장을 따로 설립하였고, 일자리를 가지고 있지 않은 노동능력자에게는 일자리가 제공되었으며, 임금이 생계비에 미달하면 그 미달 금액만큼 가구원 수에 따라 보조금 형식으로 지급되었다. 이는 빈민을 보다 더 근원적으로 구제하기 위해 빈민의 고용을 촉진하는 데 그 의의가 있는 것이다.

길버트법(1782)은 작업장에 입소하지 않으면 구제를 받을 수 없는 것으로 일관했던 기존 작업장법(1722)과는 달리, 노동의지가 있는 빈민들은 적절한 일자리를 찾을 때까지 자신의 집에서 생활하면서 구제를 받을 수 있게 했다. 즉, 작업장이라는 통제시설이 아닌 자택을 중심으로 구호가 가능하도록 만들어 준 셈인데, 이는 시설 외(원외) 구호가 처음으로 시도되고 법제화되었다는 점에서 의미가 있다(박태정, 2020). 이러한 점에서 엘리자베스 빈민법보다는 진보적이고 인도적인 방법으로 평가받고 있다(한국사회복지연구회, 1988 : 63; Bruce, 1961 : 41).

1795년의 스핀햄랜드법(The Speenhamland Act)은 길버트법의 확장으로 볼 수 있는데, 이것은 저임금노동자의 임금을 가족 수에 따라 연동적 비율로 보충해 주는 내용을 주요 골자로 하고 있다. 최저생활비의 수준을 정하여 이 수준에 못 미치는 경우 가족 수에 따라 임금을 보충하여 수당을 지급하는 임금보조제도가 이 법에 의해 도입되었다. 길버트법의 주된 관심이 빈민에게 있다면, 스핀햄랜드법은 저임금노동자를 그 관심대상으로 하고 있다. 당시 영국은 계속된 흉작과 전쟁으로 많은 국민들이 경제적 고통을 받고 있었으며 빈민구제도 여러 사회적 상황의 어려움으로 더욱 심각한 위기에 처하게 되었다. 이에 대한 해결책으로 스핀햄랜드법이 제정된 것인데, 이 법은 국가가 빈민들에게 재정적 혜택을 주기 위해 개인단위의 근시적인 시각에서 가족단위로 그 대상을 넓혔다는 의의가 있다. 무엇보다 노동자의 가족 수와 물가수준의 상관관계 속에서 최저생계선의 수준을 설정하였다는 데 사회복지적 의미가 있다(한국사회복지연구회, 1988 : 63; Rimlinger, 1971 : 23). 또한 산업혁명기에 노동자들에 대한 최저임금보장제도와 실업보장제도로서의 기틀을 마련했다는 것에서도 그 의의를 찾을 수 있다.

계속되는 경제적 불황과 산업혁명에 의한 급격한 사회변화가 국가의 경제적 기반을 어렵게 만들었고, 이의 해결을 위하여 정부는 예산절감을 위한 노력을 하지 않으면 안 되었다. 이러한 정부의 노력이 1834년 신빈민법의 제정으로 나타나게 되었는데, 이는 빈곤의 원인이 개인의 성격결함에 있다고 생각하는 자유주의자들의 영향과 개인주의적 사고방식이 비용을 절감하려는 국가의 정책과 잘 맞물려 빈민법을 새롭게 개정하는 것으로 연결되었다. 이 신빈민법의 주된 내용은 빈민원 내에 거주하는 빈민만을 구제대상으로 그 원칙을 정하여 원외구제를 중지할 것이며, 구제의 수준은 최하 수준으로 한다는 것이었다. 최하 수준의 구제란, 당시 자력으로 돈벌이를 하는 노동자의 최저임금보다 낮은 수준으로 구제하는 것을 말한다(Rimlinger, 한국사회복지학연구회 역, 1991 : 70-80).

길버트법의 원외구제와 스핀햄랜드제도의 노동 가능한 빈민 임금보조수당을 빈민구제의 남용이라 생각하여 철폐하고 열등처우의 원칙을 적용한 것이 신빈민법의 핵심내용이다. 이로 인해 스핀햄랜드법에서의 임금보조제도는 폐지되었고 구빈비용도 대폭 감소되었다. 또한 빈민에 대한 사회인식이 보다 엄격해졌고, 빈곤의 책임을 나태와 성격결함 등으로 보는 사회적 인식이 더욱 강해졌으나, 이러한 신빈민법의 시행도 결국에는 별다른 효과를 볼 수 없었다. 빈곤의 타개가 개인의 책임과 노력만으로는 한계가 있다는 사실이 점점 분명해짐에 따라 서서히 문제인식의 초점을 사회구조적인 면으로 돌리지 않을 수 없게 되었다.

3) 빈민법시대의 사회복지정책적 의미

1600년 이후 1800년대에 이르는 동안, 유럽 어디에서나 빈민들은 억압되어 있었고 일반인들에게는 질타의 대상이 되었다. 빈곤을 빈민의 나태함이나 허약함, 성격결함 등에 기인한 것으로 간주한 나머지 이들에 대한 규제는 빈민을 위하는 것이 아니라 통제가 목적이었다. 그러나 17세기에 이르러 빈민들에 대한 중세 종교단체 중심의 접근과 달리 정부는 증가하는 빈민과 부랑자에 대해 어떠한 형태로든지 이들을 위한 문제에 개입하지 않으면 안 되는 상황이 되었다. 이러한 배경에서 제정되었던 1601년 엘리자베스 빈민법은 국가가 최초로 빈민의 문제에 개입하여 정부의 차원에서 이를 해결하려고 시도했다는 데에 사회복지적 의미가 있다.

18세기 말 산업화 과정과 정치적 민주화 과정, 자본주의의 전개와 더불어 사회 전체는 자연히 자유주의적인 분위기가 강해졌다. 자유주의 기본 원칙은 사유재산의 자유로운 권리 추구와 거기에 따른 개인적 책임을 중시하는 것이다. 이러한 사회 분위기와 맞물려서 산업화 과정에서 빈민들을 위한 구호비용이 급격히 증가하자, 지금까지 사회적으로 빈민문제를 풀어 나가려고 노력하였던 정부의 시각이 다시금 개인적 책임으로 그 중심이 옮겨졌으며, 급격한 인구 증가와 1811~1831년간에 발생하였던 일련의 흉작으로 구호문제는 더욱 심각한 사회문제가 되었다. 또한 빈민구제는 개인들의 자립정신을 해치고, 노동의 동기부여를 약화시키며, 나아가서 사회에 해악이 된다고 생각하는 사람들이 많아져서 조금씩 확대되어 가던 길버트법, 스핀햄랜드법의 빈민정책이 다시 후퇴되는 결과를 가져왔다.

1789년 맬더스(Malthus)는 그의 저서 『인구론』에서 "빈민법이 인구를 증가시키고 거지들의 수를 늘리며, 일반인의 생활수준을 낮추고 있다"고 주장하였다(Rimlinger, 한국사회복지학연구회 역, 1991 : 56). 또한 그는 빈민을 구제하기 위한 급여체계의 잘못으로 결과적으로는 오히려 빈민을 양산하게 된 점을 지적함으로써 빈민의 근본문제는 빈곤 그 자체가 아니라 거지근성, 즉 근면성의 부족과 장래 대비성, 검약성의 부족 등으로 파악하였다.

이러한 경향은 당시의 사회 분위기와 경제적 어려움에 의해 나타난 것이었다. 그러나 런던과 요크 시에 행하여진 사회조사를 통하여 부스(Charls Booth)와 라운트리(Seebohm Rowntree)는 빈곤문제가 단순히 개인적인 나태함과 성격결함에 의해 발생하는 것이 아니라 다양한 사회적 원인에 의해 발생한다는 사실을 밝혀내었다. 이들이 행한 사회조사의 결과로 빈민구제는 공공부조로서의 빈곤정책으로 전환해 나가는 중요한 계기가 되었으며, 당시에 적용되던 빈민법과 사적인 자선활동에 의해서 빈곤문제가 해결될 수 있는 것이 아니라는 점에 인식이 모아지게 되었다. 나아가서 이러한 사회적 인식의 변화는 20세기 초 영국의 사회개혁에 도화선을 마련하는 계기가 되었다.

2. 사회보험정책시대(1800~1930년대)

1) 최저생활보장을 위한 투쟁과 노력

(1) 노동조건 개선을 위한 노동운동

18세기 후반부터 19세기에 이르기까지 영국을 비롯한 서구의 여러 나라에서는 산업화 과정이 진전되고 있었다. 또한 자본주의 생산양식이 도입됨에 따라 노동자 계층의 생활은 점점 더 비참해졌고, 장시간 노동과 열악한 환경 등으로 작업장의 근로조건은 말할 수 없이 악화되었다. 부녀자와 아동들에 대한 노동

혹사, 장시간의 공장노동, 비위생적 주거상태와 작업상태, 저임금과 높은 이자율, 노동자들에게 불리한 법률, 고용주들의 고압적인 자세 등은 노동자들의 육체적 쇠약과 정신적인 고통을 초래하여 도저히 더 이상 방치될 수 없는 상황에 이르렀다.

장시간의 과도한 노동은 생산력을 저하시키고 노동자 건강의 위협적인 요인으로 작용하여 작업효율성을 떨어뜨리게 되었다. 나아가서 이러한 현상은 자본가와 노동자 모두에게 불리한 상황으로 작용하게 되어 노동력 확보를 위한 법률 제정이 불가피하게 되었다. 이에 영국에서 1802년 공장법이 처음 제정되었고, 독일(프로이센) 1839년, 프랑스 1841년, 오스트리아 1859년, 일본 1911년 순으로 각 나라에서 공장법이 등장하였다(우재현, 1990 : 106-107). 공장법은 공장노동자의 노동조건을 규정한 것으로, 이를 계기로 영국은 1802년부터 1833년에 이르기까지 5개의 노동 관련 법이 제정되었고, 1833년에 와서는 노동시간에 대한 규정이 섬유공장 전체에 확산되어 적용되었다. 9세 이하의 노동을 금지하고, 13세 이하의 아동들은 9시간 이상의 노동을 시킬 수 없으며, 청소년들의 야간노동 금지와 더불어 공장감독제도도 확립하였다. 나아가서 하루 12시간 노동제를 최초로 규정하게 되었다. 공장법은 주로 섬유업을 중심으로 적용되었으나, 1867년에 와서는 모든 공업분야와 소규모 영세공장에서도 일반적으로 적용되기 시작했다.

1842년 탄광법, 1847년 10시간 노동시간 규정, 1871년 노동조합법 개정, 1875년 노동법·공장법 개정 등 일련의 법들이 제정·개정되면서 근로자들의 노동조건은 조금씩 개선되어 갔다. 임금의 최저선을 정하는 규정은 노동시간을 최초로 정했던 1833년보다 76년이 지난 1909년에 와서야 최저임금제도로서 결실을 보았으며, 1905년 실업자들을 위한 공공직업안정소가 설치되고, 1909년 전국직업소개소가 설치되면서 드디어 기본 노동조건이 성취된 셈이 되었다(우재현 편역, 1984 : 19).

이러한 노동조건의 개선을 위한 법률 제정과 분리될 수 없는 것이 바로 노동운동이었다. 1824년에는 1800년의 단결금지법(Combination Act)이 폐지되고, 기계파괴운동(Luddite Movement), 오웬(Owen)의 사회개혁주의적 사상, 협동주의적 사상 등의 영향에 힘입어 25년간 금지되었던 노동운동은 노동조합 결성이나 차티

스트 운동(Chartist Movement) 등과 같은 정치적 쟁점에도 개입할 수 있는 계기를 만들어 주었다. 노동운동의 목적에는 노동조건의 개선뿐만 아니라 잘못된 방향으로 개정된 신빈민법의 철폐 및 원상복귀 등도 포함되어 있었다.

노동조합과 협동조합은 19세기 초 영국에서 공장노동자의 경제·사회적 환경조건의 개선과 노동자들의 지위 향상을 위해 결성되었고 이러한 조합운동은 오웬에 의해 주도되었다(우재현 편역, 1984 : 119). 협동조합은 노동자끼리의 질병, 재해자들을 위한 상호부조의 기능을 담당하며, 노동조합은 기업에 대하여 노동조건을 개선하는 일에 주 임무를 띠고 있었다.

초기 영국 노동운동은 1884년 웹 부처(Sidney & Beatrice Webb)와 버나드 쇼(Bernard Shaw) 등의 지식인들에 의해 페이비언 협회(Fabian Society)가 결성되도록 만들었고, 나아가 이 페이비언 협회의 사상이 전후 영국 노동당의 이념적 지주가 되는 계기를 만들어 주었다. 그러므로 노동운동이 영국사회에 미친 영향은 실로 막대하였다고 볼 수 있다.

노동운동의 성과로 많은 노동 관련 법이 생겨나게 되었고 노동조합, 노동자들을 위한 재분배정책과 보험제도가 탄생하게 되었으며, 임금의 최저보장, 국민최저선 확보 등이 노동자들의 권리 개념으로 등장하였다.

(2) 교육 및 보건 정책

노동조건의 개선과 노동운동에 이어 사회복지의 발전적 동인으로 교육법의 제정을 들 수 있다. 1870년 초등교육법(Elementary Education Act)의 제정을 계기로 일반 의무교육의 원칙이 정해졌고, 이 법을 선두로 공공교육제도가 발달하기 시작하였으며, 1902년에는 초등 및 중등 교육행정에 관한 교육법이 제정됨으로써 국민교육의 발판이 마련되었다. 다른 한편으로는 1883년 질병예방법(Diseases Prevention Act)이 제정됨으로써 공중보건 영역의 국가 개입이 제도적으로 막을 열었다. 이로 인하여 질병을 앓고 있던 빈민들과 빈민아동들에게 교육과 보건의 양면을 함께 배려함으로써 사회를 지배하던 고질적인 문제들을 하나씩 점진적으로 다스리기 시작하였다(우재현 편역, 1984 : 175). 1906년 학교급식법(Education

Provision of Meals)을 제정해 빈곤아동의 최소한의 영양상태 유지를 위해 국가가 관여하였고, 1907년 교육행정법(The Education administrative Provisions Act)에 의해 초등학교 학생들의 신체검사가 의무화되었다.

20세기 초 도시지역에는 특별히 빈민법 적용대상자들을 위한 병동이 마련되어 그들을 위한 의료구호사업이 개선되면서 점차 기존의 구빈제도에 대한 한계점이 노출되었고, 빈곤에 대한 사회인식의 변화와 더불어 빈곤문제를 접근하는 제도적 재편성이 불가피하게 되었다.

(3) 사회사업의 태동

빈곤문제는 어느 시대, 어느 국가를 막론하고 존재해 왔으나 산업혁명 이후 특히 그 양상은 더욱 심각하였다. 농민과 빈민들의 도시이주가 급증하면서 새로운 형태의 빈민이 형성되었고, 대도시의 빈민가는 날이 갈수록 그 숫자가 증가하였다.

국가 개입으로 빈민구호의 대책을 마련해 보았지만 그 성과를 거두기는 쉽지 않았고, 빈민행정에 대한 비판과 비난의 여론은 커져만 갔다. 그 사이 민간 차원의 박애와 자선사업이 활발히 전개되면서 자선단체들이 빈민에 대한 문제해결에 나서게 되었다. 이것은 오늘날 사회사업의 시초가 되었으며 상호부조의 정신은 사회보험의 등장에도 영향을 주었다(원석조, 2001 : 65).

자선단체들은 빈민에 대한 현지조사를 실시하여 그 실태를 파악하려고 노력하였으며, 이들의 범죄를 예방하고, 경제적인 도움을 주려고 노력하였다. 그러나 민간으로서의 이들의 활동은 조직되지 않아 산발적이었고, 빈민을 통제하기 위한 것이라는 지적도 있었다. 그에 따라 자선활동을 조직화하고 구걸행각의 억제를 위하여 1869년 런던에 자선조직협회(COS : Charity Organization Society)가 세워졌다. 런던에만 40개 이상의 COS의 지소가 있었고, 지방에도 군소조직이 75개가 있었다. 이들 조직은 자조(self-help)에 대한 신념을 가지고 있어 공공의 구빈정책에 대해서는 반대의 입장을 취하였으며, 사적인 자선과 기부 그리고 자원봉사 등의 순수 민간의 노력을 지지하였다(원석조, 2001 : 69; Friedlander &

Apte, 1974 : 35).

COS와 함께 사회사업의 역사에 의미를 갖는 중요한 운동으로는 인보운동(Settlement Movement)이 있다. 이것은 기독교 사상에 입각하여 빈민지역에 거주하는 사람들의 생활개선을 목표로 삼았는데, 주로 케임브리지 대학교와 옥스퍼드 대학교 학생들을 중심으로 빈곤문제를 해결하려는 운동이었다. 경제적 현상인 빈곤보다는 의식의 문제를 중요시하며, 빈민 자신의 의식이 변화하지 않으면 가난에서 벗어날 수 없다는 것을 강조하였고, 교육에 의한 변혁을 실천하려 하였다. 이들은 빈민가에 거주하면서 그들의 인간적 성장을 돕기 위해 노력하였으며, 인보활동을 전개하였다. 이들 중 한 사람이 토인비(Arnold Toynbee, 1852~1883)였고, 그의 열성적인 활동을 추모하여 1884년 런던에 토인비 홀을 세웠는데, 이것이 세계 최초의 지역사회복지관(community welfare center)이라고 할 수 있다. 이들의 인보운동은 세 가지 목적을 가지고 있었다. 첫째, 빈민들의 교육수준과 문화수준을 높이고, 둘째, 빈민들의 생활환경과 사회적 욕구를 파악하며, 셋째, 빈민들이 가진 사회문제와 건강문제를 해결하기 위해 시민들의 관심을 촉구하고 사회입법을 제정하는 것이었다(함세남 외, 1996 : 71). 이상과 같은 COS나 인보운동과 같은 민간 확립은 전통적인 세 가지의 사회사업 분야인 개별사회사업(social case work)과 지역사회조직(community organization), 그리고 집단사회사업(social group work)으로 발전하는 계기가 되었다.

[사진 2-1] Toynbee Hall

출처 : http://www.unhny.org/about/history

2) 독일의 비스마르크 사회보험제도

19세기 영국과 프랑스에 비해 산업화가 늦게 시작되었던 독일은, 1871년 비스마르크(Bismark)에 의해 국가 통일을 이룬 후 급속도로 발전하였다. 국가의 산업화와 함께 노동자의 수가 대폭 증가하였고, 이에 따라 빈곤과 계급문제 등의 노동문제가 심각한 사회문제로 대두되었다.

이 시대 비스마르크의 과제로는 국가의 권위와 세력을 더욱 확고히 하여 산업화를 추진하고 인접한 유럽국가들보다 더욱 그 기반을 다져 비스마르크 자신과 견해를 달리하는 사회주의자들을 설득하고 노동운동으로 인한 위기상황을 극복하는 것이었다. 산업화 과정에서 나타나는 노동자 계층의 불만을 해소하고 사회통합을 이루는 것이 가장 시급한 과제였기 때문이다.

따라서 사회주의자를 진압하려는 의도와 동시에 노동자의 불만을 해소시켜서 사회통합을 기하려는 의도의 이중적 전략인 '당근과 채찍'의 정책을 내세우게 되었다. 사회주의자 금지법과 사회보험제도가 바로 그것이다. 이러한 이중적 비스마르크의 전략이 결국은 성공하지 못한 것으로 평가되지만 그의 사회보험제도는 독일 사회정책을 이해하는 데 가장 중요한 핵심이 되었다. 1883년의 질병보험, 1884년의 재해보험, 1889년의 양로 및 폐질보험은 모두 사회보험으로서는 세계에서 최초로 제정된 것들이었다.

사회주의자 금지법(Sozialistengesetz)에 의한 사회주의적인 정당, 협회, 모임, 저작의 금지 등은 심한 압박과 처벌에도 불구하고 사실상 큰 효과를 보지 못하였고, 사회보험정책도 그가 기대했던 만큼 노동자 계층의 통합을 이루어 내지 못하였다. 왜냐하면 사회개혁의 내용을 담은 황제칙서가 사회주의자 금지법을 합리화시키는 방향으로 나아가 사회보험법은 노동자들의 눈에 처음부터 부정적인 것으로 비쳤기 때문이다. 군주국가 체계를 신봉하는 보수주의적인 비스마르크가 시행한 사회개혁안으로서의 사회보험제도는, 계급투쟁과 그것으로 인해 파급될 사회변동에 대비하여 노동자의 불만을 덜고 노동자들을 국가에 의존하도록 만드는 국가권력에 근거한 권위주의적 정책이며, 또한 초기 산업사회의 이행을 순조롭게 하고 산업화를 원활히 진행시키기 위한 국가의 사회통합정책이었다고 할 수 있다.

기존의 사회・정치질서 속에서 산업화의 부산물로 생겨나는 사회문제를 해결하고, 다른 한편으로는 노동자들을 통합하려는 의도로 마련된 비스마르크의 사회정책은 사회개혁을 위한 제도로서는 한계가 있으나, 현재까지 독일 사회보험제도의 중요한 골격을 형성하고 있으며, 다른 나라의 사회보험제도의 초석이 되었다는 데서 중요한 사회복지적 의의를 가지고 있음은 의심할 바가 없다.

3) 영국의 사회보험제도

1906년 총선에서 승리를 거둔 자유당 정부는 일련의 사회개혁을 위한 법을 제정하였는데, 주로 국민효율성(national efficiency)과 국민최저선(national minimum) 사상을 바탕으로 하였다. 특히 '국민최저선'의 사상은 1890년 이후, 웹 부처를 중심으로 활동하였던 사회민주주의자들의 모임인 페이비언 협회에서 고안된 것으로 그 시대의 복지사상에 큰 영향을 미치게 되었다. 또 이들은 1905년에 임명되었던 '왕립구빈법위원회(Royal Commission for the Poor Law and Unemployed)'의 소수파 보고서로도 유명한데, 베아트리스 웹(Beatrice Webb)을 중심으로 하여 이들은 기존 구빈제도의 폐지를 주장하였다. 이들에게 영향을 받아 새로운 구빈제도의 필요성을 절감한 정부는 1911년 국민보험법(National Insurance Act)을 제정하게 되었고, 1908년 무갹출노령연금법과 더불어 기존의 구빈제도에 혁신을 꾀하게 되었다.

무갹출노령연금법은 당시 구빈법의 주요 대상이었던 노령자들을 구빈법의 대상에서 분리하여 그들만을 위한 독립적인 정책을 시도하였다는 데서 전통적 구빈제도와 구별되는 하나의 획기적인 계기를 만들어 주었다. 이 연금법은 자비에 의해 불쌍한 사람들에게 자선을 베풀어 주던 기존의 사고방식에서, 국민으로서의 사회적 권리로 그 개념을 전환하는 데 일익을 담당하였으며, 갹출주의에 의한 국민보험법으로 인하여 건강, 실업, 노령 등이 점점 더 확실하게 국민권리의 개념으로 자리 잡기 시작하였다. 건강보험제도는 여러 가지 어려움으로 1913년에 와서야 실시되었으나 국민 개개의 갹출원리에 입각한 사회적 권리로서 그 위치를 확립시키는 데 공헌하였다. 1911년의 실업보험제도는 세계 최초로 실업에 대한 보험원리가 적용되었다는 데 그 의미가 있으며, 1909년의 직업소개소 설치와 때를 같이하여 실시된 의무적 실업보험제도는 노동능력자에 대한 전근대적 빈민법제도로부터 결별을 선언하는 것이어서 국민권리의 관점에서나 인도주의적 관점에서나 비약적인 사회정책적 발전을 가져왔다.

실업보험과 의료보험을 그 주축으로 하는 국민보험법의 성립은 억압적 성격을 지녔던 비인도적 빈민법 체제의 해체를 의미한다. 빈곤에 대한 권리 개념의 도입은 1834년 신빈민법의 '열등처우의 원칙(principle of less eligibility)'을 폐기하도록 만든 계기가 되었다. 또한 빈곤문제에 대한 대책에서도 구빈으로부터 방빈(防貧)으로 초점이 변화되었다는 점에서 의의를 찾을 수 있다. 그리고 보험원리의 적용에 의해 빈민세라는 개념에서 고용자, 피고용자, 정부라는 3자에 의한 비용부담의 원칙으로 재정적 담당자가 바뀜으로써 새로운 재정원칙이 성립되었고, 이로써 빈민구제의 제도적인 역사적 전환점을 마련하게 되었다(우재현, 1984 : 177-180).

3. 사회보장정책시대와 복지국가의 전성시대(1940~1970년대)

1) 미국의 뉴딜정책과 사회보장정책

1920년대의 미국의 경제는 호황을 누리고 있었다. 제1차 세계대전의 연합국 승리는 미국이 농산물 수출국으로부터 농·공산물 수출국으로 발전하는 계기를 만들었고, 이를 기반으로 하여 미국은 자본주의 경제체제 국가들의 중심국가로 우뚝 서게 되었다. 그러나 1920년대 후반이 되면서 미국의 자본주의는 과잉생산으로 인하여 더 이상 국내시장의 수요로는 생산물을 모두 소비할 수 없게 되어 버렸고, 자본의 과잉화 현상이 나타나면서 드디어 1929년 10월 대공황이 나타나기 시작했다.

대공황이 미국과 세계 전역에 끼친 영향은 대단히 심각하였다. 미국 자본주의에 의존해 있던 세계 자본은 결정적인 타격을 받았고 각국의 실업률과 인플레이션은 이루 말할 수 없는 정도에 이르렀다. 미국의 경우 1933년 실업률은 전체 노동인구의 29%에 달하였고(한국사회복지학연구회 역, 1991 : 225 재인용; National Resources Planning Board, 1942 : 19), 경제는 파탄의 지경에 이르렀다. 시장의 자율적 기제에 의해 운영되던 자본주의 제도는 더 이상 그 기능을 수행할 수 없는 국면에 처하게 되었다. 그러나 당시 1929년부터 4년간 재임하였던 후버(Hoover) 대통령은 이러한 대공황에 대해서조차도 자본주의 시장경제의 자율성과 경기회복성을 기대하여 특별한 조치를 취하지 않았다. 그러나 루즈벨트(Roosevelt) 대통령이 취임하던 1933년에 은행 도산이 연쇄적으로 일어나 경제는 최악의 상태에 이르게 되었다. 이에 루즈벨트 대통령은 뉴딜정책을 실시하였으며 미국의 구제와 부흥에 총력을 기울이지 않으면 안 되었다. 뉴딜정책의 목적은 정부의 개입과 규제력에 의해 자본과 노동을 조직화하고, 이것을 통하여 산업에서는 일정한 이윤을 보증하게 함과 동시에 다른 한편으로는 실업이나 저임금이 더 이상 확대되지 않도록 하자는 데 있었다(우재현, 1984 : 232).

이러한 사회보장법이 미국에서 나타나게 된 배경은 자본주의와 자유주의를 신봉하던 미국이 경제대공황을 경험하면서 개인의 힘으로 해결할 수 없는 사회문제는 국가가 개입하여 해결하지 않으면 안 된다는 국가역할의 필요성에 대한 자각에서 나온 것이었다.

당시의 심각한 실업문제를 해결하기 위해서는 민간의 고용 증대가 필요하며 경기 활성을 위해서는 구매력의 확대가 필요하였다. 그러므로 노령연금제도를 통해서는 노인들에게 구매력을 높이고, 실업보험제도를 통해서는 실업자에게 구매력을 가질 수 있도록 만드는 것에 사회보장법의 목적이 있었다. 미국의 사회보장법은 그 실질적 내용에 있어서는 이미 시행되고 있던 나라의 제도들을 도입하여 응용한 것이지만, 독일의 사회보험법에서 한발 더 진보된 것으로서 중요한 의미를 가진다. 그리고 사회보장법의 적용대상은 특정한 국민계층이라는 점에는 한계가 있지만 사회보장법을 계기로 점차 이 분야의 발전적 기틀을 마련하였다는 데 의의가 있다. 그 후 1942년 ILO에서 발간된 『사회보장으로의 길』과 『베버리지 보고서』에 의해 사회보장의 개념은 더욱 명확하게 정의되어,

사회보험과 사회부조의 통합으로서의 사회보장으로 이해되기에 이르렀다(고영복 편저, 1994 : 189).

2) 영국의 베버리지 보고서와 사회보장제도

[사진 2-2] Beverige Report
출처 : www.google.com

1942년 영국의 베버리지 보고서는 사회보장제도를 형성한 또 하나의 역사적인 모델로 들 수 있다. 제2차 세계대전 동안의 산적한 사회문제를 해결하기 위해서 특별위원회의 필요성이 절실해졌고, 베버리지가 위원장이 되어 전문가들로 이루어진 위원회가 1941년에 형성되었다. 위원회의 주요 과제는 현존하는 사회보험 및 관련 서비스의 여러 제도들을 전면적으로 재검토·조정하기 위한 것이었다. 이 위원회의 과제 이외에도 베버리지는 한발 더 나아가 당시의 사회정책을 검토하고, 기존의 문제점과 한계를 극복하기 위한 새로운 사회보장정책을 제시하였다.

베버리지 보고서에 의하면, 사회보장은 "실업, 질병 및 재해로 인한 소득의 중단, 또는 노령, 은퇴, 부양자의 사망, 출산, 결혼 및 사망 등의 예외적 지출의 경우에 대비할 수 있는 일정 소득의 보장"으로 정의된다. 보고서에서는 반드시 전 국민을 포함하도록 하며, 대상자 집단을 경제적 곤란의 원인과 그 보호방법에 따라 분류하여야 한다고 하면서 소득과 무관하게 모든 국민이 정액 보험료를 부담하되 연금은 자산조사를 거치지 않고 정액급여가 되어야 함을 제시하였다. 사회보험으로 해결되지 않는 부분은 근대적이고 인도주의적인 공공부조가 담당하면 될 것으로 간주했다.

특징적인 것은 베버리지위원회는 보고서에서 제시한 여러 계획들이 성공하기 위한 3대 전제조건으로서 아동수당, 국민보건서비스 및 완전고용을 주장했다는 점이다. 먼저 아동수당의 경우 부모가 다른 급여를 받는지의 여부와 무관하게 실시되어야 한다고 보았는데, 구체적으로 부모가 일을 하고 있는 경우에는 이 수당이 두 번째 자녀부터 지불되고 그렇지 않을 경우에만 첫 번째 아이에게까지 지불되어야 한다고 주장하였다. 둘째, 질병의 예방과 치료를 위해 국가 책임에 의한 보건서비스가 필요함을 강조한바, 이것이 바로 오늘날 NHS로 불리는 영국 의료보장제도의 뿌리가 되었다. 마지막 전제조건이었던 완전고용의 경우 대량실업을 예방하는 차원에서 강조되었다. 이러한 조건을 이행하는 주체는 단일한 정부기구에 의해서 움직여질 것을 권고하였다(박태정, 2014). 베버리지 보고서는 오늘날 사회보험제도 운영에 근간이 되는 사회보장 6대 원칙을 다음 표와 같이 제시하였다.

〈표 2-1〉 **베버리지 사회보장 6대 원칙**

① **행정책임의 통합 원칙** : 사회보장의 모든 부문별 행정 운영을 통합하는 원칙
② **포괄성의 원칙** : 기본적 생활욕구의 충족을 위해 사회보장의 모든 분야에서 급여가 고르게 이루어져야 한다는 원칙
③ **정액기여 원칙** : 보험료는 소득의 많고 적음에 관계없이 균일하게 갹출한다는 원칙
④ **정액급여 원칙** : 보편성의 원칙에 따라 모든 국민에게 평등하게 최저한도의 소득을 보장한다는 원칙
⑤ **급여 적절성 보장 원칙** : 급여의 종류와 수준이 최소한 인간다운 생활을 영위하는 데에 적절해야 한다는 원칙
⑥ **대상자 분류 원칙** : 피용자, 자영업자, 가정주부, 기타 노동인구, 취업 전 청소년, 노동불능 고령자 등 6개층으로 구분

이에 영향을 받은 노동당 내각은 1946년에 국민보험법, 국민산업재해보험법, 국민보건서비스법, 1948년에 국민부조법을 제정하게 되었다. 특히 영국에서 괄목할 만한 제도는 의료보장제도인데, 이것은 국민보건보험과는 달리 의료보호와 일반 보건서비스를 통합한 제도로서 공적 서비스의 형태를 띠었으며, 의료비용은 세금으로 모두 충당하도록 하였다.

영국의 사회보장제도는 베버리지 보고서를 바탕으로 성립되었는데, 베버리지는 전국적으로 통합된 형태의 사회보험 및 공공부조 체계로 시행할 것을 제안하였으며, 그에 힘입어 1946년의 가족수당제도, 1948년 국민보건서비스제도(National Health Service System)가 실시되기에 이르렀다.

1930년대 이후에 발전하기 시작한 사회보장제도의 일반적 성격을 보면, 국민

기여금으로 형성되는 보험의 원리가 축소되고 공공부조가 확대되면서 국가의 역할과 책임이 점점 더 강조되고 확대되었다. 공공부조에서도 구빈적인 성격이 점점 희박해지고, 적용대상도 국민 전체로 확산되었다. 사회보장의 급여형식은 세 가지로 대별되는데, 첫째, 개개인의 기여금에 따라 지급되는 사회보험, 둘째, 특정한 종류의 사고와 상황에서 국가가 수당으로 지급하는 사회보험, 셋째, 가계조사를 전제로 한 생활궁핍자를 위한 공공부조가 그것이다. 사회보장의 가장 기본적인 목적은 국민의 최저생활의 보장에 있었다.

사회보장의 중심이 되는 사상은 인간존엄성이며, 이것은 인간의 자유와 생존권의 보장을 골자로 하고 있다. 사회보장이라고 하는 용어는 궁핍으로부터의 자유라는 이념을 구체화한 것으로 제2차 세계대전 이후 복지국가의 대명사로 등장하였으며, 이것을 위해서는 1942년 베버리지 보고서가 결정적인 역할을 하게 되었다.

3) 최저임금제와 완전고용정책

인류는 제1・2차 세계대전과 경제대공황을 겪으면서 국민들은 사회의 어떤 위협에도 생활이 보장될 수 있는 국가를 열망하게 되었고, 보다 안정되게 살 수 있는 사회를 그 어느 때보다도 갈망하게 되었다. 이러한 국민의 열망에 부응하여 나타난 국가의 형태가 바로 복지국가인데, 복지국가라 함은 간단히 말하여 국민 최저생활보장을 목적으로 하는 국가를 말한다.

복지국가라는 용어가 오늘날의 뜻과 같이 쓰이기 시작한 것은 제1장에서도 설명하였듯이 1941년 템플(Temple) 주교인데, 그가 쓴 저서 『시민과 성직자(Citizen and Churchman)』의 서두에 나치스의 전쟁국가(warfare state)에 대한 반대어로서 영국을 복지국가(welfare state)라고 부른 데서부터 비롯되었다고 본다(신섭중, 1989 : 74; Maurice Bruce, 1961 : 2).

일반적으로 복지국가의 개념이 널리 사용되기 시작한 것은 경제공황을 타결하기 위한 미국의 뉴딜정책 이후 1930년대 말 1940년대 초 영국의 베버리지 보고서를 계기로 사회보장의 개념이 확산된 이후로 볼 수 있다. 복지국가의 이론

[사진 2-3] John Maynard Keynes

출처 : http://skepticism.org/timeline/june-history/6508-birth-economist-john-maynard-keynes.html

과 사상의 형성에 있어 경제학적인 측면에서 영향을 미친 학자들은 마샬(A. Marshall)과 피구(A. C. Pigou) 및 케인즈(J. Keynes) 등인데, 이들은 공통적으로 자유방임적인 사상을 배격하고, 국가의 개입을 통한 소득재분배정책, 국민경제의 계획화 등을 지지하였다(신섭중, 1989 : 74). 이러한 경제분야에 대한 국가 개입이 사회민주주의적인 혼합경제 체제를 구축하였고, 베버리지와 케인즈는 복지국가의 사회·경제 부분의 양대 지주를 세우는 데 막대한 공헌을 하게 되었다. 그러므로 제2차 세계대전 후부터 1970년 초까지를 케인즈-베버리지안이 주도한 복지국가의 전성기라 부른다.

대공황과 세계대전을 통하여 세계의 국민들은 모두 상호 의존하여 살아가야 하는 공동체라는 사실을 경험하였고, 계층과 세대 간에 서로 상부상조하지 않을 수 없는 유대감을 형성하게 되었으며, 이러한 유대감과 공동체 정신은 나아가 복지국가로 발전할 수 있는 정신적 기반과 사회적 분위기를 조성하게 되었다.

영국을 비롯한 여러 유럽국가들은 1930년대의 대공황을 극복하기 위한 방법으로 케인즈의 경제이론을 도입하여 실업자 구제를 위한 이론적 근거로 삼았다. 케인즈는 대공황이 재화 및 서비스에 대한 총수요가 총공급에 미칠 수 없어 생긴 것으로, 실업을 없애고 불황을 극복하기 위해서는 공공지출을 증가시키거나 사회보장을 늘려서 총수요를 증대시키는 것이 필요하다고 주장하였다. 그러므로 총수요의 증대를 위해 국가 개입이 중요하다는 케인즈 이론이 정치적으로 민주사회주의의 입장에서 서 있던 스웨덴을 비롯한 여러 국가들에게 설득력을 가졌다. 그리하여 정부의 주도하에 경제의 계획화와 사회보장의 확장을 추진하게 되었다. 즉, 실업자 구제를 위한 공공사업과 총수요 증대를 위한 사회보장을 대규모로 실시함으로써 점차 불황을 극복하게 되었고, 제2차 세계대전 후에는 최저임금과 완전고용정책의 실시가 드디어 성공하기에 이르렀다.

영국에서는 1945년 정권을 잡은 영국의 노동당에 의해 주요 산업의 국유화와 경제의 계획화 등이 실시되었고, 1942년 베버리지 보고서를 계기로 하여 광범한 사회보장과 완전고용정책을 실시하게 되었다. 유럽을 중심으로 한 복지국가의 출현으로 최저임금제와 완전고용정책이 가능하게 된 원동력은, 첫째, 국가개입의 혼합경제를 주장한 케인즈 경제이론의 도입과, 둘째, 이러한 혼합경제를 가능하게 한 사회민주주의의 발달을 들 수 있다.

지금까지의 사회복지 발달과정을 간단히 요약하면 국가가 빈민들의 구제를 위해 개입을 시작한 이후 19세기 후반까지 국가는 빈민들에 대해 대체적으로 시혜적이며 억압적인 통제의 기능을 담당하였다고 볼 수 있다. 그러나 1880년대로 오면서 독일의 사회보험제도가 나타났고, 국민들의 권리 개념이 등장하게 되었으며, 이 시대를 전후하여 복지국가로서의 국가 형태가 서서히 형성되기 시작하였다. 한정된 범위이긴 하지만 산업재해, 질병과 노령으로부터 국민을 보호하려는 국가의 노력이 나타났고, 국민 최저생활을 보장하려는 복지국가로서 그 면모를 갖추기 시작하였다.

제1차 세계대전을 치르고 복지국가로서의 체제정비가 이루어지기 시작하는 1920년대로 넘어오면서 경험하게 되는 경제대공황과 곧 뒤따르는 제2차 세계대전은 복지국가의 발전을 위한 중요한 동인이 되었다. 경제공황과 전쟁은 국가로 하여금 희생된 국민의 생활을 재건하고 그들의 생활을 보장하도록 국가의 역할을 강화시키지 않으면 안 되었고, 이에 따라 새로운 제도의 수립은 불가피하게 되었다. 즉, 기존의 구빈제도와 사회보험제도는 경제공황으로 인한 수많은 실업자와 전쟁으로 인한 엄청난 빈민과 희생자들을 모두 포괄할 수 없었으므로 새로운 사회보장제도를 고안해 낼 수밖에 없었다. 그러므로 생활보장에 대한 권리로서의 개념적 확대와 제도적 확충, 연대원칙에 입각한 국민 전체의 정책적 대상화 등을 이 시기의 특징으로 볼 수 있다.

제2차 세계대전이 끝난 1945년부터 1970년대 초까지 대략 30년간은 복지국가의 전성시대였다. 지속적인 경제성장과 함께 완전고용이 가능하였고, 그러므로 최저생활의 보장이 실현되었으며 복지국가로서의 명성을 누릴 수 있었던 시기였다. 대부분의 구미선진국들에서는 높은 경제성장률과 안정적인 경제성장이 가능하였고, 낮은 인플레이션과 낮은 실업률을 유지하였으므로 고부담 고복지의 정책이 가능하였다. 국가마다 그들이 가진 특수적 상황을 감안하여 여러 가지 종류의 복지정책이 실시되었으며, 복지국가로서 제도적인 기반을 마련하여 국민생활의 질을 높이는 데 중요한 공헌을 하게 되었다.

4. 복지국가의 위기와 재편

1) 복지국가의 위기

1950년대와 1960년대에 경제적 풍요를 누리던 서구 산업사회는 1973년 석유산유국(OPEC)의 석유생산 감소로 기름값의 상승과 더불어 석유파동을 겪게 되었다. 1970년대 초, 세계 거대 석유회사들이 전 세계 오일 헤게모니를 차지하려고 기회를 노리고 있었는데, 이에 이스라엘과 아랍 간 중동전쟁이 발발함으로써 이들에게 석유파동의 명분을 제공하였다. 1973년 10월 6일부터 시작된 중동전쟁은 10월 17일부터 석유전쟁으로 비화하여 세계경제는 제2차 세계대전 이후 가장 심각한 불황에 직면하게 되었다. 세계적 불황으로 30년간 누려오던 복지국가의 전성시대는 그 막을 내리게 되었으며, 실업자가 또다시 중요한 사회문제로 등장하게 되었다. 그러므로 실업문제와 관련된 여러 가지 파생적 문제들을 해결하기 위해서 각 선진사회는 정책의 수정과 함께 국가의 긴축재정을 실시할 수밖에 없었다. 서구의 선진국들이 처한 상황은 국가마다 다소의 차이는 있으나 대개 다음과 같은 몇 가지 점에서 공통적인 면을 발견할 수 있다(Mishira, 김한주・최경구 공역, 1987 : 11).

① 스태그플레이션(stagflation)의 시작과 경제성장의 정체이다. 이때는 실업자들을 위한 급여 및 사회복지 경비의 지출이 경제회복의 장애물로 보인다.

② 완전고용의 종말과 함께 대량실업이 발생한다.

③ 국가의 재정적 위기를 맞이한다. 경기침체의 결과로 정부세입을 감소시키며, 실업자의 증대로 인한 실업급여 등의 사회적 경비지출이 늘어나면서 공공비 지출을 가중시키고 있다. 그러므로 사회서비스 부문의 예산 삭감

이 불가피하게 된다.

④ 복지국가에 대한 일반적인 신뢰감이 무너지기 시작했다. 제2차 세계대전 후의 케인즈 이론의 적용으로 시장경제에 정부가 개입하던 시대는 지나갔으며, 재정적 어려움으로 인하여 더 이상 혼합경제가 영향력을 갖지 못한다.

2) 위기극복을 위한 시도

1970년대에 들어와 경험한 석유파동은 자본주의의 안정적 체계를 붕괴시키는 결정적 요인이 되었다. 따라서 케인즈-베버리지에 근거한 복지국가의 정책은 위기를 맞게 되었고, 나아가서 이러한 위기극복을 위한 돌파구를 찾아 각 복지국가들은 나름대로의 해결책을 모색하게 되었다. 이들 복지국가들이 추구하는 해결책은 대개 다음의 세 가지 경향으로 분류할 수 있다(김영화, 1988 : 17).

첫째, 자유주의로 복귀를 주장하는 신보수주의적 정부의 형태로서, 미국의 레이건 정부와 영국의 보수당 정권을 들 수 있다. 독일의 콜 수상이 보수당으로서 정권을 잡은 1983년도 이와 같은 맥락 속에서 이해된다. 이들이 주장하는 것은 사회민주주의가 지향했던 혼합경제의 한계를 지적하고 시장경제 내에서 국가 간섭을 배제하는 것이다. 경제의 침체를 막기 위해서는 시장의 자율조정 기능에 경제가 맡겨져야 하며, 기업 간의 경쟁을 더욱 강화시키고 시장경제 내에서의 정치적 간섭을 배제하며, 시장의 자율적 기능에 의해 경제의 활성화를 꾀하여야 한다는 것이었다. 이러한 신보수주의는 복지국가의 지출을 억제하고 축소하며 자본주의 시장경제로 재복귀하였다. 시장법칙을 최대한 허용하고 사회복지 지출을 억제하는 이런 방법으로, 어느 정도 인플레이션의 억제에는 성공할 수 있으나 실업률의 증가는 피할 수 없다는 비판을 받는다.

둘째, 좌파의 입장이다. 자본주의가 가지는 필연적인 모순들로 인하여 복지국가 체제가 아무리 자본주의의 한계를 시정하고 보완하여도 자본주의 제도가 국가의 경제적 기반이 되는 한, 사회의 불평등 문제는 해소되기 어렵다는 생각이다.

경제적 위기상황이 발생할 때 그 위기를 극복할 수 없는 자본주의적 한계상황에서는 계급의 대립이 더욱 첨예화될 뿐이다. 그러므로 자본주의가 안고 있는 문제점과 체제 자체의 한계점을 극복하는 길은 자본주의 자체를 극복하는 수밖에 없다고 생각하는 것이다. 다시 말하면, 자본주의 체제의 틀 속에서는 지속적 자본주의의 발전이 불가피하므로 자본축적이 선행될 수밖에 없고, 자본축적을 위한 정부세입의 구조와 사회복지 지출을 위한 정부지출 구조 간에는 구조적 모순과 갭(gab)이 생길 수밖에 없다고 보는 것이다(한국사회복지연구회, 1988 : 79-80; George, V., & Wilding, 1984 : 230-246).

자본주의를 운영하기 위한 국가의 자본축적과 복지국가를 운영하기 위한 정부의 지출은 모순에 부딪히게 된다. 즉, 국가의 경제적 기능과 사회복지 기능 간에는 갈등이 내재되어 있다는 사실이다(O'Connor, 1973 : 1-10; 고영복 편저, 1994 : 271). 마르크스주의자들은 제2차 세계대전 후에 출현한 복지국가는 자본주의 사회 발전의 모순적 산물로 본다. "복지국가의 성장은 자본주의 발전의 원인도 결과도 아니며, 다만 자본주의의 한 측면에 불과하다. 따라서 복지국가는 현재의 위기를 야기한 원인도 결과도 아니며, 다만 그 자체 역시 자본주의의 한 측면에 불과하다"는 것이다(고영복 편저, 1994 : 267-276; George, 1979 : 152). 그러므로 이들의 주장은 복지국가 체제가 경제대공황과 세계대전을 극복하고 국민들의 삶을 보장하는 것이 아니라, 자본가와 노동자의 타협의 산물이며, 사회적 경비의 증대는 대부분 노동계급의 압력에 의해서 쟁취된 것이다. 전후 복지국가는 자본주의 발전과정에서 나타나는 한 측면에 불과하고, 또한 복지국가 자체는 자본주의의 자체 내의 모순에 의해 소멸할 것이라고 보는 것이다.

셋째, 민주사회적인 복지국가의 기본 이념과 혼합경제 체제를 그대로 고수하면서 위기상황을 극복하기 위한 조합주의적 해결방안이다. 조합주의에 의한 복지정책이란 경제정책과 사회정책을 분리하여 시행하는 것이 아니라 상호 통합하고 조화시켜 경제와 사회복지 간의 기능적 통합(functional integration)을 시도한다. 개인의 자유와 기회균등, 경쟁과 안정, 경제성장과 사회보장 등 상충되는 두 가지의 사회적 목표를 잘 조화시켜 개인의 자유를 침해하지 않으면서도 사회적 평등을 추구한다는 목표를 가지고 있다. 조합주의를 지향하고 있는 유럽의 여러 나라들은 불황을 극복하기 위해서 사회구성원들은 공동협의와 사회적 합의를 바탕으로 공동체 의식을 다졌으며, 노사정 공동 결정의 원칙을 세워 경제사회정책에 대한 국민적 합의를 통하여 대립구조와 갈등구조를 극복해 나가려고 노력하였다(Katzenstein, 1985 : 187-189).

경제적 목표와 사회적 목표를 조화롭게 추진하기 위해서는 사회 내의 서로 다른 이익집단 간의 제도화된 협력체제가 불가피하며 노동자와 자본가의 유대감에 기반을 둔 동반자 관계를 구축하여야 한다. 이로써 이익집단 간의 조직체를 통한 정치적 협조와 사회적 협력을 통해 정책결정이 가능해질 수 있고, 투쟁보다는 합의를 중요시하게 된다. 그리하여 계급 간의 갈등과 대립이 없어지고 변화하는 국제적 흐름에 빠르게 대처할 수 있는 능력을 함양할 수 있게 된다. 자유주의가 개인의 자유를, 사회주의가 사회적 평등을 우선적인 목표로 세우는 반면, 조합주의는 사회정의를 중요시한다. 사적 소유를 인정하고 공적 통제를 핵심적 원리로 사회정의가 실현되면, 개인의 자유와 사회적 평등 모두 침해받는다고 느끼지 않는다. 조합주의 복지국가는 사회적 갈등요소를 노사정의 합의와 협력에 의해 해결하며, 국민들의 생활 향상, 완전고용과 최저한의 생계보장, 보편적 사회서비스를 실현하는 목적을 가지고 있다.[1)]

위와 같은 세 가지 갈래의 위기극복의 방법 중에서도 서구의 복지국가는 미국, 영국을 중심으로 한 신보수주의와 유럽을 중심으로 한 사회조합주의적인 방법을 택하고 있다고 할 수 있다. 1980년대의 신자유주의가 주도권을 잡게 되었을 때에도 이러한 각국의 고유한 맥락은 각각의 나라가 처한 상황을 타개하려는 해결책 모색에 영향을 미치게 되었다.

5. 2000년대 이후 복지국가의 변화

2000년대에 들어서면서 복지국가들이 당면하게 된 주제는 이른바 '신 사회적

1) 조합주의에 관해 나온 연구로는 김상균(1990). "복지국가의 위기와 조합주의 복지국가". 『사회복지 이론과 실제』. 인석 장인협 박사 정년기념논문집; 최경구(1993). 『조합주의 복지국가』. 서울 : 한나래를 참조하였다.

위험(new social risks)'이다. 신 사회적 위험은 기존의 질병, 실업, 노령 등과 같은 '사회적 위험'과 비교하여 노동시장의 불안정성과 성역할 변화에 대한 강조가 그 특징이다 이러한 논의를 주도하는 대표적인 학자인 보놀리(Bonoli)는 신 사회적 위험으로 "1) 일·가족 양립의 어려움, 2) 한부모 가족 증가, 3) 돌봄이 필요한 가족의 증가, 4) 저숙련, 오래된 기술을 가지고 있는 인구의 증가, 5) 불충분한 사회보장·사회안전망"을 들고 있다(최영준 2011 : 35). 무엇보다 복지국가가 오랜 시간 동안 해결하려고 노력해도 사회적 위험조차 충분히 해소되지 않은 채 신 사회적 위험이 증가하게 되면서 현재 복지국가는 재구조화에 대한 압력을 지속적으로 받고 있는 양상이다(김태일 외, 2016).[2)]

이와 함께 전 세계에 불어닥친 COVID-19 팬데믹 역시 인간다운 삶에 대한 논쟁을 재점화시켰다. 팬데믹은 거의 모든 국가에서 경제침체 원인으로 작용하였는데 이러한 흐름을 타면서 규제완화와 시장 중심 복지정책의 재구조화가 곳곳에서 일어나고 있다. 선·후진국을 막론하고 팬데믹 이후 잠재성장률을 비롯한 각종 경제지표의 하락은 경제성장이 우선이라는 것을 합리화시켜 주었다.

이런 흐름을 반영하듯이 실제로 스웨덴과 영국은 보편적인 급여를 점차 줄이고 있지만, 막상 복지지출의 대폭 삭감은 일반 시민들의 반대여론으로 인해 실행되지는 않았다. 반면에 네델란드와 미국은 경제위기를 극복하는 과정에서 복지지출 축소를 적극적으로 실시하였다. 그 전부터도 조세와 복지에 대한 조정이 주기적으로 이뤄지던 터라, 네덜란드와 미국의 복지지출 축소에 대해서는 반발여론이 그다지 높지 못했다. 스웨덴과 영국과 대조를 보이는 부분이다.

특히 네덜란드는 예전에 에스핑엔더슨(Esping-Anderson)이 조합주의 국가로 분류하기도 했지만, 1980년대 중반 이후 계속 되는 복지지출 분야 조정 결과를 보면 오히려 자유주의국가인 미국과 더 비슷한 양상이 드러나고 있다(강지원 외, 2008)[3)].

우리나라 역시 예외가 아니어서 최근 복지정책의 지속가능성을 두고 재정트

---

2) 김태일, 이주하, 최영준(2016) . 복지국가 연구의 과거, 현재 그리고 미래, 정부학연구, 제22권 제3호. 29-66.
3) 강지원, 이연정, 임은전(2008), 복지국가 개혁동향분석 : 복지국가는 축소되는가? -신제도주의적 관점에 의한 분석-, 한국사회복지학회 2008년 춘계학술대회 자료집.

릴레마에 빠져있다. 재정 트릴레마(Trilemma)란 '높은 복지수준 · 낮은 조세부담 · 작은 국가채무'의 3가지 정책 목표는 동시에 달성할 수 없다는 의미이다. 우리나라 국민 1인당 복지 수준은 상대적으로 낮지만 급속한 고령화에 따른 복지 지출 증가 규모가 다른 국가에 비해 큰 편이다. 장기 전망에서도 공적 복지 확대에 따른 복지지출 확대의 가능성은 이미 확인되고 있다. 각종 규제 완화와 개인의 책임을 강조하는 방향으로 일부 복지정책의 강조점이 변화하는 것 역시 주목할 만한 현상이다.

참고문헌

강지원 · 이연정 · 임은전(2008), 복지국가 개혁동향분석 : 복지국가는 축소되는가? -신제도주의적 관점에 의한 분석-, 한국사회복지학회 2008년 춘계학술대회 자료집.

고영복 편저(1994). **사회정책론**. 서울 : 사회문화연구소.

김상균(1990). 복지국가의 위기와 조합주의 복지국가. **사회복지 이론과 실제**. 인석 장인협 박사 정년기념논문집.

김영화(1988). 독일사회정책의 동향. **사회과학 담론과 정책**, 제4집. 경북대학교 사회과학연구소.

김태일 · 이주하 · 최영준(2016) . 복지국가 연구의 과거, 현재 그리고 미래, 정부학연구, 제22권 제3호. 29-66.

박태정(2020). **사회복지역사**. 경기 : 공동체.

신섭중(1989). **사회보장정책론**. 서울 : 대학출판사.

우재현(1990). **산업복지의 역사**. 서울 : 경진사.

우재현 편역(1984). **복지국가론**. 서울 : 경진사.

원석조(2001). **사회복지 역사의 이해**. 서울 : 양서원.

최경구(1993). **조합주의 복지국가**. 서울 : 한나래.

한국사회복지연구회(1988). **사회복지의 역사**. 서울 : 이론과 실천.

함세남 외(1996). **선진국 사회복지 발달사**. 서울 : 홍익재.

Bruce, M.(1961). *The Comming of The Welfare State*. London : B. T. Batsford.

Fraser, D.(1973). *The Evolution of The British Welfare State*. London : Macmillan.

Friedlender, W. A., & Apte, R. Z.(1975). *Introduction to Social Welfare*. Englewood Cliffs, NJ : Prentice-Hall.

Gaston V. Rimlinger 저. 한국사회복지학연구회 역(1991). **사회복지의 사상과 역사-유럽, 미국, 러시아의 사회정책을 중심으로-**. 서울 : 한울.

George, I.(1979). *The Political Economy of the Welfare State*. Macmillan.

George, V., & Wilding, P.(1984). *The Impact of Social Policy*. London : RKP.

Katzenstein, P. J.(1985). *Small States in World Markets : Industrial Policy in Europe*. Ithaca and London : Cornell Univ. Press.

Maurice Bruce(1961). *The Comming of the Welfare State*. New York : Perface.

Mishira, Ramesh. *The Welfare State in Crisis*. 김한주 · 최경구 공역(1997). **복지국가위기론-사회사상과 사회변동**. 서울 : 법문사.

National Resources Planning Board(1942). *Security Work and Relief Politics*. Washington, DC :

Government Printing Office.
O'Connor, J.(1973). *The Fiscal Crisis of the State*. St. Martin's Press.
Rimlinger, G. V.(1971). *Welfare Policy & Industrialization in Europe*. America & Russia, NY : Wiley.
Sidney, W., & Beatrice, W.(1927). *English Poor Law History, 1*. London : Longmans, Greens and Co.

이 장의 요약

1. 봉건제도의 몰락으로 농토를 잃은 농노는 도시빈민과 부랑자로 전락하면서 국가가 빈곤문제를 해결하기 위해 개입하지 않으면 안 되었다. 그동안 교구에만 맡겨져 있던 구빈에는 많은 문제점이 있다고 판단하여 책임을 처음으로 지방정부에 맡기게 되었다. 1601년의 빈민법(The Poor Law, 1601)의 특징은 구빈의 책임소재를 교회에서 교구의 지방정부로 옮겼다는 점에 있다. 노동 불가능한 빈민에게는 현금급여를, 노동 가능한 빈민에게는 일자리 제공을, 나태하며 동기가 없는 빈민에게는 교정을 실시하였다.
2. 빈민법 내용에 문제가 생기면서 그 규정이 모호해지기 시작했고 이를 쇄신할 필요성이 제기되었다. 길버트법(The Thomas Gilbert Act, 1782)은 노동이 불가능한 빈민을 위해 작업장을 따로 설립하였고, 일자리를 가지고 있지 않은 노동능력자에게는 일자리가 제공되었으며, 임금이 생계비에 미달하면 그 미달 금액만큼 가구원 수에 따라 보조금 형식으로 지급되었다. 임금원조와 고용알선의 적용, 즉 원외구제(outdoor relief)를 인정하였다는 것에 특징이 있다. 그리고 1795년의 스핀햄랜드법(The Speenhamland Act), 길버트법의 확장으로 저임금노동자의 임금을 가족 수에 따라 연동적 비율로 보충해 주는 내용을 주요 골자로 하여, 빈민뿐만 아니라 저임금노동자가 관심의 대상이 되었다.
3. 18세기 말 산업화, 민주화, 자본주의의 전개와 더불어 빈민들을 위한 구호비용이 급격히 증가하자 사회는 전체적으로 개인에게 책임을 돌리는 자유주의적인 분위기로 선회하였으며, 지금까지 사회적으로 빈민문제를 풀어 나가려고 노력했던 정부의 시각이 다시 개인의 책임으로 바뀌었다.
4. 부스(Charls Booth)와 라운트리(Seebohm Rowntree)에 의한 사회조사는 빈곤문제가 단순히 개인적인 나태함과 성격적 결함에 의해 발생하는 것이 아니라, 다양한 사회적 원인에 의해 발생한다는 사실을 밝혀내고 빈민구제가 공공부조로서 빈곤정책으로 전환되는 데 중요한 계기가 되었다.
5. 최저생활을 위한 투쟁과 노력으로 1802년 영국에서 공장법이 처음으로 제정되었고, 다른 나라에서도 1867년에 와서는 모든 공업분야와 소규모 영세공장에서도 일반적으로 적용되기 시작했다. 1909년에 전국 직업소개소가 설치되면서 기본 노동조건이 성취되었다. 또한

이러한 노동조건의 개선을 위해 여러 가지 형태의 노동운동이 있었는데, 초기 영국 노동운동은 1884년 페이비언 협회(Fabian Society)가 결성되도록 했고, 이들의 사상이 전후 영국 노동당의 이념적 지주가 되는 계기를 만들어 주었다. 노동운동의 성과로서 많은 노동 관련법이 생겨나게 되었고, 노동조합, 노동자들을 위한 재분배정책과 보험제도가 탄생되었고, 임금의 최저보장, 국민최저선 확보 등이 노동자들의 권리 개념으로 등장하였다.

6. 노동조건의 개선과 노동운동 이외에도 사회복지의 발전적 요인으로는 교육 및 위생시책의 실시를 들 수 있다. 1870년 초등교육법(Elementary Education Act)의 제정을 계기로 일반 의무교육의 원칙이 정해졌고 이 법을 선두로 공공교육제도가 발달하기 시작하였다. 1883년 질병예방법(Diseases Prevention Act)이 제정됨으로써 공중위생 영역의 국가 개입이 제도적으로 가능해졌으며, 1906년 학교급식법에 의해 빈민아동의 최소한의 영양상태 유지를 위해 국가가 관여하였으며, 1907년 교육행정법에 의해 초등학교 학생들의 신체검사가 의무화되었다.

7. 빈민구호의 대책에 대한 비판과 함께 자선단체들의 박애, 자선활동이 활발히 전개되었으며, 이들 단체들을 조직화하기 위하여 1869년 런던에 자선조직협회(COS)가 세워졌다. 이들은 자조(self-help)를 중요시하고, 공공의 구빈정책에 대해서는 반대 입장을 취하였으며, 사적인 자선과 기부 그리고 자원봉사 등 순수 민간의 노력을 지지하였다. 이와 함께 대학생들을 중심으로 빈곤문제를 해결하려는 인보운동(Settlement Movement)이 전개되었고, 이들은 빈민가에 거주하면서 그들의 인간적 성장을 돕기 위해 노력하며 인보활동을 전개하였다. 이들은 빈민들의 의식문제를 중요시하여 교육에 의한 변혁을 실천하려고 노력하였다.

8. 비스마르크에 의해 국가 통일을 이룬 독일은 급속도로 산업화되었는데, 이와 함께 등장한 빈곤과 계급 등의 노동문제가 심각한 사회문제로 대두되었다. 이 시기에 비스마르크는 이중적 전략을 쓸 수밖에 없었는데, 사회주의자를 진압하는 것과 노동자의 불만을 해소시켜 사회통합을 시도하는 것이었다. '사탕과 채찍'의 정책은 바로 사회주의자 금지법과 사회보험제도를 말하는 것인데, 1883년의 질병보험, 1884년의 재해보험, 1889년의 양로 및 폐질보험이 이것들이다. 이 사회보험들은 모두 세계에서 최초로 제정된 것이었다.

9. 세계대공황으로 인하여 세계 자본은 결정적인 타격을 받았고, 각국의 실업률과 인플레이션은 이루 말할 수 없는 정도에 이르렀다. 미국의 경우 루즈벨트 대통령은 뉴딜정책을 실시하여 최악의 경제상태를 극복하려고 노력하였으며, 고용촉진국을 설립하였고, 1935년 8월 사회보장법(SSA : Social Security Act)을 제정하였다. 공공부조제도와 사회보험제도, 사회복지서비스사업을 포괄하고 있는 이 사회보장법의 핵심은 기본 생존에 대한 개인의 권리를 보장하는 데 있으며, 개인의 경제적 생존을 위한 최소 보호에 있다. 이러한 사회보장법이 미국에서 나타나게 된 배경은 자본주의와 자유주의를 신봉하던 미국이 경제대공황을 경험하면서 개인의 힘으로는 해결할 수 없는 사회문제는 국가가 개입하여 해결하지 않으면 안 된다는 국가역할의 필요성에 대한 자각에서 나온 것이었다.

10. 제2차 세계대전 동안의 산적한 사회문제를 해결하기 위해서 특별위원회가 결성되었고 베버리지가 위원장이 되어 작성한 것이 베버리지 보고서이다. 영국의 사회보장제도는 베버리지 보고서를 바탕으로 성립되었다. 베버리지는 전국적으로 통합된 형태의 사회보험 및 공공부조 체계로 시행할 것을 제안하였으며, 그에 힘입어 1946년의 가족수당제도, 1948년 국민보건서비스제도(National Health Service System)가 실시되었다. 사회보장이라고 하는 용어는 궁핍으로부터의 자유라는 이념을 구체화한 것으로 제2차 세계대전 이후 복지국가의 대명사로 등장하였다.

11. 제2차 세계대전이 끝난 1945년부터 1970년대 초까지 대략 30년간을 복지국가의 전성시대라고 부른다. 지속적인 경제성장과 함께 완전고용이 가능하였고, 최저생활의 보장이 실현되었다. 이를 가능하게 한 원동력은 국가 개입의 혼합경제를 가능하게 한 사회민주주의의 발달을 들 수 있다.

12. 1950년대와 1960년대에 경제적 풍요를 누리던 서구 산업사회는 1973년 석유파동을 계기로 경기가 침체되고 인플레이션이 나타나면서 경제적 위기를 맞이하게 되었다. 이로 인해 30년간 누려오던 복지국가의 전성시대는 그 막을 내리게 되었으며, 실업자가 또다시 중요한 사회문제로 등장함으로써 복지국가의 위기를 초래하였다.

13. 복지국가의 위기극복을 위한 시도는 대개 세 가지 방향으로 정리할 수 있다. 첫째, 미국과 영국을 중심으로 한 자유주의적인 신보수주의 형태이다. 둘째, 좌파의 입장으로서 이는 자본주의가 가지는 필연적인 모순들로 인하여 복지국가 체제가 아무리 자본주의의 한계를 시정하고 보완하여도 사회의 불평등 문제는 해결되지 않는다는 생각이다. 셋째, 민주사회적인 복지국가의 기본 이념과 혼합경제 체제를 그대로 고수하면서 문제해결 방안을 모색하는 북유럽 중심의 조합주의적 노선이다.

14. 2000년대 이후 복지국가들은 복지지출과 경제성장 간의 무게중심이 경제 영역으로 좀 더 기울어지는 양상이다. 2008년 글로벌 금융위기와 이를 전후로 한 유럽재정위기 이후 복지의 효율적 배분을 통한 재정건전성의 확보와 노동시장의 참여확대를 통한 생산성 증대가 중요한 이슈로 작용하여 복지정책과 지출의 재조정이 일어나고 있는 것은 공통 현상이다.

주요 용어

- 빈민법(The Poor Law, 1601) : 엘리자베스 여왕 시대에 제정된 법으로 그동안 빈민을 다루었던 구빈법(The Poor Law Act, 1389)의 주된 내용 중 교구에 의한 구빈에는 많은 문제점이 있다고 판단하여 구빈의 책임을 처음으로 교회가 아닌 지방정부에 맡기게 되었다.

빈민을 노동능력자, 노동무능력자로 분류하며, 노동이 가능한 사람에게는 작업을 시키고, 노동이 불가능한 사람에게는 최저한의 구제를 제공했다.

- 길버트법(The Thomas Gilbert Act, 1782) : 빈민을 더 근원적으로 구제하기 위해 빈민의 고용을 촉진하는 데 그 의의가 있다. 시설에 수용되어 있지 않은 사람들에게도 임금원조와 고용알선을 시행함으로써 원외구제를 인정하였다. 엘리자베스 빈민법보다 더욱더 근본적이고 인도적인 방법으로 평가받고 있다.
- 스핀햄랜드법(The Speenhamland Act, 1795) : 길버트법의 확장이지만 길버트법의 주된 관심이 빈민이라면, 이 법은 저임금노동자를 관심의 대상으로 하고 있다. 즉, 저임금노동자의 임금은 가족 수에 따라 연동적 비율로 보충해 주는 내용을 주요 골자로 하고 있다.
- 페이비언 사회주의(Fabian Socialism) : 급진적이고 혁명적인 방법이 아닌 점진적이고 민주주의적인 방법으로 사회문제를 해결해야 한다고 생각하는 사회주의적 이념이다. 웹부처(Sidney & Beatrice Webb)와 버나드 쇼(Bernard Shaw) 등의 지식인들이 1884년에 결성하였고, 이들의 사상은 전후 영국 노동당의 이념적 지주가 되었다.
- 자선조직협회(COS : Charity Organization Society, 1869) : 산발적이고 비조직적이던 박애, 자선단체를 조직화하고 구걸행각을 억제하기 위하여 세워진 기구로서, 이들 조직은 자조(self-help)에 중점을 두고 공공구빈정책에 대해서는 반대 입장을 취하였으며 순수한 민간의 노력을 지지하였다.
- 인보운동(settlement movement) : 기독교 사상에 입각하여 빈민지역에 거주하는 사람들의 생활 개선을 목표로 삼았고, 교육과 인식 변화에 의한 변혁을 실천하려고 하였다. 1884년 런던에 세워진 토인비 홀은 세계 최초의 지역사회복지관(community welfare center)이라고 볼 수 있다.
- 사회보험의 역사 : 1880년대 독일 비스마르크에 의해 처음 제정된 것으로 1883년 질병보험, 1884년의 재해보험, 1889년의 양로 및 폐질보험 등이 있다. 영국은 1911년 최초의 실업보험제도, 1913년 의료보험을 주축으로 하는 국민보험이 성립됨으로써 그동안 억압적 성격을 지녔던 비인도적 빈민법 체제가 해체되었다.
- 미국 사회보장법(SSA : Social Security Act) : 세계대공황으로 인한 경제위기를 통하여 국가 개입의 필요성이 더욱 절박해졌고 사회개혁의 필요성이 강조되었다. 미국의 루즈벨트 대통령은 1935년 사회보장법을 제정하여, 공공부조, 사회보험, 사회복지사업 등을 추진하였다. 영국에서는 1942년의 베버리지 보고서에 의하여 사회보장제도의 그 기반이 1946년의 가족수당제도, 1948년 국민보건서비스제도(National Health Service System)로 실시되기에 이르렀다.

- **베버리지 보고서**(Beveridge Report, 1942) : 전후 복지국가 건설에 결정적인 역할을 한 사회보장제도의 모델로 볼 수 있다. 제2차 세계대전 동안 쌓여 있던 사회문제들을 해결하기 위해 특별위원회가 결성되었고(1941), 베버리지가 이 위원회의 위원장이 되어 현존하는 사회보험 및 관련 서비스의 여러 제도들을 전면적으로 재검토, 조정하기 위한 것이었다. '요람에서 무덤까지'의 사회보장이라는 말이 여기에서 나왔다.
- **복지국가**(welfare state) : 제1・2차 세계대전과 경제공황을 겪으면서 사람들은 사회의 어떤 위험에도 생활이 보장될 수 있는 국가를 원하게 되었고, 이에 부응하여 제2차 세계대전 후에 나타난 국가 형태를 복지국가라고 부른다. 최저임금제와 완전고용정책으로 국민 최저생활을 보장하는 것을 목적으로 하는 국가를 말한다. 복지국가의 경제적인 측면에 영향을 미친 사람은 특히 케인즈(J. Keynes)를 들 수 있고, 자유방임적인 사상을 배격하고 국가 개입을 통한 소득재분배정책, 국민경제의 계획화 등을 지지하였다. 경제분야에 대한 국가 개입으로 사회민주주의적인 혼합경제를 구축하게 하였다. 제2차 세계대전 후부터 1970년대 초까지를 케인즈-베버리지안이 주도한 복지국가의 전성기라고 일컫는다.
- **복지국가의 위기** : 1973년 석유파동을 계기로 국가의 재정이 흔들리게 되면서 복지국가 전반에 걸친 정책에 타격을 받게 된다. 세금감면, 민영화 정책, 개인의 자유와 책임 증대, 국가역할 감소 등으로 정책노선이 변경된다. 복지국가의 위기를 탈출하기 위해 신자유주의, 네오마르크스주의, 조합주의 등의 이념적 노선이 모색되고 있다.

추천자료

권오구(2000). **사회복지발달사**. 서울 : 홍익재.

김태성・성경륭(1993). **복지국가론**. 서울 : 나남출판사.

다케다 다쓰오 저・조영렬 번역(2022). **이야기 북유럽 역사 – 전쟁, 권력, 종교, 사회**. 글항아리.

박태정(2020). **사회복지역사**. 경기 : 공동체.

함세남(2001). **사회복지역사와 철학**. 서울 : 학지사.

Christopher Pierson 저. 현외성・강욱모 공역(1999). **전환기의 복지국가**. 경남 : 경남대학교출판부.

Friedlander, W. A., & Apte, R. Z. 저. 김한수 역(1985). **사회복지개론－역사적 배경과 방법론**. 서울 : 법문사.

CHAPTER 03

한국사회 변화와 복지의 발전

한국 현대 사회복지의 역사에 대해 사회복지제도의 성격에 따라 잔여주의적 복지시대(도입 및 출발기 : 1960~1979), 제도적 복지시대(확장기 : 1980~1998), 신자유주의적 복지시대(발전기 : 1998~2017)로 구분하고, 촛불 혁명으로 정권을 잡은 문재인 정부까지 함께 포함하여 살펴보고자 한다. 잔여주의 복지시대에서는 산업화를 내세워 국민의 삶의 질과 관련된 정책이 배제되었다. 그 후 1980년대에 들어와서야 민주화를 맞게 되면서 외형적으로나마 복지제도의 기틀을 갖추었다. 20세기 말부터 지금까지는 신자유주의적 복지시대로서 IMF 외환위기 이후 세계화의 가치와 더불어 한국에서는 오히려 사회복지의 필요성을 더욱 절감하게 되는 국가 개입 복지의 시대이다.

이 장에서는 한국 사회복지의 역사를 살펴보면서 새로운 사회적 위험－고용불안정, 노동빈곤의 확대와 양극화 현상, 인구 절벽사회의 도래－과 연결되어 있는 한국 사회복지의 과제를 알아본다.

한국의 사회복지정책은 주요 국가들과 다른 고유의 배경이 있다. 영국과 미국, 그리고 스웨덴 등 유럽 국가들이 복지국가의 기반을 닦고 있던 1910~1945년에 한국은 일제점령기에 있었고 근대 복지국가의 토대가 되는 제도들은 이 시기에 만들어졌다. 해방 이후 한국은 주위 열강의 이해관계로 6·25전쟁을 치렀고 남과 북으로 분단되는 뼈아픈 역사적 경험을 하였으며 그 고통은 아직도 현재 진행형이다. 이 모든 상황들은 우리나라가 노동자 중심의 독일 사회정책과 사회서비스 중심의 영국의 사회정책, 사회보험을 중심으로 한 미국의 사회복지와 달리, 어떻게 복지정책을 시작하게 되었는지를 설명하고 있다.

1. 한국 사회복지정책의 발전

한국 현대 사회복지의 역사는 사회복지제도의 성격에 따라 잔여주의적 복지시대(도입 및 출발기 : 1960~1979), 제도적 복지시대(확장기 : 1980~1998), 신자유주의적 복지시대(발전기 : 1998~2017)이다. 이에 덧붙여 최근 촛불혁명을 통해 정권을 잡은 문재인 정부도 그 특징으로 인하여 분기점에 서 있다. 잔여주의 복지시대에는 산업화를 내세워 국민의 삶의 질과 관련된 정책이 배제되었다. 그 후 1980년대에는 들어와서야 민주화를 맞게 되면서 외형적으로나마 복지제도의 기틀을 갖추었다. 20세기 말부터 지금까지는 신자유주의적 복지시대로서 IMF 외환위기 이후 세계화의 가치와 더불어 한국에서는 오히려 사회복지의 필요성을 더욱 절감하게 된 시기이다.

1) 잔여주의적 복지시대

해방 이후 우리 사회는 자주적 국민국가를 만드는 것이 무엇보다 중요한 과제였다. 그럼에도 불구하고 미국과 소련의 남・북 분할 점령 구도는 이를 불가능하게 하였고, 결국 한국전쟁이 발발하면서 분단은 현실로 나타나게 되었다. 분단은 국가와 민족의 분열이라는 문제뿐만 아니라 일본의 강제 침략과 지배에 따른 일제 잔재를 제대로 청산하지 못하게 만들었다.

5・16군사쿠데타가 일어나는 1960년까지의 사회복지 형태를 본다면, 미군정(1945. 9.~1948. 8) 시대에는 절대적 빈곤을 극복하기 위한 구호사업이 주를 이루고 있었고, 6・25전쟁 이후에는 이산가족, 이재민, 전쟁고아를 중심으로 한 응급구호사업이 중심이었다. 이후 혼란기의 이승만 정권은 공무원과 같은 사회적 특수계층만을 지원함으로써 자신의 지지기반을 다지려고 하였으며, 민간 차원에서는 외국의 원조에 의한 시설보호를 중심으로 자선적이고 구호적인 업무가 주를이루고 있었다.

1961년 5월 16일 군사쿠데타로 정권을 잡은 박정희 군부세력은 강력한 권위주의, 중앙집권적 체제를 형성하였다. 당시 박정희 정부는 정당성과 민주성의 문제를 해결하는 것이 급선무였던 만큼 '국가재건' 그리고 '경제성장'이라는 이슈로 전 국민의 관심을 전환하고자 하였다. 이를 위해 빈곤을 추방하고 잘사는 나라를 만들겠다는 자주경제 건설이라는 국정목표를 내세웠고, 저임금 노동력을 활용한 경공업 중심의 수출정책을 통해 산업화를 추진하였다. 당시 국민소득은 상대적으로 증대되었지만 사회복지 지출은 오히려 감소된 것을 알 수 있다. 하상락의 연구(하상락, 1989 : 97)에 따르면, 정부예산에서 사회복지비가 차지하는 비율은 1961년 0.95%에서 1963년에는 2.55%를 차지하였다가 다시 지속적으로 감소하여 1972년에 0.75%를 차지함으로써 1961년보다 예산이 더욱 낮아지는 경향을 보여준다. 경제성장과 사회복지 간의 불균형 현상은 산업 간 소득의 불평등으로 연결되면서 심각한 사회문제가 되고 말았다.

이 시기에 만들어진 제도들을 살펴보면, 우선 1961년 생활보호법을 시작으로 일부 사회복지정책이 실시되었다. 예를 들어, 1961년 생활보호법과 함께 아동복리법, 원호법이 만들어졌고, 1963년 군인연금법, 산업재해보상보험법, 의료보험법, 사회보장에 관한 법률이 도입되었다. 하지만 일반 국민을 대상으로 한 의료보험법은 강제적용 규정이 누락되었고, 생활보호법은 시행령이 만들어지지 않았으므로 실행력이 매우 낮은 제도라는 문제점이 고스란히 존재하였다. 앞서 살펴본 독일 등의 서구 국가들에서 나타났던 것처럼 공무원, 군인, 경찰, 국가유공자 등 일부 집단만을 대상으로 제도가 실시되었고, 전체 국민을 대상으로 하는 제도는 고려되지 않았다. 즉, 복지에 대한 국가의 책임인식이 있었다기보다 그 최종 책임을 개인과 가족에게 떠넘기는 모습이었다.

1970년대 말에 들어서 제4공화국으로 독재를 이어갔던 박정희 정부는 국내 물가상승과 국제수지 악화에 따른 경기침체를 겪게 됨에 따라 정치적인 지지율도 하락세에 들어서게 된다. 권위주의적 군사정권을 유지하고자 했던 당시 정부는 결국 '유신체제'를 단행하여 긴급조치(제1~9호)를 발표하기에 이르렀는데, 이를 계기로 범국민적인 반유신체제 운동이 확산되었고, 10·26사건으로 인해 18년간의 박정희 정부 통치는 막을 내리게 되었다(김영화 외, 2007).

1970년대에는 국민복지연금법(1973), 의료보호법(1977)을 비롯하여 11개 법안이 제정되었으나, 박정희 시대의 복지법 대부분은 형식적 틀에 불과하였고, 지지기반의 확보와 정당성 획득을 위해 제정된 것이라 보아도 과언이 아니다. 1970년대에 들어서는 인플레이션과 경기침체로 인하여 지지율이 하락하고, 국제적으로 냉전체제가 약화되면서 반공이데올로기의 국가이념이 흔들리기 시작하자 위기를 느낀 박정희 정권은 긴급조치를 발동하며 유신체제를 선포하였다. 노동3권을 통제하고, 입법부의 국정감사권 폐지, 사법권의 독립성 박탈, 긴급조치권 발동으로 대통령의 권한을 극대화하고, 언론의 자유를 박탈하여 종신대통령을 꿈꾸었다. 그러나 지식인과 노동자, 대학생이 하나가 된 민주화 운동과 1979년 10월 26일 대통령 시해사건이 일어남으로써 18년간의 박정희 독재정권은 종지부를 찍게 되었다.

〈표 3-1〉 **잔여주의적 복지시대(1960~1979)의 사회복지 관련 법**

구 분	1960~1972 : 제3공화국(박정희)	1972~1979 : 제4공화국~유신체제 (박정희)
공공부조	• 갱생보호법(1961) • 군사원호보상법(1961) • 생활보호법(1961) • 재해구호법(1962) • 국가유공자 및 월남귀순자특별원호법(1962)	• 의료보호법(1977)
사회보험	• 공무원연금법(1960) • 선원보험법(1962) • 군인연금법(1963) • 산업재해보상보험법(1963) • 의료보험법(1963)	• 국민복지연금법(1973) • 사립학교교원연금법(1973) • 의료보험법 개정(1976) • 공무원 및 사립학교교직원 의료보험법(1977)
사회서비스	• 고아입양특례법(1961) • 윤락행위 등 방지법(1961) • 보호시설에 있는 고아의 후견직무에 관한 법률(1961) • 아동복리법(1961)	• 모자보건법(1973) • 입양특례법(1976) • 특수교육진흥법(1977) • 월남귀순용사특별보상법(1978)

박정희의 경제개발정책은 저임금으로 수출지향적인 산업성장정책을 뒷받침하였다. 1・2차 경제개발 5개년계획으로 실제 한국경제는 양적으로 확대되었고 국민소득은 급속히 증가하였다. 그러나 저임금정책으로 인한 열악한 근로자들의 환경은 개선되지 못하였고 그들은 희생을 강요당했다.

당시 북한과의 체제경쟁을 선언하고 있던 박정희 대통령은 군비경쟁에서 한계를 느끼고, 중화학공업의 육성을 추진하게 되었으나 대형사업에 필요한 자원 조달의 문제에 봉착하였다. 이에 1973년 근로자, 농어민, 도시자영자 등 일반 국민들을 대상으로 한 국민복지연금법을 제정하여 경공업 중심 산업에서 중화학공업 육성을 위해 국민연금을 일종의 자본동원 수단으로 활용하려 하였으나, 야당의 반대와 석유파동으로 입법이 무산되었다. 현재 국민연금 자원 고갈로 사회적 논란을 야기시킨 이 법의 출발이 일반 국민들의 노후생활을 보장하려는 목적보다는 당시 필요한 산업자금으로 사용되기 위한 것이었다는 측면을 이해한다면, 오늘날까지 이 제도가 현실에 맞게 제대로 정착하지 못한 이유를 더 잘 알 수 있다.

잔여주의적 복지시대는 해방 이후 혼란한 시기의 미군정 시대를 지나 1950년 6·25전쟁을 겪으며 이승만 정권을 거쳐 1961년부터 1977년까지 16년간 박정희 군부정치 동안 지속되었다. 수출중심의 산업화 전략과 성장주의적인 정책, 그리고 권위주의적인 정치로 인하여 노동운동과 좌파정당은 부재하였으며, 저임금·저곡가 정책으로 노동자들과 농민들의 희생이 컸다고 볼 수 있다. 따라서 공무원이나 군인을 제외하고는 거의 복지제도의 혜택을 받지 못하였으며, 경제성장과 비교해서는 복지의 낙후성을 면치 못하였다.

1960년대는 형식적인 법적 정비와 더불어, 군인과 공무원 이외에 일반인들을 위한 국민연금제도를 고안하였다는 사실과 1970년대 후반의 의료보호법(1977)과 의료보험법(1976)의 개정을 업적으로 들 수 있다. 그러나 이는 서구 사회와 비교해 본다면 '복지국가의 전성기'가 끝나고 '복지국가의 위기'에 해당되는 시기였고, 이때 한국은 서구 복지국가의 흐름과는 무관하게 한국적 상황 속에서 조금씩 힘겹게 앞을 향해 나아가고 있었다.

이 시대의 사회복지는 전체적으로 명목적이고 형식적인 데 그쳤으며, 선별적이고 잔여적인 특성을 가지고 있었다. 이 시대의 복지는 정치에 종속된 일종의 수단화된 형태로서 본래의 역할을 수행하기에는 많은 한계를 가지고 있었다고 할 수 있다.

2) 제도적 복지시대

1970년대 말 의료보험(1977), 의료보호(1977)의 실시와 더불어 전 국민이 건강을 보장받을 수 있는 기본적인 틀을 만들었으며, 이와 함께 국민보험시대가 개막되었다고 할 수 있다. 따라서 제도적 복지시대는 국민연금법(1986)과 고용보험법(1994) 등을 거치며 본격적으로 전개되었으며, IMF 외환위기가 한국을 위협하던 1997년 12월까지를 제도적 · 보편적 복지의 정착시대로 보았다.

제도적 복지가 서서히 정착되는 1980~1997년까지 시대적 상황을 보면, 1980년대 봄, 잠시나마 국민들이 가졌던 민주주의 발전에 대한 희망을 뒤로 하고, 당시 전두환 장군을 위시한 일부 군부 출신의 무자비한 정권 장악으로 제5공화국이 탄생되었다. 박정희에 이어 또 다시 쿠데타로 정권을 잡은 전두환 정부 역시 정당성이 결여되었다. 이를 만회하기 위한 수단으로 '복지사회 건설'이라는 국정목표를 표방하면서 복지 관련 법들을 수정, 확대하면서 복지분야를 정비해 나갔다. 특히 전두환 정부는 의료보험과 공공부조 프로그램에 중점을 두어 노인복지법, 심신장애자복지법, 아동복지법 등을 제 · 개정하였다. 정당성을 획득하기 위한 법령들은 오히려 한국 사회복지서비스의 법적 근간이 되었으며, 이 시기에 국민연금제도와 최저임금제가 도입되어 시행됨으로써 사회복지정책의 형태가 갖춰졌다.

1980년 중반 이후에는 노동운동과 민주적 자유화로 인해 복지제도의 발전을 가져왔다. 그러나 전두환 정부의 '복지사회 건설'은 점진적이고 소극적인 방법으로 진행되었으며, 1980년대 중반에 노동자들의 저항이 점차 거세게 나타나자 3대 복지정책, 즉 1986년의 3대 법안이라 일컫는 최저임금제와 국민연금, 의료보험의 농어촌 확대 실시 이외에도 남녀고용평등법 등을 제정함으로써 노동운동에 대처한 국가의 선제전략을 실시하였다. 따라서 이러한 법들은 국가의 필요성에 의한 것이라기보다는 여전히 사회적 위기를 모면하려는 정치적 수단의 성격이 강하였다.

전두환 대통령의 뒤를 이은 노태우 대통령(1987~1992)은 기존 법령들을 보충하고 새로운 사회 관련 법들을 도입하였는데, 남녀고용평등법(1987), 모자복지법(1989), 산업재해보상법(1989년 개정, 정부에 의한 기여금 출연이 첨가됨), 그리고 장애인 고용촉진 등에 관한 법률(1990) 등이 이들에 속한다. 이들 법률과 함께 발전적 계기는 의료보험에 농어촌지역(1999)과 도시자영자들이 포함(1989)되었다는 사실이다. 1988년에는 국민연금제도와 최저임금제도가 시행됨으로써 사회복지제도의 질적 향상을 위한 계기가 마련되었다.

그러나 노태우 정부 역시 군사정권의 연장선이었던 만큼 노동운동 등 각종 개혁적 움직임을 탄압하였다. 이는 학생운동, 시민운동 등 모든 영역에 걸쳐 적용되었고 민주주의에 기반한 복지국가로의 성장을 더디게 만든 셈이다.

다음 표와 같이 제6공화국(1988~1992) 당시 사회복지제도는 사회보험제도 이외에도 개인들의 욕구를 해결하기 위한 사회서비스 분야의 법들이 만들어졌다. 가령 모자복지법(1989), 보호관찰법(1989), 장애인복지법(1989), 영유아보육법(1991), 고령자고용촉진법(1991) 등이 대거 제정되었다. 노태우 정권은 국민들의 민주화에 대한 열망과 노동자 투쟁에서 분출된 그들의 욕구를 충족시키기 위해서 국가적 차원에서 대량의 사회복지 관계 법을 제정하였으며, 기존의 법들을 일부 개정함으로써 현실에 맞게 새로이 법적 기반을 조성하였다. 특히 1988년 1월 1일부터 실시된 '최저임금법'과 '국민연금'으로 인하여 보편적 복지의 시작이라는 역사적 의의를 가지게 되었다. 이 시기에는 지역복지에 대한 관심이 증가함에 따라 지역주민의 욕구를 수렴하고 주민들의 생활을 도울 수 있도록 종합사회복지관 설립이 붐을 이루었고 사회복지 전문요원제도가 실시되었다. 또한 전두환 정권 시기에 제정된 임대주택건설촉진법(1984)에 의해 실제로 영구임대주택을 건설함으로써(1989) 최저생활의 보장을 위한 조건들을 만들어 보려는 정부 차원의 노력이 있었다.

〈표 3-2〉 **제도적 복지시대(1980~1998)의 사회복지 관련 법**

	1980~1987 : 제5공화국 (전두환)	1988~1992 : 제6공화국 (노태우)	1993~1997 : 문민정부 (김영삼)
공공부조	• 생활보호법 전면개정 (1982. 12) • 국가유공자예우 등에 관한 법률(1984) • 갱생보호법 개정(1986)	• 사회복지전문요원제도 실시 • 복지관 건설 본격화	• 일제하 일본군 위안부에 대한 생활 안정 지원법(1993) • 북한이탈주민의 보호 및 정착지원에 관한 법률(1997)
사회보험	• 국민연금법 개정(1986) • 의료보험법 개정(1984)	• 국민연금 시행(1988) • 농어촌지역 의료보험 시행 (1988) • 도시지역 의료보험 시행 (1989. 7)	• 고용보험법(1994) • 농어촌연금 시행(1995. 7) • 국민의료보험법(1997. 12) • 지역, 공교통합(시행 1998. 10)
사회 서비스	• 사회복지사업기금법(1980) • 아동복지법(1981) • 심신장애자복지법(1981) • 노인복지법(1981) • 남녀고용평등법(1987)	• 모자복지법(1989) • 보호관찰법(1988) • 장애인복지법(1989) • 영유아보육법(1991) • 고령자고용촉진법(1991)	• 모자보건법(1994) • 정신보건법(1995) • 성폭력 범죄의 처벌 및 피해자 보호 등에 관한 법률(1994) • 청소년보호법(1997) • 사회복지공동모금법(1997) • 장애인복지법 개정(1997) • 사회복지사업법 개정(1997) • 가정폭력방지 및 피해자보호 등에 관한 법률(1997) • 장애인 · 노인 · 임산부 등의 편의증진 보장에 관한 법률(1997)
기타 관련 법	• 임대주택건설촉진법(1984) • 최저임금법(1986. 12)	• 최저임금제 시행(1988) • 영구임대주택 건설(1989)	• 임대주택법(1993) • 사회보장기본법(1995) • 남녀고용평등법(1995) • 여성발전기본법(1995) • 청소년기본법(1995)

노태우 정부의 뒤를 이은 김영삼 정부는 군 출신이 아닌 민간인으로서 민주적인 절차에 의해 선출된 최초의 대통령이라는 데 의의가 있다. '신한국 건설' 슬로건과 함께 재분배, 안정되고 조화된 산업발전, 세계화와 자유화 등이 정부 전략에 포함되었다.

1995년 7월 고용보험과 농어민 연금제도가 실시됨으로써 1961년부터 1995년까지 사회보장제도는 공공부조, 사회보험, 그리고 사회복지서비스를 포함하여

형식적으로는 모두 완비되었다. 그러나 이러한 과정에서 나타나는 보다 중요한 의미는 한국이 '잔여적'이고 '보충적'인 사회정책을 극복하려고 많은 노력을 하였다는 사실이다. 또한 1987년 민주화 운동의 결과로 1987년 대통령선거는 직선제로 치러짐으로써 우리나라 정치사상 최초로 평화적으로 정권을 이양하였고 야당으로부터 처음으로 합법성을 인정받는 계기가 되었다.

특히 김영삼 정권에 와서는 정치적 부패를 척결하고 정경유착의 고리를 끊으려고 노력하였으나, 공교롭게도 대선자금과 관련한 대통령 아들의 비리와 정경유착의 한보그룹 사건으로 모두 실패하게 되었다. 또 다른 한편으로는 新경제 5개년계획(1993~1997)을 세웠으나, 세계화에 따른 환경의 변화에 적절하게 대처하지 못함으로써 심각한 경제위기를 겪게 되었다.

3) 신자유주의적 복지시대

1980년대 이후 사회복지제도 면에서 가장 큰 변화는 경제·사회발전 수준과 국민의 복지욕구에 부합하는 사회보장제도를 확립하려는 취지에서 사회보장기본법(1995)이 제정되었다는 점이다. 주된 내용을 보면 사회보장에 관한 국민의 권리와 국가 및 지방자치단체의 책임을 정하고, 모든 국민이 인간다운 생활을 할 수 있는 제도와 여건을 실현하는 것을 그 기본으로 하여 국가 또는 지방자치단체는 국가의 발전수준에 부응하는 사회보장제도를 확립하고 매년 이에 필요한 재원을 조달하도록 하였다. 이와 함께 사회복지사업법 역시 변화하게 되는데 읍·면·동에서 저소득층·노인·장애인 등 요보호대상자의 선정과 상담·지원업무를 담당하고 있는 사회복지전담공무원에 관한 법적 근거가 마련되었다. 이 밖에 1997년 장애인, 노인, 임산부 등의 편의증진 보장에 관한 법률이 도입되었고, 1997년 사회복지사업법 개정으로 사회복지사 자격시험이 처음으로 실시되었으며, 사회복지시설 평가가 법제화되었다.

민주화 이후 1990년대 중반까지 이어져 오던 사회복지정책의 성장세는 오래가지 못하였다. 이른바 외환위기라고 일컬어지는 1997년 12월의 경제위기는 국가 전체를 경제적 불황으로 몰아넣었다. 고성장·저실업 정책을 근간으로 하여 경제개발 위주의 성장일변도 정책을 지향하였던 우리나라는 1997년 후반기에 외환위기로 인하여 국가 경제의 큰 타격을 입게 되었다. IMF 체제를 초래한 한국 외환위기의 배경은 오랫동안 누적된 우리 경제 내부의 구조적 문제점과 국제금융 투자가들에 대한 투자심리의 급격한 냉각의 두 요소로 집약되어 분석할 수 있다. 즉, 경상수지 적자 계속, 단기채 위주의 외채구조, 기업과 금융의 과다한 부채 구조, 한보철강 부도 이후 매월 한 건꼴로 대기업의 부실화 발생 등이 외환위기에 따른 경제적 문제를 더욱 심화시킨 주요 원인이라고 할 수 있다. 특히 그 당시 연이은 기업의 부도는 한국 시장경제의 낙후성과 문제점을 잘 나타내 주는 현상이었다. 따라서 국민들은 국가적 차원의 경제붕괴라는 커다란 위기의 희생자이자, 한편으로는 붕괴된 나라경제를 회생시켜야만 하는 책임 있는 국민으로서의 이중부담을 안게 된 것이다. 다음 표가 나타내는 것처럼 국민경제는 1998년도에 이르러 깊은 침체를 경험하게 되었다.

〈표 3-3〉 외환위기 전후 주요 경제지표 (단위 : 십억 원, 전년 동기비 %)

주요 내용 \ 연 도	1997년	1998년	1999년	2000년	2001년
국내총생산 (명목 GDP)	530,347	524,477	576,873	635,185	688,165
경제성장률 (실질 GDP 성장률)	5.9	−5.5	11.3	8.9	4.5

출처 : 한국은행. 국민소득.

국민의 복지욕구는 강하게 증가하는 데 반해 국제적 경쟁에 의한 경제적 압박은 더욱 심해지는 상황으로 한국은 딜레마에 놓이게 되었다. 국제통화기금(IMF)이 한국경제에 개입하고 통제하게 되면서 한국의 복지정책, 특히 고용정책의 한계와 결핍이 드러났다. 사회복지 프로그램의 불충분함과 복지경험의 부족, 게다가 경제 세계화의 압박이 가중됨으로써 한국 사회복지 발전은 점점 어려움이 가중되었다.

이리하여 한국은 심각한 문제에 직면하면서 두 가지 모순을 안게 되었다. 첫째, 세계경제의 문제로서, 한국이 세계화를 수용하면서 세계경제 속에서 경쟁력을 잃지 않고 살아남을 수 있을까 하는 것이고, 둘째, 이 세계화 과정에서 한국은 과연 분배정의를 실현하는 복지국가를 구축할 수 있을까 하는 것이다.

1997년 말의 경제위기는 정치제도의 기능부진, 즉 정부의 경제정책 실패, 기업윤리의 결핍, 그리고 성숙한 민주주의에 기반한 시민정신과 의무의 부재 등에서 파생되었다. 한국의 민주주의가 지속적으로 발전되고 있다고는 하나 정부와 대기업 간의 정경유착은 여전히 존재하고 있다. 1997년의 경제위기는 복지정책의 심각한 결핍상태를 드러냈으며, 복지정책의 결핍은 지속적으로 문제를 가중시킨다는 사실을 명확히 함으로써 하나의 전환점과 계기가 되었다. 이와 같은 역사적 교훈은 '발전되지 않은(not developed)' 한국의 국가적 지위를 수용하도록 하였다. 세계화가 진행되고 있는 동안 다른 선진국과 달리 한국의 복지정책은 확장되고 있다. 그것에 대한 중요한 이유는 경제협력개발기구(OECD) 회원국으로서의 한국이 사회복지 분야에서는 저개발 국가로서 그 위치를 확실히 하였고 자유경쟁에서 이기기 위해서는 사회안전망의 확보가 중요한 것임을 실감하였기 때문이다. 그러므로 정부가 복지의무를 소홀히 하며 오직 신자유주의적 세계의 흐름만을 따라간다는 것은 국민들에게 설득할 만한 이유가 될 수 없었다.

통화위기 이후 한국은 고용보장제도가 얼마나 부실한가를 뼈저리게 절감하였고, 동시에 실업자와 노숙자를 위한 구제사업에 총력을 기울이는 것이 국가의 필수적 과제임을 실감하였다. 거의 2년 동안 정부는 공공사업을 추진하고 필요한 사람들에게 원조와 보조금을 지불하며, 새로운 기술을 가르치는 취업훈련 강좌를 개설하고 노숙자를 위한 숙박시설과 보호시설을 마련하였다. 이와 더불어 소득보장 프로그램이 복지정책의 핵심이라는 사실을 재인식하였다.

이러한 맥락에서 도입되었던 '생산적 복지'는 신자유주의와 제3의 길을 통합한 것이라고 할 수 있다. 당시 김대중 정권(1998~2002)은 신자유주의적 권위주의로 비판받았지만 경제적 난국을 극복하고 타개하기 위하여 노력하였으며, 국민전체를 위한 보편적 복지를 위해 공적부조 프로그램을 점차적으로 확대시켰다고 평가할 수 있다.

노무현 정부는 '참여복지'를 내걸어 김대중 정부의 생산적 복지를 이어가되, 국민들의 참여와 탈권위주의를 국정운영의 방향으로 설정하여, 국민과 함께하는 민주주의와 더불어 사는 균형된 사회를 만들려고 노력하였다. 그러나 국가보안법 폐지나 과거진상규명법, 사립학교법 등 국민들의 합의를 제대로 이끌어내지 못함으로써 소기의 성과를 거두지 못하였으며, 2005년 이후에는 민주개혁보다는 경제적 문제와 민생문제에 주력하게 되었다. 예를 들면, 한미무역협정(FTA)이나 신빈곤, 사회양극화 문제의 해결 등이 중요한 국정과제로 등장하였으며, 저출산·고령화의 인구사회학적 문제가 전체 복지제도를 흔드는 위협적인 요인이 되었다.

참여복지는 김대중 정부의 생산적 복지를 계승하여 발전시킨 것으로 볼 수 있다. 경제위기를 극복하기 위해서 고안된 생산적 복지와는 달리 참여복지는 변화하는 사회환경 속에서 국민들의 복지욕구를 반영하려는 적극적인 성격을 가진다고 할 수 있다.

〈표 3-4〉에서도 알 수 있듯이 사회서비스에 관련된 대부분의 내용들은 특정한 욕구를 가진 개별집단들의 생활의 질을 개선하기 위한 것임을 보여준다. 무엇보다 국민들의 욕구를 반영한 사회서비스 관련 법들이 많이 제정되었음을 볼 수 있는데, 이는 민주화의 진행과정과 더불어 자연스럽게 표출되는 국민들의 욕구를 수렴한 결과라 할 수 있다.

참여복지에서 중점을 두었던 것은 빈곤지원과 저출산·고령화 관련 정책이다. 국민의 참여와 국가의 책임을 동시에 강조하여 2004년 1월에 발표한 참여복지 5개년계획, 사회양극화에 대한 대책으로 수립된 '희망한국 21(2005. 9)', 국민의 평생건강관리체계를 수정·보완하여 구축한 '국민건강증진 종합계획(2005. 12)', 저출산·고령사회 기본계획으로 '새로마지플랜 2010(2006~2010)(2006. 7)', 보육서비스의 수준을 높이고 공공성과 다양성을 확보하기 위한 '새싹플랜(2007. 7)', 국가미래전략으로서 '함께하는 희망한국 VISION 2030(2006. 8)' 등이 이에 해당된다. 또한 지방분권과 더불어 지역복지사업도 강화하였는데, '사회복지사업법'을 다시 개정(2003)함으로써 지역사회복지 계획을 수립하도록 하였고, 지역사회의 특성에 따른 주민들의 복지욕구를 수렴하여 개발하도록 하였다.

김대중, 노무현 대통령이 집권하는 동안 보편적・제도적 복지가 확충되었고, 국민들의 욕구가 수렴되어 다양한 복지서비스사업이 실시되었다. 그러나 신자유주의적 세계화의 진전에 따라 경제적 어려움을 겪는 사람들이 늘고 일하는 빈민층이 늘어남에 따라 실업과 비정규직 문제, 양극화 현상을 해결해야 하는 과제는 여전히 존재하고 있었다. 하지만 이러한 문제들은 시장중심정책을 우선했던 이명박 정부의 등장에 따라 우선순위에서 밀려나게 되었다.

2008년 집권한 이명박 정부는 능동적 복지를 내세우면서 그 추진에 따른 4개 전략을 평생복지기반 마련, 예방・맞춤・통합형 복지, 시장기능을 활용한 서민생활 안정, 사회적 위험으로부터 안전한 사회로 설정하여 정책을 추진하였다. 그러나 능동적 복지라는 용어의 어원과 그 개념이 무엇인지 정확히 제시되지 않았으므로 정책기조를 나타내는 '능동적 복지'가 무엇을 의도하는지 알기 어려운 한계가 있었다. 이명박 정부가 시장경제의 능동성(자율성)을 강조했다는 점을 생각해 보면, 복지에 대해서는 소극적인 태도를 취한 것으로 보여진다.

단적인 예로 2012년도 사회복지예산안을 살펴보면 다음 표와 같이 사회적 양극화 심화로 인한 절대빈곤층의 증가에도 불구하고 생계급여와 주거급여 등의 기초생활보장 분야에서 예산이 1천 7백억 이상 삭감되었다. 또한 노인 관련 기관 지원, 노인돌봄서비스사업 및 노인요양시설 확충 예산에서 340억 이상을 삭감하였던 것을 알 수 있다.

〈표 3-4〉 2012년 복지예산안 중 주요 삭감예산 (단위 : 백만 원)

구 분	2011 예산	2012 예산	감 액	
자활지원 사회적응 프로그램	988	0	△988	순감
지역사회서비스 투자사업보조	139,669	138,745	△924	△0.9%
기초생활 생계급여	2,445,969	2,361,845	△84,124	△3.4%
주거급여	598,655	519,440	△79,215	△13.2%
해산・장제급여	15,350	15,152	△198	△1.3%
양곡할인	99,690	92,448	△7,242	△7.2%
재산담보부 생계비 융자	3,408	2,757	△651	△19.1%
사회복지사업 지원	4,317	3,708	△609	△14.1%

사회복지종합관리망 구축 및 운영	18,276	13,729	△4,547	△24.9%
시설퇴소아동 자립지원	918	910	△8	△0.7%
가정위탁 지원	1,548	1,521	△27	△1.7%
입양·가정위탁아동 심리치료	270	243	△27	△10%
노후설계지원사업	300	0	△300	순감
노인복지 지원	1,375	240	△1,135	△82.5%
노인 관련 기관 지원	31,164	10,771	△20,393	△65.4%
노인돌봄서비스	101,175	97,887	△3,288	△3.2%
노인요양시설 확충	58,419	47,889	△10,532	△18.0%
독거노인 응급안전 돌보미 사업	2,355	2,182	△173	△7.3%
만 5세아 보육료 지원	101,168	13,475	△87,693	△86.7%
장애아 무상보육료 지원	43,735	43,317	△418	△1.0%
다문화가정 보육료 지원	11,551	9,565	△1,986	△17.2%
어린이집 기능 보강	14,650	11,867	△2,783	△19.0%
보육인프라 구축	16,250	15,377	△873	△5.4%
저소득 장애인 지원	9,548	9,537	△11	△0.1%
장애인 자립자금 융자	3,441	2,000	△1,441	△41.9%
장애인 생활시설 확충	57,735	44,097	△13,638	△23.6%

출처 : 참여연대 사회복지위원회(2011), p. 6.

신자유주의 위기 속에 국내 위기가 증폭되면서 더욱더 경제에 올인하는 경향을 보였고, 과거 김대중, 노무현 정부에 이르기까지 10년간 이어져 왔던 경제와 복지의 선순환 담론은 이명박 정부 이후 더 이상 회자될 수 없었다. 능동적 복지의 외피 속에 내재된 토건적 성장논리는 결국 복지제도의 회피와 축소를 가져왔다.

2013년에 들어선 박근혜 정부 역시 창조경제, 맞춤형 복지를 주요 정책기조로 내세우면서, 선별·배급형 복지에서 시장친화적 보편복지로의 전환을 꾀했다. 태아에서 노인에 이르기까지 맞춤형 복지정책을 시행하는 한편, 창조경제 성장을 통한 복지성장을 주장하였다. 경제가 성장하면 일자리가 늘어나 복지수요가 줄어든다는 논리도 동원되어 있다.

〈표 3-5〉 박정희 정권~박근혜 정부의 주요 복지정책

정부별 (대통령) 정책 기조	3 · 4공화국 박정희 (1960~1980)	5공화국 전두환 (1981~1987)	6공화국 노태우 (1988~1992)	문민정부 김영삼 (1993~1997)	국민의 정부 김대중 (1998~2002) 생산적 복지	참여정부 노무현 (2003~2007) 참여복지	이명박 정부 이명박 (2008~2012) 능동적 복지	박근혜 정부 박근혜 (2013~2017) 맞춤형 고용 · 복지
사회 보험	산재보험 (1964)			고용보험 (1995)	산재/ 고용보험 확대 (2000~2005)			
	건강보험 (1977)	건강보험 확대	전국민 건강보험 (1989)		의약분업 (2000), 건강보험 통합 (조직 2000, 재정 2003)		노인장기 요양보험(2008)	의료보장성 강화(2013~), 장기요양 치매 특별등급신설
	공무원연금 (1960), 군인연금(1963), 사학연금(1975)		국민연금 (1988)	국민연금 확대	전국민 국민연금 기반구축(1999)	국민연금법 개정(급여인하 등, 2007)	공무원연금법 개정(2009)	
공공 부조, 보훈	생활보호제도 (1962), 국가보훈(1962), 의료보호제도 (1977)	영세민 종합대책 (1982), 사회복지 전문요원 (1987)	저소득층 영구임대주택 (1989)		경로연금 (1998), 국민기초생활 보장제도(2000)	기초노령 연금법(2007), 차상위계층 지원(2004), 장애수당 확대 (2005)	기초노령연금 (2008), 장애인연금 (2010)	기초연금(2014), 기초보장 맞춤형 급여(2014), 일을 통한 빈곤탈출(2013)
사회 서비스	가족계획사업 (1962), 심신장애자 종합대책(1978)	노인복지 기반 마련 (1981), 재가노인 복지사업 (1987)	장애인복지 대책위원회 (1989), 장애인등록제 (1988)	공중보건, 건강증진 확대 (1995), 보육시설 확충 계획(1995), 퇴직연금제도 도입(1995)	장애인복지 5개년계획 (1998)	보육확대(2004), 저출산 · 고령 사회 본격대응 (2005), 사회서비스 일자리(2004), 다문화가족센터 (2006)	5세아 누리과정, 0~2세아 무상보육(2012), 적극적 노동시장정책 (2008)	무상보육 · 무상 교육 실현과 내실화(2013~), 보편적 주거복지, 경력단절여성 지원 등
교육 분야							든든학자금 대출 (ICL, 2010), 맞춤형 국가 장학금(2012)	든든학자금 대출이자 인하, 반값등록금 지원확대(2013)
조세 지출							근로장려세제 (EITC, 2009)	EITC 확대

출처 : 최병호(2014), p. 92.

그러나 복지는 여전히 정치와 경제영역 양쪽에 종속되어 있으며, 시장논리와 정치적 이해관계에 따라 휘둘리는 모습을 보이고 있다. 비록 기초연금제도의 도입, 보편적 주거복지 추진, 반값등록금 확대 등 그전 정부에서 미처 시도하지 못했던 제도들을 하려는 노력을 하고 있지만 그 성과가 구체적인 삶의 질 향상으로 연결되고 있다고 말하기는 어려운 상황이다. 무엇보다 지방정부의 보육

및 청년일자리정책과 연결되어 대두된 이른바 '무상복지(수당)' 논란은 일반 대중에게 복지=공짜라는 왜곡된 이미지 논란을 야기하면서 복지제도에 대한 국민의 불신과 오해를 초래하였다.

4) 촛불 운동과 문재인 정부의 등장, 그리고 포용적 복지국가

JTBC 최순실 태블릿 보도사건(2016)을 계기로 2016년 10월 29일 시작한 촛불혁명은 무려 23차례에 걸쳐 전개되었고, 이러한 시민운동에 힘입어, 헌정 사상 최초의 탄핵된 대통령으로서 박근혜 정부는 종지부를 찍게 되었다. 만성적인 부패와 무기력한 지도자 중심의 정권을, 풀뿌리 시민들이 민주주의의 힘으로 바로 잡은 것이다. 임기 중 탄핵된 박근혜 대통령을 이어, 2017년 5월 9일에 치러진 대통령 선거에서 문재인 후보가 제19대 대통령으로 당선되면서, 문재인 정부는 2017년 5월 10일에 출범하였다.

문재인 대통령은 취임 후 100대 국정과제를 제시했는데, 이 가운데 사회복지와 연결되는 것은 "내 삶을 책임지는 국가"이다.

〈표 3-6〉 5대 분야 주요 국정과제

국민이 주인인 정부(15개)	더불어 잘사는 경제(26개)	내 삶을 책임지는 국가(32개)	고르게 발전하는 지역(11개)	평화와 번영의 한반도(16개)
전략 1 : 국민주권의 촛불민주주의 실현 **전략 2** : 소통으로 통합하는 광화문 대통령 **전략 3** : 투명하고 유능한 정부 **전략 4** : 권력기관의 민주적 개혁	**전략 1** : 소득 주도 성장을 위한 일자리경제 **전략 2** : 활력이 넘치는 공정경제 **전략 3** : 서민과 중산층을 위한 민생경제 **전략 4** : 과학기술 발전이 선도하는 4차 산업혁명 **전략 5** : 중소벤처가 주도하는 창업과 혁신성장	**전략 1** : 모두가 누리는 포용적 복지국가 **전략 2** : 국가가 책임지는 보육과 교육 **전략 3** : 국민안전과 생명을 지키는 안심사회 **전략 4** : 노동존중, 성평등을 포함한 차별 없는 공정사회 **전략 5** : 자유와 창의가 넘치는 문화국가	**전략 1** : 풀뿌리 민주주의를 실현하는 자치분권 **전략 2** : 골고루 잘사는 균형발전 **전략 3** : 사람이 돌아오는 농산어촌	**전략 1** : 강한 안보와 책임국방 **전략 2** : 남북 간 화해협력과 한반도 비핵화 **전략 3** : 국제협력을 주도하는 당당한 외교

출처 : 청와대 홈페이지 저자 정리.

「문재인 정부 국정운영 5개년계획」에서처럼, 문재인 정부는 '포용적 복지(Inclusive Welfare)'를 표방하였다. 포용적 복지는 조작적 정의가 필요할 것인데, "어느 계층도 소외됨이 없이 경제성장의 과실과 복지를 고루 누리면서 개인이 자신의 역할과 잠재력을 최대한 발휘할 수 있는 나라(박능후, 2017)"라는 개념을 중심으로 보면 '경제성장의 과실을 어느 계층도 소외됨이 없이 누리는 상태'로 정의해 볼 수 있다.

포용적 복지국가의 이론적 배경으로는, 먼저 영국의 사회정책학자 테일러 구비(Taylor-Gooby) 교수가 이야기한 것을 들 수 있다. 그는 복지의 삼중딜레마로 정책의 포용성, 재정적 지속가능성, 효과성을 지적하면서 이를 해결하기 위한 정책적 방안으로 '관대하고 포용적인 정책(generous and inclusive policies)'을 제안한 바 있다(Taylor-Gooby, 2013). 새로운 사회적 위험에 대응하는 "관대하고 포용적인 복지국가(generous and inclusive welfare state)"를 구축하기 위해서는 건강보험, 교육, 연금 등 국민 다수를 위한 사회서비스(mass service)의 접근성을 강화하고 정책의 재분배 기능을 제고하기 위한 재구조화가 필요하다고 주장했다.[1] 전세계에서 실험된 다양한 정치경제 모델 중 사회통합과 경제성장을 동시에 실현하는 데에 성공한 유일한 대안으로서 유럽형 사회적 시장경제 모델 채택이 필요함을 강조하면서, 포용성, 혁신성, 유연성을 통한 포용국가로의 지향이 국정으로 채택된 것이다(한국보건사회연구원, 2017).

1) 국내에서도 성경륭 등(2017)은 발전국가론과 약탈적 정치제도의 역사적 흐름에서 한국과 동아시아형 발전국가는 더 이상 버틸 수 없는 종말 단계에 접어들었고, 불평등을 확대시키는 영미형 자유시장 모델도 부채경제와 금융공황 촉발로 위기에 직면하는 지속불가능한 모델이라는 지적이 나타나고 있었다.

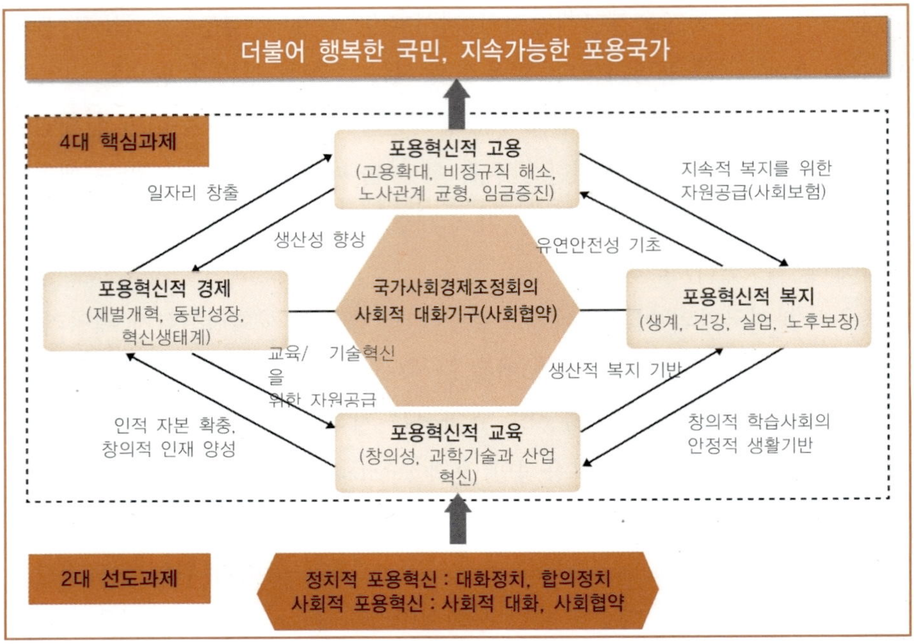

| 그림 3-1 | 혁신적 포용국가 이행모델

출처 : 성경륭 외(2017), p. 71.

포용적 복지국가는, 지금까지 정부의 사회정책이 포용적이지도 않고 복지도 취약하다는 문제의식에서 출발하였다. 경제 규모나 경제 능력을 보여주는 여러 지표에서 우리나라는 이미 선진국 반열에 들어섰다. 하지만 국민행복을 좌우하는 복지는 선진국에 견주어 여전히 뒤떨어진 상태다. 양극화와 소득 불평등 비율이 완화되지 않으면서 빈곤층과 취약계층의 기본 생활을 제대로 보장하지 못하는 나라로 간주된다. 불평등 심화에서 비롯된 사회적 위험이 성장 둔화를 가져오고 이에 따라 정부의 복지 위축과 사회정책의 후퇴를 초래하며 결국 다시 불평등 심화와 성장 둔화로 이어질 수 있다. 악순환의 고리를 차단하려면 먼저 정부 정책의 재분배 기능이 강화되어야 한다. 복지 지출을 늘리고 사회안전망에 대한 접근성도 높여야 한다. 지난 2년 동안 문재인 정부가 추진해 온 사회정책의 바탕에는 바로 이런 기조가 깔려 있다.

포용적 복지에 대한 정부 의지는 지출 예산에서 쉽게 확인할 수 있다. 국회예산정책처의 재정경제통계시스템을 보면, 보건복지 · 고용 분야의 지출 예산 중

가율이 2017년 3.9%에서 2018년과 2019년 각각 10.5%, 10.4%로 2년 연속 두 자릿수 증가율을 기록했다. 2019년 정부의 총지출 예산 469조 6,000억 원 가운데 보건복지 · 고용 분야 예산(161조 원)의 비중은 34.3%로, 2017년(32.3%)에 견주어 2년 만에 비중이 2%포인트 높아졌다. 과거에 비해 증가폭이 커진 것을 알 수 있다. 2019년 복지 예산 중 가장 빠르게 증가한 항목은 아동과 노인을 대상으로 하는 지출이다. 아동수당법 개정에 따라 소득과 재산 조사 없이 만 6세 미만의 전 아동을 대상으로 월 10만 원씩의 아동수당을 2019년을 시작으로 지급하고 있는데, 2022년부터 만8세 미만으로 확대되어 시행중이다(정책브리핑).

보건복지 · 고용 분야의 적극적인 투자와 함께 이른바 '문재인 케어' 역시 문재인 정부의 주요한 정책 노선으로 등장하였다. 2017년 8월 9일, 문재인 대통령은 '건강보험 보장성 강화 대책'을 발표했는데, 이것이 일명 '문재인 케어'다. 이 대책의 핵심 내용은 당시 63% 수준인 국민건강보험의 보장성을 2022년까지 70%로 높이는 것이다. 구체적인 방법으로서 먼저 의학적 비급여의 전면적 급여화를 단계적으로 시행하는 것이고, 두 번째 취약 인구와 취약 계층의 의료비 부담을 경감하는 것을 제시했다. 2020년에는 문재인 케어의 효과성을 두고 정책 시행 이후 약 2년간의 성과를 중심으로 한 찬반 양론이 있고 재정건전성 유지 문제에 대해서 논란이 있었다.

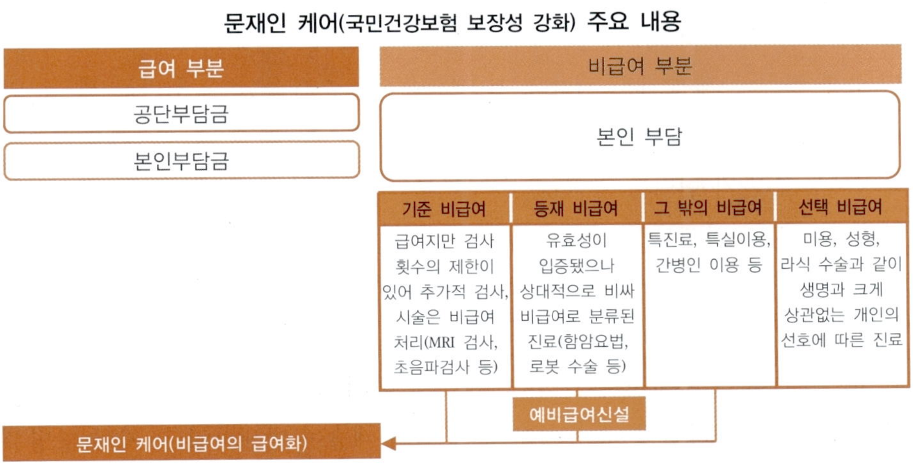

| 그림 3-2 | 문재인 케어의 주요 내용

출처 : 입소스 코리아 이슈리포트 제36호(2019. 3. 20일자).

문재인 정부는 출범과 함께 소득주도성장과 포용국가 비전에 따라 4대 공적 이전 소득의 강화를 추진하면서 기초연금인상, 기초생활보장제도 부양의무자 기준 단계폐지, 근로장려금 확대, 아동수당 도입 및 대상 확대를 발표한 바 있다. 가령 기초생활보장제도를 보더라도 2017년 국민기초생활보장제도 시행 20년을 맞아 제1차 기초생활보장 종합계획을 발표하고 2020년에는 2차 종합계획을 제시하였다. 이를 통해 2017년 수급자 및 부양의무자 가구에 중증 장애인 또는 노인이 모두 포함된 '노-노 부양, 장-장 부양'의 경우 부양의무를 폐지하기 시작하여, 거의 매년 조금씩 부양의무자 기준을 단계적으로 폐지했다.

문재인 케어로 불리는 건강보험 개혁의 경우 건강보험 재정관리, 급여심사, 급여지급에 이르는 과정에서 재정운영의 방만함, 일부 요양급여에 대한 과다 지출 등이 지적되기도 하였다. 정부 정책의 공과(功課)에 대한 평가도 필요하겠지만, 보다 중요한 것은 정책의 지속성과 선순환이라는 점에서 향후 정부간 정책 연계성은 놓치지 말아야 할 과제이다.

5) 윤석열 정부의 복지정책

지난 2022년, 제20대 대통령으로 윤석열 대통령이 당선되면서, 보수 정부로 다시 정권이 교체되었다. 현재 윤석열 정부는 양극화, COVID-19 위기, 저출생, 사회갈등과 같은 문제와 함께 국제정세의 가파른 변화, 기후위기, 무역구조 개편 등과 같은 문제에 대해 자유의 가치를 중심으로 대응할 수 있다고 제시하였다(문화체육관광부국민소통실, 2023). 시장과 자유를 중요하게 여기는 정책기조는 복지제도 전반의 변화를 가져올 것으로 보인다. 취임 당시 대통령직 인수위원회에서 제시한 사회보장정책 관련 주요 과제는 지속가능한 복지국가 개혁, 맞춤형 기초보장강화, 안전하고 질 높은 양육환경 조성, 고용안전망 강화 및 지속가능성 제고 등의 4가지이다.[2)]

윤석열 정부의 복지정책이 실행되는 모습에서 찾을 수 있는 특징은 다음과 같다. 먼저 일부 과제에 대한 이전 정부 정책 계승이 발생하였다. 가령 상병수

---

2) 문화체육관광부국민소통실(2023). 윤석열 제 20대 대통령취임사, 2023. 05.10. 대한민국정책브리핑.

당 도입, 소득기반 고용보험 추진, 기초생활보장 확대, 근로장려세제 인상, 부모수당 도입 등은 직전의 문재인정부도 중요한 비중으로 추진한 과제였다는 점에서 계승, 확대된 것을 알 수 있다. 두 번째 위에서 언급한 내용을 제외하면, 대부분의 과제는 이전 정책과는 다른 성격을 보여준다. 직전 정부의 복지모델은 '포용적 사회투자국가 모델'로 소득보장과 사회서비스 부문 모두에서 보편적 확대를 추진하였다. 하지만, 새로운 정부의 복지모델은 복지목표에서 보여주는 것처럼 '약자복지모델'을 지향하고 있다. 약자복지모델의 주된 내용은 국가재정의 건전성을 유지하기 위해 복지 확대를 사회적 약자 중심으로 선별적으로 추진하는 것이다. 이는 전형적인 잔여적 복지모델로서 이명박 정부와 박근혜 정부에서 나타났던 복지모델의 이념적 기반이기도 하다. 이러한 점을 반영하듯이 국민기초생활보장제도의 개선, 고용안전망확충, 상병수당 도입으로 취약계층의 복지 사각지대 완화를 강조하고 있다. 또한 저출산 문제에 대응해 부모수당과 같은 가족지원정책을 확대하는 데 초점을 두었다. 마지막으로 복지의 시장화, 민영화와 관련된 특징이 나타난다. 윤석열 정부는 사회서비스와 고용서비스의 확대를 꾀하고는 있지만, 국가가 직접 서비스를 제공하는 것보다는 민간의 도움으로 서비스를 제공하는 것을 지향하고 있다(김원섭, 2023).[3)]

결국 윤석열 정부는 적극적이고 포용적인 사회투자전략과는 확연히 다른, 상당히 잔여적이면서 선별적인 복지모델을 택하였다. 이러한 기조가 현재 우리 사회가 당면한 사회문제의 해결과 지속가능한 복지국가로의 진입에 대해 적절한 전략인가에 대해서는 여전히 논란이 제기되고 있다.

3) 김원섭(2023). 한국 복지체제 발전과 윤석열정부 복지정책의 방향, 사회보장정책을 중심으로. 분석과 대안, 7(1), 147-170.

2. 새로운 사회적 위험의 관리

1) 신자유주의와 세계화

과학기술과 교통통신의 발달로 생산과 소비, 분배 등이 자국의 경계를 넘어서 전 지구적으로 확대되는 현상을 보이고 있는 세계화는 개인의 자유와 시장의 자율성을 통하여 국민국가의 한계를 극복하고 자본의 위기에서 탈출하도록 만들었다.

세계자본 축적과정에서 보았듯이 1980~1990년대로 들어오면서 세계는 금융자본을 중심으로 팽창되었고, 경제위기를 극복하기 위한 선진국들의 경쟁은 치열했다. 세계시장에서 이윤을 극대화하고 우위를 선점하기 위하여 시장조건이 유리한 저임금 저개발 지역을 찾아 국외로 진출하게 되었고, 자본과 생산을 자유롭게 이동하기 위해서 주변부 저개발 국가에 무역장벽을 철폐하고 정부규제를 완화할 것을 요구하게 되었다. 이에 따라 경제 체제는 점점 더 자유화, 규제 철폐, 민영화를 중심으로 하는 신자유주의적 흐름으로 재편되었다.

한국은 세계화 과정에서 저렴한 노동력을 기반으로 싱가포르, 대만, 홍콩과 함께 아시아의 4대 신흥 강국으로 등장하게 되었고, 초기에는 오히려 신자유주의와 세계화의 혜택을 받는 국가가 되었다. 1980년대 이후의 민주화 과정은 한국의 발전에 긍정적인 발판을 마련하였으나 한국이 가지고 있던 정치적·경제적 문제가 제대로 해결되지 못한 상황에서 정치기능의 부재, 경제정책의 실패, 정경유착, 기업윤리의 상실, 시민의식 부재 등으로 인한 어려움들이 결국 IMF 외환위기를 불러왔다. 1997년 통화위기 이후 한국은 소득보장 프로그램의 필요성을 절실히 느꼈고, 신자유주의의 흐름을 수용하기 위해서 필요한 기본적인 생활보장에 대한 인식을 분명히 하였다. 취업훈련과 일자리 창출, 사회보장제도, 퇴직연금제도 등이 경쟁과 효율성의 가치를 가진 신자유주의와 세계화보다 훨씬 다급하고 중요한 국가의 과제가 되었다.

신자유주의적 세계경제 질서와 금융자본의 지배로 인해 나타나는 불안정성보다 더욱 염려스러운 것은 한 사회가 선진국 중심의 세계화 경제질서에 국민

경제를 그대로 순응시키거나 신자유주의적 위계질서를 비판 없이 그대로 수용하는 태도이다. 세계화는 그것을 어떻게 자국의 환경에 맞게 잘 활용하고 대처하는가에 따라 이익이 될 수도 있고 해가 될 수도 있기 때문이다. 세계화에 대한 연구에서 보여주듯이[4] 세계화는 일률적으로 모든 국가에서 동일하게 나타나지 않으며, 특히 선진산업국과 개발도상국에서는 그 형태가 서로 다르게 나타난다(김영화, 2006 : 13-15; George & Wilding, 2002 : 103-213).

세계화의 경험이 각 사회에 따라 얼마나 상이한가 하는 점을 인식함으로써 우리가 알 수 있는 것은 경제적 세계화로 인하여 시장과 국가는 서로 긴밀한 협력관계에 있을 수밖에 없으며, 세계화는 순응하고 수용하는 것이 아니라 국가로부터 잘 관리되어야 한다는 것이다.[5] 그러므로 국내 고용안정과 세계화의 파괴적 영향력에 맞서 노동자들을 보호하기 위해서는 국가의 중요성이 더욱 강조되어야 하고, 더욱 강화된 사회안전망의 구축, 개선된 사회보호장치와 적극적인 직업교육정책, 노동시장정책 등이 전제되어야 한다(김영화, 2006 : 8).

2) 비정규직

신자유주의의 근로연계국가(workfare state)에서 나타나는 노동의 유연화는 노동자들에게 고용의 불안정성을 높였고, 일반적으로 실업과 비정규직의 비율을 증가시키는 경향을 보이고 있다. 한국의 경우에는 이미 1997년 IMF 경제위기 이후 폭발적으로 늘어난 비정규직의 비율이 지금에도 크게 감소되지 않고 있는 상황이라고 보는 것이 좋을 것이다.

세계화가 요구하는 노동의 유연성은 기업의 유형에 따라 노동자들의 고용과 해고를 쉽게 만들어 주는 것인데, 이러한 노동유연화 정책에 따라 비정규직은 현실적으로 더욱더 양산되는 경향을 보이고 있다. 또한 정부가 추구했던 30만 개 일자리사업과 6만 개 여성일자리사업은 그 목표치에 있어서도 회의가 들지만, 노동의 수준에서도 저임금－단순직이 증가되고 있으며, 양질의 제조업 일

4) 대표적 예로는 George & Wilding(2002). *Globalization & Human Welfare*. Palgrave.

5) 김영화(2006). 세계화와 양극화 : 흐름과 전망. 비판과 대안을 위한 사회복지학회. 상황과 복지, 22, 9.

자리는 줄어드는 것으로 나타나고 있다. 특히 비정규직 문제에서 가장 중심을 차지하고 있는 청년실업의 경우 줄어들지 않고 있는 상황이다.

한국경제연구원의 분석에 따르면, 2018년도 기준 OECD 평균 청년(15~29세)실업자 수는 지난 2008년에 비해 13.9% 감소한 반면, 한국의 청년실업자는 같은 기간 28.3% 증가했다. 이 기간 한국의 청년인구는 986만 8,000명에서 914만 9,000명으로 71만 9,000명(7.3%) 줄었으나 청년실업자는 31만 8,000명에서 40만 8,000명으로 9만 명 늘었다. 한국의 청년실업률도 OECD 주요국과 반대로 움직였다. 한국의 청년실업률은 2008년 7.1%에서 2018년 9.5%로 2.4%포인트 상승했지만 같은 기간 OECD 평균은 10.4%에서 9.1%로 1.3%포인트 하락했다. OECD 회원국 36개국 중 한국의 청년실업률 순위도 11위에서 22위로 떨어졌다. 2008년에는 한국의 실업률이 OECD 평균보다 3.3%포인트 낮았으나 2018년에는 0.4% 포인트 높아졌다(서울경제, 2019. 12. 9일자).

OECD 주요국 청년 고용률

(단위 : %)

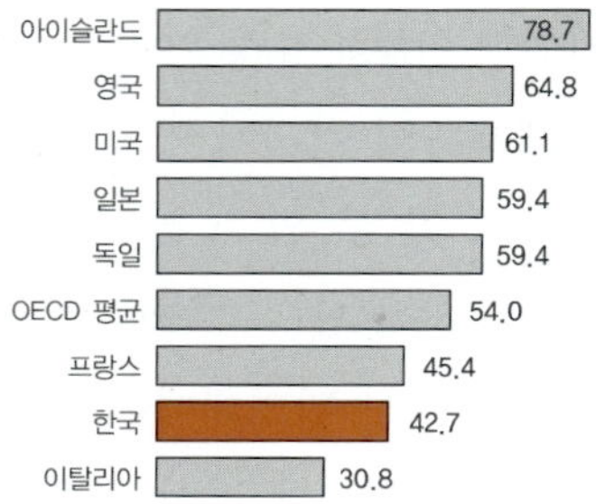

※ 2018년 기준

출처 : OECD.

사회적 위험으로 나타나는 비정규직과 실업 문제는 기본적인 생활보장이 되지 않고, 복지제도의 사각지대 속에서 생활이 점점 궁핍해질 수 있다는 위기로 연결된다. 또한 이 문제가 사회적 배제로 귀결된다는 점에서 심각성이 있다.

3) 노동빈곤의 확대와 양극화

1970년대 경제환경의 변화와 교통통신, 산업기술의 발달로 세계 노동시장 구조는 포스트-포디즘체제로 점차 전환되었다. 노동시장의 변화와 노동의 유연화로 시장이 재편성되면서 1980년대에는 고용불안정이 더욱 확대되었고, 노동자 생활 자체의 전반적인 불안정이 가중되면서 1990년에는 비정규직 노동자가 확산되는 형태를 띠었다. 비정규직의 대거 등장으로 노동빈민(working poor)이라는 용어가 주목받게 되었고 전통적 빈곤과는 다른 '신빈곤'이라는 개념도 등장하게 되었다. 이는 일을 하고 있는데도 빈곤에서 탈피하지 못하는 현상으로서 또 하나의 새로운 사회계층을 형성하고 있다. 노동빈곤층은 나라마다 조금씩 차이가 있고 학자마다 다른 견해를 보이고 있으나 한국보건사회연구원에서는 "중위소득의 60% 이하인 가구"로 정의하고 있다. 노동빈곤층을 신빈곤이라고 부르는 경향이 있고, 그동안 존재해 오고 있었던 상대빈곤층을 IMF 사태 이후에는 신빈곤층이라 부르기도 한다.

외환위기 당시 대두된 노동빈곤의 양상은 심각하였다. 1992년부터 2012년까지 통계청 가계동향 조사결과를 인용한 분석에 의하면, 2인 이상 도시가구 중 중산층(OECD 기준인 중위소득의 50~150%)은 75.4%에서 65.5%로 줄었다. 반대로 저소득층(중위소득의 50% 미만) 비중은 1992년 7.4%에서 2012년 14.4%로 2배가 됐다. 또 가구 수로 보면 저소득층이 1992년 57만 2,600여 가구에서 2010년 160만 7200여 가구로 100만 가구 이상 늘어났다. 이 기간의 가구 증가율(39.4%)에 따른 자연 증가분(22만 5,500여 가구)을 제외하더라도 중산층에서 저소득층으로 떨어진 '노동빈곤층'이 80만 9,000여 가구에 이르는 것으로 추정된다. 매년 평균 4만 4,900여 가구가 중산층에서 이탈한 것이다(조선일보, 2013. 8. 19).

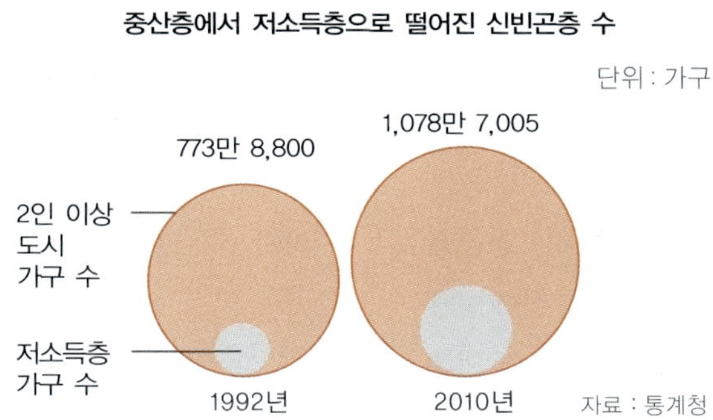

❙그림 3-3❙ 신빈곤 추이

출처 : http://image.chosun.com/sitedata/image/201308/19/2013081900228_0.jpg

이와 함께 노동빈곤층의 소득대비 부채율은 갈수록 늘어나고 있는 반면 노후대비 내지 생활안정을 위한 저축은 감소하고 있는 상황이다. 또한 상위소득 계층과 하위소득 계층 간의 격차는 더욱 큰 폭으로 벌어지고 있다.

노동빈곤의 증가현상은 중산층의 파괴를 의미하고 이는 나아가서 사회의 양극화 현상을 심화시키게 된다. 양극화는 사회계층 간의 격차가 심화되는 것이며, 소득의 양극화는 기회의 양극화로 이어져 사회적 배제와 직결된다. 양극화를 가져오는 사회적 요인 중에는 신자유주의적 국가정책을 대표적으로 들 수 있다. 이는 구조조정으로 시장수용에 유연하게 대처하고, 긴축재정, 복지지출 축소 등을 통하여 국가재정의 부담을 줄이는 것이다. 한국의 경우에 낮은 복지지출을 늘리지 않으면 중산층은 붕괴되고 빈곤층 문제는 더욱 심각하게 될 수 있다. 따라서 이 문제를 한국적으로 극복해 나가기 위해서는 한국의 고유한 대응방법을 찾지 않으면 안 된다. 또한 한국사회에서 양극화를 부추기는 요인으로는 부동산 투기의 문제를 들 수 있는데, 부동산 투기는 자본주의의 원리에 전적으로 어긋나는 것으로 자본질서와 시장의 유통질서를 어지럽히는 가장 심각한 사회문제 중의 하나이다. 부동산 투기는 자신이 소유하고 있는 부동산 유무에 따라 노동하지 않고 시차에 의해 생기는 불로소득을 노리는 것으로 한국의 가장 고질적인 사회문제이며 양극화의 주된 원인이 된다.

|그림 3-4|는 한국의 빈곤율 추이를 보여주고 있는데, 절대빈곤율은 1996년 3%였지만 IMF 경제위기를 전후로 급증하여 2009년 세계경제위기 때 8.4%로 가장 높게 나타났다. 그 이후 다소 완화되었지만 여전히 1990년대 중반보다 2배 이상 높다. 상대빈곤율은 2009년 경제위기 이후 사실상 제자리 수준이다.

(단위 : %)

구분	전국[1]	
	절대빈곤[2]	상대빈곤[3]
1996	3.0	9.0
2000	8.2	13.3
2006	7.6	13.8
2007	7.8	14.4
2008	8.0	14.6
2009	8.4	14.8
2010	7.9	14.3
2011	7.8	14.3
2012	7.6	14.0

주) 1) 1996년, 2000년 자료는 가구소비실태조사(통계청), 2006년 이후 가계조사 편의상 전국이라고 표현하였으나 농어가가 포함되지 않은 결과임
2) 경상소득이 최저생계비 미만인 인구 비율
3) 중위 가처분소득의 50% 미만 인구비율

|그림 3-4| IMF 경제위기 이후의 빈곤율 추이

출처 : 인권오름(2015), 제457호.
http://sarangbang.or.kr/bbs/show_images.php?board=hrweekly&sf=data/hrweekly/photo/9/3129/b1.gif

이러한 빈곤과 양극화 극복을 위해서는 사회구조 개선이 필수적인데, 거시적으로는 보다 질적으로 향상된 자활사업과 일자리 창출, 사회안전망 구축, 사회적기업의 육성, 대학과의 산학협동체제 구축 등이 필요하다. 또한 양극화된 관계개선을 위한 실천 프로그램으로는 정규직·비정규직 상호협동 프로그램, 대기업과 중소기업의 동반자적 관계 형성 등이 요구된다.

4) 저출산 · 고령화[6)]

새로운 사회적 위험을 말할 때 가장 위기감을 많이 갖게 되는 것이 저출산·고령화 문제이다. 이는 노동력 인구의 감소와 더불어 연금수혜자의 증가를 의미하는 것으로서, 한 사회의 인구 불균형으로 인하여 현세대와 차세대의 연대에 중대한 결함이 생기는 것이고 사회적인 균열이 생기는 것이며, 나아가서는 사회의 붕괴를 뜻하게 된다.

다음 그림에서 보듯이 우리나라 출산율은 2015년 이래 계속 감소하여, 2022년 기준 합계출산율(여성 1명이 평생 낳을 것으로 예상되는 평균 출생아 수)은 0.78명으로 떨어졌다. 관련 통계가 작성된 이래 최저치이며, 서울의 경우 0.59명으로서 가장 낮았다. 2022년 우리나라의 합계출산율은 경제협력개발기구(OECD) 38개국 중 꼴찌이자 평균(1.59명, 2020년)의 절반에도 미치지 못하는 상황이다. 위 그림에서도 보이듯이 합계출산율이 1명 미만인 국가는 주요 OECD회원국 가운데 한국이 유일하며, 그 다음으로 낮은 수준을 보이는 이탈리아, 일본만 하더라도 1.2명대 이상이다. OECD 회원국 중 초저출산 현상을 극복하지 못한 국가도 한국이 유일하다. 포르투갈은 2014년(1.23명)까지만 해도 초저출산 국가였지만 2015년(1.30명)과 2016년(1.36명) 합계출산율이 올라갔다(머니투데이, 2018. 8. 22일자).

6) 이 부분은 김영화 외(2007). 한국사회복지의 정치경제학. 경기 : 양서원, pp. 215-217에서 가져온 것이다.

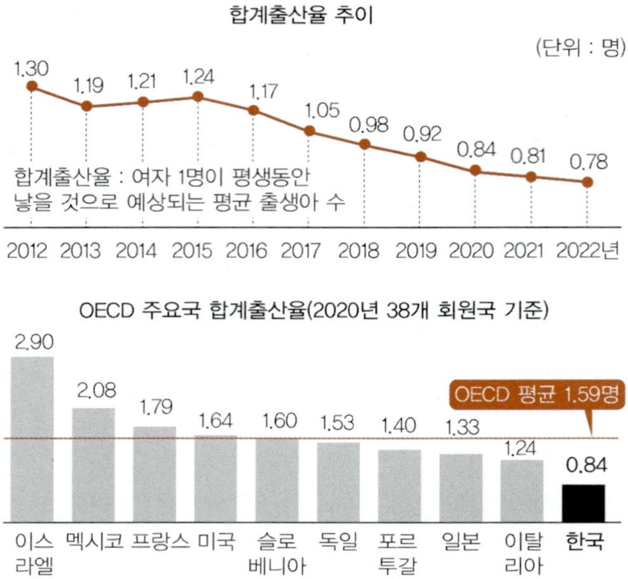

▌그림 3-5▐ 합계출산율 추이 및 OECD 주요국가 합계출산율

출처 : http://www.yonhapmidas.com/article/230404115009_543869

한국의 인구정책이 정치, 경제, 사회, 문화적인 요인에 대한 상호 관련성 없이 얼마나 단순하게 산술적인 인구수에만 초점을 맞추었나 하는 것이 명백하게 드러난다. 예를 들면, 한국에서는 2002년까지도 한 자녀 낳기 운동을 캠페인으로 벌이고 있었는데, 이때 출산율은 1.17명이었다.

그러나 출산의 문제를 인구문제로만 접근한다면 이 문제는 해결되기가 요원하며, 여성문제와 가족문제로 접근한다면 어느 정도 장기적으로는 그 해결책을 마련할 수 있다고 생각된다. 왜냐하면 저출산의 원인은 곧 여성들의 출산, 육아 부담과 직결되며, 여성의 가사노동과 경제활동과도 직결되기 때문이다. 현재 여성경제활동률이 50% 이상을 넘어가고 있는데 여성을 전업주부로만 인식하여 정책을 세운다면 그것은 바로 정책의 실패로 이어질 것이다. 저출산 문제는 양성평등정책의 일환으로서, 일·가족 양립정책, 남성부양자모델이 아닌 양성소득자모델, 워라밸(일·가정 균형)정책 등 종합적으로 접근하지 않는다면 계속 시행착오를 거듭할 뿐이라고 본다.

고령화는 고령인구의 비율이 높아짐에 따라 나타나는 노년부양비의 부담이 가장 심각한 문제이다. 다음 그림에서와 같이 우리나라의 인구구조 변화는 2024~2028년께 인구 감소가 시작될 것으로 예상된다. 2014년 중위연령이 40세를 넘겨 고소득국가 평균을 상회하며, 2045년께 일본을 넘어 세계 최고 수준에 도달할 것으로 예상된다. 2019년 기준 한국의 65세 이상 고령인구는 총인구의 14.9%로 이미 고령사회로 진입했으며, 2025년에는 20%를 넘어서 초고령사회에 도달할 것으로 전망된다.

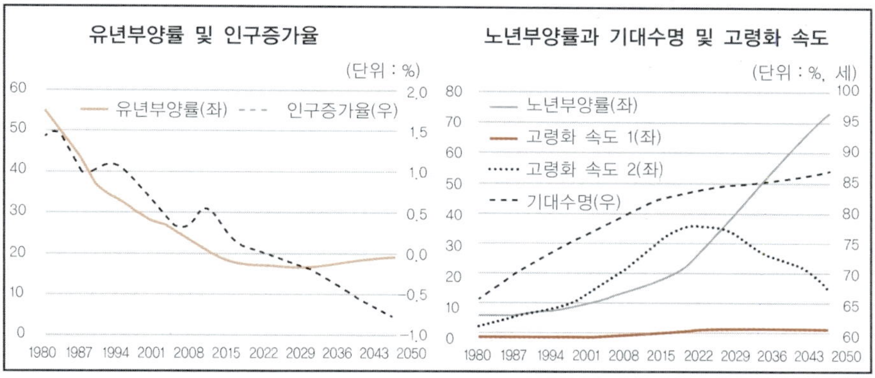

자료 : UN, World Population Prospects 2019 (검색일 : 2019. 9. 2).

주 : 고령화 속도 1은 '현재 노년부양률−전년 노년부양률', 고령화 속도 2는 '20년 후 노년부양률−현재 노년부양률'.
자료 : UN, World Population Prospects 2019 (검색일 : 2019. 9. 2).

| 그림 3-6 | 한국의 인구구조 변수 추이 및 전망

출처 : 이데일리(2020. 5. 25) 기사.

노인 관련 정책의 내용과 우선순위는 시대별로 다를 수 있지만, 고령사회로의 전환은 우리가 직면한 현실이다. 그런 만큼 고령화로 인하여 야기되는 주요한 노인인권의 문제를 해결하고, 특히 노인들의 적절한 신체적 및 경제적 수준을 유지할 권리 등을 보장하기 위한 공동의 방안을 강구해 가야 할 것이다.

이와 함께 고려되어야 할 사항은 인구문제의 본질이다. 저출생과 고령화는 단순히 현상에 그치는 것이 아니다. 인구구조의 변화, 연금제도의 지속성, 노동시장 구조 변화 등에 직접적인 영향을 미치는 변수이다. 또한 단일국가 차원에서 해결할 수 있는 문제도 아니다. 우리나라는 인구감소를 우려하고 있지만, 범세계적인 상황에서는 인구과잉에 따른 문제도 속출하고 있다. OECD에 따르면 향후 50년 이내 인구가 100억 명을 돌파할 수도 있으며 그렇게 되면 식량, 물, 에너지, 주거지와 농경지 부족으로 큰 혼란에 빠질 것이라고 밝혔다. 또한 대부분의 인구증가가 개발도상국이 대부분인 아프리카와 아시아에서 일어날 가능성이 크다는 점에서 대륙 간 불균형 문제도 발생할 것으로 보인다. 이런 만큼 보다 궁극적으로 지속가능한 인구정책을 마련하는 것이 중요한 과제일 것이다.

참고문헌

김영화(2006). 세계화와 양극화 : 흐름과 전망. 비판과 대안을 위한 사회복지학회. **상황과 복지**, 22.

김영화 외(2007). **한국사회복지의 정치경제학**. 경기 : 양서원.

김원섭(2023). 한국 복지체제 발전과 윤석열정부 복지정책의 방향, 사회보장정책을 중심으로. **분석과 대안**, 7(1), 147-170.

문화체육관광부국민소통실(2023). 윤석열 제20대 대통령 취임사, 2023.05.10. 대한민국정책브리핑.

성경륭 외(2017). (새로운 대한민국의 구상) **포용국가 : 모두를 위한 국가, 약자를 살리는 세상을 위하여**. 파주 : 북이십일 21세기북스.

정책브리핑. m.korea.kr(2019년 검색자료)으로 정리.

참여연대 사회복지위원회(2011). 2012년도 보건복지부 예산(안) 분석.

최병호(2014). 우리나라 복지정책의 변천과 과제. **예산정책연구**, 3(1), 89-129.

하상락(1989). **한국사회복지사론**. 서울 : 박영사.

한국은행. 국민소득. (각 년도)

George & Wilding 저. 김영화 외 공역(2004). **세계화와 인간복지**. 서울 : 삼우사.

이 장의 요약

1. 한국의 현대 사회복지 역사는 잔여적 복지시대(1960~1970년대 중반), 제도적 복지시대(1970년대 중반~1980년대 중반), 신자유주의적 복지시대(1980년대 중반~현재) 등 크게 세 시기로 나누어 볼 수 있다. 도입기인 잔여적 복지시대에는 복지 관련 제반 법령이 만들어졌고, 제도적 복지시대는 1977년 전면 수정된 의료보험법과 함께 시작되었으며, 이 시기에 종합적인 사회복지정책의 형태를 갖추었다. 확장기에 해당되는 신자유주의적 복지시대에는 노동운동과 민주적 자유화를 통해 오히려 복지제도의 획기적인 발전을 가져왔으나, 1997년 외환위기와 더불어 근로연계복지라고 할 수 있는 생산적 복지, 참여복지를 강조하고 있다.
2. 신자유주의적 세계화와 더불어 한국에서도 새로운 사회적 위험이 나타나게 되었는데, 비정규직의 양산, 일을 해도 가난한 노동빈곤의 확대와 분배양극화의 심화 등이 그것이다. 또한 고용의 불안정과 양육비의 부담에서 오는 출산율의 저하는 인구의 고령화와 함께 사회적 위기감을 가져온다. 이는 노동력의 감소와 연금수혜자의 증가를 의미하며 나아가서 인구불균형으로 인한 사회적 균열과 사회적 붕괴를 뜻하게 된다.
3. 인구문제, 기후위기, 4차산업 등 새롭게 주목받는 문제와 현상이 나타나고 있다. 우리나라에서도 지속가능을 바탕으로 이러한 변화에 대응할 수 있는 복지정책이 마련되어야 한다.

주요 용어

- **신자유주의**(neo-liberalism) : 1980년대 이후 자유주의 원리를 강조한 사회경제정책으로 영국의 대처주의와 미국의 레이건주의로 등장하여 세계 각국에 영향을 미치고 있다. 규제철폐, 정부개입의 축소, 노동유연화를 전략으로 채택하고 있다.
- **세계화**(globalization) : 신자유주의 흐름과 함께 금융자본의 세계화로 촉발되기 시작하였다. 국가 간의 무역이 증대되면서 세계시장의 우위를 점하여 이윤을 극대화하려는 선진국가들이 저임금과 시장조건이 보다 유리한 저개발지역을 찾아 세계적으로 뻗어나감으로써 선진국 중심의 세계경제 통합이 이루어지는 것을 말한다.
- **노동빈곤**(working poor) : 신빈곤이라고도 한다. 예전의 빈곤은 일을 하지 않는 사람들에게 주로 나타났으나, 노동의 유연성을 중요시하는 신자유주의 시대에는 비정규직이 양산되고, 고용이 불안정하게 되면서 기간제 노동자, 용역, 시간제 노동자들이 늘어나게 되었다. 노동자 중 약 50(남성)~70(여성)%가 비정규직이며, 이들의 평균임금은 정규직의 약 63%를 차지함으로써 일을 하면서도 빈곤에서 벗어나지 못하는 이른바 노동빈곤현상이 증가하게 되었다. 이들은 빈곤뿐만 아니라 사회적 배제로 연결되어서 개인의 힘으로는 극복하기 어려운 삶의 압박을 받게 되어 빈곤을 세습하는 현상을 가지고 오게 만든다.

추천자료

김영화 외(2007). **한국사회복지론**. 경기 : 양서원.

이종인 역(2019). **진보와 빈곤**. 현대지성.

클레이튼 M. 크리스텐슨, 에포사 오조모, 캐런 딜론 공저, 이경식 역(2020), **번영의 역설 : 왜 가난은 사라지지 않는가**. 서울 : 부키.

CHAPTER 04

사회복지정책의 발달을 설명하는 이론들

복지정책이 발전하게 되는 원인은 여러 가지 측면에서 생각해 볼 수 있다. 이 장에서는 서로 다른 시각을 가진 이론들이 사회복지정책의 발달을 어떻게 설명하는지 이해하기 위하여 사회양심론, 시민권 이론, 수렴이론, 확산이론, 음모이론, 이익집단 정치이론, 국가중심이론, 환경결정론 등을 중심으로 살펴보기로 한다. 그러나 이 여덟 가지 이론들 외에도 사회복지정책의 발달을 설명하는 시각에는 여러 가지가 있을 수 있는데, 예를 들면 합리이론(rationality theory), 사회정의론(social justice theory), 엘리트론(elite theory) 등이 그것들이다.

여러 측면의 분석을 가능하게 하는 다양한 이론적 시각들로 접근해 봄으로써 사회복지정책 발달에 대한 통시적이고 총체적인 분석과 설명을 시도해 보도록 한다.

1. 사회양심론(Social Conscience Theory)

사회양심론은 인도주의에 기초하고 있다. 사람은 인간에 대한 기본적인 연민과 동정을 가지고 있으며, 국가 역시 이타주의에 기반한 사회적 책임을 가지고 있음을 가정한다. 사회양심은 개인적인 차원에서는 상호부조 정신과 기부문화가 발달할 수 있는 근거가 되고 사회적인 차원에서는 지역사회나 공동체, 지방자치단체, 중앙정부 등에서 인도주의에 입각한 사회적 의무감이 복지정책을 확대할 수 있다고 보는 것이다.[1)]

이러한 생각은 오래전부터 인간사회에 존재하고 있어 복지마인드의 가장 근본적인 인식 틀을 형성해 왔다. 사회양심론에서 사회복지정책의 발달은 "타인의 고통을 해소하려는 개인의 이타적 양심이 사회적 · 국가적 정책으로 표현되

1) 사회양심론에 대한 참고자료

① Hall, P.(1952). *The Social Services of Modern England.* London : Routledge.

② Baker, J.(1979). Social Conscience and Social Policy. *Journal of Social Policy, 8*(2), 177-206.

는 것"이라고 본다(현외성, 2003 : 88).

사회양심론에 비추어 복지정책의 발달을 가져온 예로는 영국 찰스 부스(Charles Booth)의 「런던 생활 및 노동」(Life and Labour of the People in London, 1904, Macmillan)에 관한 조사(1891~1903)나 라운트리(B. S. Rowntree)가 실시한 「요크 시 빈곤조사」(Poverty－A study of Town Life, 1901, Macmillan)를 들 수 있다. 대부호였던 두 사람은 영국의 빈민상태를 심각히 여기고 자신의 재산을 투자하여 런던 빈민실태를 조사하였다. 이 조사에서 런던 시민의 1/3 이상이 빈민이며 요크 시의 빈곤상태도 대단히 심각하다는 것을 밝혀냄으로써, 빈민대책을 위한 영국 국민들의 여론을 형성하였으며, 영국 사회복지정책 수립의 기반을 형성하였다. 이로 인해 웹 부처를 비롯한 페이비언 사회주의자들은 영국 사회문제들을 분석하고 그 해결책을 제시함으로써 사회개혁을 이루어 내는 발단이 되었으며, 노동당을 창설하는 계기가 되었다. 이는 영국의 대부호로서, 그들이 가진 개인적 양심과 소명감이 런던 시민들을 빈곤에서 벗어나게 하려는 공명심으로 연결된 것이다. 나아가 빈민의 연구조사 실태를 통하여 빈곤상황을 사회에 알림으로써 사회적 책임감을 일깨우는 역할을 하였다고 볼 수 있다.

그러나 이 사회양심론은 많은 한계에 부딪힌다. 첫째, 유럽의 기독교적 문화가 지배하고 있었을 때는 박애정신과 상부상조 정신이 사회양심으로서의 역할을 기대할 수 있게 만들지는 모르나 사람의 양심에만 호소하여 사회문제의 해결책을 찾는 것에는 무리가 따른다. 사회양심은 시간과 상황에 관계없이 항상 기본적이고 보편적이라 할 수 없으며, 또한 사회복지정책은 사회의 복합적인 여러 변수에 영향을 받으며 다양한 정치 · 경제 · 사회적 맥락에서 결정되기 때문이다. 둘째, 사회문제의 해결을 양심에 맡김으로써, 국가가 책임져야 할 사회구조적 문제를 방임해 버릴 수 있다는 점이다. 사회는 복합적 요인으로 구성되어 있어 제도적으로 접근하여 해결하지 않으면 안 되는 많은 과제들을 안고 있으며, 사회적 양심에만 호소할 수 없는 수많은 문제들을 가지고 있다. 다음의 '상자글 4－1'은 2014년 세월호 침몰사고에 대해 시민의 양심에 호소하는 성금모금의 강조로 인해 국가의 국민안전책임을 회피할 가능성이 있다는 것을 보여준다.

상자글 4-1 “세월호 침몰사고 성금에 반대합니다”

추모와 성금은 같은 의미인가?

정치학자 데이비드 이스턴(David Easton)은 정치를 ‘가치의 권위적 배분(authoritative allocation of values)’이라고 정의했다. 즉, 민주주의 제도를 통해 선출된 권위를 가진 정부가 국가의 재정을 사용목적에 맞게 배분하는 것이 국가의 역할이자 정치의 덕목이라고 한 것이다.

이처럼 국가가 책임져야 할 ‘세월호 희생자’에 대한 보상을 국민들의 성금에 기대는 것이 옳지 않다는 목소리가 제기되고 있다. 국민들의 성금이 자칫 책임을 져야 할 ‘세월호 참사 가해자들’에게 면죄부를 주거나, 희생자들이 성금을 받았다는 이유로 국가로부터 ‘배상’받지 못하는 경우가 생길 수도 있다는 우려 때문이다.

표창원 전 경찰대 교수는 28일 여객선 세월호 침몰사고와 관련한 방송사 등의 성금·모금 추진에 대해 “(현시점에서) 모든 종류의 성금과 모금에 반대한다”고 주장했다. 표 전 교수는 이날 트위터를 통해 “취지의 순수성은 의심하지 않는다. 하지만 진실발견과 책임소재의 명확화, 그에 따른 처벌과 배상이 먼저”라고 밝혔다. 그는 이어 “책임질 자 탈탈 다 털고 나서, 성금 모금하자”라며 “성금 모금은 책임을 덜어줄 수 있다”라고 반대 이유를 밝혔다. 그는 특히 참사 책임자들을 대상으로 한 배상을 촉구하는 이유에 대해 “책임은 없는데 도의적으로 돈을 주는 ‘보상’과 책임이 있어 강제로 물어내야 하는 ‘배상’은 차원이 다르다”며 “청해진해운 유병언 일가, 한국선급과 해운조합 등 안전관리사, 국가 등의 책임을 반드시 따져 철저히 ‘배상’하게 해야 한다. 사상 최고 배상을 하여야 한다”고 주장했다.

‘국민성금’ 거부해야 ‘국가 지원금’ 받을 수 있는 나라

“만약 박지영(22) 씨가 의사자로 인정됐고 박 씨를 위한 국민 성금이 모였는데, 성금을 받았다는 이유로 의사자 보상금 지급이 안 된다면 이상하지 않나요?”

금양호 의사자 지원금 소송을 맡은 한기찬 변호사는 22일 헤럴드경제와의 전화 인터뷰에서 “의사자를 위한 성금운동이 일어나는데 이를 거부해야만 지원금을 받을 수 있다면 의사상자법의 입법취지를 살릴 수 없다”며 이같이 말했다.

금양호는 지난 2010년 3월 천안함 침몰 당시 실종자 수색을 지원하다 캄보디아 국적 화물선과 충돌해 침몰했다. 이 사고로 선원 2명이 숨지고 7명이 실종됐다. 우여곡절 끝에 이들은 의사자로 인정됐으나 보상금 지급문제는 여전히 난항이다.

의사자 인정에 앞서 희생된 선원들은 1인당 2억 5,000만 원을 사회복지공동모금회의 국민성금으로 지급받았다. 정부는 “의사상자에 준하는 예우 및 보상을 받은 때에는 보상금을 지급하지 아니한다”는 조항을 이유로 들었고 법원의 판단도 같았다.

한 변호사는 “의사상자 등 예우 및 지원에 관한 법률이 입법 실효성이 없다”고 꼬집었다. 또 “국민성금은 어디까지나 부조금 성격이고 의로운 죽음에 대한 국가적 책임을 외면해서는 안 된다”고 주장했다(헤럴드경제, 2014. 4. 22). [하략]

출처 : 허핑턴포스트코리아(2014. 4. 28).

2. 시민권 이론(Citizenship)

일반적으로 시민권을 논할 때 18세기 시민사회가 형성되기 시작했을 때 쟁취한 인간의 자유와 평등에 대한 기본권을 최초의 시민권으로 인식하며, 19세기의 참정권, 20세기의 사회권 등을 시대에 따른 시민권의 속성으로 인식한다. '시민'의 이러한 속성에 비추어 볼 때 봉건시대에 살던 사람들은 시민이 아니었으며, 봉건시대가 무너지고 이성과 인간권리의 개념이 나타났던 17, 18세기에 와서야 시민혁명을 통한 시민계급이 등장한 것으로 볼 수 있다. 정치적·개인적 권리가 18세기와 19세기에 강조되었다면, 사회적 권리는 20세기에 강조되었다.

마샬(T. H. Marshall)은 18세기에 형성된 공민권이 인간의 기본적 자유권의 핵심이라고 주장한다. 이때는 영국사회에서 산업혁명을 거치면서 자본주의 시대로 진입하는 동시에 과거 길드 및 우애조합과 같은 자발적 공동체와 신흥 부르주아 계급이 시민혁명을 통해 근대 시민사회를 형성하는 시기였다. 그래서 계약체결의 자유와 사유재산권은 자본주의적 생산양식을 발전시킬 수 있었던 기반이었다. 법 앞의 평등, 언론, 출판, 집회, 결사의 자유 등의 공민권은 영국사회가 근대적 시민사회로 성장할 수 있는 토대가 되었다고 할 수 있다.

19세기에 발달한 정치권을 마샬은 '한 사회의 성원으로서 투표할 수 있는 권리뿐만 아니라 대의기구에 선출될 수 있는 권리'라고 주장하였다(Marshall, 1963 : 74). 정치권은 18세기까지만 해도 소수의 몇몇 집단에 의한 독점상태이었으나 언론, 집회, 결사의 자유 등을 통해 노동자계급과 신흥 부르주아 계급의 사회개혁운동을 통해 획득되었다고 볼 수 있다.

20세기에 확립된 사회적 권리, 즉 '복지에 대한 권리(right to welfare)'를 일반적 권리로 보고 이를 시민권이라 하였다. 시민권은 "공동체의 완전한 성원들에게 부여되는 하나의 권리"로 정의된다(Maurice Mullard et al., 2004 : 120). 시민권은 정치공동체 성원으로서의 자격을 말하며 시민으로서의 일반적인 권리와 책임을 가진다. 시민권은 모든 사람들이 사회적·공적 서비스를 받을 권리를 말하고 공동체의 참여권을 의미한다. 마샬은 이를 현실화시킬 수 있는 사회제도는 교육과 사회복지서비스라고 주장한다(Marshall, 1963 : 74).

시민권의 발달은 사회구성원들의 복지에 대한 욕구가 증대됨을 의미한다. 국가는 국민의 복지욕구에 부응하기 위하여 여러 가지의 복지정책을 실시하게 되고, 이에 따라 사회복지정책은 발달하게 된다.

그러나 시민권에 대한 비판적 시각도 만만치 않다. 시민권은 시민이 갖는 권리를 뜻하므로 시민에 관한 정체성과 자격조건에 대한 논쟁을 넘어갈 수 없다. 누가 시민이며, 어떤 권리를 가지는가? 시민의 자격을 갖춘 사람만이 시민권을 가진다면, 비시민은 당연히 시민권을 가질 수 없게 되고, 시민권의 소유 여부에 따라 차별적인 대우를 받게 된다. 아직 성인이 되지 않은 아동과 청소년, 이민자, 죄수, 시민권을 행사할 능력이 없는 노숙자, 정신질환자 또는 학습장애인 등은 시민의 권리를 부여받거나 행사할 수 없으므로 시민권에는 이미 차별적 요소를 포함하고 있다고 할 수 있다.

시민권에 대한 마샬의 견해는 인간의 자유와 평등에 관한 포괄적이고 보편적인 틀 속에 사회적 권리를 포함시킴으로써 시민권 개념을 더욱 확장시켰다.[2] 그러나 각 개인들이 한 인간으로서의 보편적 권리와 동시에 사회적 신분으로서의 시민이 갖는 권리라는 의미에서 배제의 가능성도 함께 가지고 있다. 보편적 권리로서의 시민권이 불평등을 정당화할 수 있는 위험을 시정하기 위해서는 사회서비스의 물질적 혜택으로서만 접근할 것이 아니라, 정치·경제적 맥락에서 어떤 방식으로 사람들에게 권한을 부여하고 있으며 어떻게 잘못된 권한을 시정할 수 있는지 파악하는 것이 중요하다(Maurice Mullard et al., 2004 : 284-285).

3. 수렴이론(Convergency Theory)

수렴이론은 산업화론(industrialization theory)이라고도 불리는데, 이것은 사회복

2) 박순우(2004)는 'T. H. Marshall 시민권론의 재해석'에서 공민권－참정권－시민권의 전개로 나타나는 초기 권리에 기반한 국가복지 중심의 시민권론이 20세기를 지나 오면서 복지주체의 다양화를 특징으로 하는 복지다원주의로 변화하였다고 주장한다.

지의 발달이 그 사회가 가진 기술수준과 산업화의 정도에 따라 수렴된다는 것이다. 산업기술이 발달할수록 사회복지도 발달하며, 한 나라의 산업화 수준에 따라 복지수준도 결정된다고 본다. 이는 기술결정론적인 시각으로도 볼 수 있는데,[3] 기술발전이 주도하는 산업화는 그 과정에서 많은 사회적인 욕구를 파생시킨다. 농경사회에서 산업사회로의 이동은 산업화, 도시화를 수반하게 되고 일자리가 많은 도시로 인구의 유입이 일어나며, 주택문제, 교육문제, 고용문제, 실업문제, 별거, 이혼, 사망 등에 따르는 많은 사회문제가 나타나게 된다. 이러한 사회적 변화로 나타나는 다양한 사회적 문제는 예전의 비공식적 원조망인 가족, 친족, 교회 등에 더 이상 그 해결을 의존할 수 없는 상황이 되면서 공식적 사회복지제도의 도입이 절실하게 요청된다. 산업사회에서 요구하는 기술력을 소유하지 못한 사회취약 계층들은 생계유지에 어려움이 있게 되고 이들을 위한 사회지원시스템이 필요하게 된다. 이에 따라 소득보장 프로그램이 도입되지 않으면 안 되는 상황이 되었다. 나아가서 산업재해와 교통사고 등으로 인해 재해보상제도, 그리고 예기하지 않은 각종 사회적 위험에 대비하여 사회보장제도의 필요성이 증가된다. 또한 산업화 과정에서 요구되는 양질의 기술노동력을 얻기 위해서는 개인들의 자질과 기술을 키울 수 있는 환경적인 여건을 마련할 필요가 있고, 새로운 기술 습득과 연마를 위해서는 적당한 휴식과 재충전이 필요하게 된다. 자연히 복지정책과 산업정책은 상호 보완적 관계를 형성할 수밖에 없다.

산업화는 여성의 사회참여율을 높이게 되었고, 전통사회에서 여성이 담당하던 노약자 보호나 아동양육, 가사노동 등의 돌봄노동을 대신할 수 있는 다양한 제도적 장치를 요하게 되었다. 그러나 기본적으로 기술발전과 경제발전을 중시하는 수렴이론에서 사회복지는 경제의 종속변수로 파악되고 있어 복지에 지출할 재정적인 자원을 확보하여야 할 경제영역을 우위에 두고 있다. 윌렌스키와 르보(Wilensky & Lebeaux)는 대표적으로 미국의 산업화가 사회복지에 어떤 영향을 미쳤는가에 대해 연구하여 『산업사회와 사회복지(Industrial Society and Social

3) 캐리어와 켄달(Carrier & Kendall)에 의해 기술결정론(technological determinism)으로도 불린다. 현외성(2003). 사회복지정책강론. 경기 : 양서원, p. 91 참고.

Welfare)』(장인협 역, 1980)를 저술하였다. 다음 ❙그림 4-1❙은 미국의 산업화가 복지서비스 발전에 어떤 영향을 미쳤는가를 보여준다(Wilensky & Lebeaux, 장인협 역, 1980 : 224).

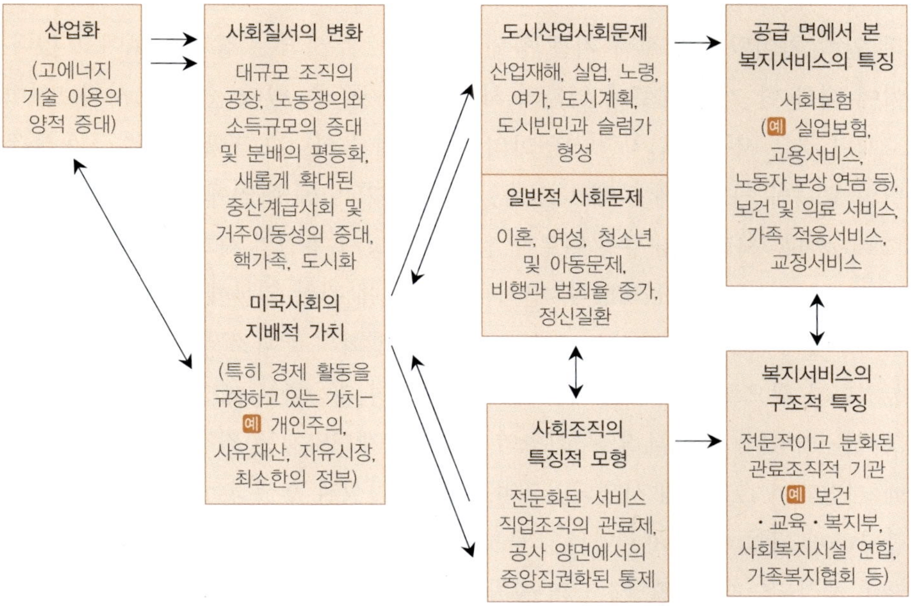

❙그림 4-1❙ 산업사회의 등장이 사회복지에 끼친 영향4)

※ 화살표는 상호 영향의 표시

수렴이론의 특징은 우선 사회복지정책의 발전요인을 기술 및 산업화의 정도에서 찾음으로써 사회복지정책 영역을 사회적 약자, 빈민 중심에서 일반 노동자 영역으로까지 확대하였다는 점을 들 수 있다. 아울러 사회변동과 사회구조적인 시각을 복지분야에 연결시킴으로써 거시적이고 보편적인 사회복지제도를 마련하는 계기를 준 것으로 평가할 수 있다.

그러나 수렴이론이 가진 한계점은 복합적인 사회구조적 요인 중에 오직 기술결정론적 입장을 취함으로써 그 외 다른 요인들을 간과하는 오류를 범할 수 있다는 것이다. 또한 지나치게 서구의 산업발달론에 초점을 맞추어 복지정책을 봄으로써, 산업화 요인이 상대적으로 덜 중요하거나 산업화 정도가 다른 국가

4) Wilensky & Lebeaux 공저. 장인협 역(1980). 산업사회와 사회복지. 서울 : 대한교과서 주식회사, p. 224 재구성.

에서의 복지발달을 설명하는 데는 한계를 드러낼 수 있다. 각 국가의 문화적·사회적 특징에 따른 복지의 고유한 성격을 찾아내는 데도 어려움이 따른다.

수렴이론은 산업사회의 전체적이고 거시적인 틀은 제공하지만 각 사회가 가진 이념과 문화적 차이, 그리고 이해집단 간의 갈등요소, 사회문제에 대한 주관적 인식 차이와 정책선택 기준 등의 요소들이 무시되는 경향을 보이고 있다. 이에 대한 한 가지 예로서 일본의 사회보험을 들 수 있다. 일본에 사회보험이 소개된 것은 서구 유럽처럼 산업화의 결과로서가 아니라 전쟁이라는 국가 총동원의 요구와 필요성에 의해 도입되었다. 19세기 말에 독일에서 유학하고 일본으로 돌아온 사람이 내무성 관료가 됨으로써 당시 독일의 사회보험제도가 일본으로 유입되는 계기가 되었다. 당시 사회보험에 관한 일본에서의 논의는 주로 질병보험에 초점이 맞추어져 있었고, 일본 산업화의 결과로서가 아니라 일본의 산업화가 앞으로 초래할 문제를 미리 예측하여 대응하는 예방적인 노동정책의 성격을 띠었다. 따라서 일본 최초의 사회보험제도로서는 건강보험법이 1922년에 제정되어 1927년에 시행되었으며, 1938년 신설된 후생성이 '국민건강보험'을 담당하게 되었다. 1938년 일본은 국가 총동원령이 발령되며, 1941년에 태평양전쟁이 시작되었다. 태평양전쟁의 발발과 함께 바로 1941년 노동자 연금보험법이 제정되어 1942년부터는 전면적으로 실시되기에 이른다(박광덕, 1999 : 171). 일본의 사회보험법의 도입은 산업화의 논리보다는 당면한 국가이익을 위한 조처로 보이므로, 일본의 예를 통하여 볼 때 각 개별국가의 사회적·정치적 특수성이 사회복지의 발달에 커다란 영향을 미친다는 점을 알 수 있다.

4. 확산이론(Diffusion Theory)

확산이론은 글자 그대로의 의미처럼 어느 한 지역의 사회복지제도가 점차 다른 인접지역으로 확산되어 간다는 뜻이다. 예를 들어, 1880년대에 독일에서 사회보험제도가 나타나면, 인접한 영국으로 전파되어 1900년 초에 영국의 보험제도가 생기고, 계속 오스트리아를 비롯한 유럽의 본토로 영향력을 미치게 되는 것을 말한다. 1900년 초에 영국 로이드 조지(Lloyd George)가 독일을 방문함으로써 독일 사회보험제도에 깊은 영향을 받았고, 이것은 1911년 로이드 조지 자유당 정부가 국민보험법을 만드는 데 중요한 계기를 마련하였다. 사회복지제도의 발달은 국가 간의 상호작용으로 인해 서로 영향을 주고받으며, 선진제도가 후발국가에게 주로 영향을 미치게 된다.

확산의 종류는 크게 두 가지로[5] 위계적 확산(hierarchical diffusion)과 공간적 확산(spacial diffusion)으로 구분하는데, 위계적 확산은 기술이나 제도가 보다 먼저 창안되고 실시된 선진국으로부터 보다 늦게 근대화가 진행되는 국가로 위계적으로 전파되는 것을 말한다. 전형적인 예로서는 영국의 식민지였던 지역에서 영국으로부터 받아들인 많은 선진 제도들을 들 수 있으며, 선진국과의 상호 교류를 통하여 영향을 받는 다양한 제도들을 들 수 있다. 이것은 복지국가의 발달과정을 통해서도 충분히 이해된다.

공간적 확산은 어느 한 특정 국가에서 만들어진 제도가 주변의 인접국가들에게 지리적으로 가까운 순서대로 확산되어 나간다고 보는 것이다. 콜리어(David Colier)와 메식(Richard E. Messick)이 1975년에 행한 연구를 참조해 보면, 그들은 사회복지제도가 어떻게 공간적으로 유럽 국가군에서 아시아·라틴아메리카 국가군으로 전파되고 확산되었나를 보여주고 있다. 사회복지제도의 전파경로를 살펴보기 위하여 도입시기를 크게 4단계, 즉 ① 1891년 이전, ② 1892년에서 1908년 사이, ③ 1902년에서 1922년 사이, ④ 1923년에서 1960년 사이로 나누어 구분하였다. 1891년 이전 단계에서는 독일에서 처음으로 사회보험제도가 도입되었고, 두 번째 단계(1892~1908)에서는 독일을 중심으로 한 유럽의 여러 나라들, 세 번째 단계(1902~1922)에서는 독일에서 지리적으로 더 멀리 위치한 그리스, 스페인, 포르투갈, 루마니아, 불가리아, 유고, 러시아 등지에서 사회복지제도가 도입되며, 네 번째 단계(1923~1960)에서는 아시아, 라틴아메리카 여러 나라에서의 사회복지제도 도입이 나타난다. 일본의 경우는 다른 아시아 국가들보다는 일찍

5) David Collier & Richard E. Messick(1975). Prerequisites Versus Diffusion : Testing Alternative Explanations of Social Security Adoption. *The American Political Science Review, 69*, 1299-1315; 현외성(2004). 사회복지정책강론. 서울 : 양서원, p. 96; 박병현(2003). 사회복지정책론. 서울 : 현학사, p. 65 등에서 간접 참조.

사회복지제도가 도입되지만 역시 최초의 사회보험제도로서 건강보험법이 1922년에 제정되어 1927년부터 시행되므로 크게 보아 이 시기에 포함될 수 있다. 앞서 수렴이론에서도 보았듯이 일본에 사회보험이 소개된 것은 19세기 말에 독일 유학에서 돌아온 내무성 관료에 의해서였으므로 일본의 경우에는 공간적 확산 외에도 아울러 위계적 확산으로도 동시에 설명이 가능해진다.

다음 **|그림 4-2|**는 사회복지제도의 전파경로를 확산의 관점에서 잘 보여주고 있다.

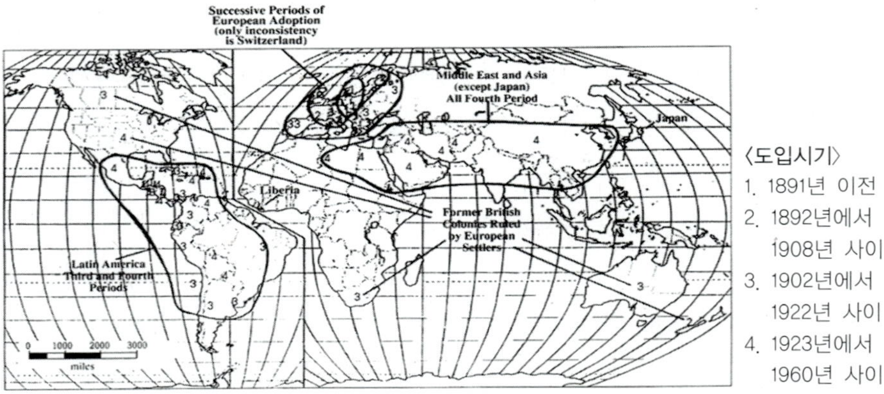

|그림 4-2| 사회복지제도 도입에 있어서 공간적 확산

출처 : David Collier & Richard E. Messick(1975). Prerequisites Versus Diffusion : Testing Alternative Explanations of Social Security Adoption. *The American Political Science Review, 69*, 1312.

제2차 세계대전 후에 독립했던 신생국에서의 복지제도 도입과 시행은 국제기구라는 매개조직을 통하여 유입되는데, 이미 식민제국에서 들여온 복지제도가 존재하는 국가에서는 이를 자국에 맞게 수정·보완하고, 복지제도가 존재하지 않은 신생국에서는 기존의 선진국 제도들을 도입하면서, 세계적으로 복지제도의 확산은 더욱 가속화되었다.

이 확산이론은 사회복지제도가 공간적으로 어떻게 확산·전파되어 나가는가를 보여준다는 면에서는 통시적·공간적 개관을 가능하게 하였으나 복합적이고 다양한 국제적 환경요인들이 어떻게 특정한 한 나라의 사회복지정책으로 도입, 흡수, 정착되어 가는지 그 과정을 설명해 주지는 못한다. 이 확산이론은 국제적 흐름을 통하여 시간적·공간적으로 사회복지제도의 확산을 이해할 수 있는 장점과, 이 흐름이 한 나라의 내부적 정착과정을 설명할 수 없다는 한계점을 동시에 가지고 있다고 이해할 수 있다.

5. 음모이론(Conspiracy Theory)

음모이론은 사회복지정책을 사회안정과 질서유지를 위한 통제수단으로 보는 시각으로, 사회양심론과는 반대입장을 취하고 있다. 자본주의 사회에서의 기득권을 보호하기 위해서, 그리고 사회안정과 질서를 해치지 않기 위해서 정부는 상대적 박탈감을 가진 계층들을 위한 통합적 목적의 복지정책들을 수립하게 되고, 이것이 점차 확대되면서 사회복지정책이 발달하게 된다는 것이다. 다시 말하면, 음모이론은 사회의 특정한 목적을 달성하기 위해 사회복지정책을 하나의 수단으로 삼는다는 것이다.

사회복지정책을 국가의 음모로 보는 경향이 강한 사람들은 역시 마르크스주의자들이다.[6] 이들은 자본주의와 복지가 함께 양립하는 자체가 불가능하다고 보며 사유재산제도가 폐지되고 생산수단이 사회화되어야 진정한 의미의 복지가 성립된다고 생각하므로, 복지정책 자체는 자본가 계급을 위한 통제수단이라 본다. 자본주의 복지국가는 부의 축적기능과 국가정당성 확보라는 두 가지 기능을 수행해야 한다. 부를 축적하기 위해서는 자본가를 보호하는 정책을 써야 하고, 국가의 정당성 확보를 위해서는 국민을 위한 복지정책이 필요한데 이 두 가지는 서로 모순된다고 보는 것이다. 노동운동을 통하여 자본주의의 모순을 드러내는 노동계급의 역할로 그나마 노동자들을 위한 복지정책이 유지되며, 이로 인해 복지자본주의 국가의 모순은 더 이상 극대화되지 않는다고 본다. 따라서 복지국가를 유지하기 위해서는 끊임없는 노동자들의 투쟁이 필요하다. 자본주의 제도를 그대로 두고 사회복지정책을 통해 사회안정과 통합, 질서를 유지

6) 대표적인 학자들은 주로 네오마르크스주의자들로 오코너(James O'conner), 고프(Ian Gough), 긴스버그(Norman Ginsberg) 등이다.

한다는 것은 허상이며, 음모일 뿐이라는 것이다.

1997년 한국은 외환위기 이후 경기의 악화로 구조조정이 불가피해지고 이로 인해 실업자 수가 증가하고 가족이 해체되는 심각한 사회문제를 겪고 있다. 노숙자들이 증가하고, 사회 전체의 분위기는 침체되었으며, 국민들의 최저생활보장에도 위협을 받는 상황들이 초래되었다. 이러한 상황을 타개하고 실업자들을 구제하기 위한 해결책으로서 정부는 자활사업을 실시하였다. 많은 예산을 들여 실업자들에게 재취업 훈련을 하고, 공공사업을 전개하였으나, 그 효과는 사실상 그리 크지 않은 것으로 평가되었다. 자활사업에 참가했던 사람들은 정부의 자활사업이 얼마나 형식적이며 한시적이었나를 경험하였고, 단순한 직업훈련으로 새로운 일자리를 얻기에는 너무도 한계가 많다는 것을 알게 되었다. 결과적으로 이 자활사업은 실업자와 노숙자들의 증가가 사회적 혼란으로 이어질까 염려한 정부가 이들에게 일시적인 재교육 과정과 일거리를 제공함으로써 사회에 대한 불만을 잠재우려는 목적이 더 컸다는 것이 지적되기도 하였다. 이것은 정부의 자활사업이 내포하고 있는 한 측면의 음모론으로 설명될 수도 있겠으나, 긍정적인 의미에서는 자활사업이 가진 사회통합의 한 기능으로 볼 수도 있겠다.

한국의 사회복지정책은 늘 유권자들의 지지를 얻기 위한 수단으로 등장하였다. 사회복지 자체의 가치와 기능으로 사회구성원들의 삶의 질을 높이기 위한 목적보다는 항상 정치적 목적으로 복지를 수단화하였다는 점 역시 한국 사회복지의 태생적 한계점이라 볼 수 있다. 이 점에서 한국 사회복지의 출발배경과 성격에 대해 정권획득을 위한 도구와 방법으로 사회복지제도가 사용되었다는 음모론으로 설명할 수도 있다.

음모론으로 복지 역사를 분석해 보면, 1601년 영국의 엘리자베스 빈민법 역시 기존 해석과 다른 방식으로 접근할 수 있다. 이 법 자체가 빈민을 구하기 위한 구빈법의 성격보다는 다른 사람들의 생활을 어지럽히지 않도록 빈민들을 통제하고 다스리는 빈민규제적 기능이 주된 역할이었음을 부인할 수 없기 때문이다. 미국 구빈제도의 역사적 전개를 연구한 피븐과 클로워드(Piven & Cloward)는 1960, 1970년대에 사회복지에 대한 미국의 인도주의적 입장에 도전하였고, 그들은 연구를 통해 미국도 빈민을 규제하기 위해 공적 사회복지를 사용한다고 주장하였다.[7] 정치적 기득권자들은 사회복지정책을 통해 빈민들에게 불만을 완화시키고, 나아가서 기존의 자본주의 생산양식과 그에 따른 불가피한 사회적 불평등을 유지시킨다고 본다.[8] 또한 1880년대 독일 비스마르크의 사회보험법도 당시 노동운동을 주도하던 사회주의자를 진압하고 정권을 유지하려는 '채찍과 당근'의 정책이었음도 아울러 지적할 수 있겠다.

음모론이 가진 설득력에도 불구하고 이 시각은 그 외의 다른 여러 시각들과 함께 복지정책 발달을 분석하여야 그 강점이 살아날 수 있다. 마르크스주의자들이 지적하는 복지자본주의의 모순도 항상 모순으로만 사회에서 작용하는 것이 아니라, 자본축적과 부의 재분배를 통한 국가의 정당성 확보 또한 상생적으로 활용될 수 있다는 점이다. 복지와 경제가 서로 상승작용을 함으로써 경제가 복지를 확대시키며, 복지가 또한 경제를 활성화시키는 요인으로 작동할 수 있음도 부인할 수 없다. 그러나 복지가 복지의 고유하고 순수한 목적을 그대로 유지하기 위해서는 정치나 경제 등 다른 영역으로부터의 침범과 도구로 활용됨을 경계하여야 하는데, 이런 점에서 음모론은 복지가 복지 고유의 목적으로 사용되지 않을 경우에 이것을 비판하고, 복지의 원래 기능과 목적을 재인식하도록 만드는 데 그 역할을 한다고 볼 수 있다.

6. 이익집단정치이론(Interest Group Politics Theory)

이익집단정치이론은 각종 이익집단들의 정치적 힘이 사회복지정책 발달에 영향을 미친다는 것이다. 국가들은 많은 정책을 둘러싸고 다양한 이해집단들이 자신의 정치적 힘을 통해 이익을 반영하기 위해 노력한다.

이 이론에 따르면, 1945년 이후 복지국가는 계급이익이 아니라 압력집단정치

---

7) 이들의 연구 중 대표적인 저서 두 개는 아래와 같다.
① F. F. Piven & R. A. Cloward(1971). *Regulating the Poor.* NY : Vintage.
② F. F. Piven & R. A. Cloward(1982). *The New Class War.* NY : Pantheon Books.

8) 이에 대한 자료로는 J. Higgins(1978). Regulating the Poor Revisited. *Journal of Social Policy, 7*(2); 원석조(2001). 사회복지정책학원론. 서울 : 양서원, pp. 202-205 재참고.

의 영향력으로 발전되었으며, 또한 계급적 구분을 초월하여 사회의 다양한 집단들의 욕구와 요구에 대응하였다(Janowitz, 1976). 즉, 다양한 복지이해집단의 움직임에 따라 사회복지정책이 발달한다고 보는 견해이다.

이익집단정치이론을 뒷받침하는 몇 가지 논리적 근거는 아래와 같다(김태성, 2013 : 50-52).

첫째, 복잡한 산업사회에서는 계급구조도 복잡해져 자본과 노동계급 간의 정치적 지지세력이 분명히 구분되지 않는다. 계급구조가 다변화되고 다원화된 민주주의 사회에서 정당들은 선거를 통해 전통적인 계급구조에서 탈피하여 중도화되는 경향을 가진다. 많은 사람들의 지지를 얻어야 하는 선거에서 노인 등과 같은 특정 이익집단들이 영향을 가진다는 것이다. 둘째, 인종적, 종교적, 언어적, 성적(gender), 그리고 연령 등의 귀속적 차이에 따른 집단들의 정치적 행위가 확대된다. 이는 민주화가 진행되면서 과거에 비해 여성이나 소수인종 등의 참정권이 확대되어 정치활동에 참여할 수 있는 기회가 많아졌기 때문이다. 셋째, 복잡한 산업사회에서 자본과 노동계급 내에서도 다양하고 이질적인 이익집단들이 분리된다. 즉, 전통적인 계급구조 속에서도 자신들의 이익을 추구하는 별도의 집단들이 형성되어 정치적으로 경쟁한다. 넷째, 정당이 어떤 확고한 이념이나 정책을 가지고 있는 집단이기보다는 선거에서 승리하기 위한 집단들은 연합체의 성격을 가진다. 국민들도 어떤 이념이나 가치관에 따라 투표하기보다는 자신들의 이익에 따라 투표한다.

이익집단정치이론에 의하면, 가장 많은 이익을 받는 집단은 공동의 이해관계와 내적 결속력이 강력하고 인적·물적 동원이 활발한 이익집단이고 그렇지 않은 집단은 상대적으로 이익을 받지 못한다는 것이다.

일본사회에 2000년 4월부터 시행된 공적개호보험의 형성과정에서 이익집단정치이론이 적용된 연구가 있다. 조영훈(2005)은 일본 공적개호보험의 형성과정에서 영향을 미친 이익집단인 후생성, 여성단체, 경제계, 노동계가 어떤 요구를 제시하였으며, 그들의 요구가 공적개호보험의 최종안에 어느 정도로 반영되었는지를 분석하였다. 그 결과 공적개호보험의 형성과정에서 가장 강력한 영향력을 행사한 사회세력은 경제계이었다. 그들은 공공지출의 축소를 통한 시장자유의 확보라는 자신들의 이익을 위해 '가족 간병인에 대한 수당 지급 금지', '수급대상 한정', '피보험자 한정'이라는 요구를 제기하였으며, 공적개호보험에 대한 사회적·정치적 논의가 진행되는 기간 동안 이러한 요구들을 모두 관철시켰다. 반면에 복지제도의 확대와 충실화를 통해 노동계급과 일반시민들의 생활을 향상시키고자 하는 사회민주주의 세력은 경영자단체와 반대로 '가족 간병인 수당 지급', '수급대상 확대', '피보험자 확대'를 요구하였으나 이런 내용들이 모두 반영되지 않았다. 이것은 공적개호보험을 둘러싼 사회적 대립전선으로 경제계와 노동계, 혹은 시장자유주의와 사회민주주의 사이에서 형성되었다. 이익집단정치이론의 측면에서 공적개호보험의 최종 승자는 시장자유주의 세력이었다.

이익집단정치이론은 전통적 계급구조의 갈등을 넘어 인적·물적 자원이 풍부한 이익집단일수록 자신들의 요구를 특정 사회복지정책에 반영시킬 수 있어 다양한 압력집단정치의 영향력을 보여준 것에 의의가 있다. 그러나 이익집단정치이론은 다원화된 이익집단이 발달되지 않은 국가의 사회복지정책 발달을 설명하는 데 한계가 있다. 예를 들어, 미국과 같이 정치적으로 다원화된 민주국가에는 적합한 설명이지만 스웨덴이나 한국과 같은 이익집단의 영향력이 상대적으로 약한 나라에 적용하는 것은 무리가 있을 수 있다.

7. 국가중심이론(State-centered Approach)

국가중심이론은 국가나 관료기구의 주도성에 초점을 둔다. 사회복지정책 발달에 정당이나 이익집단이 중요한 역할을 하기도 하지만 지속적으로 영향을 미치는 것은 공공관료들이라고 본다. 즉, 복지정책이 사회의 필요와 다양한 세력들의 이해관계를 반영하기도 하지만 궁극적으로 국가 엘리트들과 관료집단의 의지와 능력에 의해 결정된다고 보는 것이다. 각 국가의 복지수준과 복지제도의 차이는 국가구조나 정치제도 혹은 관료기구의 차이에 있다는 것이다(Skocpol & Amenta, 1986).

이익집단정치이론에서 국가는 여러 이익집단들에 대해 조정자의 역할을 한다면 국가중심이론에서는 국가의 적극적인 지도자 역할과 사회복지정책 결정 시 전문관료의 역할을 강조한다. 관료제도의 전문성이 사회복지정책의 장기적인 계획 집행에 가장 중요한 요소이다. 국가가 주체적으로 사회복지에 대한 문제를 인식하고 적극적으로 대안을 찾아 정책과정을 이끈다. 국가구조 혹은 국가조직의 차이에 따라 정책발달에 영향을 줄 수 있다. 예를 들어, 국가의 권력구조가 중앙집권적인지 지방분권적인지에 따라, 조합주의적인지 다원주의적인지에 따라 차이가 있다는 것이다. 또한 이 이론에서는 정부기구들이 가지고 있는 국가 예산의 크기에 따라 행사할 수 있는 권력이 다를 수 있다(김태성, 2013 : 55). 국가중심이론의 관점에서 볼 때 정부 예산의 확대는 사회복지 대상이나 프로그램의 확대로 나타나므로 사회복지정책의 발달로 보는 것이다.

스카치폴과 아멘타(Skocpol & Amenta, 1986)는 『국가와 사회정책』에서 국가가 19세기 후반에서 20세기에 걸쳐 대중교육과 산업근로 조건, 사람의 건강에 영향을 미치는 환경을 조직하거나 규제해 왔다고 주장하면서 사회정책 발달에서의 국가역할을 강조하고 있다. 예를 들어, 국가주도하에 1880년대와 1920년대 사이에 사회보험과 연금이 유럽, 미국, 호주에서 시작되었고, 제2차 세계대전 이후에는 복지국가라는 산업자본민주주의가 나타났으며, 1970년대 중반까지 사회복지를 위한 공공지출이 13개 유럽국가 GDP의 20.7%를 차지하였고, 심지어 미국에서도 1960년대 초에서 1970년대 중반 사이의 복지지출이 10.3%에서 15.7%로 증가되었다고 하였다.

우리나라에서 제3공화국 때 제정된 사회복지정책들은 국가중심이론으로 설명할 수 있다. 경제개발과 더불어 박정희 정권은 선성장 후분배를 주장하면서 공공부조, 사회보험, 사회서비스 등 관련 사회복지법들을 국가주도하에서 입법화하였다. 그러나 이 법들은 실효성이 거의 없는 형식적인 것이며 지지기반 확보와 정당성 획득을 위해 제정된 것이었다.

노무현 정부의 참여복지와 이명박 정부의 능동적 복지를 비교하여 사회복지정책에 국가가 미치는 영향력을 다음과 같이 설명할 수 있다. 노무현 정부의 참여복지는 IMF 경제위기를 극복하는 과정에서 발생한 사회적 불평등의 심화, 노동시장의 유연화로 생긴 고용의 불안정성 증대, 저출산 · 고령화의 급속한 진전 등 당시 우리 사회가 안고 있는 문제를 해결하기 위해 제시되었다. 참여복지는 '참여복지 5개년계획'을 통해 구체화되었다. '참여복지 5개년계획'의 정책목표는 첫째, 전 국민에 대한 복지서비스를 제공하고, 둘째, 상대빈곤을 완화시키며, 셋째, 풍요로운 삶의 질이 구현되는 참여복지공동체를 이룩하는 것이다. 이러한 정책목표를 이루기 위해서 세 가지의 정책영역을 나누고 각 정책영역별 주요 추진과제를 제시하였다. 사회보장제도 내실화의 정책영역에서는 기초보장 체계의 정비, 복지서비스의 선진화, 사회보험의 성숙화를, 복지인프라 구축 정책영역에서 복지전달체계의 구축, 복지재정의 확충, 민간자원의 활성화를, 복지서비스 확대에서는 문화기본권 신장, 정보격차 해소, 저소득층 주거복지 확충의 주요 추진과제를 제시하였다.

한편 이명박 정부의 능동적 복지는 평생복지기반 마련, 예방·맞춤·통합형 복지, 시장기능을 활용한 서민생활 안정, 사회적 위험으로부터 안전한 사회라는 4대 전략을 내세웠다. 이명박 정부의 재정비중은 계속 감소되어 작은 정부의 추이가 뚜렷하게 나타났고 이는 복지재정의 축소로 나타났다. 〈표 4-1〉에서 보듯이 노무현 정부의 복지예산 평균 증가율은 11.8%인 데 반해 이명박 정부의 복지예산 평균 증가율은 8.02%으로 나타났다. 이는 국가중심이론적 관점에서 볼 때 이명박 정부에 비해 노무현 정부는 국민복지를 위한 예산이 많이 증가되었으므로 사회복지정책 발전에 노력하였음을 알 수 있다.

〈표 4-1〉 이명박 정부 4년간의 물가상승률 및 복지예산 추이 (단위 : 조, %)

구 분	2008	2009	2010	2011	2012	평균 증가율
정부총지출(A)	262.8	284.5	292.8	309.1	326.1	5.56
복지예산(B)	67.6	74.6	81.2	86.4	92	8.02
B/A	25.7	26.2	27.7	28	28.2	0.625
물가상승률	4.7	2.8	2.9	5.3 (8월 현재)		
노무현 정부 5년간('03~'08) 사회복지보건분야 예산						11.8

출처 : 이태수(2012). 이명박 정부 4년 한국의 복지국가 길을 잃다. 사회디자인연구소. http://www.socialdesign.kr/news/articleView.html?idxno=6609

박근혜 정부는 맞춤형 고용·복지 추진전략을 중심으로 국가발전의 선순환을 지향하며 국민행복 실현을 목표로 했다. 구체적으로 기초연금 도입, 고용·복지 연계, 저소득층 맞춤형 급여체제 구축, 보육에 대한 국가책임 확충, 4대 중증질환 보장성 강화 등을 포함한 23개 국정과제를 추진하는 데 역점을 두었다(관계부처 합동, 2013). 박근혜 정부의 보건복지 예산은 2014년 19.4%, 2015년 8.9%, 2016년 5%로 시간이 지날수록 복지비중이 줄어들고 있었다. 2016년 보건복지부의 예산안을 살펴보면, 장애인·취약계층 지원사업 예산은 몇몇 사업에서 감소하였으나 대통령의 정책의지가 담긴 원격의료나 국외 환자 유치 등의 관련 산업육성 예산은 증가하였다(한겨레신문, 2015. 9. 3). 국가중심이론의 관점에서 볼 때 박근혜 정부의 복지예산 축소는 우리 사회의 심각한 사회문제에 대한 해결의지가 부족한 것으로 볼 수 있고 박근혜 정부 사회복지정책은 뒷걸음친 것으로 평가해 볼 수 있다.

국가중심이론은 국가의 자율성과 국가의 적극적인 역할에 초점을 두어 사회복지정책 발달을 설명한다. 그러나 이익집단이나 시민단체 등의 참여가 시민들의 욕구에 대한 정부의 사회정책 입안이나 변화 가능성을 높이는 반응기제로 작용하였다는 다원주의체제를 부정하는 이론으로 보인다. 또한 국가중심이론으로 사회복지정책의 발달을 설명할 수 없는 국가들도 존재하므로 다양한 국가에 일괄적으로 적용하기에 무리가 따르는 한계가 있다.

8. 환경결정론(Environmentalism)

환경결정론에서 보는 사회복지정책의 발달은 주위의 사회적 요인, 정치적 요인, 경제적 요인들에 의해 이루어진다고 보는 관점이다.

우선 사회적 요인을 보면, 사회가 점점 분화되면서 예전의 전통사회에서 담당하던 가족의 여러 복지기능들은 이제 더 이상 가능하지 않게 되었다. 대가족제도에서 핵가족제도로 바뀌고, 여성들의 사회진출이 활발해짐에 따라 노약자들의 부양기능 및 자녀들의 양육기능은 더 이상 가족 내에서 지속되기 어렵게 되었다. 여성들이 점차 전업주부에서 취업주부로 옮겨감에 따라 이전에 존재하지 않았던 많은 가족 및 노인 복지 프로그램들이 필요하게 되었다. 경로당과 노인정, 노인교육, 문화 및 여가 프로그램, 노인건강지원센터 등이 요구되며, 노인들의 취업이나 자립을 위한 다양한 프로그램도 필요하게 되었다. 고령화사회 문제를 해결하기 위해서 한편으로는 노인들의 경제능력을 유지, 개발시키고, 가능한 한 생산에 기여할 수 있도록 만드는 것이지만, 다른 한편으로는 저출산율 예방대책이기도 하다. 인구감소로 인한 노후대책을 스스로 마련하도록 하는 정책이기도 한 것이다. 여성들의 결혼, 임신, 출산을 장려하기 위해서는 그동안 여성 자신이나 가족에게만 맡겨져 있던 육아, 자녀교육, 가사노동 등을 도와줄 수 있는 제도적 장치가 필요하게 된다.

복지정책을 결정짓는 정치적 요인으로서 우선 유권자의 관심을 끌기 위한 복지공약, 정당의 성격에 따른 복지이념과 복지 프로그램의 차이, 집권자의 문제의식과 의지에 따른 차이 등을 들 수 있다. 다시 말하면, 정치체제의 유형, 유권자의 성향, 집권 여당의 경향, 정치이념과 국정방향 등의 변수가 사회복지 입법과 제도 그리고 구체적인 프로그램의 성립 여부, 사회보장 예산의 증감 등을 결정짓는 데 중대한 영향을 끼친다.

한국의 복지제도는 대부분 정치적 변수들에 의해 많은 영향을 받아왔는데, 박정희 정권 때의 복지입법들은 5·16쿠데타로 인해 붕괴된 국가의 정당성을 확보하고 유권자들의 지지를 얻기 위해 세워졌으며, 주로 지지기반인 공무원과 교원, 군인들을 대상으로 실시되었다. 1960년대에 세워졌던 이들 입법들은 1970년대 후반에 가서야 사회복지 분야의 제도적 정비와 재정적 확충이 마련되면서 조금씩 현실화되었고, 1980년 전두환 정권은 "복지사회의 구현"이라는 국정목표를 가지고 흩어진 국민들의 민심을 통합하려고 하였다. 그 이후 성립된 복지제도들도 대부분 정치적 요인들에 많은 영향을 받았다.

경제적 요인은 복지제도에 결정적인 영향을 미치게 되는데 사회복지 비용의 재정적 확보를 위해서는 국민 1인당 GNP, 경기의 활성화, 취업구조, 경기구조, 내수진작, 경제성장 등의 요인들이 중요하다. 제2차 세계대전 후 복지국가의 전성시대가 1973년 석유파동으로 막을 내리며 복지국가의 위기가 나타났던 주요 원인은 경제성장의 정체와 대량실업으로 인한 국가재정의 위축이었다. 따라서 복지제도의 확대와 축소에 있어 국가재정 상태는 가장 결정적 요인 중의 하나가 된다. 신자유주의 역시 세계화의 흐름과 더불어 복지예산에 대한 국가재정의 축소, 복지제도의 점진적인 민영화, 국가의 의무보다는 개인의 책임과 권리를 확대하는 방향 등으로 나아가고 있다.

이들 환경적 요인들은 시대와 상황에 따라 달라질 수밖에 없으므로 사회복지정책은 유동적이며, 항상 가변적인 요인들을 가지고 있게 된다.

위의 여덟 가지 이론들 외에도 사회복지정책의 발달을 설명하는 시각에는 여러 가지가 있을 수 있다. 예를 들면, 합리적으로 사회문제를 해결하려는 시도가 사회복지정책으로 나타난다고 보는 합리이론(rationality theory), 부의 재분배 원칙을 사회복지의 주요 의제로 다루고 있는 사회정의론(social justice theory), 비스마르크, 웹 부처, 베버리지와 루즈벨트 등의 인물들처럼, 소수 선각자들의 인식과 리더십으로 사회복지정책이 만들어졌다는 엘리트이론(elite theory) 등이 있다. 이러한 이론들의 접근방법은 한 가지로서만 사회복지정책의 발달을 설명하기보다는 각기 서로 다른 한 측면을 부각하여 분석, 조명해 줌으로써 어느 특정한 부분의 설명이 더욱 적절하다는 점을 보여준다. 한 가지 사회복지정책은 한 가지의 이론보다는 여러 측면의 분석을 가능하게 하는 다양한 이론적 시각들로 접근해 봄으로써 사회복지정책 발달에 대한 통시적이고 총체적인 분석과 설명이 가능해진다는 다각적 접근방법이 강조되어야 할 것이다.

참고문헌

관계부처 합동(2013). 박근혜 정부 국정비전 및 국정목표. 서울 : 청와대.

김태성(2013). **한국사회복지정책론**. 서울 : 청목출판사.

박광덕(1999). **현대사회복지정책론**. 서울 : 박영사.

박병현(2003). **사회복지정책론**. 서울 : 현학사.

박순우(2004). T. H. Marshall 시민권론의 재해석. **사회복지정책**, 제20집.

손병덕(2012). **사회복지정책론**. 서울 : 학지사.

원석조(2001). **사회복지정책학원론**. 서울 : 양서원.

이태수(2012). 이명박 정부 4년 한국의 복지국가 길을 잃다. 사회디자인연구소. http://www.socialdesign.kr/news/articleView.html?idxno=6609

조영훈(2005). 일본 공적개호보험 형성의 사회적 배경 : 복지국가발전이론들의 비교와 평가. **한국사회학, 39**(5).

한겨레신문(2015. 9. 3). 복지부 내년 예산안 증가 폭 6년 만에 최저.

현외성(2004). **사회복지정책강론**. 서울 : 양서원.

Baker, J.(1979). Social Conscience and Social Policy. *Journal of Social Policy, 8*(2), 177-206.

David Collier & Richard E. Messick(1975). Prerequisites Versus Diffusion : Testing Alternative Explanations of Social Security Adoption. *The American Political Science Review, 69*.

Hall, P.(1952). *The Social Services of Modern England*. London : Routledge.

Higgins, J.(1978). Regulating the Poor Revisited. *Journal of Social Policy, 7*(2).

Janowitz(1976). *Social Control of the Welfare State*. New York : Elsevier.

Marshall, T. H.(1963). *Sociology at The Crossroads, and Other Essays*. London : Heinemann.

Maurice Mullard & Paul Spicker 공저. 박형신 외 공역(2004). **사회이론과 사회정책**. 서울 : 일신사.

Piven, F. F., & Cloward R. A.(1971). *Regulating the Poor*. NY : Vintage.

______________________(1982). *The New Class War*. NY : Pantheon Books.

Skocpol, T., & Amenta E.(1986). States and Social Policies. *Annual Review of Sociology, 12*, 131-157.

Wilensky & Lebeaux(1978). *Industrial Society and Social Welfare*. 장인협 역(1980). **산업사회와 사회복지**. 서울 : 대한교과서주식회사.

이 장의 요약

1. 사회양심론의 한계점은 첫째, 유럽의 기독교적 문화가 지배하고 있었을 때는 박애정신과 상부상조 정신의 사회적 가치관이 사회양심으로서의 역할을 기대할 수 있게 만들지는 모르나, 사람의 양심에만 호소하여 사회문제의 해결책을 찾기에는 무리가 있다는 점이다. 둘째, 사회문제의 해결을 양심에 맡김으로써 국가가 책임져야 할 사회구조적 문제를 방임해 버릴 수 있다는 점이다.
2. 시민권에 대한 마샬의 견해는 인간의 자유와 평등에 관한 포괄적이고 보편적인 틀 속에 사회적 권리를 포함시킴으로써 시민권 개념을 더욱 확장시켰다. 그러나 각 개인들이 한 인간으로서의 보편적 권리와 동시에 사회적 신분으로서의 시민이 가지는 권리라는 의미에서 배제의 가능성도 함께 가지고 있다.
3. 수렴이론은 산업사회의 전체적이고 거시적인 틀은 제공하지만 각 사회가 가진 이념과 문화적 차이, 그리고 이해집단 간의 갈등요소, 사회문제에 대한 주관적 인식 차이와 정책선택 기준 등의 요소들이 무시되는 경향을 보이고 있다.
4. 확산의 종류는 크게 두 가지로 위계적 확산(hierarchical diffusion)과 공간적 전파(spacial diffusion)로 구분하는데, 위계적 확산은 기술이나 제도가 보다 먼저 창안되고 실시된 선진국으로부터 보다 늦게 근대화가 진행되는 국가로 위계적으로 전파되는 것을 말한다. 공간적 확산은 어느 한 특정 국가에서 만들어진 제도가 주변의 인접국가들에게 지리적으로 가까운 순서대로 확산되어 나간다고 보는 것이다.
5. 사회복지정책을 국가의 음모로 보는 경향이 강한 사람들은 역시 마르크스주의자들이다. 이들은 자본주의와 복지가 함께 양립하는 자체가 불가능하다고 보며 사유재산제도가 폐지되고 생산수단이 사회화되어야 진정한 의미의 복지가 성립된다고 생각하므로, 복지정책 자체는 자본가 계급을 위한 통제수단이라 본다.
6. 이익집단정치이론은 전통적 계급구조의 갈등을 넘어 물적 · 인적 자원이 풍부한 이익집단일수록 사회복지정책 결정에 영향을 미쳐 사회복지정책이 발달한다고 보는 견해이다.
7. 국가중심이론은 각 국가의 복지수준과 복지제도의 차이는 국가구조나 정치제도 혹은 관료기구의 차이에서 비롯된다고 보며 국가의 적극적인 역할을 강조하는 입장이다.
8. 환경결정론에서 보는 사회복지정책의 발달은 주위의 사회, 정치, 경제적 요인들에 의해 이루어진다고 보는 관점이다.

주요 용어

- 시민권 : 공동체의 완전한 성원들에게 부여되는 하나의 권리이다.
- 수렴이론(산업화론, industrialization theory) : 사회복지의 발달이 그 사회가 가진 기술수준과 산업화의 정도에 따라 수렴된다는 것이다.
- 위계적 확산 : 기술이나 제도가 보다 먼저 창안되고 실시된 선진국으로부터 보다 늦게 근대화가 진행되는 국가로 위계적으로 전파되는 것이다.
- 공간적 확산 : 특정 국가에서 만들어진 제도가 주변의 인접국가들에게 지리적으로 가까운 순서대로 확산되어 나간다고 보는 것이다.
- 음모이론 : 사회의 특정한 목적을 달성하기 위해 사회복지정책을 수단으로 삼는다는 것이다.
- 이익집단정치이론 : 각종 이익집단들의 정치적 힘이 사회복지정책 발달에 영향을 미친다는 이론이다.
- 국가중심이론 : 사회복지정책이 국가나 관료기구의 주도성에 의해 발달한다고 보는 이론이다.
- 합리이론(rationality theory) : 합리적으로 사회문제를 해결하려는 시도가 사회복지정책으로 나타난다고 보는 이론이다.
- 사회정의론(social justice theory) : 부의 재분배 원칙을 사회복지의 주요 의제로 다루고 있는 이론이다.
- 엘리트이론(elite theory) : 비스마르크, 웹 부처, 베버리지와 루즈벨트 등의 인물들처럼, 소수 선각자들의 탁월한 인식과 리더십으로 사회복지정책이 만들어졌다는 입장의 이론이다.

추천자료

Christopher Pierson 저. 현외성 · 강욱모 공역(1999). **전환기의 복지국가**. 경남 : 경남대학교출판부.

Heinz Lampert 저. 윤여덕 역(1994). **사회정책론**. 서울 : 민영사.

Jonathan H. Turner 저. 김윤태 · 김근태 · 김명숙 · 김봉석 외 13명 공역(2019). **현대 사회학 이론**. 경기 : 나남.

Vic George & Paul Wilding 공저. 김영화 외 공역(2004). **세계화와 인간복지**. 서울 : 삼우사.

CHAPTER 05

사회복지정책과 이데올로기

이데올로기를 정의하는 일은 쉽지 않지만 그것은 대체로 사회를 진단하고 변화의 방향과 특징을 가늠할 수 있는 일종의 기준이다. 따라서 이데올로기는 '옳고 그름(right or wrong)'에 대해서보다는 '다름(different)'에 대한 논의를 주로 다루게 된다.

사회복지정책 분야에서도 이데올로기는 정책방향을 결정한다. 각종 사회복지정책을 진단하고 향후 전망을 논할 때, 어떤 기준을 적용하는가에 따라 그 성격이 달라지는데, 이때 이데올로기가 그 기준을 정하는 역할을 하게 되어 각기 다른 관점이 만들어진다. 그러므로 이데올로기가 복지국가의 본질을 형성하고 복지국가의 정책을 발전시키기 위한 관점을 다양화하고 나아가 여러 가지 정책모형을 발전시키는 데 기여하는 측면이 있다. 이와 같은 점을 염두에 두어 이 장에서는 좌·우파적 속성을 담고 있는 이데올로기들과 이를 벗어나 새로운 시각으로 접근하는 페미니즘, 생태주의를 중심으로 다양한 관점에서 사회복지정책을 조망해 보는 기회를 갖도록 한다.

1. 이데올로기와 사회복지정책의 관계

이데올로기라는 말은 프랑스 철학자 트레이시(A. L. C. Tracy)가 자신의 저서에서 '관념의 기원을 결정하는 과학'이라는 의미로 처음 사용하면서 사회과학적 용어로 널리 쓰이기 시작하였다. 어원은 희랍어에서 비롯되었는데, 이데아(idea)와 로기(logie)가 합쳐진 형태로서, 이데아는 '이념(생각, 관념)'을 의미하며 로기는 '논리'를 뜻한다. 즉, 단순한 아이디어가 아니라 생각과 이념이 논리적으로 뭉쳐진 덩어리, 다시 말해 '이념의 논리'라고 볼 수 있다. 이데올로기는 순간순간 떠오르는 생각이나 아이디어가 아니다. 오히려 "인생에 대한 개인의 태도, 사회에서의 개인 행위를 설명할 수 있는 사상과 신념의 일관된 패턴이며, 그리고 그와 같은 사상과 신념에 상응하는 행동패턴을 지지·주장하는 것(Karl Lo'wenstein,

1953 : 691)"이다. 따라서 같은 이데올로기를 가진 사람들은 사회와 세계를 바라보는 시각에서 유사성이 있다. 아울러 이데올로기는 일시적인 기분, 감정, 판단과 달리 일관성과 체계성을 담고 있는 특징이 있다.

개인과 집단이 사회와 세계를 이해하는 이념적 논리구조인 이데올로기는 가치를 담고 있다. 바로 이 점이 사회복지, 나아가 복지정책에서 이데올로기가 연결되는 부분이다. 가령 일반 대중이 복지정책과 제도를 어떻게 이해하고 있는지, 어떤 정책에 대한 찬・반 논리가 대립되는 이유가 무엇인지, 특정한 복지정책의 실시 여부를 찬성(반대)하는 기준은 무엇인지와 같은 질문에 대답하려면 이데올로기에 대한 이해가 선행되어야 한다. 국가 혹은 일반 국민이 어떤 이데올로기를 지지하는가에 따라 복지제도(정책)에 대한 지지 여부는 차이를 보이게 된다. 즉, 이데올로기는 같은 이데올로기를 가진 사람들 간에는 연대의 효과를 주지만, 상대적으로 다른 이데올로기를 갖는 사람들에 대한 배타적인 모습을 형성시킬 수도 있다. 따라서 이데올로기는 복지정책에 대한 국가와 사회 그리고 개인과 집단의 가치와 행동양상을 '왜' 그리고 '어떻게' 일어나고 있는지를 살펴보는 데 중요한 판단의 준거가 된다.

이데올로기를 가치의 정향으로 볼 때 가장 대표적인 도식화는 '좌'와 '우'의 구분이다. 그런 만큼 좌파와 우파의 특징을 비교해 보면 복지정책에 대한 '좌파'적 관점과 '우파'적 관점을 잘 파악할 수 있다. 좌파와 우파의 정치적 행동지향성을 살펴보면, 대체로 우파는 점진적・보수적인 가치에 중심을 두는 반면에 좌파는 급진적・진보적인 속성을 가지고 있다. 이러한 속성이 경제영역과 만나게 되면 좌파적 이데올로기는 대체로 집합주의 내지 사회주의를 지향하게 되고, 우파는 자유주의나 자본주의를 좀 더 옹호하는 양상으로 나타난다. 한편 노르베르토 보비오(Norberto Bobbio)는 좌파와 우파를 구분하기 위해 가장 흔히 사용되는 기준은 사회 속에서 살고 있는 사람들이 평등이라는 이상에 대해 어떤 태도를 가지고 있느냐에서 찾을 수 있다고 하면서, 좌파는 평등을 지향하는 것이고, 우파는 자유를 지향한다는 점에서 그 차이를 설명하고 있다.[1)]

---

1) Norberto Bobbio 저. 박순열 역(1998). 제3의 길은 가능한가 : 좌파냐 우파냐. 서울 : 새물결.

좌·우파의 속성을 기초로 이데올로기를 구분하는 연구들은 그간 활발하게 진행되어 왔는데, 특히 조지와 윌딩(Geroge & Wilding, 1976)은 복지와 이데올로기를 접목하여 우파에서 좌파에 이르는 이데올로기 스펙트럼을 반집합주의, 소극적 집합주의, 페이비언 사회주의, 마르크시즘으로 세분화하여 제시한 바 있다. 또한 피츠패트릭(Fizpatrick, 2001 : 120-138)은 극우보수주의, 사회민주주의, 마르크시즘으로 구분하였고, 딘(Dean, 2006 : 20-24)은 자유주의, 보수주의, 평등주의, 공화주의 등으로 나누어 살펴본 바 있다. 이데올로기와 복지를 둘러싼 다양한 연구들이 나오는 이유는 여러 가지가 있지만, 정치경제적 배경과 사회적 맥락에 따라 개별 이데올로기에 대한 지지와 선호가 달라지기 때문이다.

2. 좌파, 우파 그리고 복지

정치, 경제, 사회 등 거의 많은 부분의 논의에서 좌파는 진보를, 우파는 보수를 의미하는 것으로 여겨진다. 이러한 태도는 좌파와 우파라는 용어가 등장한 역사적 배경에서 그 이유를 찾아볼 수 있다. 앞서 설명한 것과 같이 좌파와 우파는 프랑스 혁명시대 국민공회에서 급진혁명, 사회주의, 노동자와 농민, 빈민의 입장을 대변하던 자코뱅파가 좌측 의석을, 온건개혁, 자유주의와 자본주의, 상공업 부르주아의 입장을 대변하던 지롱드파가 우측 의석을 차지하고 대립하던 것에서 유래한다. 좌파와 우파가 각기 다른 시대적 배경에서 등장한 것이 아니며, 어원에서 나타나듯이 당시 '혁명'에 대해 어떤 태도를 취하고 있는지를 구분하기 위해서였다. 혁명을 지지했던 쪽을 지칭했던 '좌파'는 오늘날 종종 진보와 연결되면서 사회주의적 입장을 지지하는 의미로 여겨지고, 반대로 온건적인 태도를 취하면서 부르주아 측에 섰던 쪽을 지칭했던 우파는 보수 그리고 자유주의를 지지하는 의미로 여겨진다.[2]

2) 좌파에서도 특정한 문제를 해결하는 모습에서 '급진성'의 차이가 있고, 우파에서도 기존 체제를 공고히 하기 위한 목적으로 개혁을 요구하는 경우도 있기 때문에 이를 일컬어 보수적 좌파 혹은 개혁적 우파 등으로도 세분화하여 부르기도 한다(김경미, 2009).

좌파와 우파의 차이는 복지정책 및 시장경제 체제에 대한 태도에서 좀 더 분명한 차이가 나타난다. 18세기 산업혁명 이래로 현대에 이르기까지 정치경제적 변화를 거쳐 오면서 자유주의적 시장경제와 정치질서가 지배적인 체제로 형성되었고, 이 과정에서 복지국가는 거의 대부분의 국가에서 '보편적으로 추구하는 모델'로 자리 잡게 되었다. 이러한 과정에서 좌·우파 이데올로기는 복지국가를 어떻게 이해하는지 그리고 기존 복지제도와 정책에 대한 태도가 어떠한지를 구분할 수 있는 기준으로서 작동되고 있다. 특히 복지정책에 있어서 좌파는 평등을 지향하는 특징이 있는 반면 우파는 개인의 자유와 역량개발에 의한 성장과 발전을 강조하며, 국가의 지나친 개입은 지양되어야 한다고 본다.

좌·우파 이데올로기를 복지정책에 비추어 이해한다는 것은 기존 복지제도와 정책에 대해 어떤 태도를 취하고 있는지, 시장에 대한 국가 개입과 분배정책에 대해 어떤 입장을 취하는지 여부를 살펴본다는 의미이다. 이때 어떤 시대 혹은 국가에서 특정 이데올로기가 지배적이라고 할지라도 이에 대한 대항이념은 늘 동시에 존재하며, 정치·경제적 맥락에 의해 특정 이데올로기는 지지받기도 하고 그렇지 못할 수도 있다는 점을 유의하여야 한다. 형태와 정도의 차이는 있지만 대체로 우파는 자유주의적 복지국가와 복지정책을 지지하며, 좌파는 사회주의 내지 사회민주주의적 복지국가를 지지하는 경향으로 나타나고 있다.

3. 신우파 : 우파 이데올로기의 21세기적 해석

이미 언급된 것처럼, 이데올로기를 좌-우로 구분한다고 하였을 때, 신우파(new right)는 다름 아닌 우파의 21세기적 재해석이라고 볼 수 있다. 안정성 그리고 보수성이라는 기존 우파의 특징을 바탕으로 하되, 신우파는 우파의 전반적인 특징 가운데 '자유'를 더욱 강조한다. 특히 경제체계와 기회의 제공에 있어서 '과도한' 국가의 개입을 비판하는 입장을 취한다. 신우파의 이념은 하이에크(Hayek), 프리드만(Friedman) 등으로 대표된다. 이들은 대체로 국가의 개입과 규제가 사회적 비능률을 초래하고, 궁극적으로 국가와 사회의 경쟁력을 약화시키는 것으로 보고 있다. 국가 개입에 대해 적대적인 태도를 취하고 있으며, 보이지 않는 손을 통한 시장경제에 의한 관리만이 국가의 생산성을 높여줄 수 있다고 여긴다.

신우파는 시장질서와 개인의 자유를 최고의 가치로 내세우기 때문에 이를 침해하는 국가의 인위적 개입에는 비판적인 태도를 보인다. 복지국가는 국방과 외교 등 최소한의 역할만 수행하도록 축소되어야 한다고 주장한다. 평등을 실현하는 재분배정책과 복지급여 확대에도 부정적인 입장을 가진다. 가령 영국의 경우, 전후 사회민주주의를 지탱해 온 경제적 호황이 1960년대 말 이후 서서히 퇴조하면서 신우파는 국가가 너무 많은 일을 하고 있다는 점을 부각시켰다. 1979년 5월 집권에 성공한 대처의 보수당 정부는 당시 영국의 공직사회가 국가적 위기를 해결할 수 있는 능력을 전혀 갖추고 있지 못하고 있다는 판단하에, 그 해결책을 시장부문의 활력을 회복시키는 데서 찾고자 하였다. 이 시기에 나타난 복지정책은 이른바 '복지실패'를 수정하자는 명분을 내세워 신우파적 성향이 강했던 것을 볼 수 있다.

대체로 신우파는 복지국가에서 발생한 여러 문제들에 대해 국가의 공공부채와 재정적자를 줄이는 방법은 증세가 아니라 공공지출의 축소를 통해 수행되어야 한다고 본다. 시장의 경쟁력을 높일 수 있는 국가개입의 축소, 사회보장제도의 축소, 국영기업의 민영화 등을 주장한다. 이런 점에서 최근 "증세 없는 복지제도" 논쟁이 우리나라에서 불붙고 있는 것 역시 신우파적 이데올로기의 영향을 받은 것으로 이해해 볼 수 있다.

4. 중도노선 : '실용'의 길

중도노선은 신우파와 마찬가지로 경제를 조직하는 최선의 방식은 자유시장방식으로 간주하지만, 시장의 모순을 완화하기 위해서 시장은 관리, 통제, 보완되어야 한다고 본다. 복지정책의 필요성을 어느 정도 인정한다는 면에서는 신우파와 차별성이 있으나, 복지에 대한 국가의 책임과 역할에 대해서는 여전히 비판적인 시각을 가진다.

중도노선은 복지국가를 노동계급 정당의 노력으로 만들어진 것이라기보다 정당정치에 의한 것이자 국민과 국가 간에 발생하는 자연스러운 관계의 결과물로서 설명한다. 개인적 차원에서 대응하기 어려운 문제에 대해 실용적인 조치를 취할 필요성을 공감하면서 시장실패에 대한 대응책으로 복지국가가 발달되었다고 간주한다. 그럼에도 불구하고 자유시장주의를 훼손할 만큼의 사회적 평등이 확대되는 것은 불합리하다고 주장한다.

국가 정책도 실용과 개량의 측면에서 판단하려고 하며, 사회보장제도는 자유와 안전을 담보하는 것으로 본다. 더불어 자유에 기반한 실용주의 복지정책을 도모하기 위해 비영리 민간부문을 통한 상호지원, 자원봉사 등의 자발적 사회기여 등을 매우 능률적인 서비스로 인식하여 이와 관련된 정책을 지지하는 입장을 취한다. 중도노선의 관심사는 기존 질서의 변화라기보다 개선이다. 이들은 실질적 평등을 실현하자는 것이 아니라 현실에서 발생하는 사회문제를 해결하기 위한 목적을 강조한다. 따라서 매우 실용적인 정책과 제도를 선호한다. 더 나아가 자유시장이 효율적으로 성장하기 위해서는 사회개량이 요구되기 때문에 사회병리와 부정에 관심을 가지고 이를 완화시키려고 노력함으로써 사회를 계속 유지해 나가려 한다(김영화 · 이옥희 공역, 1999).

반면에 신우파는 중도노선이 자본주의의 본질을 이해하지 못하고 있다고 하면서 어떤 이유에서든 시장에 대한 개입은 경제의 원활한 작동을 방해한다고 지적한다. 또한 중도노선은 국가가 사회병리 등의 문제를 좀 더 효율적으로 조정할 수 있다고 하지만, 실제로 정부기능의 한계를 인식하지 못하였다고 비판한다. 이 같은 비판에 대해 중도노선은 영국 및 미국 등지에서 실용주의에 입각한 중도노선적 정책이 성공한 사례를 들어 그 효용성이 있음을 반증하고 있다.

요컨대 중도노선의 특징은 단일 이데올로기 혹은 이념에 지배된다기보다 비독단적이며 유연한 입장을 취하고 있으며 '문제'에 대한 '대안'은 언제나 존재한다고 본다. 따라서 시장의 결함과 부정을 제거하기 위한 정부활동을 강조하며 이와 같은 활동에 의해 시장의 균형이 유지되고 성장될 수 있다고 본다. 따라서 경제정책과 사회정책의 균형을 강조하는 것으로 살펴볼 수 있다.

우리나라에서도 사회복지정책은 기본적으로 자본주의 시장질서에 어긋나지 않는 범위 내에서 만들어지고 집행된다. 가령 노무현 정부가 발표했던 '비전 2030'을 보면, 2030년까지 OECD 국가들의 중간 정도의 복지재정 수준을 목표로 삼고 있다는 점과 더불어 '시장과 복지의 균형'을 통한 발전전략을 지향하는 점에서도 중도적인 입장을 취하고 있음을 엿볼 수 있다. 구체적으로는 인적 투자를 강조하여 평등의 의미를 결과의 평등보다는 균등한 기회를 제공하는 데에 두고 있어 개방을 통한 발전을 강조하고 있다는 점에서 기든스(Giddens)의 제3의 길 노선과 유사하다고도 보인다(보건사회연구원, 2006).

〈표 5-1〉 제3의 길과 비전 2030의 비교

구분	기든스의 제3의 길의 이념과 특징	비전 2030의 복지이념과 특징
비교	• 급진적 중도 • 새로운 민주국가 • 활발한 시민사회, 민주적 가족 • 신혼합경제, 통합으로서의 평등 • 적극적 복지, 사회투자국가 • 세계주의적 민족 • 세계적 민주주의	• 복지철학이나 이념적 기반이 불분명 • 성향 : 중도노선(시장과 복지의 균형) • 강조 : 인적 투자(사회투자)와 균등한 기회의 제공, 개방화

출처 : 보건사회연구원(2006).

5. 사회민주주의 : 좌파 이데올로기의 21세기적 해석

사회민주주의는 복지국가의 강력한 지지자이다. 이들은 복지국가를 정치적 권리와 시장의 힘만을 강조하는 시장을 조정할 수 있는 중요한 힘이자, 불평등을 감소시키고 평등한 사회를 촉진할 수 있는 주체로 간주한다(박경일, 2003). 사민주의 복지국가는 몇 가지 특징을 가지고 있는데, 광범위한 사회적 위험에 대해 전체 국민을 포괄하는 보편주의적 적용, 저소득 계층에 상대적으로 관대한 급부를 주는 기초생계와 임금보장의 조화, 무상 혹은 보조금으로 운영되는 다양한 사회서비스의 공적 급여 등이 그것이다(Evelyn Huber & John Stephens, 2002).

사민주의가 복지국가를 지지하는 이유로는 먼저 복지국가는 사회의 고통과 궁핍을 제거하기 때문이다. 또한 복지서비스가 경제를 촉진시키고 국가의 경제

번영에 대한 투자가 된다고 여기며, 따라서 교육은 그 자체가 바람직한 목적이자 더욱 평등한 사회를 창조하는 수단이므로 국가경제보다 우선된다고 간주한다. 사민주의자들은 급여의 제공방식에 있어서 자산조사에 의한 수혜보다는 보편성을 강조하고 있다. 왜냐하면 자산조사는 그 기준선 설정의 문제뿐만 아니라 복지권에 입각한 급여로부터 국민을 배제시킬 위험이 있으며, 만약 자산조사에 의해 급여를 받더라도 급여수혜자라는 사실만으로도 사회적으로 낙인 찍힐 가능성이 있으므로 보편성 급여제공을 주장하고 있다. 한편 시장에 대해서도 시장의 중요한 역할은 인정하지만, 그 결함을 수정하기 위해서는 규제되고 제한될 필요가 있다는 입장을 취한다.

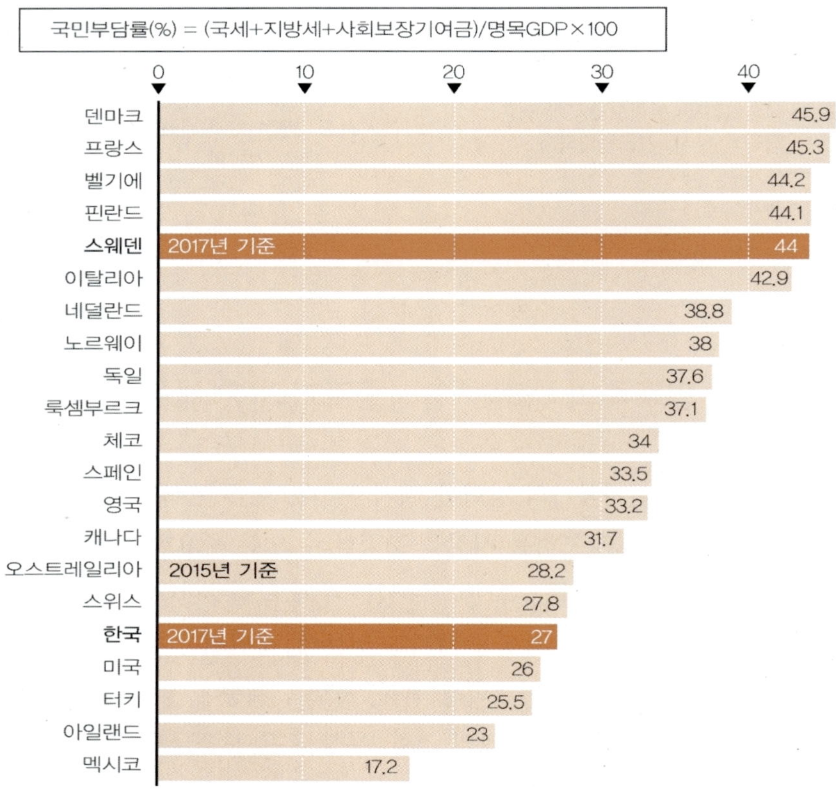

❙그림 5-1❙ OECD 국가들의 국민부담률(%)

출처 : 뉴시스(2019. 9. 5일자).

사민주의는 그 시작부터 현재까지 보편적 복지국가의 강력한 옹호자임은 틀림없다. 그런데 최근 노동계급의 분열, 경제불황, 사회욕구 확대 등의 상황에 따라 복지국가에 대한 사회민주주의에 대한 태도는 과거와 달리 조금씩 변화되고 있다. 물론 빈곤제거, 불평등 감소, 삶의 질 개선 등을 일차적인 목표로 간주하고 있으나, 경제적 불평등을 감소시키기보다는 개인 간의 권력 불평등을 감소시키는 것을 더 강조하는 입장을 보이고 있는 점은 주목할 만하다. 더불어 과거에는 평등에 입각한 원칙들을 강조했으나 최근에는 민주주의적 신념을 강조하는 경향을 보이기도 한다.

가령 스웨덴의 경우 국민이 어느 정도로 복지부담을 감수하고 있는지는 수치로도 입증된다. 위 그림처럼 스웨덴의 국민부담률(세금과 연금을 포함한 사회보험료 합계가 국내총생산에서 차지하는 비율)은 2017년 기준 44%에 이른다. 이는 같은 해 우리나라의 27%에 비할 바가 아니다. 복지비용을 충당하기 위해 고소득자나 기업이 무거운 부담을 질 것으로 추측되지만 실상은 그렇지 않다. 고소득자가 내는 누진세인 국세소득세나 대기업이 내는 법인세가 전체에서 차지하는 비중은 크지 않다. 스웨덴의 세금이나 사회보험료는 대부분 소득에 관계없이 일정비율로 부과되는 정률부담이다. 정률부담은 지방소득세, 사회보험료, 부가가치세(소비세) 등이다. 고소득자나 기업만이 아닌 중산층이나 저소득층까지도 자국의 복지제도를 유지하기 위해 상당한 부담을 지고 있다는 것이다. 이는 스웨덴 고소득층의 반발을 잠재우는 데 상당한 효과가 있다(뉴시스, 2019. 9. 5.일자).

우리나라에서는 교육과 의료 및 주거 서비스의 공급이 거의 대부분 시장에 맡겨져 있다. 물론 일부에서 공공의료·공공교육을 주장하고 있지만 사회민주주의의 역사적 경험이 짧은 우리 사회에서 이 주장이 아직 큰 영향을 미치리라 기대하기는 어렵다. 그러나 시민의식의 향상과 더불어 상품화된 사회의 문제점을 점차 깨달아 가는 추세를 본다면, 향후 상품화의 정도가 매우 심각한 주거복지와 관련된 부문 등 복지정책의 제반 분야에서 사회민주주의적 정책의 시행에 대한 요구가 커질 것으로 예상된다.

6. 마르크스주의 : 좌파적 복지정책의 근간

[사진 5-1] Karl Marx

마르크스주의에서는 자본주의 경제를 계급갈등과 착취로 간주한다. 이때 그 정도는 국가와 시대별로 차이가 있지만 자본주의라는 공통적인 구조 속에서는 없어지지 않는다고 한다. 복지국가는 자본가의 요구에 부합하는 국가 활동의 연속이자 노동자 계급의 반발에 대한 대응책, 그리고 노동자 계급의 급진적 투쟁을 조절하기 위한 국가 장치로 나타난 산물로서 이해한다. 그런데 마르크스주의가 처음 태동될 당시와 비교해 본다면 현재의 계급 혹은 계급갈등은 마르크스가 직시했던 것보다 훨씬 더 복잡하게 변화하고 있다. 따라서 복지국가의 연원을 마르크스주의자들이 주장하는 자본과 노동의 대립구도에 따른 국가적 대응책으로만 이해하는 것은 충분하지 않다.

한편 마르크스주의자들은 복지국가는 모순적인 사회구성체이며 선과 악이 공존한다고 보아, 노동자 계급의 이익을 증대시키는 것처럼 보이지만 오히려 제한하게 되며 복지국가는 자본주의 체제의 방어막이라고 여긴다. 이는 복지급여를 실시하는 것이 일부 노동자 계급에 대해서는 현물 혹은 현금을 통한 도움이 될 수 있을지라도, 급여 실시 목적이 노동자 계급을 지지하기 위해서가 아닌 자본가 계급을 보호하기 위함이기 때문이라고 생각한다. 또한 자본주의 체제에서 복지급여는 일정 수준까지는 받아들여지겠으나, 높은 공공지출이 경제성장을 위축시키고 물가상승을 부추길 수 있다는 논리에 의해 결국 복지급여가 확대될 수 없다고 본다. 결국 노동자 계급의 풍요와 정치적 각성, 발달된 선진기술 단계에 도달하지 않는다면 자본주의를 통한 이상적 사회구현은 불가능할 것으로 여기고, 자본주의는 계급체계를 파괴하고 평등주의적 공산사회로 이행하는 한 단계에 불과할 것으로 생각하였다. 이들은 생산수단의 사회화를 통한 모든 국민의 복지를 향상시키는 것이 마르크스주의의 이상사회로 보았다.

오늘날 대부분의 마르크스주의자들은 사회주의의 미래에 대해 대체로 의회 민주주의가 될 것으로 인정하지만, 시장이 소멸되고 국가가 모든 국민의 욕구를 충족시킨다는 고전적 마르크스주의 이론에는 전적으로 동의하지 않는다. 또한 대기업 문화를 종식하게 되면 그로 인한 부의 불평등 또한 감소될 것으로 전망하고 있으며 생산 및 재분배의 주요 수단을 사회화시키는 것이 궁극적인 사회주의 실현에 절대적이라고 간주한다.

마르크스주의는 지나치게 자본가와 노동자 계급의 갈등만 주목한 나머지 노동자 계급 내부의 갈등과 이해관계를 간과했다는 한계점이 있다. 또한 복지국가의 등장을 노동자 계급의 투쟁으로 보았던 것 역시 같은 지적을 할 수 있을 것이다.

7. 좌 · 우파를 넘어서 : 페미니즘과 생태주의

1) 페미니즘 : 젠더로서 다시 본 복지국가

페미니즘은 마르크스주의에서 보인 복지국가의 등장과 발달의 시각에서 한 걸음 더 나아가, 성(gender)의 관점에서 복지국가를 조망하도록 했다. 이들은 기존의 복지국가론이 주장해 온 '시장으로부터의 자유'는 애초에 스스로의 노동력을 상품화하지 못하고, 가사노동에 종사해 온 대다수 여성의 경험을 배제하고 있다는 사실을 지적하였다. 또한 복지국가가 국민의 생활수준을 보장한다고 할 때, 임금노동자인 남성가구주를 통해서 그 가족에게 전달되는 모순을 지적하였다.

따라서 여성에게 필요한 것은 '탈상품화'뿐 아니라 '유급노동에의 접근권'(Orloff, 1993)임을 주장한다. 페미니스트들은 남성가구주를 기준으로 삼은 기존의 복지국가에 대하여 여성을 함께 고려하는 대안적 복지국가 유형론을 제시하였는데, 이것은 요즘 '젠더레짐(gender regime)'으로 더 자주 불린다. 복지국가 유형론이 자본주의적 시장과 국가의 관계를 '탈상품화' 개념을 기준으로 구별한 것이라면, 젠더레짐은 가부장제적 가족과 국가의 관계를 성별분업양식, 남성가구주와 여성전업주부를 중심으로 하여 유형화한 것이다(장지연, 2004 : 3-4).

상자글 5-1 탈상품화(Decommodification)란 무엇인가?

자본주의 사회에서 노동자는 시장에서 노동력을 파는 대가로 임금을 받고, 이 임금을 가지고 인간의 기본적인 복지수요(의, 식, 주 및 교육, 의료 등)를 해결한다. 이를 인간 노동력의 상품화 (commodification) 과정이라고 부른다. 탈상품화(decommodification)는 이에 대응하는 개념으로 노동자가 시장의 임금에 의존하지 않고도 사회적 급부를 통해 인간다운 생활을 유지할 수 있는 정도를 의미한다.

탈상품화라는 개념은 폴라니(Polanyi)와 오페(Offe)에 의해 개발되고, 에스핑 안데르센(Esping-Andersen)이 『The Three Worlds of Welfare Capitalism(1990)』에서 정교화하여 널리 알려지게 되었다. 실제로 에스핑 안데르센은 이 탈상품화라는 개념을 적용하여 복지국가의 발달 정도와 유형을, 탈상품화 정도에 따라 스칸디나비아의 사회민주주의형, 유럽대륙의 조합주의형, 그리고 영미계열의 자유주의형으로 분류한 바 있다.

탈상품화는 인간은 시장에서 상품화가 가능하며, 나아가 누구나 상품화가 이미 되어 있다는 것을 전제로 한다. 복지국가의 역할은 상품화되어 있는 인간을 다시 탈상품화하여 시장에 구속되지 않고도 인간다운 삶을 영위하게 하는 것으로 그려진다. 그러나 이 모형은 많은 페미니스트들로부터 매우 제한적으로 적용될 수밖에 없는 한계를 가지고 있다고 비판받고 있다. 여성은 가정에서 가사노동, 육아 그리고 노인부양을 떠맡고 있으면서도 이의 시장가치를 인정받지 못하고 있어, 탈상품화의 대상으로 여겨지지 않고 있다는 것이다. 결국 현대 복지국가에서도 여성은 가사노동과 육아에 얽매여 있거나 그러하기를 강요당하고 있다는 것이다. 이러한 비판은 이 세상의 반을 차지하는 여성의 복지수준에 대해 탈상품화라는 개념은 매우 제한적으로만 적용될 수 있다는 것을 의미한다. 이러한 비판에 대해 에스핑 안데르센은 최근 탈가족의존화(de-familialization)라는 개념을 통해 탈상품화라는 개념이 포착하지 못한 복지국가 연구의 영역을 다시 재분석하고 있다.

출처 : 행정학전자사전 발췌요약(http://www.kapa21.or.kr/epadic/epadic_view.php?num=289&page=53&term).

페미니즘에서 복지국가의 '탈상품화 개념'을 비판하고 있는 중요한 논지는 크게 두 가지이다. 첫째, '시장의 힘으로부터의 자유'라는 개념은 이미 임금노동을 전제로 하는 것이므로 기본적으로 임금노동자로 정의되지 않는 대다수 여성의 경험이 배제된 개념이라는 점이다. '시장에의 의존으로부터 독립'이라는 개념

자체가 여성들의 비시장·무급노동으로서의 가사노동을 간과한 것이며, 많은 여성들이 자신의 노동력을 상품화할 수 없는 현실에 있다는 사실까지도 인식되지 않은 측면이 있다(Orloff, 1993; Sainsbury, 1999; 이혜경·홍승아, 2003). 요컨대 에스핑-안데르센(Esping-Andersen)의 '탈상품화론'은 '남성노동자의 탈상품화'일 뿐이다(이혜경·홍승아, 2003 : 14-15).

둘째, '사회적으로 용인될 만한 생활수준'을 보장한다고 하는데 이것이 '개인'에게 적용되는 것인지 아니면 '가족'에게 적용되는 것인지 불분명하다는 것이다(Sainsbury, 1999). 모든 개인의 시민권을 인정하고 노동시장 참여와 상관없이 일정한 정도 이상의 삶의 질을 누릴 수 있게 한다는 것과 가족을 경제와 사회의 단위로 하여 가족구성원이 임금노동자인 남성가장을 통해서 삶의 질을 보장받는 것은 매우 다르다. 복지국가이론에 대한 페미니스트의 기여는 남성중심적인 주류 시각으로 볼 때 포착되지 않는 시민권의 배제적인 성격을 드러내었다는 데서 가장 큰 의의를 발견할 수 있다. '탈상품화'는 복지국가의 기능을 가늠하는 중요한 잣대이지만 이 기준만을 가지고 복지국가를 본다면 한쪽 측면에서만 바라보게 되므로 왜곡된 정책을 산출해 낼 수 있다.

출처 : Google 이미지 검색.

이처럼 페미니즘은 사회복지정책에서 성(gender)을 중요한 분석기준으로 삼는데 영향을 미쳤다. 특히 복지국가가 성 중립적이지 않다는 사실을 밝혀, 성인지적 사회복지정책을 만들어야 할 필요성을 제시한 데 의의가 있다.

2) 생태주의 : 공존과 공생의 이데올로기

근세의 서구 철학은 인간의 인식을 통해 사물의 존재의미를 규정하는 인간중심적 철학관을 마련하였다. 이에 따르면 자연은 그 자체로서의 가치보다 인간의 사고에 의해서 존재의 의미가 결정되므로 우리는 필요에 의해 자연을 얼마든지 이용하고 정복할 수 있다는 것이다. 결과적으로 인간중심적 철학관은 자연을 인간의 삶을 위해 얼마든지 이용할 수 있다는 의식을 심어주어 환경파괴의 사고를 갖게 하였다. 또한 인간이 가진 이성이 우리 사회를 무한히 발전시키리라 믿는 계몽주의 철학사조는 진보에 대한 맹신을 가져와 우리 사회를 비약적으로 발전시키는 동시에 환경문제를 더욱 가속화시켰다. 왜냐하면 진보를 위한 성장제일주의는 산업화 과정을 통해 형성되며, 이는 결과적으로 생태계 파괴를 가져오기 때문이다. 그리고 진보에 대한 맹신이 가져온 사회진화론은 적자생존, 약육강식 논리에 따라 자연과 투쟁하는 인간, 인간의 자연지배를 정당화시켰다. 전반적으로 자연을 효용성이나 이용가치에 따라 판단하는 도구적 가치관이 오늘날의 환경문제를 발생시켰다는 문제의식에서 생태주의가 출발하고 있다.

생태주의는 공해, 오염, 보존, 보호 등 인간중심적 관심으로부터 어떻게 하면 지속가능한 환경을 지킬 것인가에 초점이 맞추어졌으나, 최근에 와서는 지속가능한 성장에 대한 생태적 관심으로까지 확대되었다. 생태주의는 성장제일주의적 산업문명을 넘어서는 탈근대적 문명전환운동을 지향한다. 지배가 아닌 공존, 획일성이 아닌 다양성, 시장경쟁이 아닌 나눔의 공동체가 목표다. 근대 산업문명의 온갖 폐해, 예컨대 지배와 복종, 억압과 차별, 빈부격차, 환경파괴 등의 문제를 해결하고 대안적 사회를 이룩하려는 모색의 한 가운데에 생태주의가 자리 잡고 있다.

생태주의에서 보는 복지에 대한 관점을 보면 우선 평등을 복지의 중요한 가치로 본다. 경쟁사회에서 인간의 능력 차이는 부, 권력, 지식 등을 특정한 소수인에게 집중시켜 소수에 의한 절대 다수의 억압과 지배를 당연한 것으로 받아들이는 경향이 있다. 이러한 지배구조는 인간의 행복을 저해하는 사회구조적 모순이며 불평등을 심화시키는 원인으로 지역주민의 갈등과 분열을 심화시킨다. 생태주의는 이러한 불평등을 반대하고, 개인, 공동체, 사회 그리고 환경에서의 반생명적인 요소를 찾아 제거함으로써 그동안 억압되었던 타자의 다양한 권리를 수용하고 그 기능을 조화시키고자 하는 관점을 지닌다.

둘째, 생태주의적 이데올로기에서는 상호 보완성을 중시한다. 인간은 기본적으로 완전한 존재라고 볼 수 없으며 그 불완전성을 극복하기 위해 상호 협력한다. 따라서 생태주의에서는 타인과 더불어 살 수 있는 상호 보완성을 인간을 더욱 인간답게 하는 중요한 가치로 보고 있다.

셋째, 자율성을 중시한다. 산업화로 인한 일과 생활의 분리는 인간의 주체적 삶을 객체적 삶으로 전환시키는 계기가 되었다. 노동에서의 소외는 곧 소비를 통하여 대리만족을 얻도록 인간을 타자화시켰으며 자율성을 상실하게 하여 소극적이고 타율적인 존재로 만들었다. 신자유주의적 개발은 과도화된 경쟁의 결과이며 자본의 무차별적 확장과 밀접한 관계가 있다.

마지막으로 연대성의 가치를 중요시한다. 인간과 자연은 일방적으로 개발하는 차원이 아니라 쾌적한 삶의 공간을 만드는 동반자적 관계라는 점에 주목한다(박영미, 2004 : 339-340).

사회복지적 측면의 이데올로기로서 생태주의는 산업사회의 경제성장이 개인을 풍요롭게 하고 공공서비스의 자원을 증가시키는 방식으로 복지를 강화했지만 바로 이러한 경제성장이야말로 엄청난 비복지를 초래했다고 주장하는 특징이 있다(박경일 외, 2003 : 35).

종합해 볼 때 생태주의는 우선, 복지를 위하여 인간과 자연에 대한 통합적 사고를 할 것을 촉구한다. 둘째, 생태주의는 복지를 위한 복지주체의 다원화와 자기결정성을 중요시한다. 생태주의적 접근에 의하면, 복지의 공급을 더 이상 시장과 국가에만 맡겨놓을 수 없고 복지의 수혜자가 동시에 자기결정성과 자기조직성을 지니고 복지의 공급자가 될 수 있음을 강조한다. 계층화된 복지의 공급구조를 분권화하고 지역과 가정, 개인의 참여확대를 주장한다. 셋째, 전체로서의 중요성이 강조된다. 인간은 상호작용하는 존재임에도 불구하고 인간을 둘러싼 생태계와의 공존에 초점을 맞추지 못함을 비판한다. 생태주의 접근에 의하면, 개인의 복지는 가족과 사회, 국가와 연결되고 더 나아가 상호 관련될 수밖에 없다. 따라서 복지가 가능하기 위해서는 인간 누구나 자신과 타인, 나아가 지구의 복지를 증진시킬 책임감도 함께 있음을 자각하여야 한다는 점을 나타내고 있다(박영미, 2004 : 350-353).

참고문헌

김경미(2009). 진보와 보수, 좌파와 우파에 대한 이론적 좌표설정 모색. **정치정보연구**, 12(1).

박경일 외(2003). **사회복지학강의**. 서울 : 양서원.

박순우(2006). 이데올로기와 개별 복지정책의 관계에 관한 연구. **사회복지정책**, 제25집. 한국사회복지정책학회.

박영미(2004). 복지이념의 생태주의적 접근. **한국사회와 행정연구**. 서울행정학회.

보건사회연구원(2006). **보건복지포럼**, 11월호.

이혜경 · 홍승아(2003). 성통합적 복지국가 개편 논의를 위한 여성주의적 비판. **사회보장연구**, 19(1).

장지연(2004). **한국 젠더레짐과 일-가족선택의 현실**. 서울 : 한국노동연구원.

Evelyn Huber & John Stephens(2002). 세계화, 경쟁력, 그리고 사회민주주의 모델. **국가전략**, 8(1).

Karl Lo'wenstein(1953). Political System, Ideologies, and Institutions : The Problem of Their Circulation. *The Western Political Quarterly, 4*(4).

Martin O'Brien & Sue Penna 공저. 김영화 · 공정원 공역(2002). **사회복지의 이론화**. 서울 : 대학출판사.

Norberto Bobbio 저. 박순열 역(1998). **제3의 길은 가능한가 : 좌파냐 우파냐**. 서울 : 새물결.

Vic George & Paul Wilding 공저. 김영화 · 이옥희 공역(1999). **복지와 이데올로기**. 서울 : 한울.

이 장의 요약

1. 사회복지정책은 그 사회의 이데올로기에 의해 많은 영향을 받는다. 사회복지정책에 관련된 이데올로기는 여섯 가지로 구분할 수 있다.
2. 신우파 또는 신자유주의이다. 신우파는 우파의 전반적인 특징 가운데 '자유'를 가장 중요하게 여기는데, 경제체계와 기회의 제공에 있어서 '과도한' 국가의 개입을 비판하는 입장을 취하고 있으며 평등을 실현하는 재분배정책과 복지급여 확대에도 부정적인 입장을 가진다.
3. 중도노선은 경제를 조직하는 최선의 방식을 자유시장으로 간주하지만, 시장의 모순을 완화하기 위해서 반드시 시장은 관리, 통제, 보완되어야 한다고 본다. 중도노선이 인정하는 복지정책의 범위는 실용과 개량의 측면에서 국가 정책이 개입되는 것이고, 사회보장제도의 실시를 통해 자유와 안전을 담보하는 것까지이다.

4. 사회민주주의 복지국가의 특징은 광범위한 사회적 위험에 대해 전체 국민을 포괄하는 보편주의적 적용, 저소득 계층에 상대적으로 관대한 급부를 주는 기초생계와 임금보장의 조화, 무상 혹은 보조금으로 운영되는 다양한 사회서비스의 공적 공급 등이다.
5. 마르크스주의는 자본주의 사회와 복지 및 국가의 관계를 보여주는 데 많은 힘을 기울였다. 복지국가의 경우, 자본가의 요구에 부합하는 국가활동의 연속이자 노동자 계급의 반발에 대한 대응책, 그리고 노동자 계급의 급진적 투쟁을 조절하기 위한 국가의 장치로서 나타난 산물로서 이해한다.
6. 페미니즘은 사회복지정책에서 성(gender)을 중요한 분석기준으로 삼는 데 많은 영향을 미쳤다. 특히 복지국가가 성 중립적이지 않다는 사실을 밝혀, 여성의 경험을 바탕으로 사회복지정책을 만들어야 할 필요성을 제시한 데 의의가 있다.
7. 생태주의는 주로 환경적 관심에서 출발하였는바, 공해, 오염, 보존, 보호 등 인간중심적 관심으로부터, 어떻게 하면 지속가능한 환경을 지킬 것인가에 초점이 맞추어졌으나, 최근에 와서는 지속가능한 성장에 대한 생태적 관심으로까지 확대되었다. 생태주의에서 보는 복지의 관점은 평등과 자율성, 상호 보완성 및 연대성이 강조되어 있다.

주요 용어

- 이데올로기 : 이데올로기에 대한 단 하나의 정의는 없다. 일반적으로 사용되는 정의는 파슨스(Talcott Parsons)가 구조기능주의적 입장에서 내린 정의이다. 파슨스에 따르면, 이데올로기는 공동체 구성원들에 의해 공동으로 유지되는 신념체계, 즉 공동체의 통합을 추구하는 사상체계이다. 반면 갈등주의의 입장에 서 있는 마르크스(Karl Marx)에 따르면, 이데올로기는 지배계급의 이익을 위해 현실을 왜곡하는 불공정한 신념체계이다.

추천자료

남종석(2019). 더 나은 진보는 불가능할까 : 남종석의 한국진보담론 비판. 서울 : 두두.

토마 피케티 저. 안준범 역(2020). 자본과 이데올로기. 서울 : 문학동네.

CHAPTER 06

사회복지정책과 가치

사회복지정책은 사회적 욕구와 문제들을 완화 또는 해결하기 위해서 국가와 민간이 어떻게 사회적 자원을 분배할 것인가에 초점을 맞춘다. 사회복지정책은 사회의 정치경제적 여건 등을 고려하여 가장 시급하게 해결해야 하는 문제들의 우선순위를 선정하고 자원을 분배하여 실천하는 것이므로 그 사회의 가치가 필연적으로 개입된다. 가치는 무엇을 결정하고 실천하는 데 기준이 되므로 사회복지정책의 다양한 대안들을 선택하는 데 직접적인 영향을 준다. 사회복지정책에 내재된 가치는 그 사회가 지향하는 사회복지의 수준과 범위를 보여주므로 사회복지정책의 성격을 파악하는 것이 중요하다. 따라서 이 장에서는 먼저 사회복지정책과 가치와의 관계를 살펴보고 사회복지정책의 일반적 가치가 어떤 것이 있는지를 알아본 후에 사례분석으로 맞춤형 국민기초생활보장제도에 내재된 가치들을 점검해 보고자 한다.

1. 사회복지정책과 가치의 이해

가치는 무엇을 생각하고 결정하고 실천하는 데 기준이 된다. 그래서 행동을 평가하는 데 쓰이고, 가치를 통해 옳고 그른 것 또는 좋고 나쁜 것을 판단한다. 즉, 가치는 인간에게 선호의 의미를 가지고 좋은 것과 바람직한 것에 대한 가정이다. 어떠한 사물과 현상을 해석하고 평가하여 의미를 부여함으로써 가치는 사람의 생각과 사고방식을 지배한다. 그렇기 때문에 인간의 선택은 가치에 따른 평가에 의해 좌우된다(이효선, 2003 : 22). 가치는 주관적이어서 개인에 따라 다를 뿐만 아니라 정치적 · 경제적 · 사회적 상황에 따라 변화한다. 그러나 한 사회의 구성원은 문화와 교육 등을 통해 자신이 살고 있는 사회에서 형성된 가치를 일정 정도 공유한다.

가치를 진술하는 방식은 대체로 '해야 한다'의 어구로 표현된다. 예를 들면,

"인간은 누구나 존엄해야 한다", "누구든지 굶주리지 말아야 한다"이거나 "고용주는 지원자의 인종적 배경으로 인해 고용을 거절하지 말아야 한다" 등이다. 가치진술은 단일문장으로 진술되기보다는 더 복합적인 형태로 나타난다(Chambers, 2000 : 18).

사회복지정책은 사회적 욕구와 문제들을 완화 또는 해결하기 위해서 국가와 민간이 사회적 자원을 어떻게 분배할 것인가에 초점을 둔다. 사회복지정책에서는 그 사회의 정치경제적 여건 등을 고려하여 가장 시급하게 해결해야 하는 문제들의 우선순위를 선정하고 자원을 분배하여 실천하고자 하는 것이기 때문에 그 사회의 가치가 필연적으로 개입된다. 가치는 사회복지정책의 다양한 대안들을 선택하는 데 직접적인 영향을 준다. 그래서 앞서 제1장에서 사회복지정책은 가치개입적일 수밖에 없다고 하였다.

사회복지정책에 반영된 가치는 사회복지정책이 궁극적으로 추구하는 목표가 된다. 사회복지정책의 가치분석은 그 사회에서 성취하고자 하는 사회복지의 수준과 범위를 가늠할 수 있도록 한다. 사회적 '평등'의 지향이 강한 사회복지정책은 전 국민을 대상으로 하는 보편주의적 성격을 띠는 반면에 개인의 '자유'를 지향하는 사회복지정책은 특정 문제를 가진 국민을 대상으로 하는 선택주의적 성격을 보인다.

따라서 사회복지정책을 이해하고 분석하기 위해서는 사회복지정책에 내재되어 있는 가치를 파악하는 것이 중요하다. 또한 국민을 위한 사회복지정책을 실행하기 위한 올바른 가치의 확립도 필요하다.

2. 사회복지정책의 가치

사회복지정책의 가치로 송근원과 김태성(1995)은 평등, 효율, 욕구, 자유를 들었고, 이정우(2002)는 자유, 평등, 사회정의를 제시하였으며, 현외성(2003)은 평등, 형평, 사회적 적절성, 효과성, 효율성, 편익성과 접근성이라 하였고, 남기민(2004)은 평등, 자유, 민주주의, 사회적 연대의식, 생존권 보장, 효율 등을 제시해 다양하게 논의되고 있다. 여기에서는 공통적으로 중요하게 여기는 인간의 존엄성, 자유, 평등, 사회정의를 다루고, 이 가치들이 사회복지정책에 어떻게 반영되고 있는지를 살펴보고자 한다.

1) 인간의 존엄성

(1) 기본 개념

인간의 존엄성은 근대사회에서 인정된 가치이다. 모든 사회에서 인간의 존엄성 가치는 존재하였으나 인간에 속하는 범위는 차이가 있었다. 예를 들면, 노예제 사회에서 노예는 인간이 아니었고, 독일의 나치통치하에서 유대인은 인간으로 대우받지 않았다(송근원, 2004 : 49).

인간의 존엄성은 태어나면서 모든 인간은 존중받아야 한다는 것이다. 즉, 인간은 무엇을 하고 있고 무엇을 할 수 있는지 혹은 어떤 상태나 상황에 놓여 있는지에 상관없이 존중받아야 한다는 것이다(박경일 외, 2002 : 36). 인간은 인종, 경제적 · 정치적 · 사회적 지위, 종교, 국적, 육체적 조건 등과 같은 차이로 인해 무시되거나 차별받아서는 안 된다. 따라서 인간의 존엄성은 인간사회에서 상대적 가치가 아니라 절대적이고 목적적인 가치이다.

인간의 생명이 가장 소중한 것이고 바꿀 수 없는 것이기 때문에 인간의 존엄성은 누구나 존중받을 권리가 있음을 뜻한다. 인간의 존재로서 나의 인격뿐만 아니라 남의 인격도 동시에 존중하여야 한다. 이런 의미에서 인간의 기본적 인권과 생명권 보장은 인간의 존엄성을 실현하는 방법이다(이효선, 2003 : 60).

인간의 존엄성은 세계인권선언,[1] 우리나라의 헌법, 그리고 국가인권위원회법 등을 통해 현실적으로 규정된다. 유엔의 세계인권선언(1948) 제1조는 "모든 사람이 태어나면서 자유로우며, 동등한 존엄성과 권리를 보장받아야 한다. 인간이라는 이유만으로 지구상의 모든 사람들과 똑같은 권리를 가지고 있다. 이 권리는 양도될 수 없는 것이고 누구도 빼앗을 수 없는 권리"라고 하였다.

1) 세계인권선언은 시민적 · 정치적 권리와 사회, 경제, 문화적 권리, 연대성의 권리 등을 포함하고 있으며, 이는 근대사회 이후 전개된 혁신적인 정치운동의 중심이념으로 인권사상을 구성하는 핵심 개념이다.

우리나라에서는 헌법 제10조에 "모든 국민은 인간으로서의 존엄과 가치를 가지며, 행복을 추구할 권리를 가진다. 국가는 개인이 가지는 불가침의 기본적 인권을 확인하고 이를 보장할 의무를 진다"고 규정하고, 동법 제34조에는 "모든 국민은 인간다운 생활을 할 권리를 가진다"고 제시하고 있는데, 이는 국가가 인간의 존엄성을 실현하고 인간다운 생활을 보장한다는 것이다.

이와 같은 인간의 존엄성은 우리 사회에서 인권으로 구체화되어 나타난다. 우리나라는 "국가인권위원회를 설립해 모든 개인이 가지는 불가침의 기본적 인권을 보호하고 그 수준을 향상시킴으로써 인간으로서의 존엄과 가치를 실현하고 민주적 기본 질서의 확립에 이바지함을 목적(국가인권위원회법 제1조)"으로 하고 있다. 또한 국가인권위원회법에서 인권을 "대한민국 헌법 및 법률에서 보장하거나 대한민국이 가입·비준한 국제인권조약 및 국제관습법에서 인정하는 인간으로서의 존엄과 가치 및 자유와 권리(제2조)"로 규정하고 있다.

(2) 인간의 존엄성과 사회복지정책

사회복지정책은 '인간지향적인 정책'으로 인간의 존엄성을 기본 가치로 한다(송근원, 2004 : 25). 사회복지정책은 어떤 사람이든 누구나 인간으로서의 존엄성을 지켜나가면서 인간다운 생활을 보장하기 위한 것이므로, 어떤 사람이 어떠한 문제들로 인하여 인간의 존엄성을 훼손당하거나 위협받는 경우에 이 문제들을 해결하도록 도와주는 정책이 바로 사회복지정책이다(송근원, 2004 : 49). 그래서 국가는 국민생활의 사회적 위험인 빈곤, 건강, 산업재해, 실업 등에 대한 대책을 세우고 인간 생애주기에 발생될 수 있는 여러 문제들을 완화 또는 해결하기 위해 노력한다.

인간의 존엄성을 실현하기 위해 사회복지정책은 국민의 생존권을 보장한다. 생존권은 국민기초생활보장제도, 국민연금, 건강보험, 산재보험, 고용보험 등의 사회보험에 포함되어 있고, 최저생활을 보장받을 권리, 교육을 받을 권리, 적절한 주거생활을 영위할 권리, 노후생활을 보장받을 권리, 건강하게 살 권리, 산재나 실업으로부터 보호받을 권리 등을 통해 보장된다.

또한 인간의 존엄성은 사회복지정책에서 인간에 대한 차별금지로 나타난다. 여성, 아동, 청소년, 노인, 장애인 등의 사회적 약자와 결혼이민자, 성적 소수자, 이주노동자, 북한이탈주민 등과 같은 사회 소수자들에게 인간으로서의 존엄성을 존중하여 자신의 권리를 누릴 수 있게 배려하는 것이다. 예를 들면, 2007년 4월에 제정된 「장애인 차별금지 및 권리구제 등에 관한 법률」이 있다. 이 법은 "모든 생활영역에서 장애를 이유로 한 차별을 금지하고 장애를 이유로 차별받은 사람의 권익을 효과적으로 구제함으로써 장애인의 완전한 사회참여와 평등권 실현을 통하여 인간으로서의 존엄과 가치를 구현함을 목적"으로 하고(제1조), 특히 장애여성에 대하여 발생하는 차별금지(제33조)[2] 및 장애여성의 차별금지를 위한 국가 및 지방자치단체의 의무(제34조)[3] 등을 명시하고 있다. 이러한 차별금지법 등은 사회의 각종 차별을 법적 효력으로 방지하도록 하여 당사자의 인간존엄성을 구현하고자 한다. '상자글 6-1'은 국가인권위원회가 유엔에 한국정부의 포괄적 차별금지법 제정을 촉구하는 글이다.

---

2) 「장애인 차별금지 및 권리구제 등에 관한 법률」의 제33조는 장애여성에 대한 차별금지로, ① 국가 및 지방자치단체는 장애를 가진 여성임을 이유로 모든 생활영역에서 차별을 하여서는 아니 된다. ② 누구든지 장애여성에 대하여 임신·출산·양육·가사 등에 있어서 장애를 이유로 그 역할을 강제 또는 박탈하여서는 아니 된다. ③ 사용자는 남성근로자 또는 장애인이 아닌 여성근로자에 비하여 장애여성 근로자를 불리하게 대우하여서는 아니 되며, 직장보육서비스 이용 등에 있어서 다음 각 호의 정당한 편의제공을 거부하여서는 아니 된다(1. 장애의 유형 및 정도에 따른 원활한 수유 지원, 2. 자녀상태를 확인할 수 있도록 하는 소통방식의 지원, 3. 그 밖에 직장보육서비스 이용 등에 필요한 사항). ④ 교육기관, 사업장, 복지시설 등의 성폭력 예방교육 책임자는 성폭력 예방교육을 실시함에 있어서 장애여성에 대한 성인식 및 성폭력 예방에 관한 내용을 포함시켜야 하며, 그 내용이 장애여성을 왜곡하여서는 아니 된다. ⑤ 교육기관 및 직업훈련을 주관하는 기관은 장애여성에 대하여 다음 각 호의 차별을 하여서는 아니 된다. 다만, 다음 각 호의 행위가 장애여성의 특성을 고려하여 적절한 교육 및 훈련을 제공함을 목적으로 함이 명백한 경우에는 이를 차별로 보지 아니 한다(1. 학습활동의 기회 제한 및 활동의 내용을 구분하는 경우, 2. 취업교육 및 진로선택의 범위 등을 제한하는 경우, 3. 교육과 관련한 계획 및 정보제공 범위를 제한하는 경우, 4. 그 밖에 교육에 있어서 정당한 사유 없이 장애여성을 불리하게 대우하는 경우). ⑥ 제3항을 적용함에 있어서 그 적용대상 사업장의 단계적 범위와 제3항 제3호에 필요한 사항의 구체적 내용 등은 대통령령으로 정한다.

3) 제34조는 장애여성에 대한 차별금지를 위한 국가 및 지방자치단체의 의무를 규정한 것으로, ① 국가 및 지방자치단체는 장애여성에 대한 차별요인이 제거될 수 있도록 인식 개선 및 지원책 등 정책 및 제도를 마련하는 등 적극적 조치를 강구하여야 하고, 통계 및 조사연구 등에 있어서도 장애여성을 고려하여야 한다. ② 국가 및 지방자치단체는 정책의 결정과 집행과정에 있어서 장애여성임을 이유로 참여의 기회를 제한하거나 배제하여서는 아니 된다.

상자글 6-1 **평등 향한 차별금지법 제정, 더 미룰 일 아니다**

국가인권위원회가 유엔 경제적·사회적·문화적 권리규약위원회(사회권위원회)에 낸 의견서에서, 정부가 포괄적 차별금지법 제정과 관련해 이행 노력을 보이지 않고 있다고 비판했다. 사회권위원회는 2017년 한국 정부에 '기업과 인권', '차별금지법', '노조할 권리' 등 3개 분야 권고안을 제시했고, 법무부는 후속조치 관련 보고서를 지난 4월 제출했다. 인권위 의견서는 사회권위원회 요청으로 제출됐다.

인권위는 국가기구이지만 입법·행정·사법부 어디에도 소속되지 않고, 인권 보호·향상과 관련한 업무를 독립적으로 수행한다. 정부와 국회가 '학습된 무기력'에 빠져 포괄적 차별금지법 입법 책임을 방기하는 가운데 인권위가 쓴소리를 낸 것은 그나마 다행이다. 인권위는 의견서에서 "최근 한국 사회는 여성, 이주민·난민, 성소수자 등 사회적 소수자에 대한 혐오표현이 강화되고 조직화되는 등 혐오·차별 문제가 심각해지고 있다"면서 "그럼에도 정부는 사회권위원회가 권고한 '포괄 차별금지법' 제정에 대한 구체적 계획을 제시하지 않고 있다"고 지적했다.

포괄적 차별금지법은 노무현 정부 당시인 2006년 인권위의 제정 권고 이후 2007년 법안이 입법예고됐으나 보수 개신교계 등이 '성적 지향' 항목 등을 이유로 반발하며 제정이 무산됐다. 이후에도 몇 차례 법안이 발의됐으나 모두 폐기·철회됐다. 더욱 심각한 것은 20대 국회와 문재인 정부 들어서는 정부입법안이든 의원입법안이든 단 한 건도 발의되지 않고 있다는 점이다. 그사이 5·18민주화운동 유공자와 세월호 참사 유가족까지 조롱 대상이 되는 부끄러운 사태가 빚어지고 있다.

헌법 제11조는 '누구든지 성별·종교 또는 사회적 신분에 의하여 정치적·경제적·사회적·문화적 생활의 모든 영역에 있어서 차별을 받지 아니한다'고 명시하고 있다. 세계인권선언 제1조는 '모든 사람은 태어날 때부터 자유롭고, 존엄과 권리에 있어 평등하다'고 밝히고 있다. 헌법과 세계인권선언의 차별금지 정신을 저버리는 일부의 반인권적 주장과 행태를 방기하는 정부의 무책임을 개탄하지 않을 수 없다. 사회적 합의를 위한 시간이 필요하다는 이유로 포괄적 차별금지법 입법을 계속 미룬다면, 그사이 상처받고 피해 입는 이들만 늘어나게 된다. 차별과 불평등에 대한 분노가 곳곳에서 분출하고 있다. 정부와 국회가 시민의 분노에 응답할 때다.

출처 : 경향신문(2019. 6. 13).

2) 자 유

(1) 기본 개념

자유는 봉건사회의 신분제도에 대항하여 시민계급이 추구한 가치로서 사회복지정책에서 매우 중요한 가치이다. 자유의 개념은 크게 소극적 자유(negative freedom)와 적극적 자유(positive freedom)로 나눈다.

첫째, 소극적 자유는 다른 사람의 강제가 없는 상태이다. 벌린(Berlin)에 의하면, "강제는 자신이 행동할 수 있는 영역 내에서 다른 사람들에 의한 고의적인 방해"를 의미한다(Berlin, 1969 : 122). 따라서 소극적 자유는 행위주체가 원하는 바를 자신의 행동영역 안에서 타인이나 사회 또는 국가로부터 간섭을 받지 않고 선택할 수 있는 자유를 말하며, 무엇으로부터의 자유(freedom from)를 뜻한다. 개인의 신체적 자유는 원하는 곳에 취업을 할 수 있고, 사상의 자유는 개인의 생각과 표현을 자유롭게 주장할 수 있으며, 거주이전의 자유는 자신이 살고 싶은 곳에 살 수 있다는 것으로 소극적 자유에 해당된다. 소극적 자유를 보장하기 위해 국가는 정당한 행위의 범위 내에서 개인적·시민적 자유를 보호하고 시민들 상호 간의 강제행위를 방지할 수 있는 보호역할을 한다. 이런 측면에서 경제영역에 대한 국가의 간섭은 시장의 정상적인 작동을 위해 필요한 최소로 제한한다.

둘째, 적극적 자유는 자신이 원하는 것을 할 수 있는 자유이다. 즉, 무엇을 하기 위한 자유(freedom to)인 적극적 자유는 개인이 하고 싶은 것을 위해 최대한 능력(capacity)을 발휘하도록 하는 것이다. 적극적 자유에는 개인의 잠재력을 개발하고 실현할 수 있는 자유, 더 나은 교육을 받을 권리, 더 적절한 주거에서 생활할 수 있는 권리 등이 해당된다. 적극적 자유의 실현을 위해 국가는 국민의 소득, 건강, 교육, 주거 등과 관련된 사회복지정책을 확대하여야 한다. '상자글 6-2'에서 아마르티아 센의 자유는 삶을 더 부유하게 하고 구속에서 벗어날 수 있도록 하므로 적극적 자유의 의미로 해석할 수 있다.

상자글 6-2 센(Amartya Sen)의 자유

[사진 6-1] Amartya Sen
출처 : www.idrc.ca

더 많은 부를 원하는 이유가 정확히 무엇이며 더 많은 부를 가지고 무엇을 할 수 있는가 하고 질문해 보아야 한다. 사실 우리는 더 많은 소득과 부를 원하는 많은 이유들을 가지고 있다. 그러나 이것은 소득과 부 자체가 바람직한 목적이어서가 아니라 그것이 우리에게 가치 있는 삶을 가져다줄 더 큰 자유라는 일반적 목적에 대한 수단이기 때문이다.

부의 유용성은 그것을 가지고 우리가 무엇을 할 수 있는가에 있다. 부는 우리가 실질적 자유를 성취하도록 도와준다. 그러나 이러한 관계는 부 이외에도 우리 삶에 중요한 영향을 미치는 것이 있기 때문에 배타적이지 않으며 삶에 대한 부의 영향력은 다른 영향에 의해 변동되기 때문에 일정하지도 않다. [⋯] 자유를 확장시키는 것은 삶을 더 부유하게 하고 구속에서 벗어나게 한다. 그뿐만 아니라 우리를 자신의 의지를 행사하고 우리가 살고 있는 세상과 서로 영향을 주고받는 보다 사회적인 사람으로 만들어 준다.

출처 : Amartya Sen 저. 박우희 역(2001). 자유로서의 발전. 서울 : 세종연구원, pp. 32-33 인용.

자유의 개념을 이데올로기와 접목해 보면 신우파는 소극적 자유를 강조하는 경향이 있으나 사회민주주의는 적극적 자유를 지향한다. 신우파는 개인의 사유재산권 행사의 자유나 서비스 선택의 자유는 지지하지만 재분배정책과 같은 복지에 대한 국가의 개입은 국민과 기업에게 높은 과세를 요구하므로 그들의 자유를 침해한다고 보아 반대하는 입장이다. 반면에 사회민주주의는 권리로서 복지를 누릴 수 있는 자유로 여기고, 국민이 자신의 능력을 최대한 발휘할 수 있게 하기 위해 국가가 다양한 사회복지 영역에 주도적으로 개입해야 한다고 본다. 따라서 자유의 개념은 현실의 이데올로기에서 다르게 사용된다.

(2) 자유와 사회복지정책

사회복지정책은 어떤 사람의 자유를 제한할 수도 있고 어떤 사람의 자유를 확대시킬 수도 있다. 사회복지 재정을 확보하기 위해 국민에게 세금을 부과하는 것은 일반 국민에게는 사유재산권 행사를 저해하는 것이므로 소극적 자유를

제한한다고 볼 수 있다. 반면에 세금으로 확보된 복지재정이 저소득층의 최저생활보장을 위해 사용된다면 저소득층은 삶의 기회를 선택할 능력이 생기므로 적극적 자유가 증가된다. 세금부과를 통한 사회복지 재정 확보는 특정 국민의 자유를 줄이더라도 다른 국민의 자유를 늘릴 수 있기 때문에, 사회 전체 입장에서 자유의 총량은 변함이 없다고 볼 수 있다(송근원 · 김태성, 1995 : 272-273).

소득세나 사회보장세 등을 통해 확보된 사회복지 재정은 공공재적 성격을 갖는 재화와 서비스로 전환되어 국민에게 되돌아 간다. 공공재는 특정인을 배제하지 않는 비배타적인 성격과 자신이 사용한다고 해서 다른 사람이 사용하지 못하는 것이 아닌 비경쟁적인 성격을 동시에 가지고 있어서, 많은 사람들이 자발적으로 공공재를 구입하려는 경향이 약하고 국민들이 긴급히 필요한 때에 공공재가 부족해 국민생활에 지장을 줄 수 있다. 따라서 이러한 상황을 방지하고자 세금을 부과하여 공공재를 확보하는 것이므로 강제적 세금부여가 소극적 자유를 제약한다기보다는 언제 닥칠지 모르는 사회적 위협에 대해 국민들이 상호 합의한 것으로 파악해야 할 것이다(송근원 · 김태성, 1995 : 273). 예를 들면, 국민 누구든지 일생을 살아가면서 겪을 수 있는 빈곤문제에 대해 국민기초생활보장제도는 모든 국민들 중에서(비배타성) 최저생활수준 이하의 국민들에게(비경쟁성) 소득세 등으로 확보한 국가예산으로 국민들의 합의하에 최저생활을 보장해 주는 것이다.

사회복지정책은 적극적 자유의 확대를 통해 발전하였다고 볼 수 있다. 특정 사람의 소극적 자유를 제약하여 특정한 다른 사람에게 무엇을 할 수 있는 적극적 자유를 확보함으로써 사회복지수급자의 자유는 증대되었다. 이러한 맥락에서 사회복지정책을 통한 사회적 권리 확보가 인정되었다.

3) 평 등

(1) 기본 개념

자유가 개인을 중심으로 발전된 개념이라면 평등은 집단을 중심으로 전개된 개념이다. 그래서 평등은 '나'보다는 '우리' 또는 '공동체'를 강조한다. 평등의 개념은 다양하게 해석될 수 있으나 여기에서는 기회의 평등(equality of opportunity), 조건의 평등(equality of condition), 그리고 결과의 평등(equality of outcome)의 세 가지로 구분한다(박호성, 1994 : 57-59).

먼저 기회의 평등은 모든 사람에게 기회를 동등하게 부여한다는 것으로 각 개인이 자신의 소질과 능력을 자유롭게 계발할 평등한 권리와 기회를 가진다는 것이다. 이 개념에 의하면, 동일한 업적에 대해서는 동일한 보상이 주어진다. 모든 사회제도에 대한 접근을 모든 사람에게 균등하게 대우한다는 입장이다. 한편 기회의 평등은 가문이나 종교적 배경 등의 불평등을 초래할 수 있는 객관적 조건은 고려하지 않고 주관적인 개인의 능력만 중요시 여긴다. 예를 들면, 장애인과 비장애인이 장애에 상관없이 모두 100m 출발선에 서서 달리기를 하도록 하는 것이다. 달리기를 할 수 있는 기회를 동등하게 주었으므로 기회의 평등은 달성되었고, 달리기의 결과인 등수문제는 개인의 능력과 책임으로 국한된다. 장애가 있고 없고의 문제는 달리기의 등수에 영향을 미치고 장애인은 항상 비장애인에 비해 뒤처질 수밖에 없다. 기회의 평등은 개인을 동등한 출발선에 서도록 하지만 그로 발생하는 결과의 불평등은 개인의 몫이나 책임이 된다. 이런 의미에서 기회의 평등은 불평등을 정당화할 수 있는 여지를 마련한다. 따라서 기회의 평등은 세 가지 평등의 개념 중에서 가장 소극적이라고 할 수 있다.

둘째, 조건의 평등은 기회의 평등의 연장선상에서 사회적 기회를 획득하려는 자유경쟁의 출발조건을 동등하게 정비하려는 노력을 말한다. 이는 개인의 능력에 모든 것을 맡기는 것이 아니라 개인이 가진 부족한 능력을 사회적으로 채워주는 것을 필수적이라 본다. 조건의 평등은 개인의 욕구, 노력, 능력 등에 따라 사회적 자원을 차등적으로 분배하는 것을 의미하기 때문에 공평(equity)이라고 불리기도 한다. 예를 들면, 장애인과 비장애인이 100m 달리기에 참가하였을 때 장애인은 몸이 불편하므로 출발선을 비장애인에 비해 앞으로 당겨서 출발하도록 배려하는 것이다.

셋째, 결과의 평등은 타고난 능력이나 욕구의 차이를 고려하지 않고 법적 조치나 정치적 수단을 이용하여 사회적 자원을 똑같이 분배하는 것을 의미한다.

가장 적극적인 의미의 평등이라 할 수 있다. 한편 이 경우는 개인의 역량발휘나 자유로운 경쟁은 고려되지 않는다. 100m 달리기에서 장애인이든 비장애인이든 상관없이 누구나 결승점을 통과하도록 만드는 것이다. 또한 개인의 특성 및 성향과 관계없이 모든 사람들에게 최저생계선을 유지하도록 만드는 정책은 결과의 평등이라고 할 수 있다.

앞서 살펴본 세 가지 평등의 개념들을 이데올로기와 연관해서 생각해 보자. 신우파는 평등보다는 자유에 더 많은 비중을 두고 있을 뿐만 아니라 일정 정도의 불평등은 성장을 위해 인정하는 입장이며 세 가지 평등의 개념 중에서 그나마 기회의 평등을 지지하는 입장이다. 중도노선은 실질적인 평등실현, 즉 결과의 평등보다는 사회문제를 해결하려는 실용적 접근을 지향한다. 그러므로 교육기회의 평등과 같은 국가 개입에 의한 적극적인 기회의 평등을 선호하고 경우에 따라 장애인 의무고용 등과 같은 조건의 평등을 사회복지정책에 반영하기도 한다. 사회민주주의는 국가에 의한 재분배정책을 중요시하기 때문에 사회복지정책의 가치로서 평등을 우선시한다. 이 입장에 의하면, 기회의 평등을 전제로 조건의 평등에서 더 나아가 결과의 평등까지 이루기 위해 노력한다. 교육의 경우, 중도노선은 기회의 평등과 조건의 평등을 지향하기 때문에 공교육에 비해 사교육이 더 큰 영향을 미칠 수 있는 반면에 사회민주주의는 공교육을 더 선호하고, 저소득층 자녀에게 장학금을 지급하는 등의 교육의 탈상품화를 이루고자 한다. 마르크스주의는 모든 사람의 자아실현을 위한 기회균등뿐만 아니라 의사결정과 부의 분배에서도 평등을 강조함으로써 결과의 평등을 지향한다. 이렇듯 평등의 개념은 이데올로기에 따라 각기 다르게 나타나고 사회복지정책에서도 상이한 모습으로 구체화되어 실현된다.

(2) 평등과 사회복지정책

자본주의 사회에서 사회복지정책은 결과의 평등을 비현실적으로 여기는 경향이 많아 기회의 평등과 조건의 평등을 더 강조한다. 기회의 평등은 결과를 무시한 채 과정상의 기회만 똑같이 주는 평등이므로 일반적으로 빈민에게 교육기회를 제공하여 자립할 수 있게 하는 프로그램이 여기에 해당한다. 가장 대표적인 예는 1960년대 미국 '빈곤과의 전쟁' 시기의 빈곤층 대상의 교육 및 훈련 프로그램 등이 있다. 이와 유사하게 우리나라에서도 2003년부터 교육문화적 조건이 상대적으로 열악한 도시 저소득층 밀집지역의 교육 및 문화적 기회 불평등을 완화하기 위해 실시하고 있는 교육복지우선지원사업 등이 있다.

조건의 평등은 사회복지정책에서 강조된다. 이는 개인의 욕구, 능력, 기여 등에 따라 사회적 자원을 다르게 배분하는 것이므로 공정한 처우에 관계된다. 사회보험의 경우에 보험료를 많이 낸 사람은 관련 사회서비스를 더 많이 받을 수 있다는 것이고, 이동상의 애로가 있는 장애인의 경우 승용차를 구입할 때 자동차 관련 세금을 감면해 주는 것 등이 조건의 평등에 속하며 공평의 가치를 실현한 것이라 볼 수 있다.

결과의 평등은 여러 가지 전략을 통해 추구할 수 있다. 래(Rae, 1981)는 네 가지 전략을 제시하는데 첫째, 최소치를 극대화하는 맥시민(maximin) 전략으로 주택표준, 소득수준, 교육수준, 의료수준 등의 최소기준을 상승시키는 것이다. 둘째, 불평등 비율을 조정하는 것으로 형편이 나쁜 사람에게 상대적으로 자원을 더 지원하는 것이다. 셋째, 차이를 최소화하는 것으로 불평등 정도를 줄이는 것이다. 넷째, 미니맥스(minimax) 전략으로 가장 많은 특권을 가진 사람들의 이득을 줄이는 방법이 있다(Mullard & Spicker, 박형신 외 공역, 2004 : 294).

또한 결과의 평등은 아동수당이나 가족수당제도 등과 같은 형태로도 운영되어 보편적 성격이 강하다. 우리나라의 지방자치단체에서 실시하고 있는 셋째 자녀에 대한 출산장려금 등이 이것에 해당한다고 볼 수 있는데, 해당 자방자치단체에서 제공하는 지급금액이 욕구의 차이 등을 고려하지 않고 동일하게 배분되기 때문이다. 결과의 평등을 지향하는 사회복지정책은 많은 사회적 비용을 필요로 하므로 기회의 평등과 조건의 평등에 비해 상대적으로 사회복지정책에 적은 비중을 차지하는 경향이 있다.

사회복지정책의 전개는 '누구를 평등하게 할 것인가'에 대한 논쟁에서 비롯되었다고 볼 수 있다. 평등의 대상은 누구와 누구 간의 평등을 의미하는 것으로 볼 수 있다. 예를 들면, 남성과 여성 간의 사회적 불평등을 들 수 있다. 이는 생물학적 성(sex)의 차이가 사회문화적 환경 속의 양육과 교육 등을 통해 사회적 성(gender) 차별을 가져와 불평등한 관계를 나타내는 것이다. 또한 평등의 대상에 관한 전통적인 논쟁은 보편주의(universalism)와 선별주의(selectivism)이다. 이는 모든 국민들에게 조건 없이 평등하게 사회복지급여를 할 것인가 아니면 특정한 욕구가 있는 국민들을 대상으로 선택적으로 제공할 것인가에 대한 것으로 사회복지정책을 분석하는 데 하나의 잣대로 활용되고 있다.

4) 사회정의

가치로서의 사회정의는 앞서 언급한 인간의 존엄성과 자유, 평등과는 다른 수준의 가치라 할 수 있다. 즉, 인간의 존엄성, 자유, 평등은 추상적인 범주의 가치라고 볼 수 있다. 사회정의는 사회적 자원분배의 기준으로 삼는 학자도 있고 또는 자원분배 패러다임에 구속되는 것을 비판하는 학자의 의견이 있으나 궁극적으로는 구체적이고 현실적인 가치를 실현하고자 노력한다고 볼 수 있다.

(1) 롤스(Rawls)의 사회정의

사회정의는 한 사회에서 선과 악을 어떻게 올바르게 분배할 것인가에 관한 합리적 기준을 의미한다(김기덕, 2002 : 223). 결국 개인과 집단들 사이에서 어떠한 면은 평등하게 대우하고 어떠한 면은 차별적으로 대우하는 것이 각자의 정당한 몫인가를 이론적으로 밝히는 것이다. 사회복지정책이 사회의 구성원들의 다양한 욕구를 불공평하다고 느끼지 않고 충족시키기 위한 방안이라면 사회정의는 사회복지정책을 실천하는 데 중요한 기준이 된다. 여기에서는 사회복지정책에 주요 영향력을 미치고 있는 롤스(Rawls)의 사회정의론을 중심으로 살펴본다.

[사진 6-2] John Rawls
출처 : www.economyprofessor.com

롤스는 『정의론(Theory of Justice)』에서 '사상체계의 제1덕목을 진리로 본다면, 정의는 사회제도의 첫 번째 덕목'이라고 보았다(Rawls, 황경식 역, 2002 : 36). 사람들은 자기 혼자만의 노력에 의해서 살기보다는 사회협동체를 통해 모두 나은 생활을 할 수 있다는 이해관계가 일치한다고 보았다. 사회체제가 사회협동체에서 이득의 분배를 선정하고 적절한 분배의 몫에 합의하는 데 있어 필요한 원칙들의 체계가 요구된다는 것이다. 이러한 사회정의 원칙들은 기본적인 사회제도 내에서 권리와 의무를 할당하는 방식을 제시해 주며, 사회협동체의 이득과 부담의 적절한 분배를 결정해 준다(Rawls, 황경식 역, 2002 : 37).

공정으로서의 정의(justice as fairness)에서 평등한 원초적 입장은 전통적인 사회계약론에 있어서 자연상태(state of nature)를 의미한다(Rawls, 황경식 역, 2002 : 46). 원초적 상태는 당사자의 절차상의 동등한 권리, 자원의 적절한 부족상태, 그리고 무지의 베일(veil of ignorance)로 제시한다. 원초적 상태하에서 합의된 일련의 법칙이 곧 사회정의의 원칙으로 사회협동체를 규제하여야 한다고 주장한다.[4] 즉, 원초적 상태에서 합의된 원칙들에 대해서 공정한 절차를 설정하기 위한 것이다. 무지의 베일이라는 가상상태는 모든 사회구성원들에게 주어진 재화가 공평하게 배분되기 위해서는 직·간접적인 영향을 피하기 위해 이들의 지위나 신분 등은 철저하게 장막으로 가려야 한다는 것이다(Rawls, 황경식 역, 2002 : 195-196).

롤스는 원초적 입장에서 채택될 것으로 생각하는 정의의 두 원칙을 다음과 같이 진술하였다.

첫째, 각자는 다른 사람들의 유사한 자유의 체계와 양립할 수 있는 평등한 기본적 자유의 가장 광범위한 체계에 대하여 평등한 권리를 가져야 한다.

둘째, 사회적·경제적 불평등은 다음과 같은 두 조건을 만족시키도록 조성해야 한다.

① 모든 사람들의 이익이 되리라는 것이 합당하게 기대된다.

② 모든 사람들에게 개방된 직위와 직책이 결부되게끔 편성되어야 한다.

출처 : John Rawls 저. 황경식 역(2003). 정의론. 서울 : 이학사, p. 105

---

4) '정의는 공정한 절차에서 나온다'로 보는 입장이므로 롤스의 사회정의론은 계약주의적 입장을 가진다고 본다.

제1원칙은 평등한 자유의 원칙으로, 사회의 기본 구조에서 자유, 기회, 소득, 재산, 자존감을 기초로 하는 기본 가치들(primary goods)을 분배하는 데 있어 자유는 어떤 경우에도 불평등하게 분배되면 안 된다는 것이다. 이런 의미에서 제1원칙은 자유의 우선성을 뜻한다. 이때 기본적 자유들은 정치적 자유(투표의 자유와 공직을 가질 자유)와 언론과 결사의 자유, 양심의 자유와 사상의 자유, 심리적 억압과 신체적 폭행 및 절단을 포함하는 인신의 자유(인신의 온전성), 사유재산을 소유할 권리와 법의 지배라는 개념이 규정하는 이유 없는 체포와 구금으로부터의 자유를 의미하고, 이러한 자유들은 제1원칙에 의거해 평등해야 한다(Rawls, 황경식 역, 2002 : 106).

제2원칙은 모든 직위를 개방하는 기회균등의 조건 아래 모든 사람에게 이익이 되는 경우에 한해 자유를 제외한 다른 모든 기본 가치의 불평등한 분배가 허용된다는 것이다(이재율, 1995 : 236). 이는 '공정한 기회균등의 원칙'과 '차등의 원칙'으로 제시된다. 제2원칙의 '직위와 직책이 모든 사람에게 개방된다'는 것은 형식적 기회의 평등으로 이해될 수 있다. 또한 그는 형식적 기회균등과 함께 공정한 기회균등이라는 조건을 부과한다. 즉, 공정한 기회균등은 평등한 출발이며 유사한 능력과 재능을 가진 사람들은 유사한 인생의 기회를 가져야 한다는 것이다. 차등의 원칙은 가장 불리한 처지에 있는 사람들의 여건을 개선하지 않고서는 보다 나은 처지에 있는 사람들의 이득을 허용하지 못한다는 것이다(김상은, 1987 : 37). 이 원칙은 소득 및 재산의 분배, 권한, 책임 등에 있어서 차등을 두는 조직들에 적용된다. 그는 재산 및 소득의 분배가 반드시 균등해야 할 필요는 없으나 모든 사람에게 이익이 되도록 이루어져야 한다고 본다. 사회구성원 중 최소수혜자에게 이익이 더 많이 분배되어 불평등이 조정되어야 한다는 것이다. 소득계층 간의 소득분배가 이에 해당된다. 한편 이러한 원칙들은 제1원칙이 제2원칙보다 우선하는 서열적 순서를 가진다. 그 이유는 제1원칙이 요구하는 평등한 기본적 자유에 대한 침해가 보다 큰 사회적 · 경제적 이득에 의하여 정당화되거나 보상될 수 없기 때문이다(Rawls, 황경식 역, 2002 : 106).

롤스의 사회정의론은 제1원칙에 의해 자유민주주의 체제를, 제2원칙에 의해 사회적 · 경제적 평등주의를 정당화하려는 것이다(이재율, 1995 : 256). 사회복지정책은 안정된 자유민주주의 체제를 전제로 사회적 불평등을 시정하기 위한 제도로 본다면 롤스의 정의론은 사회복지정책에서 유용하게 적용하여 사회적 평등을 실현하는 데 기여할 수 있을 것이다.

(2) 샌델(Sandel)의 정의

마이클 샌델(M. Sandel)의 『정의란 무엇인가』라는 저서가 한국사회에 화제가 되었다. 이 책을 통해 한국사회에서의 정의가 어떻게 작동하는지, 그리고 어떤 방향으로 나아가야 하는지에 대해 활발하게 논의되었다.

롤스의 사회정의가 개인의 권리에 기반한 자유주의적 사회정의를 제시한다면, 샌델은 덕에 기초한 공동선(공공선)을 추구하는 공동체주의적 정의를 주장한다.

샌델은 『정의란 무엇인가』에서 벤담(Jeremy Bentham)의 공리주의와 롤스의 자유주의 정의론을 비판한다. 먼저 공리주의에 대한 비판이다. 공리주의의 '최대다수의 최대행복'은 인간의 고통을 최소화하고 행복을 극대화하는 방법으로 인간 및 사회 행위의 옳음을 판단하는 원칙이다. 이에 대한 샌델의 비판은 두 가지로 정리된다(Sandel, 이창신 역, 2011 : 58-72). 첫째, 공리주의는 "개인의 권리를 존중하지 않는다"는 것이다. 공리주의는 행복을 극대화하고 고통을 최소화하려는 것으로 정의를 측정하고 행복을 누려야 할 권리에 대한 고려가 없다는 것이다. 둘째, 공리주의는 개인의 선호나 취향에 포함된 상이한 가치를 "단일 통화"로 계량화하여 합산하므로 그 질적 차이를 무시한다는 점이다. 정부와 기업에서 사용하는 의사결정 방식인 비용편익분석은 모든 비용과 이익을 돈으로 환산해 비교함으로써 인간의 가치가 존중될 수도 없고 가치의 차이도 고려될 수 없다는 것이다. 예를 들면, 1970년대에 잘 팔린 소형자동차의 경우 뒤에서 충돌하면 연료탱크가 쉽게 폭발해 많은 사람들이 목숨을 잃었다. 이러한 가스탱크의 폭발 위험성을 안 회사경영자들은 비용편익분석을 통해 가스탱크 안전보호장치의 부착비용이 한 대당 11달러가 들지만 목숨을 구하고 부상을 방지하는 이익은 그보다 크지 않다는 결론이 나왔다. 그래서 사람들의 목숨과 부상이 달려 있다는 것을 알았지만 바꾸지 않았다. 즉, 비용편익분석에서처럼 인간의 목숨이나 부상, 행복 등과 같은 고귀한 가치가 단일 통화인 돈으로 환산됨으로써 존중될 수 없고 그 질적인 차이도 무시된다는 것이다.

롤스의 자유주의 정의론에 대해 샌델은 공리주의에 대항하여 권리로부터 정의를 도출하고 자유지상주의에 반대하여 사회경제적 권리를 지지함으로써 평등을 지향했다는 점을 긍정적으로 평가한다. 동시에 롤스가 자유주의의 권리에 기초한 정의를 주장함으로써 인간이 공동생활을 하면서 추구해야 할 목적으로서의 좋은 삶의 가치와 의미를 정의의 영역으로부터 배제시키는 한계를 가진다고 지적한다(Sandel, 이창신 역, 2011 : 360-361). 롤스의 정의론에서 무지의 베일은 정의 원칙 수립절차에서 최소한의 평등한 요건에서 원칙 수립에 필수적인 장치이다. 여기에서 샌델은 모든 자연적 및 사회적 맥락, 연고로부터 추상화된 독립적인 자아가 과연 정당한 것이고 현실적인 것인가에 대한 문제를 거론한다.

이상의 공리주의와 롤스의 정의론을 비판하면서, 샌델은 공동선을 추구하는 새로운 정치와 그것을 가능하게 하는 공동체주의를 주장한다. 그는 공동선을 추구하는 새로운 정치를 위한 몇 가지 주제를 제시한다(Sandel, 이창신 역, 2011 : 364-370). 첫째, "시민의식, 희생, 봉사"로, 정의로운 사회에 강한 공동체의식이 필요하다면 사회는 시민들이 사회 전체를 걱정하고 공동선에 헌신하는 태도를 키울 방법을 찾아야 한다. 시민의 미덕을 키우는 방법으로 시민교육을 제시하였다. 둘째, "시장의 도덕적 한계"를 인정한다. 시장이 생산활동을 조직하는 유용한 도구이나 사회적 행위를 시장에 맡기면 그 행위를 규정하는 규범이 타락하거나 질이 떨어질 수 있기 때문에 시장이 침입하지 못하도록 보호하고 싶은 비시장 규범이 무엇인지 물어야 한다. 셋째, "불평등, 연대, 시민의 미덕"으로, 불평등은 공리나 합의에 미치는 영향과는 별개로 시민의 미덕을 해치므로 불평등이 시민에게 미치는 결과와 그것을 바로잡을 방법에 초점을 둔다면 분배정의와 공동선의 연관성을 강조할 수 있다. 넷째, "도덕에 기초하는 정치"이다. 도덕에 기초하는 정치는 회피하는 정치보다는 시민의 사기진작에 더 도움이 되고 정의로운 사회에 더 희망찬 기반을 제공한다고 주장한다.

(3) 영(Young)의 정의 그리고 차이의 정치

아이리스 영(Iris Marion Young)은 『정의 그리고 차이의 정치』에서 기존의 분배 정의와 구별되는 다양한 인정(recognition) 요구들이 있음을 주장하였다. 정의의 개념 그 자체가 문제가 아니라 기존의 정의 담론들이 '분배 패러다임(the distributive paradigm)'으로 구속되고 지배되면서 다양한 사회적 부정의를 축소 혹은 간과하게 되었다고 주장한다. 정의를 물질적 재화에 대한 공정한 분배의 문제로 환원하는 것은 다양한 사회적 부정의들을 축소하고 은폐하게 되며, 이로 인해 물질적 재화의 정의로운 분배를 넘어서는 다양한 정치적 요구들을 제기하는 사회운동과의 실천적 연관성을 상실하게 된다는 것이다(김원식, 2012).

분배 패러다임에서 정의로운 분배의 대상은 일차적으로 물질적인 재화들로 간주되지만 경우에 따라 권리, 기회, 권력 등과 같은 비물질적인 재화들 역시 공정한 분배의 대상이 된다. 영은 분배 패러다임이 가지는 결정적인 한계는 개인들 사이의 물질적 자원의 분배문제에만 주로 집중함으로써 이에 영향을 미치는 사회구조나 제도적 맥락을 무시하고 그에 대한 비판적 평가를 제시하지 못한다는 것이라고 하였다. 이로 인해 결국 분배 불평등과 구별되는 다양한 형태의 사회 부정의들을 간과하게 되는 것이다(Young, 김도균・조 국 공역, 2017).

분배 패러다임에서 간과되는 사회구조나 제도적 맥락 중에서 영이 주목하는 부분은 '의사결정의 구조와 절차', '노동 분업', '문화'라는 세 가지 범주가 있다. 의사결정 구조와 절차는, 예를 들어 국가의 예산 투입이나 기업의 의사결정에서 재화분배는 사회구성원의 전반적 삶에 커다란 영향을 미친다. 그러나 이러한 결정의 주체나 절차와 관련된 문제는 물질적 자원의 결과적 분배에만 집중하는 분배 패러다임을 통해 접근하기 어렵다. 영은 민주적 의사결정 구조와 절차를 정의의 중요한 요소이자 조건으로 보아야 한다고 주장한다. 다음으로, 특정 형태의 노동 분업이 불평등한 분배에 큰 영향을 미치고 있다고 주장한다. 노동 분업의 문제가 주어진 직종이나 직업들 사이의 공정한 할당의 문제로 간주된다면 이 역시도 일종의 분배 정의 문제로 간주될 수 있을 것이다. 예를 들어, 가사노동이나 돌봄 노동을 여성의 노동으로 해석하고 평가하는 경우이다.

이러한 여성의 노동은 사회적 재생산을 위해 필수적으로 요구되는 활동이지만 사회적 대가가 지불될 필요가 없는 사적 활동으로 해석되고, 돌봄 노동은 주로 여성의 것으로 해석되어 해당 직종에는 여성이 주로 배치될 뿐만 아니라 그 노동에 대한 사회적 평가와 대우도 매우 열악하다. 마지막으로 문화는 상징, 의미, 습관 등과 관련된 매우 폭넓고 일반적인 영역을 제시한다. 예를 들어, 동성애자에 대한 사회적 편견에서처럼 특정 집단에게 부과되는 상징적 의미는 사회적 지위에 커다란 영향을 미치고 이는 물질적 재화의 분배에도 직접적인 영향을 미치게 된다고 주장한다(Young, 김도균·조 국 공역, 2017 : 67-69).

이와 같이 다양한 제도적 맥락이 물질적 재화의 분배에 직접적으로 큰 영향을 미쳤음에도 불구하고 분배 패러다임은 이러한 제도적 맥락을 간과하거나 은폐함으로써 근본적인 제한성을 가지고 있다고 할 수 있다. 다양한 제도적 차원에서 존재하는 부정의의 문제, 즉 지배와 억압의 문제를 간과하게 된다는 것이 분배 패러다임에 대한 영의 비판이라 할 수 있다(김원식, 2012).

여기서 추가적으로 주목해야 하는 사실은 이러한 제도적 부정의가 주로 '집단의 차이'와 관련된다는 것이다. 의사결정 절차, 노동분업, 문화의 문제에서 발생하는 다양한 지배와 억압은 일반적으로 개인적 삶의 차원이 아니라 개인이 속한 집단의 차원과 주로 관련된다. 영은 분배 패러다임이 주로 개인들 사이의 정의로운 분배만을 문제 삼는 반면에 지배와 억압이라는 개념 틀에서는 집단의 차이가 존재한다는 것을 인정하는 것이 중요하다고 한다.

영의 정의론은 분배 패러다임이 가지는 제한성을 넘어서 다차원적이고 포괄적인 사회 부정의들을 종합적으로 해명하기 위해서 지배와 억압의 범주를 출발점으로 삼는다. 지배와 억압의 다양한 차원에 주목할 때 현실의 포괄적 부정의 구조를 파악하고 나아가 이에 대한 대안을 모색할 수 있다는 것이다.

분배 패러다임에서 간과되는 사회구조나 제도적 맥락인 의사결정의 구조와 절차, 노동분업, 문화에서, 의사결정의 구조와 절차에서 나타나는 사회적 지배는 특정 집단이 배제되는 분배 불평등으로서 그 집단의 삶의 전반에 영향을 미치고 의사결정 절차에 배제되며 당사자들의 자기 결정 권리를 직접적으로 침해한다는 것이다. 억압은 노동 분업과 문화의 영역과 관련된다. 특정 방식의 노동

분업 구조로 인해 특정 집단이 착취당하고, 주변화되며, 무력화되는 현상이 발생한다. 이는 그 대상 집단이 자기 개발을 하는 것을 불가능하게 만들기에 사회적 억압으로 볼 수 있다. 문화적 측면은 지배 집단의 문화를 정상적, 표준적인 것으로 강요하거나 심지어 특정 집단에 대한 부정적 낙인을 통해 노골적 폭력을 초래하는데, 이 역시 해당 집단의 자기 개발을 불가능하게 한다는 점에서 사회적 억압이라 할 수 있다.

영은 사회적 부정의인 지배와 억압에 대한 대안적 실천의 방향을 정치로 보았다. 정치의 과제는 모든 사회적 삶의 영역에 존재하는 사회적 부정의, 즉 지배와 억압을 극복하고 모든 사회구성원들의 자기 개발과 자기 지배를 보장하는 것이라 주장하였다. 지배와 억압에 대한 모든 저항과 비판은 정치적 요구, 즉 민주화의 요구로 집약될 수 있다. 민주주의는 관련 모든 공적 논의와 의사결정 과정에 대한 시민들의 참여를 통해 공적인 자기결정, 자기 지배의 이념을 실현하는 것을 목표로 한다.

'차이의 정치(politics of difference)'는 포괄적 의미에서 참여를 강조하는 민주주의 정치가 오늘날 지향해야 할 방향을 제시하고 있다. 차이의 정치는 은폐되어 온 집단적 차원의 지배와 억압에 대해, 현존하는 집단들의 이질성, 다원성, 차이에 대해 적극적으로 주목할 것을 요구하고 있다. 현존하는 집단들의 이질성과 차이를 무시하고 지배 집단 중심의 보편성과 일반성만을 강조하는 동일성의 정치는 현존하는 사회적 지배와 억압을 강화하기 때문이다. 차이의 정치는 정치적 평등의 관점에서 평등한 대우의 원리로 나타난다. 평등한 대우의 원리는 피억압집단을 특별대우하는 조치로 제시한다.

이 외에도 '상자글 6-3'에서는 사회정의 철학의 대표적인 학자들로서, 공리주의자인 밀(John Stuart Mill), 최대자유주의자인 노직(Robert Nozick), 최근에 부각되고 있는 드워킨(Ronald Dworkin) 등의 정의관을 소개하고 있다.

상자글 6-3 **사회정의 철학의 개관**

사회정의는 개인이나 집단 간 권리와 의무의 배분에 영향을 미치는 결정이 일어날 때 문제시된다. 이때 정의에 대한 논의는 단순히 누가 얼마의 빵을 가지는가와 더불어 어떤 종류의 빵이고 누가 빵의 몫을 결정하는가 하는 것도 포함한다. 또한 누구를 위한 정의인가에 대한 논의와 합의가 있어야 한다. 이러한 맥락에서 사회정의 철학의 대표적인 학자들로서, 공리주의자인 밀(John Stuart Mill), 최대자유주의자인 노직(Robert Nozick), 최근에 부각되고 있는 드워킨(Ronald Dworkin) 등의 정의관을 개괄적으로 소개한다.

[사진 6-3] John Stuart Mill
출처 : www.portrait.kaar.at

밀은 정의를 '최대다수의 행복'이라고 본다. 공리주의자들이 주장하는 올바른 일은 최상의 선(good)을 산출하는 것이다. 밀은 정의를 논할 때 두 가지 가정을 제시한다(이재율, 1995 : 89). 첫째, 인생의 목표가 행복이고, 둘째, 행위의 '올바름(right)'으로 행복에의 공헌에 의해 결정된다는 것이다. 즉, 옳은 것은 산출되는 행복의 양을 통해 결정된다는 것이다. 또한 그는 일반적으로 여섯 가지의 '정의롭지 못한' 상황을 제시하였다. ① '법적인' 권리를 가지고 있는 물건을 강탈하는 행위, ② '도덕적인' 권리를 가지고 있는 물건을 강탈하는 행위, ③ 마땅히 가질 자격이 없는 물건을 획득하는 경우 – 권리를 가진 사람이 소유하는 것은 옳지만 그렇지 못한 사람이 갖는 것은 '악'이다. ④ '편파적인 것', 즉 호의를 보여서는 안 될 것에서 호의를 보이는 것, ⑤ 사람들의 '신뢰를 깨뜨리는 것', ⑥ 사람들을 '불공평하게 다루는 것'으로 보았다. 이러한 부정의 상황은 법적인 제약을 담고 있다. 이러한 측면에서 밀은 정의를 상식과 도덕적 감수성에 의존해 있다고 할 수 있으며 체계나 구조보다는 행위에 초점을 두고 있다(Karen, 이유선 역, 2000 : 49). 공리주의에 입각해서 볼 때, 정의는 총소득의 극대화, 상당히 평등한 분배, 매우 불평등한 분배 등을 모두 고려할 수 있다. 특히 매우 불평등한 분배는 최대다수를 위해 사회적 소수가 희생되는 것을 의미한다. 이런 의미에서 공리주의는 사람들 각자가 가지는 차이를 존중하지 않는 경향이 있다.

[사진 6-4] Robert Nozick
출처 : www.tomgpalmer.com

노직은 『아나키, 국가, 그리고 유토피아(*Anarchy, State, and Utopia*)』에서 '국가는 기본적인 개인의 권리를 침해해서는 안 된다'고 주장한 최대자유주의자(libertarian)이다(Nozick, 강성학 역, 1991). 그는 역사적 · 소유권리(entitlement)적 개념에 입각해서 국가가 공공재의 효율적인 제공이나 기본 욕구 충족과 같은 일상적인 것들을 수행하지 않더라도, 도둑, 사기꾼, 계약 파괴에 대한 개인을 보호하는 최소한의 기능만을 수행한다면 정의롭다고 보았다. 정의의 원칙들은 소유권리의 분배에 적용된다고 주장한다. 즉, 일반 성인들은 신체와 노동에 대해 양도할 수 있는 소유권리를 가진다는 자기

-소유권(self-ownership) 원칙을 인정하고 외부물을 소유할 권리들에 대해 소유권리들은 소유되지 않은 자원들의 취득(acquisition), 소유된 자원들의 이전(transfer), 그리고 과거의 부정의의 교정(rectification)에 대한 세 가지 원칙을 제시하였다. 이 입장은 개인의 자유를 최대한 보장하는 반면에 국가의 개입을 최소한으로 제한함으로써 소득불평등을 인정할 뿐만 아니라 공공부조와 같은 소득재분배정책에 대해서는 반대 입장을 취한다.

[사진 6-5] Ronald Dworkin
출처 : www.virginia.edu

드워킨(2000)은 『자유주의적 평등(*Sovereign Virtue*)』에서, '동등한 배려(equal concern)'를 정치공동체의 최고 덕목으로 여기고 모든 시민들은 동등한 배려를 받을 권리가 있다고 본다. 진정한 동등한 배려는 정부가 물질적 평등인 자원의 평등을 목적으로 하며 정부의 역할을 추상적 평등주의 원칙을 통해 강조하였다. 자원의 평등은 평등의 척도로서 자원을 선택하고 개인들이 생활에서 이용할 수 있는 자원은 평등해야 한다는 것을 가정한다. 그는 분배결과에 영향을 미치는 운을 두 가지로 구분한다. 선택한 운(option luck)은 도박과 같이 자신이 예측하고 피할 수 있는 위험의 결과를 수용한 후 결과적으로 나타난 이익이나 손실에 대한 것이다. 피할 수 없는 운(brute luck)은 장애나 질병과 같이 계획되지 않거나 예상하지 못한 결과에 해당한다.

그는 피할 수 없는 운에 의해 결과에 차이가 나는 것은 불평등한 것으로 보았으므로, 선택이나 소망에 민감하고(ambition-sensitive), 여건에 둔감한(endowment-sensitive) 재분배 방식을 제시한다. 자원의 분배에서 자신의 선택에 의해 자원이 불평등하게 배분된 것에는 개인의 책임을 강조하나, 질병이나 장애, 재능부족 등의 여건으로 인해 자원이 불평등하게 된 것은 공정한 '가상적 보험시장(hypothetical insurance market)'을 통해 보상받을 권리를 가진다. 이 제도는 누진세에 의해 보험료를 충당한다.

이 외에도 페미니즘적 정의관이나 생태주의적 정의관들이 있다. 페미니즘적 정의관은 우리 사회에서 여성과 남성 사이에 존재하는 심각한 불평등을 심도 있게 파헤치면서 궁극적으로는 양성평등을 주장하며 이를 위해 모든 권리와 의무의 과제는 양성평등을 정당화한다(Starba, 2003 : 15-17). 환경주의적 정의관은 온건주의와 급진주의적 환경집단인 Greenpeace나 Earth First와 연관되고, 이들은 종의 평등(species equality)을 내세우며 인간에 의한 동물의 지배 등을 배척하므로 비지배가 궁극적인 정의적 이상이라고 주장한다(Starba, 2003 : 18-20).

(4) 사회정의와 사회복지정책

사회복지정책에서 롤스의 사회정의론이 적용되고 있는 사례로 적극적 조치(affirmative action program)를 들 수 있다. 적극적 조치는 사회구조에서 자유와 기회 등이 여자라는 이유로 또는 유색인종이라는 이유로 불평등하게 배분되었기 때문에 성별·인종 등의 차별을 해소하여 집단들의 평등을 실현하기 위해 마련된 장치이다. 예를 들면, 고용에서 후보자의 조건이 동등하다면 여성 또는 소수민에게 우선권을 부여하는 것이다. 미국에서는 1965년부터 인종 및 성차별을 해소하기 위한 방안으로 취약계층(여성, 흑인 등)에 대하여 AAP(Affirmative Action Program)를 작성하도록 하고, 이를 이행하지 않는 경우 정부조달 계약을 배제하거나 중지시키는 조치를 취하고 있다(노동부, 1997). 우리나라에서도 여성인력 활용을 증대시키기 위해 남녀고용평등법에 의거해 2006년 3월부터 이 제도를 시행하고 있다. 주요 내용은 공기업 및 일정 규모 이상의 근로자를 고용하고 있는 기업은 매년 직종별, 직급별 남녀근로자 현황과 여성고용에 관한 계획서를 고용노동부장관에게 제출하여야 한다. 그리고 남녀근로자 현황을 분석하여 동종 업종 및 규모에 비교하여 특히 여성을 적게 고용하고 있다면 여성고용 목표를 수립하여 시행하도록 하고 실적이 우수한 기업에게 인센티브를 주는 제도를 운영하고 있다. '상자글 6-4'를 통해 볼 때 정부는 여성의 경력단절을 예방하기 위해 부모가 같은 자녀에 대해 동시 육아휴직을 쓸 수 있도록 하겠다는 내용을 보여주고 있다.

샌델은 롤스의 적극적 조치에 대해서 홉우드(Hopwood) 백인학생의 텍사스 법학전문대학원 불합격 사례를 통해 자신의 주장을 제시한다(Sandel, 2011 : 233-256). 그는 대학입학 심사에서 인종을 고려해야 한다는 논리는 보상논리와 다양성논리가 있다고 주장한다. 보상논리는 적극적 조치를 통해 과거 잘못을 보상하여 바로잡으려는 것이다. 즉, 대학입학 허가에서 도시 빈민가의 흑인이나 히스패닉 학생들이 겪었던 역경을 보상하는 차원에서 혜택을 주려고 한다는 것이다. 롤스의 사회정의 원칙에서 차등의 원칙이 적용된 것으로 볼 수 있다. 이에 반해 샌델은 다양성의 논리로 자신의 주장을 제시한다. 다양성의 논리는 대학입학 허가를 사회적으로 가치 있는 목적을 실현하기 위한 것으로 여긴다. 대학은 같은 출신배경의 인종학생들이 모여 있을 때보다 여러 인종이 섞여서 있는 것이 서로에게 더 많은 배울 점을 준다는 것이다. 따라서 샌델은 적극적 조치에 대한 논리를 공동체의 가치 있는 사회적 목적에 두고 다양성 논리에 초점을 둔다.

이러한 분배의 정의 패러다임에 대한 반론을 제기한 사람이 영이다. 영은 정의에 관한 기존 분배중심 논의를 비판하고 지배와 억압의 범주를 통해 차이의 정치를 주장하고 있다. 차이의 정치를 실현하기 위해 평등한 대우의 원리가 견지되어야 하므로 평등한 대우의 원칙이 사회 속에서 실현되어야 한다. 다양한 집단의 존재와 집단 간의 차이를 인정하여, 예를 들면 남성과 비교하여 여성이 가지는 고유한 차이인 임신과 출산에 대해 여성에게 휴가나 고용을 보장해야 한다. 또한 사회적 약자인 소수인종, 특히 우리 사회에서는 이주 노동자와 이주 여성들의 인정을 위한 적극적 차별 시정조치를 행해야 할 것이다.

사회복지가 자본주의 경제체제의 발전과정에서 발생한 인간의 기본적 욕구와 불평등을 완화하고 해결하기 위한 제도적 장치로 본다면 궁극적으로 사회복지정책은 사회적 욕구와 불평등에 따른 자원을 어떻게 분배할 것인가로 귀결된다. 사회정의는 한정된 자원을 구체적으로 분배하는 방식들을 철학적 근거하에서 제시하고 있다. 이러한 논의에서 더 나아가 집단의 차이 인정을 통한 정의를 구체화해야 할 것이고 이런 의미까지 포함하는 사회정의를 실현하기 위한 중요한 방법으로 사회복지정책을 들 수 있다. '상자글 6-4'는 육아휴직, 고용과 임금 부문에서의 성별 임금격차 완화를 위한 적극적 고용개선조치에 대한 내용이다.

상자글 6-4 '육아휴직' 부부 함께 사용 가능해진다

이달 28일부터 부모가 같은 자녀에 대해 동시에 육아휴직을 사용할 수 있게 되며, 육아휴직 급여도 부모 모두에게 지급된다. 아울러 올해부터 공공기관과 상시근로자 300인 이상 기업은 성별 임금 격차 현황과 해소 방안을 정부에 의무적으로 제출해야 한다. 12일 정부서울청사에서 정세균 국무총리가 참석한 가운데 열린 제10차 양성평등위원회에서 이 같은 내용을 담은 '제3차 경력단절여성 등의 경제활동 촉진 기본 계획'과 '제2차 양성평등정책 기본계획 2020년 시행계획'을 심의했다.

정부는 일하는 여성들의 경력단절을 예방하기 위해 육아휴직 제도의 활용도를 높이기로 했다. 우선 28일부터 부모가 같은 자녀에 대해 동시에 육아휴직을 쓸 수 있게 된다. 이전까지는 같은 자녀에 대해 배우자가 육아휴직을 사용하고 있을 경우 같은 기간에 육아휴직을 쓸 수 없었다. 또 정부는 임신 기간 중 육아휴직을 사용할 수 있게 하는 방안도 추진하기로 했다. 현재 자녀 양육을 위해 1년의 육아휴직을 쓸 수 있지만 임신 중에는 나눠 쓸 수 없다. 이현옥 고용노동부 여성고용정책과장은 "현재 육아휴직은 1회만 분할 사용이 가능하다"며 "한정애 더불어민주당 의원안을 기초로 임신 중 사용을 분할 사용 횟수에 포함시키지 않도록 할 방침"이라고 말했다. 한 의원이 발의안 '남녀고용평등법 개정안'에 따르면 육아휴직 기간은 자녀 양육을 위한 육아휴직을 포함해 최대 1년간 사용할 수 있도록 하는 한편, 임신으로 인한 휴직을 하는 경우에는 예외적으로 육아휴직 분할 사용에서 제외하도록 했다. 즉, 1년 한도 안에서 임신 중에는 몇 번이라도 육아휴직을 나눠 쓸 수 있다는 것이다. 현재도 출산 전후 90일간 출산휴가를 쓸 수 있지만 출산 후 45일간 의무적으로 출산휴가 기간으로 배정해야 해서 임신 중에는 최대 44일의 휴가를 쓸 수밖에 없었다. 정부는 임신 중 육아휴직으로 인해 줄어든 기간을 아빠 육아휴직으로 대체할 수 있을 것으로 내다보고 있다.

고용과 임금 부문에 있어 성별 임금 격차를 완화하기 위한 정책도 연내 시행된다. 우선 고용평등 촉진을 위해 특정 성을 우대하는 '적극적 고용개선조치(AA)'를 적용받는 사업장은 성별 임금 격차 현황과 해소 방안을 정부에 제출해야 한다. 현재 적극적 고용개선조치를 적용받는 곳은 공공기관, 지방공기업·공단, 대기업집단 중 상시근로자 300인 이상 기업이다. 아울러 공기업과 준정부기관에서는 양성평등 임원임명목표제가 올해부터 시행될 예정이다. (하략)

출처 : 경향신문(2020. 2. 12).

3. 사례분석 : 맞춤형 국민기초생활보장제도에 내재된 가치점검

국민기초생활보장제도에 내재된 가치를 점검하는 것은 이 제도가 이루고자 하는 궁극적인 목표를 파악하는 작업이기도 하다. 본 절에서는 앞서 살펴본 인간의 존엄성, 자유, 평등, 사회정의 등의 가치들이 국민기초생활보장제도에 포함되어 있는지를 확인하고 제도 운영상에 실제적인 영향력을 갖는지를 파악해 보고자 한다. 여기에서는 2015년 7월부터 시행되고 있는 '송파 세 모녀법'인 맞춤형 국민기초생활보장제도를 중심으로 논의하고자 한다.

국민기초생활보장제도는 국민기초생활보장법 제1조에 의하면, 생활이 어려운 사람에게 필요한 급여를 실시하여 이들의 최저생활을 보장하고 자활을 돕는 것을 목적으로 한다. 이 제도는 노동능력 여부에 관계없이 최저생활 이하의 빈곤에 처한 국민들을 대상으로 급여를 제공하는 것이므로 생존권을 보장한다. 빈곤이라는 이유로 생계를 제대로 영위하지 못한다면 인간다운 생활을 할 수 없어서 인간의 존엄성을 해치게 된다. 따라서 국민기초생활보장제도는 인간의 존엄성을 실현하기 위해 최저생활을 보장해야 한다.

2014년 2월에 발생한 송파 세 모녀 자살사건을[5] 계기로 개정된 일명 송파 세 모녀법에서 기초생활수급자 선정에 기준이 되는 부양의무자의 소득기준을 완화하였다. 개정 전에는 부양의무자 가구 최저생계비의 130%(4인 가구 기준 212만 원)가 넘는 소득이 있을 경우 부양의무가 있는 것으로 판단하였으나 개정 후에는 부양의무자 가구의 중위소득(4인 가구 기준 404만 원)으로 완화하였다.

그럼에도 불구하고 세 모녀법인 맞춤형 국민기초생활보장법이 실시되어도 부양의무자 규정으로 여전히 사각지대의 절대적 빈곤층은 이 제도에 편입되지 못해 빈곤문제를 해결할 수 없어서 가장 기본적인 사회복지의 가치와 권리인 인간의 존엄성과 생존권을 보장받을 수 없는 실정이다. 이에 정부는 국민기초

---

5) 세 모녀 자살사건은 2014년 2월 26일에 서울 송파구 작은 지하방에서 세 모녀가 연탄불을 피워 사망한 채 발견된 것이다. 아버지가 남긴 빚으로 신용불량자가 되어 취직을 못하던 두 딸과 식당일을 마치고 집으로 가던 중 팔을 다쳐 일을 하지 못하게 된 어머니 박 씨는 어려운 형편에도 공과금을 밀린 적이 없었으나 이들은 생활고 끝에 결국 극단적인 선택을 하였다. 그리고 유서가 든 편지봉투에 주인 아주머니께 "죄송합니다"라는 글과 마지막 집세와 공과금 70만 원을 두고 세상을 떠났다.

생활보장제도에 복지사각지대를 발생시키는 부양의무자기준을 폐지하기 위해 제2차 기초생활보장 종합계획(2021~2023)에 그 내용을 담고자 하였다. '상자글 6-5'는 이와 관련된 내용이다.

상자글 6-5 '복지 사각지대' 사라질까…"부양의무자 기준 전면 폐지 추진"

정부가 기초생활보장 수급자 제도에 적용되는 부양의무자 기준의 전면 폐지를 추진한다는 보도가 나왔다.

박능후 보건복지부 장관은 16일 한겨레신문과 인터뷰에서 "기획재정부와 협의해 내년에 수립하는 제2차 기초생활보장 종합계획(2021~2023)에 부양의무자 기준을 전면 폐지하는 내용을 담겠다"고 말했다.

부양의무자란 정부가 기초생활보장 수급자를 결정할 때 고려하는 요소다. 소득이 적어 수급자로 선정될 만하지만, 일정 이상의 소득과 재산을 가진 1촌 직계혈족(부모・자식)이 있으면 수급자가 될 수 없다. 부양의무자 중에서는 부양 능력이 없는 사람이 많아 이 제도는 복지 사각지대의 원인으로 꼽혔다.

박 장관은 "시대의 흐름이 그렇지 않은가. 자기 부모를 안 돌보는 게 현실"이라며 "그것을 우리가 자꾸 묵과하고 '자녀가 돌봐라', '형제가 돌봐라' 얘기하는 건 실효성이 없다고 생각한다"고 말했다.

앞서 정부는 취약계층에 대한 기본생활 보장을 강화하기 위해 기초생활보장 부양의무자 기준을 단계적으로 폐지하고 있다. 지난 1월부터는 생계급여・의료급여 수급자를 선정할 때 장애인연금 수급자와 기초연금 수급자에 대해서는 부양의무 기준을 적용하지 않고 있다. 여기에 복지부 장관이 이 기준에 대한 전면 폐지 뜻을 밝힌 건 이번이 처음이라고 한겨레신문은 전했다.

이에 대해 복지부 관계자는 "복지정책을 총괄하는 장관 입장에서 부양의무자 기준 폐지의 필요성을 인식하고 있고, 정책의 큰 방향성을 언급한 것"이라고 설명했다. 그러면서 "시행 시기 등은 정해진 바 없으며 관계부처와 협의가 필요한 사안"이라고도 말했다.

출처 : 중앙일보(2019. 4. 16).

다음으로 맞춤형 국민기초생활보장제도에서의 교육급여는 기초생활보장수급자에게 적정한 교육기회를 제공하여 자립능력을 배양함과 동시에 빈곤의 세대전승을 차단하고자 한 것이다. 저소득층 자녀의 학비 등으로 지급되는 교육급여는 부양의무자 기준이 적용되지 않아 긍정적으로 평가할 수 있다. 이는 빈곤하다는 이유가 적정한 교육기회에서 차단당하는 것을 막고 사회적 자원을 분배하는 것이므로 조건의 평등에 해당된다고 할 수 있다. 2020년 교육급여는 〈표 6－1〉과 같다. 부교재비는 초등학생 연 13만 4천 원, 중학생 연 21만 2천 원, 고등학생 33만 9천2백 원으로 2019년에 비해 고등학생의 경우 부교재비가 62% 상승하였다. 학용품비는 초등학생 7만 2천 원, 중·고등학생 8만 3천 원으로 각각 1.4% 상승하였다. 고등학생은 입학금과 수업료의 경우 학교장이 고지한 금액 전액을 지급받는다. 이러한 교육급여 상승에도 불구하고 이 교육급여의 금액으로 교육급여의 목적이나 조건의 평등을 달성하기는 참으로 어려워 보인다. 통계청에서 조사한 2018년 초중고 사교육비조사 결과에 따르면 2018년 사교육비 총액은 약 19조 5천억 원으로 전년에 비해 8천억 원(4.4%) 증가하였다. 전체 학생 수는 전년에 비해 2.5% 감소하였으나 사교육 참여율 및 참여시간은 증가하였다. 사교육 참여학생 1인당 월평균 사교육비는 39만 9천 원으로 나타났다(통계청, 2019). 교육급여에서 부양의무자 기준이 폐지된 것은 참으로 잘 된 일이지만 교육급여 수준이 너무 낮아 교육급여의 목적에도 조건의 평등에도 부합되지 않는다.

〈표 6–1〉 2019년과 2020년 교육급여

<table>
<tr><th rowspan="2">지급대상</th><th rowspan="2">급여항목</th><th rowspan="2">최저
교육비</th><th colspan="2">1인당 지급금액(연간)</th><th rowspan="2">비고
(2019년 대비)</th></tr>
<tr><th>2019년</th><th>2020년</th></tr>
<tr><td>초등학생</td><td rowspan="3">부교재비</td><td>13만 1,208원</td><td>13만 2,000원</td><td>13만 4,000원</td><td>1.4% ↑</td></tr>
<tr><td>중학생</td><td rowspan="2">20만 8,860원</td><td>20만 ,9000원</td><td>21만 2,000원</td><td>1.4% ↑</td></tr>
<tr><td>고등학생</td><td>20만 9,000원</td><td>33만 9,200원</td><td>62% ↑</td></tr>
<tr><td>초등학생</td><td rowspan="2">학용품비</td><td>7만 494원</td><td>7만 1,000원</td><td>7만 2,000원</td><td>1.4% ↑</td></tr>
<tr><td>중 · 고등학생</td><td>8만 826원</td><td>8만 1,000원</td><td>8만 3,000원</td><td>1.4% ↑</td></tr>
<tr><td rowspan="2">고등학생</td><td colspan="2">교과서대</td><td colspan="3">해당 학년의 정규 교육과정에 편성된 교과목의 교과서 전체</td></tr>
<tr><td colspan="2">수업료 및 입학금</td><td colspan="3">연도별 · 급지별 학교장이 고지한 금액 전부</td></tr>
</table>

출처 : 교육부(2020). 국민기초생활보장사업 교육급여 운영방안 안내, p. 119.

이상에서 맞춤형 국민기초생활보장제도에 인간의 존엄성, 자유, 평등, 사회정의 등과 같은 가치들이 내재되어 있는지, 그리고 내재된 가치들이 현실적으로 어느 정도 실현되고 있는지를 점검해 보았다. 명확히 적용되고 있는 가치는 인간의 존엄성이었고 조건의 평등 등의 가치는 명시적으로 내재되고 있으나 제대로 실현되지 않는 것을 알 수 있다. 인간의 존엄성을 생존권 보장으로 접근한 국민기초생활보장제도는 급여사각지대에 있는 절대빈곤층이 존재하므로 충분하다고 볼 수 없고, 교육기회의 확대를 통한 탈빈곤을 위한 교육급여 내용이 부족하였다는 것을 확인하였다. 따라서 맞춤형 국민기초생활보장제도에 내재된 가치의 점검을 통해 인간의 존엄성, 자유 등의 가치들이 공존하고 있으나 가치들의 비중은 상대적으로 서로 차이가 있었다. 이러한 차이는 그 사회에서 어떤 가치를 더 중요하고 비중 있게 다루느냐에 따라 달라진다는 것을 의미하며 우리 사회의 빈곤문제를 어떻게 접근하고 있는가를 명시적으로 보여준다고 하겠다.

참고문헌

교육부(2020). 국민기초생활보장사업 교육급여 운영방안 안내.

김기덕(2002). **사회복지윤리학**. 서울 : 나눔의집.

김상은(1987). **현대사회정의론**. 서울 : 이문출판사.

김원식(2012). 정의론과 여성주의 : 아이리스 영의 경우를 중심으로. **사회와 철학**, 24, 23-50.

남기민(2004). **사회복지정책론**. 서울 : 학지사.

박경일 외(2002). **사회복지학강의**. 서울 : 양서원.

박호성(1994). **평등론 : 자유민주주의, 사회민주주의, 맑스주의의 이론과 현실**. 서울 : 창작과 비평사.

송근원(2004). **사회복지정책론**. 서울 : 학지사.

송근원 · 김태성(1995). **사회복지정책론**. 서울 : 나남출판.

이재율(1995). **경제윤리**. 서울 : 믿음사.

이정우(2002). **사회복지정책론**. 서울 : 학지사.

이효선(2003). **사회복지 윤리와 철학의 이해**. 서울 : 학지사.

통계청(2019). 2018년 초중고 사교육비조사 결과.

현외성(2013). **사회복지정책강론**. 서울 : 양서원.

Berlin, I.(1969). *Four Essays on Liberty*. Oxford : Oxford University Press.

Dworkin, R.(2000). *Sovereign Virtue, the Theory and Practice of Equality*. Cambridge : Harvard University Press.

Karen, L. 저. 이유선 역(2000). **정의에 관한 6가지 이론**. 서울 : 크레파스.

Mullard & Spicker 공저. 박형신 외 공역(2004). **사회이론과 사회정책**. 서울 : 일신사.

Nozick, R. 저. 강성학 역(1991). **자유주의의 정의론**. 서울 : 이학사.

Rawls. J. 저. 황경식 역(2003). **정의론**. 서울 : 이학사.

Sandel, M. 저. 이창신 역(2011). **정의란 무엇인가**. 서울 : 김영사.

Sen, A. 저. 박우희 역(2001). **자유로서의 발전**. 서울 : 세종연구원.

Starba, J. P.(2003). *Justice : Alternative Political Perspective*(4th ed.). Wadsworth.

Young, I. M. 저. 김도균 · 조 국 공역(2017). **차이의 정치와 정의**. 서울 : 모티브북.

이 장의 요약

1. 사회복지정책에서는 그 사회의 정치경제적 여건 등을 고려하여 가장 시급하게 해결해야 하는 문제들의 우선순위를 선정하고 자원을 분배하여 실천하고자 하는 것이기 때문에 그 사회의 가치가 필연적으로 개입된다. 가치는 사회복지정책의 다양한 대안들을 선택하는 데 직접적인 영향을 준다.
2. 사회복지정책의 가치는 인간의 존엄성, 자유, 평등, 사회정의로 제시할 수 있다. 인간의 존엄성과 자유, 평등은 추상적 차원의 가치라면 사회정의는 사회적 자원분배를 위한 기준으로 사용되므로 구체적이고 현실적인 가치라 볼 수 있다.
3. 일반적으로 사회복지정책에는 인간의 존엄성, 자유, 평등, 사회정의 등의 가치들이 공존하고 있고 어떤 가치를 더 중요하게 보느냐는 그 사회의 지배적 가치들의 영향을 받는다.

주요 용어

- 인간의 존엄성 : 태어나면서 모든 인간은 존중받아야 한다는 것이다. 인간은 무엇을 하고 있고 무엇을 할 수 있는지에 관계없이 혹은 어떤 상태나 상황에 놓여 있는지에 상관없이 존중해야 한다는 것이다.
- 자유 : 자유는 소극적 자유와 적극적 자유로 구분되며, 전자는 다른 사람의 강제가 없는 상태로서, 행위주체가 원하는 바를 자신의 행동영역 안에서 타인이나 사회 또는 국가로부터 간섭을 받지 않고 선택할 수 있는 자유를 말한다. 적극적 자유는 자신이 원하는 것을 할 수 있는 자유이다. 무엇을 하기 위한 자유(freedom to)인 적극적 자유는 개인이 하고 싶은 것에 최대한 능력(capacity)을 발휘하도록 하는 것이다.
- 평등 : 기회의 평등, 조건의 평등, 그리고 결과의 평등으로 구분된다. 첫째, 기회의 평등은 모든 사람에게 기회를 동등하게 부여한다는 것으로, 각 개인이 자신의 소질과 능력을 자유롭게 계발할 평등한 권리와 기회를 가진다는 것이다. 둘째, 조건의 평등은 기회의 평등의 연장선상에서 사회적 기회를 획득하려는 자유경쟁의 출발조건을 동등하게 정비하려는 노력을 말한다. 셋째, 결과의 평등은 타고난 능력이나 욕구의 차이를 고려하지 않고 법적 조치나 정치적 수단을 이용하여 사회적 자원을 똑같이 분배하는 것을 의미한다.

• 사회정의 : 자원분배와 연관을 가지며, 롤스의 정의론에 의하면 공정으로서의 정의를 제시하며 평등한 자유의 원칙을 전제로 기회균등의 원칙, 차등의 원칙이 적용된다. 롤스의 사회정의가 개인의 권리에 기반한 자유주의적 사회정의를 제시한다면, 샌델은 덕에 기초한 공동선(공공선)을 추구하는 공동체주의적 정의를 주장한다. 영은 정의에 관한 기존 분배중심 논의를 비판하고 지배와 억압의 범주를 통해 차이의 정치를 제시한다.

추천자료

박호성(1994). **평등론 : 자유민주주의, 사회민주주의, 맑스주의의 이론과 현실**. 서울 : 창작과 비평사.

이종은(2015). **사회정의란 무엇인가**. 서울 : 책세상.

Maurice Mullard & Paul Spicker 공저(1998). 박형신 외 공역(2004). **사회이론과 사회정책**. 서울 : 일신사.

Rawls John 저. 황경식 역(2003). **정의론**. 서울 : 이학사.

Sandel, M. 저. 이창신 역(2011). **정의란 무엇인가**. 경기 : 김영사.

Sen, A. 저. 박우희 역(2001). **자유로서의 발전**. 서울 : 세종연구원.

Young, I. M. 저. 김도균 · 조 국 공역(2017). **차이의 정치와 정의**. 서울 : 모티브북.

PART 02

실천으로서의 사회복지정책

CHAPTER 07

사회복지정책 영역

사회복지정책은 그 사회 국민들의 생존권을 보장하여 인간다운 생활을 영위하도록 하는 것과 관련된 전반적인 생활영역을 포괄한다. 사회복지정책의 영역은 각 사회마다 학자들에 따라 다양하게 구분할 수 있다. 사회복지정책의 영역을 범주에 따라 나누어 보면, 국민생활에 직접적이고 대인적 서비스를 제공하는 영역인 소득・건강・주택・교육보장과 개별사회서비스가 있고, 적극적 의미에서의 사회복지정책 영역인 노동시장정책과 조세정책이 있다. 이 장에서는 각 사회복지정책 영역의 필요성 및 실제 운영방법, 그리고 각 영역에 따른 우리나라의 사회복지제도들을 통하여 사회복지정책에 대한 개괄적인 이해를 돕도록 한다.

사회복지정책 영역은 사회복지정책이 구체적으로 어떤 영역을 포괄하는가에 관한 것이다. 사회복지정책이 인간의 기본적 욕구를 충족하고 사회문제를 해결하고자 하는 국가와 민간의 제도적인 장치라는 점에서 그 영역을 구성할 수 있다.[1] 먼저 직접적이고 대인적인 서비스 측면에서는 인간의 욕구충족에 초점을 둔 소득보장, 건강보장, 주거보장, 교육보장, 개별사회서비스가 있다. 소득보장, 건강보장, 주거보장은 생존에 필요한 기본적 욕구를 사회적으로 보장하는 것이다. 교육보장은 사회화 과정과 전문기술의 습득을 통해 생활인과 전문인으로서의 자질을 갖추게 할 뿐만 아니라 인적 자본을 개발시키고 개인의 생활만족도와 삶의 질을 보장한다. 개별사회서비스는 한 인간이 생존과 관련된 물질적인 측면과 비물질적 측면인 정신적・정서적인 문제에 대한 개별적・대인적 서비스를 포함한다.

1) 사회복지정책 분야(영역)는 타운센트(Townsend)가 지적한 대로 소득보장, 건강, 교육, 주택 그리고 개별사회적 서비스에 보다 넓게 경제적 영역까지 포함시켜 조세정책과 노동시장정책을 제시한다(송근원・김태성, 1995 : 30-31).

또한 적극적인 의미에서의 사회복지정책 영역은 노동시장정책, 조세정책 등이 있다. 노동시장정책은 소득을 직접적으로 원조해 빈곤을 해소하는 것과 달리 노동시장을 통해 소득을 창출하도록 지원하는 것이다. 조세정책은 소득재분배를 통해 시장경제의 불공평한 소득과 부의 분배를 조정하여 국민의 생활권을 보장하고 사회통합을 이루고자 한다.

1. 소득보장

인간으로서 최소한의 생활을 유지하기 위해서는 소득이 필요하다. 사람은 재해, 실직, 장애, 노령 등의 사회적 위험으로 인해 언제라도 소득이 중단될 수 있는 경제적 불안상태 속에서 살아가고 있다. 소득의 중단은 빈곤으로 연결되고, 빈곤은 질병, 가정해체, 자살 등 연쇄적인 사회문제들을 유발한다. 소득보장은 다양한 사회문제의 근원이 되는 빈곤문제를 완화 및 예방하기 위한 것으로 개인적 차원을 넘어 국가적 차원에서 제도화하는 것이 필요하다. 빈곤해결 또는 예방에 대한 국가의 정책이 바로 소득보장정책이다.

소득보장 프로그램은 세 가지로 구분할 수 있다(김태성 · 손병돈, 2002 : 111-113). 첫째, 비갹출 그리고 소득 · 자산 비조사 형태이다. 한 나라의 국민은 일정한 인구학적 조건을 갖추면 보험료 납부 여부와 상관없이 소득과 자산을 조사하지 않고도 급여가 행해진다. 비갹출 그리고 소득 · 자산 비조사 형태는 최소생활보장의 권리로서 사회권의 이념을 반영한다. 여기에 해당하는 대표적인 예는 가족수당(family allowance)과 보편적 연금(universal pension) 등이 있다.

둘째, 갹출 그리고 소득 · 자산 비조사 형태이다. 국가와 피보험자와의 계약상의 권리를 반영한다. 사회보험이 여기에 해당된다. 피보험자가 낸 보험료에 근거하여 급여하기 때문에 자산조사가 필요없다.

셋째, 비갹출 그리고 소득 · 자산조사 형태로서 엄격한 자산조사가 행해진다. 공공부조가 대표적인 예이다. 이것은 일정 소득수준 이하의 모든 사람에게 급여하는 일반적 공공부조와 일정 소득수준 이하이면서 특정한 인구학적 집단(노인, 아동, 장애인)에 속하는 사람에게 주어지는 범주적 공공부조가 있다. 현재의 국민기초생활보장제도가 일반적 공공부조라면 이전에 시행했던 생활보호제도는 범주적 공공부조이다.

소득상실 원인은 빈곤, 노령, 장해, 사망, 질병, 사고, 실업 등 하나의 원인에 의한 것뿐만 아니라 노령과 빈곤, 장해와 빈곤 등과 같이 중복해서 나타날 수 있다. 소득상실은 단순히 경제적 차원을 넘어 사회적 역할 상실, 정서적 소외 등 심리・정서적 차원에까지 그 영향을 미치게 된다. 이러한 맥락에서 빈곤은 사회적 배제의 성격을 띤다. 사회적 배제는 경제적인 빈곤으로 인하여 건강, 주거, 교육, 개별서비스 등의 접근이 사회 주류집단과 격리되어 빈민의 권리가 침해당한다. 따라서 사회적 배제는 경제・사회적 문제와 함께 심리적인 문제까지 두루 포함하고 있으므로 빈곤의 범위와 대상을 확장하고 보다 포괄적이고 장기적인 정책대안을 요구한다. 우리나라의 소득보장정책은 소득상실 및 위험유형에 따라 전 국민, 공무원・사립학교 교원・군인, 근로자를 대상으로 급여가 주어진다. 소득상실 및 위험유형별 소득보장제도는 〈표 7-1〉과 같다.

〈표 7-1〉 **소득상실 유형별 소득보장제도**

소득상실 및 위험유형	관련 제도 및 급여	급여대상	비 고
빈 곤	국민기초생활보장제도의 생계급여	전 국민	국민기초생활보장법
노 령	국민연금제도의 노령연금 기초연금	60세 이상[2)] 65세 이상	국민연금법 기초연금법
	공무원・사립교원・군인연금의 퇴직연금	공무원, 사립학교 교원, 군인	공무원・사립학교 교직원・군인연금법
장애・장해	국민연금의 장애연금	전 국민	국민연금법
	공무원・사립교원・군인연금의 장해연금	공무원, 사립학교 교원, 군인	공무원・사립학교 교직원・군인연금법
	산재보험의 장해보상연금	근로자	산업재해보상보험법
사 망	국민연금의 유족연금	전 국민	국민연금법
	공무원・사립교원・군인연금의 유족연금・유족보상금	공무원, 사립학교 교원, 군인	공무원・사립학교 교직원・군인연금법
	산재보험의 유족보상연금	근로자	산재보험법

질병 · 사고	산재보험의 휴업급여	근로자	산재보험법
실 업	고용보험의 구직급여	근로자	고용보험법
장애와 빈곤	장애인 수당	기초생활보장 대상 중증 · 중복장애인	장애인복지법

우리나라의 소득보장정책은 전 국민을 포괄할 수 있는 제도적 틀을 마련하고 있다. 그러나 제도의 엄격한 수급조건과 제도 간의 연계성의 부족으로 인하여 소득보장을 필요로 하는 국민이 보장받지 못하는 경우가 종종 생긴다. 또한 국민들은 여러 소득보장정책의 내용을 잘 알지 못해서 보장을 받지 못하는 경우가 발생하기도 한다. 따라서 소득상실에 대한 실제적인 사회안전망으로서의 소득보장정책이 되기 위해서는 국민의 최저생활을 보장할 수 있는 제도의 보완과 연계가 필수적으로 전제되어야 할 것이고, 국민들을 대상으로 소득보장정책에 대한 체계적인 홍보도 필요할 것이다. 이것이 이루어질 때 국민의 최저생활을 보장해 주는 신뢰받는 소득보장정책이 될 것이다.

2. 의료보장

병 없이 건강하게 한평생을 살아가는 것은 인간이 가지는 기본적인 욕구이다. 현대인들은 사회적 · 경제적 불안정, 생활 스트레스, 환경오염 등에 많이 노출되면서 건강을 잃는 경우가 많다. 의료보장은 모든 사람들이 겪을 수 있는 사회적 위험인 질병에 대해 국가가 치료와 예방의 포괄적 의료서비스를 실시하여 국민에게 건강한 삶을 유지하도록 하는 것이다. 사회안전망의 하위개념으로 건강안전망(health safety net)을 제시하는데, 이는 "삶의 주기에 따라 누구에게나 나타날 수 있는 다양한 건강위험으로 인해 빈곤상태로 떨어지지 않도록 사회적 차원에서 보장하는 각종 제도적 장치"로 정의하고 있다(신영전 외, 2006 : 77). 즉,

2) 생년에 따라 차이가 있는데 1952년생 이전은 만 60세부터, 1953~1956년생은 만 61세, 1957~1960년생은 만 62세, 1961~1964년생은 만 63세, 1965~1968년생은 만 64세, 1969년생 이후는 만 65세부터 연금을 받게 된다.

건강이 단순히 신체적인 문제를 넘어 경제적인 문제까지 포괄하는 것으로 보고 있음을 알 수 있다.

의료보장은 건강의 보호와 증진을 통해 인간의 보편적 권리를 보장하는 데 직접적으로 관련된다. 국민의 건강권은 국제연합의 '세계인권선언(1948)'과 '경제·사회·문화적 권리에 관한 국제규약(1976)' 등의 국제적 규범을 통해 명시하고 있다. 건강권은 나라나 사회적 계층·경제적 부담능력에 관계없이 보편적인 권리로서 인정되고 향유되어야 한다는 것이다.

우리나라의 의료보장제도는 국민건강보험제도, 의료급여, 공공보건의료서비스로 나누어진다(표 7-2 참조).

〈표 7-2〉 **대상에 따른 의료보장제도**

<table>
<tr><th colspan="2">구분</th><th>국민건강보험제도</th><th>의료급여</th><th>공공보건의료서비스</th></tr>
<tr><td colspan="2">주된 목표</td><td>진료</td><td>진료</td><td>1차 진료, 질병예방·관리, 건강증진사업</td></tr>
<tr><td colspan="2">급여대상</td><td>전 국민</td><td>국민기초생활보장제도 수급권자 및 차상위계층</td><td>지역주민(농어촌) 및 의료취약계층</td></tr>
<tr><td rowspan="2">전달체계</td><td>의료공급자</td><td>지정 의료기관</td><td>지정 의료기관</td><td>공중보건의, 보건진료원간호사</td></tr>
<tr><td>관리운영주체</td><td>국민건강보험공단</td><td>국민건강보험공단</td><td>보건소, 보건지소, 보건진료소</td></tr>
<tr><td colspan="2">재 정</td><td>보험료, 국고보조, 본인 부담</td><td>국고 및 지방자치단체 출연금</td><td>국고 및 지방자치단체 출연금, 농어촌 특별기금</td></tr>
</table>

국민건강보험제도는 사회보험 방식으로 전 국민을 대상으로 실시하는 보편적인 의료보장제도이다. 의료급여는 최저생활을 유지하기 어려운 국민기초생활보장 수급자이거나 차상위계층을 대상으로 기여 없이 급여를 제공하는 공공부조 방식으로 운영된다.

공공보건의료서비스는 공공보건의료법 제2조에 근거하여 첫째, 보건의료 공급이 취약한 지역 및 분야에 대한 의료공급에 관한 사업을 행하고, 둘째, 경제적 취약계층 등에게 의료공급사업을 펼치고, 셋째, 발생규모, 전파속도, 심각성 등을 고려하여 국가와 지방자치단체의 대응에 필요한 질병의 예방·관리와 건강증진사업 등을 행한다. 마지막으로 그 밖에 국가 관리가 필요한 보건의료사업을 규정하고 있다. 공공보건의료서비스는 인구의 노령화, 만성질환자의 증가, 전염병의 확산, 건강증진사업의 욕구 증대 등으로 사회적 필요성이 증가되고 있다. 특히 중증급성호흡기증후군(SARS), 중동호흡기증후군(MERS), 2020년 코로나19(COVID-19)와 같은 감염병 환자발생 예방과 확산방지를 위해 공공보건의료기관의 역할이 강화되어야 할 것이다. 또한 '상자글 7-1'에서 볼 수 있듯이 코로나19의 전염병 확산에서 대구시 공익법인인 대구시사회서비스원이 긴급돌봄서비스를 제공하여 시민의 자발적 참여를 이끌어내었다. 앞으로도 감염병이 발생할 것으로 예측되는 바에 따라 긴급돌봄서비스체계 구축, 상시적 긴급의료체계 구축이 이루어져야 할 것이다.

OECD 비교 우리나라 공공의료기관 수 비중은 ▌그림 7-1▌과 ▌그림 7-2▌에서 보는 바와 같이 5.8%, 공공의료기관 병상 수 비중은 10.3%로 최하위에 머물고 있다. 공공의료기관은 코로나19로 인해 더욱 절실히 필요해짐에 따라 국민, 사회, 국가 합심하여 확충해 나가야 할 것이다.

(단위 : %)

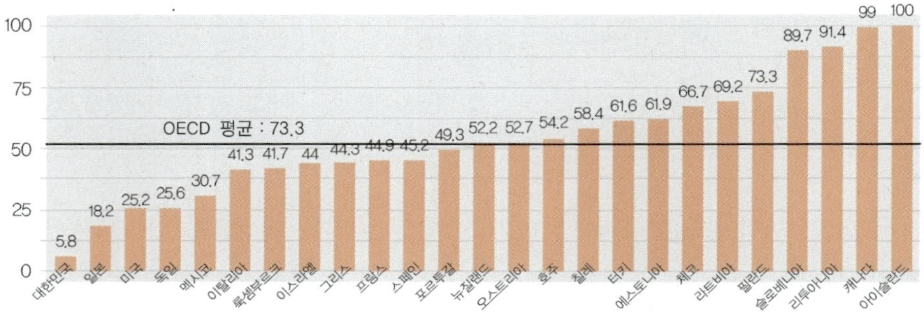

▌그림 7-1▌ 2016년 OECD 비교 국가 대비 공공의료기관 수 비중

출처 : OECD Stat(2018. 12).

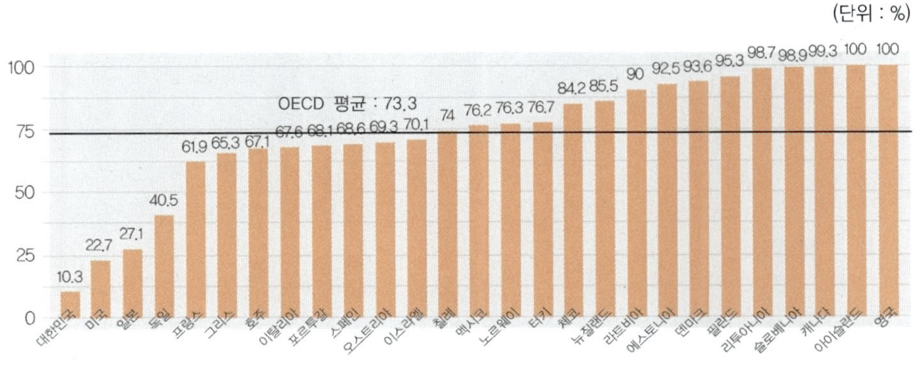

┃그림 7-2┃ 2016년 OECD 비교 국가 대비 공공의료기관 병상 수 비중

출처 : OECD Stat(2018. 12).

상자글 7-1 “지방소멸 막으려면 공공의료 인력 확보부터”

당면한 지방소멸 위기를 해결하기 위해 공공의료 인력 확보를 통한 지역 내 의료 인프라 구축이 필요하다는 의견이 나왔다.

국회입법조사처는 최근 ‘2023 국회입법조사처 올해의 이슈’를 통해 올해 주목해야 할 현안 중 하나로 ‘지방소멸과 공공의료 인프라’를 꼽았다.

지난해 10월 기준 우리나라 전체 인구 중 44.8%가 수도권에 거주하고 있으며, 6대 광역시까지 넓히면 69.6%에 달한다. 입법조사처는 수도권과 대도시 인구 집중과 지방소멸 위기 이면에는 지역 의료인프라 부실이 있다고 지적했다.

지역 내 필수의료 미충족이 인구 유출과 고령화를 촉진해 지역 소멸로 이어질 수 있기 때문이다. 의료서비스 대부분을 민간 의료기관이 제공하는 우리나라에서는 경영상 적자를 이유로 인구가 적은 지역에 의료기관이 진입하지 않거나 기존 의료기관도 철수하고 있다. 특히 초기 설비 투자 액수가 큰 응급 · 중증진료 영역은 더욱 민감한 반응을 보일 수밖에 없다. 보건복지부 고시로 지정한 2022년 응급의료분야 의료취약지는 98개 시 · 군 · 구다.

이에 입법조사처는 공공보건의료 인프라를 구축해 지역 내 양질의 필수의료서비스를 충족시야 한다고 지적했다. 특히 입법조사처는 비도시 지역 의료인력 부족을 가장 큰 문제로 꼽았다. 서울의 경우 인구 1,000명당 의사 수가 3.1명인 반면 경북은 1.4명, 충남은 1,5명으로 지역 간 편차가 크다는 것이다. 국립의학전문대학원 설립 방안, 공중보건장학제도, 공공임상교수제 도입, 국립대병원에서 지방의료원으로 의사 파견 확대 등 방안이 추진되고 있지만 의사 부족 문제를 해결하지 못하고 있다는 점도 언급했다. 입법조사처는 공공의료인력 확보를 위해선 지역 공공병원 정원 증대와 투자 확대 등 수련의 확보 방안을 마련해야 한다고 했다.

입법조사처는 "지역의대를 졸업한 의사들이 수도권으로 몰리는 이유로 지역 내 수련병원 부족과 부속병원에 배정된 전공의 정원이 적은 것이 꼽혔다."며 "지방 의료인력 확보를 위해선 지역의료기관과 공공병원에 배정되는 전공의 수를 확대해야 한다."고 지적했다

이어 "국립대병원과 지방의료원 전공의 수련을 연계하기 위해 34개 지역의료원에 운영, 고가 장비 도입 등을 지원하는 등 중앙정부와 지방자치단체의 투자가 이뤄져야 한다."고 말했다.

또한 의료취약지역 근무 의사가 안정적으로 근무할 수 있는 여건 조성도 필요하다고 했다. 입법조사처에 따르면 의료취약지에서 근무하는 의료 인력 중 71%가 근무지가 아닌 지역에서 거주하고 있으며 그 이유로 '자녀 등에 대한 교육'과 '거주 여건' 등을 꼽았다.

입법조사처는 "지자체가 주거 · 교통 기반, 보육 · 교육기반을 확충하고 인근 시와 생활권 연계 · 협력을 도모해 여건을 지속적으로 개선해 살고 싶은 환경을 조성해야 의료인력도 확보할 수 있다"고 밝혔다.

출처 : 청년의사(http://www.docdocdoc.co.kr, 2023. 1. 6. 보도)

우리 사회의 의료보장은 낮은 비율의 공공의료 공급체계와 높은 비중을 차지하는 민간의료 체계로 인해 많은 의료서비스의 영역이 시장의 지배를 받는다. 이러한 현상은 소득수준에 따라 개인의 건강상태에 직접적인 영향을 미치는데, 부자일수록 시장을 통해 좋은 의료서비스를 구입할 수 있어서 건강을 유지하는 반면에 가난한 사람은 그러하지 못해 건강을 잃을 가능성이 높다.[3] 건강을 국민의 기본권으로 보장하기 위해서는 건강보험에서는 비급여서비스를 축소하고 건강보험재정 지출 효율성을 높이고 의료서비스 소외계층에 대한 배려가 필요하며 공공보건의료서비스의 강화를 통한 질병예방과 건강증진을 위한 투자 등이 마련되어야 할 것이다.

---

3) '우리나라 건강형평성 현황 및 대책(김동진, 2013)'에 따르면, 암 환자 4만 3,000여 명의 소득계층별 생존율을 분석한 결과 소득 5분위(상위 20%) 남성 환자의 5년 생존율은 37.84%로 소득 1분위(하위 20%)의 24.04%보다 13.8%p 높았다.

3. 주거보장

주택은 사람들에게 휴식을 통한 노동력의 재생산과 정서적 안식처 등 다양한 생활이 이루어지는 곳이다. 주택은 사람들의 생활양식과 사회관계를 형성하도록 하고, 시장의 상품으로 이윤추구의 자산으로 인식되며 거주지역에 따라 사회적 지위 등을 구분하는 지표가 된다. 따라서 주택은 사람이 살아가는 데 직·간접적으로 많은 영향을 미친다.

주거권(right of housing)은 주택을 자본주의 시장에서 이윤추구 대상으로서의 상품이 아니라 인간다운 기본적 생활을 위한 필수품으로 간주하는 인간의 권리이다. 주거권은 주거의 안정성, 주거수준과 주거비용의 적절성, 환경의 적절성 등을 포괄하는 개념이다. 주거권 보장의 기본 목표는 주거안정성과 더불어 적절한 주거수준과 주거비용을 보장하기 위한 것으로 우리나라에서는 적절한 주거수준 확보를 위해 주거기본법 제17조 및 동법 시행령 제12조에 '최저주거기준'에 관한 규정을 두고 있다. 최저주거기준은 가구구성별 주거면적 및 용도별 방의 개수, 필수적인 설비의 기준, 구조·성능 및 환경기준 등을 포함한다(건설교통부 공고 2004-173호). 국토교통부가 실시한 주거실태조사(2019)에 따르면, 최저주거기준 미달가구는 5.7%로 2017년에 비해 0.2%p 감소하였다. 특성가구별로 보면 청년가구와 소득 하위 가구의 최저주거기준 미달가구의 비율이 높으며 신혼부부와 노인가구의 미달가구 비율이 적은 것으로 나타났다(표 7-3 참조).

〈표 7-3〉 최저주거기준 미달가구 비율 (단위 : %)

구 분	연 도	최저주거기준 미달가구	면적기준 미달가구	시설기준 미달가구	침실기준 미달가구
일반가구	2017	5.9	4.1	3.3	0.3
	2018	5.7	4.0	3.1	0.4
청년가구	2017	10.5	8.5	5.9	0.5
	2018	9.4	8.3	3.9	0.7
신혼부부1	2017	3.3	2.9	0.1	0.9
	2018	4.1	3.6	0.2	0.6

신혼부부2	2018	4.0	3.4	0.1	0.7
노인가구	2017	5.3	1.7	4.3	0.1
	2018	4.1	1.4	3.4	0.1
소득 하위 가구	2017	10.1	6.2	7.3	0.3
	2018	9.1	5.8	6.4	0.3

출처 : 국토교통부(2019). 2018년도 주거실태조사.

우리나라의 주거보장은 공공임대주택, 국민기초생활보장제도의 주거급여 등이 있다. 먼저 공공임대주택은 정부재정이나 국민주택기금 등이 지원되어 저소득층에게 공급되는 것으로 영구임대주택, 공공임대주택이 있다. 이 중에서 영구임대주택은 일반적인 공공임대주택과는 달리 건물의 수명이 다할 때까지 분양으로 전환되지 않는다. 영구임대주택은 우리나라 최초의 사회주택으로 주택정책에 적극적으로 국가가 개입함으로써 무주택 저소득층에게 주거안정을 실현한 것이라 볼 수 있다. 영구임대주택은 건설비의 85%를 국가재정으로 지원하여 지방정부와 대한주택공사가 1989년부터 1995년 말까지 계획된 공급량 25만보다는 적은 19만여 가구를 건설하였으며, 생활보호대상자 중심으로 입주대상을 선정하기로 되어 있었다. 그러나 영구임대주택은 입주대상 선정에서 생활보호대상자 이외에도 청약저축가입자 등으로 확대·실시되었고, 임대료와 관리비 부담능력이 없는 사람들은 입주가 불가능하게 되어 그 근본 취지가 무색하게 되었다. 게다가 영구임대주택 단지가 새로운 빈민지역으로 부각되면서 사회문제가 중첩되어 나타났다.

1992년 이후 임대주택의 명칭을 영구임대주택에서 공공임대주택으로 변경하여 25만 호 공공임대주택 건설계획을 수립하였다. 국민의 정부와 함께 도입된 국민임대주택(1998)은 참여정부 시기부터 본격적으로 공급되기 시작하여 2009년 말 기준으로 약 30만 호가 공급되었고, 신규부지 활용, 도시재생 연계 등을 통해 2025년까지 장기 공공임대 주택 재고를 240만 호로 확대하여 전국 무주택 임차가구 10가구 중 3가구 이상이 거주할 수 있게 할 계획이다(국토교통부, 2020). 공공임대주택은 저소득층의 안정적 주거생활을 목적으로 실시되는 정책이다. 이에 입주자의 소득과 무관하게 결정되는 건설원가 연동형 임대료 체계는 개선되어야 하며 입주자의 소득분위에 따라 차등적인 임대료 부담이 필요하다. 소득 1분위의 주민에게는 임대료를 완화하고 소득 5분위 이상은 일정액의 할증임대료를 부과하는 것도 하나의 방안이 될 것이다. 또한 공공임대주택이 대단지로 조성될 경우, 사회적으로 단절되고 게토(ghetto)화 현상이 나타나므로 커뮤니티의 활성화, 입주민의 경제적 자활 등의 주거복지모델의 개발 및 추구가 있어야 할 것이다. '상자글 7-2'에서는 영구임대주택이 밀집해서 생기는 부정적인 문제를 해결하고자 임대주택과 분양주택을 한 단지에 혼합하여 건설하는 소셜 믹스에 대한 논의를 보여준다.

상자글 7-2 임대주택 들어오니 어린이집 생겼네

공공임대주택을 늘리고 소셜 믹스 이미지를 바꾸기 위해 다양한 시도가 필요하다. 임대주택은 이미지가 좋지 않다. 취약계층이 거주하고 관리를 하지 않아 낡았다는 오해도 받는다. 하지만 임대주택은 소셜 믹스 과정에서 중요한 역할을 한다. '빈貧하고 낡았다'는 오해를 불식시킬 수 있는 해법도 임대주택 안에 있다. 더스쿠프(The SCOOP)가 그 세 가지 방법을 찾아봤다. (중략)

- 적정한 비중 찾는다면… = 먼저 LH토지주택연구원이 2020년 발간한 'LH 공공임대주택 이미지 개선방안 연구보고서'를 펼쳐보자. 이 보고서에 담긴 인터뷰를 분석해 보면, 임대주택 비중에 따라 인근 분양주택 거주자의 인식이 달라진다는 것을 확인할 수 있다. 100% 비율의 영구임대주택 단지 근처에 거주하고 있는 주민보다 서초3단지(영구임대주택 비중 20%・국민임대주택 80%) 인근에 사는 주민들이 영구임대주택 임차인 일부의 행동을 불편하게 느끼지 않는 것으로 나타났다. 공공임대주택 단지만 공급하는 경우에도 적정 비중으로 소셜 믹스를 적용해야 한다는 거다. 공공임대주택 인근 거주 주민들은 "취약계층 비율이 너무 높지만 않다면 더불어 살아갈 수 있다고 생각한다"며 "피해를 보지 않는다면 꺼려질 것이 없다"고 말하기도 했다.
- 행복주택 벤치마킹한다면… = 공공서비스를 적극 활용하는 것도 임대주택의 부정적 이미지를 개선하는 데 도움을 줄 가능성이 높다. 소셜 믹스는 정부가 민간주택을 구입하고 다시 임대 거주자들에게 임대하는 방식을 취한다. 법으로 임대주택 비중을 정해뒀기에 가능한 일이다. 그러나 커뮤니티 센터나 공공서비스센터 등은 의무 설치 기준이 없다. 단지로 만들어질 경우 법정 커뮤니티 시설면적만 충족하면 된다. 그래서 분양주택 거주자와 임대주택 거주자가 나눠질 공산이 컸다. 이런 문제를 해결한 건 행복주택이다. 행복주택의 경우, 정부가 만드는 임대주택이지만 국공립어린이집, 고용센터, 작은 도서관 등 공공서비스 시설이 함께 만들어진다. 공공임대

거주자뿐만 아니라 분양주택 거주자와 지역주민들이 모두 이용할 수 있는 시설이 만들어지기 때문에 '피해'만 준다고 여겨졌던 임대주택의 이미지가 크게 개선됐다.

- 다양한 계층이 거주한다면… = 임대아파트에 취약계층뿐만 아니라 다양한 사람들을 거주할 수 있도록 만들어야 한다는 의견도 나온다. 현재 대부분의 공공임대는 60㎡(약 18평) 이하 주택으로 거주할 수 있는 가족 구성원이 한정적이다. 'LH 공공임대주택 이미지 개선방안 연구보고서'에 따르면 일부 시민은 "다양한 가족 구성원이 거주할 수 있는 주택으로 만든다면 임대주택의 이미지도 바뀔 수 있을 것"이라며 "중산층이 공공임대에 거주하는 경우 소득에 비례해 임대료를 내면 된다고 생각한다"는 의견을 제기했다. 주거복지 방안으로서 공공임대를 볼 것이 아니라 주거의 한 형태로 공공이 공급하는 임대주택이 필요하다는 거다.

출처 : 더스쿠프(2020. 2. 19).

국민기초생활보장제도의 주거급여는 2015년 7월부터 맞춤형 주거급여로 변경되었다. 주거급여는 2020년 기준중위소득 45% 이하인 경우에 지급한다.[4)]

이 외에도 주택구입자금과 전월세자금 지원이 있다. 주택도시기금에서 운영하는 전자의 경우 '신혼부부전용 구입자금, 신혼희망타운전용 주택담보보장기대대출, 내집마련 디딤돌대출, 수익공유형모기지, 손익공모형모기지, 오피스텔구입자금' 등이 있으며, 후자의 경우 '중소기업취업청년 전월세보증금대출, 청년전용 보증부월세대출, 청년전용 버팀목전세자금, 주거안정월세대출, 신혼부부전용 전세대금, 버팀목전세자금 등' 등이 있다.[5)]

주택은 인간다운 삶을 누릴 수 있는 거주의 공간으로 인식되어야 하고 재산증식의 상품으로서 소유와 투기의 목적이 되어서는 안 된다. 우리 사회는 주택보급률이 100%를 넘어섰지만 주거안정성에서 자가점유율은 2014년에는 53.6%에서 2018년에는 57.7%로 상승하는 경향을 보이고 있다. 가구 특성에 따라 청년은 월세가구 비중이 51.7%로 가장 많고 전세자금 대출 지원을 희망하였고, 신혼부부는 전세가구 비중이 32.9%로 가장 많고 주택구입자금 지원을 희망하였으며, 고령자는 노후주택 거주가구가 많아 주택개량 및 보수 지원을 희망하였다(국토교통부, 2019).

4) 주거급여에 대한 내용은 제9장을 참조하기 바란다.

5) 각 제도에 대한 자세한 내용은 주택도시기금의 홈페이지(http://nhuf.molit.go.kr)를 참조하기 바란다.

국민의 주거권 확보와 적절한 주거생활을 보장하기 위해 사회통합형 주거사다리 구축을 위한 '주거복지로드맵'이 발표되었다(국토교통부, 2017). 내용으로는 생애단계별·소득수준별 맞춤형 주거지원을 위해 청년, 신혼, 고령, 취약계층 등으로 구분하여 지원내용을 밝혔고, 무주택 서민·실수요자를 위한 공적 주택 100만 호 공급을 위해서는 공공임대주택 총 65만 호, 공공지원주택 총 20만 호, 공공분양주택 총 15만 호 등 구체적인 계획을 발표하였으며, 법·제도 정비 및 협력적 주거복지 거버넌스 구축을 제시하였다.

서민층을 위한 공공주택이 확대 보급되어야 할 것이고, 주거빈곤 해소를 위해서는 주거급여제도를 현실화하고 저소득층 주거지원 체계를 구축하여야 할 것이며, 청년, 근로자 및 서민들의 주택구입 및 전월세자금지원제도를 확대 실시하여야 할 것이다.

상자글 7-3 전세의 운명

한국의 독특한 전세제도에 대해 오래전 취재원들에게 들었던 몇 가지 말은 아직도 기억에 남아 있다. 어떤 이는 전세를 '바겐세일'이라 했고, 다른 이는 '사다리'라고 했다. 주택 임대차 시장에서 전세만큼 세입자에게 값싼 상품이 없으며, 잘사는 동네와 못 사는 동네의 거리를 좁혀주는 역할로 전세만한 것이 없다는 뜻이었다. 또 다른 이는 말했다. "설령 시장(市場)이 전세를 버리더라도 정부는 버리지 말아야 한다. 서민에게 압도적으로 유리한 제도니까."

조선시대 후반부터 이어져온 전세제도가 21세기 들어 위기를 맞을 때마다 전세의 운명을 비관하는 예측이 나오곤 했다. 처음은 2011년 '반전세'란 말이 등장했을 때였지 싶다. 부동산 침체기에 집값 상승을 기대할 수 없던 집주인들이 월세 수입에 눈을 돌리면서 전세가 귀해지자 이러다 결국 소멸할 거라고 전망하는 이들이 많았다. 2014년에는 사상 최장인 76주 연속 전셋값이 오르며 전국의 월세 가구 비율이 전세 가구를 처음 앞지를 만큼 전세의 월세화가 가열돼 비관론을 부채질했다. 2020년 재등장한 전세 소멸론은 조금 달랐는데, 정부의 징벌적 다주택 정책과 임대차 3법으로 전세 물량이 급감하는 통에 '월세시대'가 성큼 다가오는 듯했다.

이렇게 시장의 보이지 않는 손이나 정부의 무리한 정책에 위기를 맞곤 했던 전세제도가 이번엔 세입자의 기피 현상에 시달리고 있다. 올해 들어 서울 빌라의 전세 거래량은 작년보다 30% 이상 줄었고, 부동산에는 전세 세입자의 월세 전환 문의가 잇따른다고 한다. 생계 밑천을 앗아가는 전세사기의 피해가 워낙 광범위해서 서민에게 유리한 제도를 서민들이 기피하게 된 것이다. 한국인의 자생적 주거복지 제도가 시장도 정부도 아닌 사기꾼에 의해 위기를 맞았다. 가처분소득이 많지 않은 이들의 집 문제를 해결해주며 오랜 세월 힘이 돼 온 제도다. 피해자 구제 못지않게 전세의 신뢰를 회복하는 일이 시급해졌다. 설령 시장이 버리더라도 정부는 이 제도를 포기하지 말아야 한다.

출처 : 국민일보(2023. 4. 26. 기사)

4. 교육보장

교육은 인적자원의 가치를 향상시키는 사회적 작업으로 개인적 차원과 사회적 차원으로 나누어 볼 수 있다. 개인적 차원에서 교육은 안정된 삶의 영위와 자아의 실현이 가능하도록 하고 직업교육과 전문교육을 통해 경제적·사회적 신분의 결정에도 중요한 역할을 한다. 사회적 차원에서 교육은 국민의 자질과 소양을 개발하여 국가의 발전과 건전한 시민사회의 건설에 공헌한다. 그러나 교육의 기회가 출신이나 부모의 경제력에 따라 각 개인에게 불공평하게 제공될 경우 각종 사회적 갈등이 노출되는 원인을 제공한다(이정우, 2002 : 127).

복지적 관점에서 교육은 국민의 인적자원에 대한 잠재력과 역량을 개발하기 위해 적절한 환경을 제공하고 교육받을 기회, 과정, 결과 등을 보장함으로써 각종 교육 소외 및 교육 불평등의 개연성을 해소하여 국민 삶의 질 향상과 사회통합을 이루고자 한다. 교육복지 실천 원리의 패러다임의 변화를 구체적으로 제시하면 〈표 7-4〉와 같다. 교육복지 실천원리는 개개인의 잠재역량을 개발하여 삶의 질을 높이고, 소통과 신뢰, 그리고 생산적 관계를 중심으로 공동의 책임의식과 연계와 협력을 중시하고 통합-융합적 접근을 하고, 고객, 현장, 민간중심의 서비스 접근방식으로 교육복지적 마인드로 평생학습 관점을 가져야 할 것이다.

〈표 7-4〉 교육복지 실천 원리의 패러다임 변화

구 분	교육복지의 실천 원리	기존 질서
교육복지 체계	개개인의 잠재역량	집단주의적, 획일적, 공급자 중심
접근방식	삶의 질	성적 중심, 양적, 기계적 접근, 가시적 성취에 관심
실천방식	소통과 신뢰, 생산적 관계	학교나 공공기관만의 노력
교육소외 인식	공동의 책임의식	학습자 개인의 책임
거버넌스	연계와 협력을 중시	칸막이 행정, 독립적, 공급자 중심
학문적 연구	통합-융합적 접근	분과적, 지엽적 접근
서비스 접근방식	고객, 현장, 민간중심	관주도의 하향식 접근(Top-Down) 방식
교육기관 운영	교육복지적 마인드	교육복지에 대한 인식과 신념 부족
학습 기회	평생학습 관점	제도적으로 정해진 학령기 학습

출처 : 최태호(2018). 교육소외와 격차 해소를 위한 교육복지정책방향 고찰. 예술인문사회융합멀티미디어논문지, 8(11), 809-818.

우리나라의 교육보장은 무상의무교육과 국민기초생활보장제도의 교육급여, 그리고 교육복지우선지역 지원사업 등이 있다. 의무교육은 교육에 대한 국가 책임을 인식하고 모든 국민이 교육을 받을 수 있는 균등한 기회를 보장하여 국민의 기초학력을 향상시키기 위한 것이다. 의무교육은 무상으로 이루어진다. 우리나라의 초등학교 의무교육은 1959년부터 시행되었고, 중학교 의무교육은 1985년 도서벽지 지역에서 시작하여 1994년 읍・면지역까지 시행되었으며, 일반시・광역시・특별시 지역의 중학교 학생들은 2002학년도 신입생부터 순차적으로 혜택을 받게 되었다. 무상의무교육은 초등학생은 1950년 6월부터 실시되었고, 중학생은 2004년에 완성되었으며, 고등학생은 2019년 2학기부터 3학년에게 실시하였고, 2020년은 2학년・3학년에게, 그리고 2021년은 1학년을 포함하는 전 학년으로 확대될 예정이다.

세 모녀법으로 개정된 국민기초생활보장제도(맞춤형 급여)의 교육급여는 저소득층 자녀의 학비 등으로 지급되므로 사회적 투자의 성격을 지니고 있고, 부양의무자의 기준이 폐지되었다. 교육급여의 금액은 2020년 기준 고등학생은 교과서대와 수업료 및 입학금을 전액지원하고, 부교재비는 초등학생은 연간 13만 4천 원, 중학생은 연간 21만 2천 원, 고등학생은 연간 33만 9백 원이고, 학용품비는 초등학생은 연간 7만 2천 원이고, 중·고등학생은 연간 8만 3천 원에 지나지 않는다(교육부, 2020). 이와 같은 급여수준으로는 그 본래의 목적을 제대로 살려내기에는 대단히 부족한 금액이다.

교육복지우선지원사업은 2003년에 '교육복지투자우선지역지원사업'으로 출발하여 2011년도부터 이 명칭으로 변경되었다.[6] 이 사업은 학교 내에서 교육불평등을 해소하기 위한 보상적 평등의 실현을 위한 정책으로, 교육적 취약성을 안고 있는 학생을 체계적으로 발굴·연계·지원할 수 있는 교육복지공동체 구축과 실질적인 교육기회 보장을 통해 교육적 성취를 제고하기 위한 목적으로 실시되었다. 2003년부터 시작되어 2010년에는 534개교에서 사업이 실시되었고, 2011년 1,500여 개로 확대 실시되고 있다. 이 사업의 의의는 저소득층 아동의 생활과 교육환경 변화를 추구하는 지역 차원의 접근이다. 저소득층 아동들을 위해 지역사회의 교육적 환경을 전반적으로 개선함으로써 가정의 취약성으로 인한 정서, 행동, 발달상의 문제를 극복할 수 있는 학교와 지역사회의 교육, 문화환경을 만들어 나가고 있다. 교육복지우선지원사업은 학교가 교육, 문화, 복지환경 개선 등의 기능을 강화하여 지역사회의 중심으로 그 역할을 수행하도록 하고, 교육복지우선지원사업의 법제화 과정을 통해 학교사회복지를 제도화시키고 있다. '상자글 7-3'은 지역과 학교의 특성을 반영한 교육복지 자원을 발굴하고 학생중심 지원 및 과제 추진을 주요 내용으로 하는 '교육복지우선지원사업' 기본계획을 제시하고 있다.

❙그림 7-3❙은 교육복지우선지원사업의 추진체계도이다. 저소득층 아동을 위해 학교를 중심으로 학교 내 지원과 학교 밖 지원사업, 가정연계, 교육청과의 네트워크를 형성하여 사업을 추진하고 있다. 시·도교육청에 따라 구체적인 세부 사업 내용은 차이가 있다.

---

6) '교육복지투자우선지역지원사업'은 도시 저소득층 밀집 학교에서 교육·복지·문화 등 종합적이고 체계적인 지원으로 사업성과가 높고 만족도가 높은 사업이지만 매년 특별교부금 재원에 의존함으로써 안정적인 재정확보와 사업수행에 애로가 있었고 대상학교 선정에 있어서 저소득층이 밀집한 학교의 경우에도 4개 이상의 학교가 하나의 지역으로 묶이지 않으면 지원대상에서 제외되는 문제가 있었다. 이를 개선하기 위해 2010년 1월부터 '교육복지투자우선지역지원사업 개선 TF팀'을 구성하고 회의와 전문가 협의회를 개최하여 의견을 수렴하여 개선방안을 마련하였는데, 이때 '교육복지우선지원사업'으로 변경하고 더욱 종합적인 지원을 강화하기로 하였다(교육과학기술부, 2011).

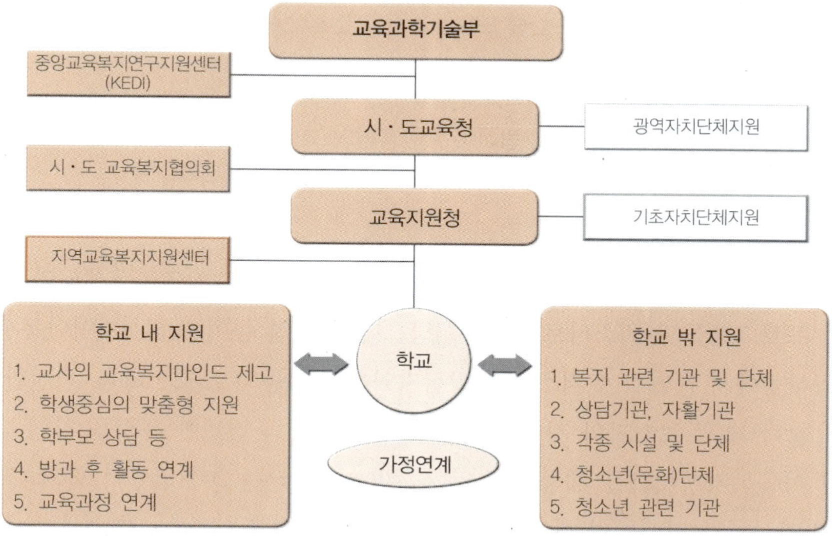

| 그림 7-3 | 교육복지우선지원사업 추진체계도

출처 : 교육과학기술부(2010). 저소득층 학생 지원사업 체계화로 교육복지 강화. 보도자료, p. 5.

상자글 7-4 부산교육청, 교육복지우선지원사업 기본계획 발표

부산광역시교육청(교육감 김석준)은 지역과 학교의 특성을 반영한 교육복지 자원을 발굴하고 학생중심 지원 및 과제 추진을 주요 내용으로 하는 '교육복지우선지원사업' 기본계획을 6일 발표했다.

시교육청에 따르면 이 사업은 사회·경제·문화적 차이 등으로 발생하는 교육격차를 해소하기 위해 교육취약 밀집지역 학교의 학생들에게 균등한 교육복지 혜택을 제공하기 위한 것이다. 이 사업은 '함께 여는 미래, 모두가 행복한 부산 교육복지 실현'이라는 비전을 설정하고 이를 위해 학생중심 맞춤형 사업운영 강화, 사업관계자 교육복지역량 강화, 복지 친화적인 학교환경 조성, 지역 교육복지 네트워크 확대 등 4개 중점과제로 추진한다.

이 가운데 학생중심 맞춤형 사업운영 강화는 학교·학생 특성을 반영해 교육과정과 연계한 다양한 교육복지프로그램 운영, 맞춤형 사례관리, 더행복교실 운영 등을 내실화한다.

사업관계자 교육복지역량 강화는 교사, 교육복지사 등 대상별 맞춤형 연수를 확대하고 선진기관 방문 및 연구동아리 운영, 사업학교의 우수사례 개발·보급 등을 추진한다.

복지 친화적인 학교 환경 조성은 학교 사업추진 체계 및 운영을 내실화하고 학생 친화적 교육복지실 환경개선, 사업 대상학교 지원 등을 강화한다.

지역 교육복지 네트워크 확대는 소통과 협력으로 복지협의체를 활성화하여 지역사회 인프라와 연계한다.

시교육청 원옥순 유초등교육과장은 "이 사업은 교육취약 지역 학생들에게 균등한 교육기회를 제공하기 위한 우리 교육청의 대표적인 교육복지 사업"이라며 "이 사업이 학교 현장에 잘 반영되도록 하겠다"고 말했다.

한편 시교육청은 이 사업의 기본계획을 토대로 산하기관인 5개 교육지원청과 446개 사업대상 학교가 자체 계획을 수립하여 학생중심의 교육복지를 지원하도록 했다.

출처 : 에듀뉴스(2020. 2. 6).

이 외에 복지와 교육을 연계한 인적자본개발사업으로 지역아동센터와 위센터의 프로그램들과 위스타트 운동, 희망스타트 사업 등이 있다. 지역아동센터는 공부방에서 출발하여 저소득층 밀집지역에서 아동의 보호·교육, 건전한 놀이와 오락 제공, 보호자와 지역사회의 연계 등 아동의 건전한 육성을 위한 종합적인 아동복지서비스를 제공하고 있다. 위(Wee)센터는 2008년부터 학교, 교육청, 지역사회가 연계하여 학교에는 Wee클래스, 지역교육청에는 Wee센터, 시·도교육청에는 Wee스쿨이 있다. 이곳에서는 학생들의 게임중독, 진로, 개인성격탐구, 학교폭력, 성차별 등의 학교적응을 위한 서비스를 실시하고 있다. 위스타트 운동은 사회취약계층 가정의 아이들에게 공정한 복지와 교육의 기회를 제공하기 위한 시민사회운동이다. 이 운동의 성공적 성과는 희망스타트사업으로 연결되었다. 희망스타트사업은 보건복지부에서 12세 이하의 저소득층 아동을 대상으로 지역 맞춤형 복지, 교육, 건강 통합서비스를 제공하여 빈곤의 대물림을 차단하는 예방적 서비스체계를 구축하기 위한 것으로 2007년 16개 시·군·구에서 실시하였다. 2008년에 희망스타트에서 '드림스타트'로 명칭이 변경되면서 국정 핵심과제로 선정되어 사업지역을 전국적으로 확대 추진하였다. 드림스타트사업의 목적은 취약계층 아동에게 맞춤형 통합서비스를 제공하여 아동의 건강한 성장과 발달을 도모하고 공평한 출발기회를 보장함으로써 건강하고 행복한 사회구성원으로 성장할 수 있도록 지원하는 것이다. 사업대상은 0세(임산부)에서 만 12세(초등학생 이하) 아동 및 가족이다. 본 사업은 보건복지부가 총괄하고 시·군·구가 아동통합서비스지원기관(드림스타트)을 설치·운영하도록 하며, 2020년 현재 전국에 229개 기관이 운영되고 있다.

5. 개별사회서비스

개별사회서비스는 사회적 약자인 아동, 청소년, 여성, 노인, 장애인 등을 대상으로 보호, 지도, 치료 및 재활 등을 제공하여 행복하게 살아갈 권리를 보장하기 위한 직접적·대인적 사회제도이다. 개별사회서비스는 욕구가 있는 사람들에게 개인이나 집단 또는 지역사회를 통해 상담이나 정보제공, 의뢰서비스, 예방서비스 등을 제공하는 것으로, 이들의 손상된 능력을 회복하고 사회적 기능을 신장시키기 위한 전문적 활동이라 할 수 있다. 특히 개별사회서비스는 개인과 환경의 상호작용을 중요시 여겨 개인의 심리적 특성뿐만 아니라 신체생리적 현상과 사회적 환경까지도 모두 포괄하는 '환경 속의 인간(person in environment)'에 초점을 두고 있다. 이는 사람의 결핍된 욕구나 문제행동이 개인만의 문제가 아니라 개인 주변 환경과의 상호작용을 통해 발생된 것이므로, 양자 모두에 대한 사회적 개입을 통해 사회구성원의 삶의 질을 향상시키려는 것이다.

기존의 복지모델에서의 사회서비스는 개인적 문제나 손상에 초점에 두고 개별적 치료에 중점을 두었다. 그러나 경제수준과 생활수준이 높아지면서 개별사회서비스는 차별 등의 사회적 문제에 초점을 두고 개별시민의 권리로 인식됨에 따라 선택주체로서 클라이언트를 보는 관점으로 나아가고 있다.[7)]

우리나라에서 행해지는 개괄적인 개별사회서비스 내용은 〈표 7-5〉와 같다. 대상별 사회복지서비스는 각 대상의 사회복지 관련 법의 규정에 따라 운영된다. 사회복지서비스는 개별적이고 다양한 서비스를 필요로 하므로 광범위한 내용을 담고 있다.

---

7) 기존 복지모델에서는 장애인을 바라보는 관점을 일반인이 충분히 행하는 일상생활을 수행할 수 없게 만드는 신체적·정신적 손상을 가진 사람으로 접근하는 반면에 시민권 모델에서는 장애로 인해 사회적 배제에 의해 불이익을 당하는 사람으로 본다. 복지모델은 국가에서 행정적 규제를 통해 장애인을 보호하는 것이라면 시민권적 모델은 장애인을 권리주체적 측면에서 접근한다(유동철, 2002).

〈표 7-5〉 대상별 사회복지서비스 개괄적 내용

대상별	사회복지서비스
아 동	보육사업, 입양사업, 가정위탁보호사업 및 그룹홈, 시설보호, 아동학대 예방 및 대처사업, 아동상담사업, 특수아동사업, 결연후원사업
청소년	청소년 상담, 청소년 보호, 가출청소년 대책, 청소년비행대책, 청소년시설보호, 미혼모 보호 및 재활사업, 학교사회사업 및 학원폭력에 대한 대처
여 성	소득보장, 여성고용 관련 복지서비스, 여성에 대한 폭력방지 및 요보호여성(저소득 여성가구주, 미혼모, 성매매, 가출여성 등)을 위한 서비스
노 인	소득보장, 의료보장, 주거보장, 노인복지서비스(주간보호, 위탁보호, 재가서비스, 개별 및 가족 상담, 위기개입, 집단개입, 학대보호 등)
장애인	소득보장, 재활서비스(의료, 교육, 직업), 고용정책, 생활환경정책, 재가복지서비스

행복하게 살아갈 권리를 보장하기 위한 사회서비스를 제공하기 위해서는 개인의 다양한 욕구와 시대적 요청에 부합되어야 한다. 개별사회서비스는 요보호 대상자에게는 보호를, 자신의 능력을 강화시키고자 하는 사람에게는 변화를, 열악한 환경에 빠질 위험에 있는 사람들에게는 예방과 강화를, 그리고 일정 정도 수준 이상의 사람들에게는 삶의 질 향상을 위한 서비스가 되어야 할 것이다. 구체적인 전략으로는 사후서비스가 아닌 사전예방적 서비스로 전환되어야 하고 저소득층에 국한된 개별사회서비스를 보편적 서비스로 확대하며 지역사회를 중심으로 하는 전문화된 서비스체계를 구축하여야 할 것이다.

최근 저출산·고령화 현상과 세계 최고의 노인빈곤율 및 자살률은 사회서비스 중에서도 돌봄서비스의 확대를 더욱 필요로 하고 있다. 먼저 영유아에게는 보육서비스의 지속적인 지원이 확대되어야 할 것이다. 둘째, 방과 후 보호대상 아동, 학대 및 방임 가능성이 있는 아동, 그리고 가정 외 보호가 필요한 아동에게는 지역아동센터사업과 드림스타트 사업 등 지역사회보호체계의 확충이 강조되어야 할 것이다. 셋째, 기본적인 일상생활 거동불편 노인을 위한 민간의 영리·비영리의 돌봄지원 조직의 충실한 확대가 요구된다. 넷째, 자립생활에 공적인 지원이 필요한 장애인에게 탈시설화를 통한 지역사회보호의 강화와 자립지원 프로그램의 확충 등이 요구된다. 마지막으로 북한이탈주민, 이주노동자와 결혼이민자 등의 새로운 복지욕구를 가진 집단에게는 더불어 살아가는 사회통합적인 사회서비스를 확대·제공하여야 할 것이다.

6. 노동시장정책

노동시장정책은 노동능력이 있는 사람들을 대상으로 자신의 힘으로 생계를 유지할 수 있도록 국가에서 지원하는 적극적인 소득분배정책이다.

노동시장정책에 속하는 프로그램은 매우 다양하나 크게 세 가지로 구분할 수 있다(김태성 · 손병돈, 2002 : 91-98).

첫째, 노동시장에서 공급 측면에 초점을 둔 프로그램이다. 이 프로그램은 저소득층으로 하여금 적절한 직장을 가질 수 있도록 훈련시키는 것이다. 저소득층을 대상으로 하는 직업훈련은 고용노동부에서 시행하는 고용촉진훈련이 있다.

둘째, 노동시장의 수요 측면을 강조하는 것으로 민간부문 혹은 공공부문의 일자리를 빈곤층에게 제공해 주는 프로그램이다. 민간부문의 고용 프로그램은 고용주를 기반으로 하는 임금보조(employer-based wage subsidies) 프로그램으로, 빈곤한 노동자를 고용한 고용주에게 세금삭감을 통해 재정적 보조를 하는 것이다. 공공부문의 고용창출 프로그램은 외환위기 이후 실업대책사업의 일환으로 공공근로사업이 고용노동부에서 한시적으로 시행되었다. 정부의 사회적 일자리 창출사업은 이 프로그램에 해당하는 것으로, 장기실업자, 중장년 · 고령자 · 여성 · 장애인 등 취업이 힘든 계층을 중심으로 실업자에게 일자리를 제공한다. 사회적 일자리는 사회적으로 유용하지만 수익성 때문에 시장에서 충분히 공급되지 못하는 사회적 서비스 분야를 중심으로 비영리단체에 의해 창출되는 것을 말한다. 사회적 일자리의 종류는 보육서비스, 예술 · 관광 및 운동서비스, 산림보전 및 관리서비스, 간병 및 가사지원서비스, 문화재 보존 또는 활용 관련 서비스, 청소 등 사업시설 관리서비스, 직업안정법 제2조의2 제9호에 따른 고용서비스, 그 밖에 고용노동부장관이 정책심의회의 심의를 거쳐 인정하는 서비스 등을 포함한다(사회적기업 육성법 시행령 제3조, 2018).

셋째, 빈곤층에게 유리하도록 노동시장의 수요와 공급의 기능을 개선하거나 아니면 임금수준을 책정하는 프로그램이다. 우리나라의 최저임금제는 정부가 일정한 최저임금을 설정하여 민간기업에게 그들의 노동자에게 최저임금을 지불하도록 하는 법적 제재를 가하는 제도이다. 최저임금제는 산업의 구분 없이 모든 산업에 대해 동일한 임금하한선을 설정하여 적용한다. 최저임금 변동 추이를 보면 문재인 정부 당시 소득주도성장이 강조되면서 2018년 16.4%, 2019년 10.9%(최저임금 인상률)로 두 자릿수였다. 그러나 그 이후 경기침체와 자영업자의 부담 등을 이유로 2020년 최저임금 상승률은 2.87%에 그쳤다. 2021년에는 코로나19로 인한 경제 위기 상황 등을 고려해 1.5%만 인상된 8720원으로 책정되었고 2022년에는 5.1% 인상률이 반영되어 9160원이었다. 2023년에는 5%인상에 따라 9620원이 적용되었다.

최저임금 인상으로 인한 인건비 상승부담으로 중소기업주 및 자영업자의 위기가 발생하고 있다는 견해와, 이러한 위기는 경기부진과 임대료 때문이라는 주장이 팽팽하게 맞서고 있다. 지금 우리에게 필요한 것은 진영 간, 혹은 논리를 유지하기 위한 갈등이 아니라 영세 중소기업과 자영업계에 불어닥친 위기의 원인에 대한 성찰과 그에 기반한 대책 마련일 것이다.

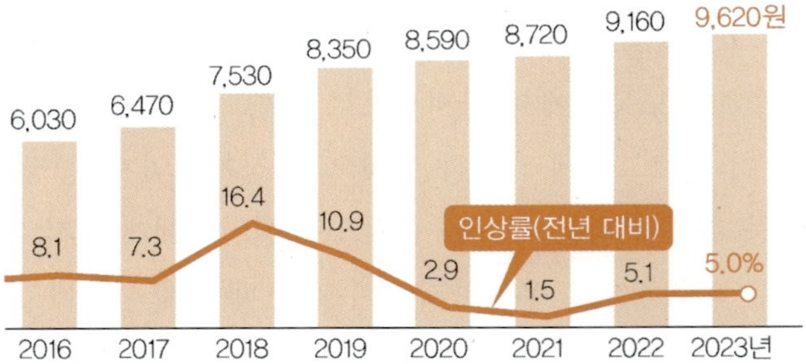

그림 7-4 연도별 시간당 최저임금 추이

출처 : 뉴스로드 기사(2022. 6. 30.) http://www.newsroad.co.kr/news/articleView.html?idxno=17637

정부는 노동시장의 이중구조화가 국가경쟁력을 해치고 사회결속을 약화시키며 사회안전망에 부담을 주는 것을 우려하여 다각적인 대책을 실시하고 있다. 비정규직의 고용 가능성을 높이기 위한 적극적 노동시장정책을 확대하고 부당한 차별과 차별적인 근로조건이나 임금에 대해서 노동위원회의 구제신청을 할 수 있도록 하였다. 비정규직에 대한 사회보험 적용의 확대 등 사회안전망의 강화를 통해 사회통합을 꾀하고 있다. '상자글 7-5'는 우리 사회 노동시장의 양극화 현상과 해결방안을 제시한다.

상자글 7-5 [기획] 한국 사회 양극화 진단 ② 노동시장의 이중화

(상략)

■ 정규직 취업 못하면 '잉여인생' 취급

우리 노동시장은 대기업 · 공공부문 정규직 중심의 1차 노동시장과 중소기업 · 비정규직 중심의 2차 노동시장으로 이원화되어 있다. 두 시장의 근로조건 격차는 갈수록 확대되고 있다. 통계청 자료에 의하면 2017년 기준 우리나라 임금노동자 가운데 정규직은 67.1%(1,342만 명), 비정규직은 32.9%(651만 명)다. 1차 노동시장에 속하는 대기업 정규직은 전체의 10.7%로 10명 중 1명꼴이다. 대기업 정규직의 월평균 임금은 398만 원인데 비해 중소기업 정규직은 그것의 66%인 264만 원이다. 대기업 비정규직의 월평균 임금은 258만 원으로 중소기업 정규직과 비슷하다. 같은 비정규직이라도 큰 차이가 난다. 중소기업 비정규직 월평균 임금은 152만 원으로 대기업 비정규직의 60%에 불과하다. 중소기업 비정규직의 월평균 임금은 대기업 정규직의 38% 수준이다. 대기업 · 정규직 노동시장과 중소기업 · 비정규직 노동시장 사이에는 건널 수 없는 강이 가로놓여 있다. 격차사회, 조금 과장하면 초격차사회다. 1차 노동시장에는 전체 임금노동자의 25%인 500만 명이 있다. 그러나 2차 노동시장에는 그보다 3배나 많은 1,500만 명이 존재한다. 그들은 저임금과 고용불안에 시달린다.

■ 노동시장 이중화로 소득격차 확대 · 노동생산성 저하

노동시장의 양극화가 낳은 이 사회적 균열 구조를 어떻게 할 것인가. 노동시장의 이원화, 비정규직의 확산, 불평등 심화가 우리만 겪는 일은 아니다. 전 세계적인 현상이다. 미국에서는 '밀레니얼 사회주의(Millenial Socialism)'가 확산되고 있다. 갤럽의 최근 조사에 따르면 1980년대 초반에서 2000년대 초반 사이에 태어난 밀레니얼 세대인 18~29세 미국인의 51%가 자본주의보다 사회주의를 지지하는 것으로 나타났다. 심각한 불평등이 만들어낸 현상이다. (중략)

■ 노동시장의 구조적 문제 해결해야 양질의 일자리 가능

최근 SK하이닉스는 협력사 등과 임금을 공유하는 상생협력 모델을 업계 최초로 도입해 눈길을 끈다. 직원들이 임금인상분 중 일부를 내놓으면 회사도 같은 금액을 내놓아 협력사와 하청업체를 지원하는 방식이다. 일하지 않고 일할 의지도 없는 청년 무직자를 '니트(NEET, Not in Education, Employment or Training)족'이라고 한다. 한국청소년정책연구원의 보고서에 따르면 국내 15~28세 청년 니트는 177만 명(2016년 기준)으로 전체 청년인구의 18.9%에 이른다. OECD 평균(13.9%)보다 높다. 낙인효과에 민감한 젊은이들은 어떻게든 정규직의 세계로 나아가기 위해 온갖 어려움을 무릅쓴다. 그런가 하면 또 다른 한편에는 니트라는 이름의 '꿈을 잃은' 젊은이들이 웅크리고 있다. 이 같은 풍경도 결국 구조화된 노동시장 양극화의 산물 아닌가.

정부는 일자리를 만들어내기 위해 분주하다. 하지만 노동시장의 구조적인 문제를 개

선하지 않는 한 또 다른 비정규직만 양산할 뿐 정규직으로 대변되는 양질의 일자리를 창출하기는 어렵다는 사실을 알아야 한다. 청춘을 노래한 미국시인 새뮤얼 울먼은 영혼이 냉소의 눈에 덮이고 비관의 얼음에 갇히면 스무 살의 나이라도 늙은이가 된다고 했다. 고용절벽에 시달리는 이 땅의 젊은이들에게 청춘을 돌려줘야 한다. 청년세대를 위해서라도 노동시장의 개혁은 반드시 이뤄져야 한다.

출처 : 시사경제신문(2019. 6. 13).

7. 조세정책

조세란 국가 또는 지방자치단체가 일정한 사회・경제・정책적 목표를 이루기 위해 사용되는 재정수입이다. 조세정책은 소득재분배정책의 일환으로, 소득분배 상태가 불평등하여 유발되는 사회의 불안정을 최소화하려는 의도에서 실시되고 있다(임병인, 2003). 티트머스(Titmuss)는 복지를 사회복지(social welfare), 직업복지(occupational welfare), 재정복지(fiscal welfare)로 구분하고, 재정복지는 조세의 감면이나 세액의 공제에 의한 혜택을 말하며, 개인의 실질적인 구매력을 증진시킨다고 보았다.

조세감면정책은 정부가 특정한 목적을 위하여 징수해야 할 세금을 감소시켜 주는 것으로, 정부가 직접 지출하는 것은 아니지만 세금으로 거두어들일 수 있는 비용을 감하거나 면제해 주는 간접적인 지출과 같은 것이다. OECD는 기준 조세체계에서 벗어난 조세특례 항목들을 조세지출이라 정의하고, 사회복지 성격을 가지는 조세지출 영역을 구분하였는데, 노령, 유족, 근로무능력, 보건, 가족, 적극적 노동시장 프로그램, 실업, 유족, 기타 등 9개의 정책영역으로 구분하였다. 이 기준에 의해 우리나라 복지부문의 조세감면제도를 분류하면, 노령, 근로무능력, 보건, 가족, 적극적 노동시장 프로그램, 기타 영역으로 제시할 수 있다.[8] 조세감면의 규모는 2017년 39.5조 원, 2018년 43.9조 원, 2019년 50.1조 원,

8) ① 노령영역은 노인복지주택 관리용역에 대한 부가가치세 면제와 경로우대자 추가공제가 포함되고, ③ 근로무능력 영역에는 안전설비 투자에 대한 세액공제, 장애인용 보장구 등에 대한 부가가치세 영세율, 장애인 추

2020년 51.9조 원으로 증가하고 있다(그림 7-5 참조). 조금씩 증가하는 조세감면액은 다수의 소득이 없거나 실제적으로 소득이 있으나 조세체계에 잡히지 않는 일용노무자 등의 노인, 장애인, 저소득자들에게 아무런 이익이 돌아가지 못하고 소득이 높은 사람에게 세금을 감면해 주어 역진적이고 소득불평등이 발생할 수 있다.

조세제도를 통한 직접적인 소득보장급여는 대표적으로 근로장려세제(EITC : Earned Income Tax Credit)가 있다. 미국에서 1975년 처음 도입한 근로장려세제는 저소득층에 대한 일종의 소득세환급제도로서, 근로유인 제공 프로그램이다. 이 제도의 기본 틀은 일정 수준 이하의 근로소득 가구에 대해 아동의 수와 근로소득 수준에 의해 결정된 급여를 정부기준의 소득세체계를 통해 현금으로 지급(환급)하는 형태이다(박능후 외, 2003 : 229). 근로장려세제는 근로소득 수준에 따라 ① 근로소득의 증가에 따라 급여액이 증가하는 점증구간(phase-in range), ② 근로소득의 증가에 관계없이 최대급여액이 일정한 금액으로 유지되는 평탄구간[plateau(flat) range], ③ 근로소득이 증가함에 따라 급여액은 감소하고 마지막에는 0에 도달하는 점감구간(phase-out range)이 있다. 점증구간은 저소득가구에게 소득을 지원하면서 근로요인을 제공하기 위한 것으로, 노동연계복지의 특징을 가장 잘 보여준다.

가공제, 장애인표준사업장에 대한 법인세 등의 감면 등이 포함되고, ④ 보건영역은 보험료 특별공제, 국민건강보험료 사용자부담금에 대한 비과세, 장애인, 환자수송, 영업용 승용차에 대한 특별소비세 면제, 소액담배, 특수제조용 담배에 대한 부가가치세 면제, 지방시·군 소재 비영리 의료법인에 대한 고유목적 사업준비금 손금산입, 희귀병 치료에 대한 부가가치세 면제, 의료비 특별공제 등이 포함되고, ⑤ 가족영역은 영유아용 기저귀와 분유에 대한 부가가치세 면제, 자녀양육비 추가공제, 부녀자 추가공제, 출생·입양에 대한 추가공제, 교육비 특별공제, 다자녀 추가공제 등이 있고, ⑥ 적극적 노동시장 프로그램 영역은 고용창출 투자세액 공제, 고용유지 중소기업 등에 대한 과세특례, 해외진출 기업의 국내 복귀에 대한 세액감면, 사회적기업에 대한 법인세 등의 감면, 근로자복지 증진을 위한 시설투자에 대한 세액공제, 무주택근로자에 대한 주택자금 특별공제 등이 있고, ⑨ 기타 영역에는 개인연금저축에 대한 비과세, 노인·장애인 등의 생계형 저축에 대한 이자소득 비과세, 법인기부금의 손금산입, 개인기부금에 대한 특별공제 등이 포함된다(고경환, 2015).

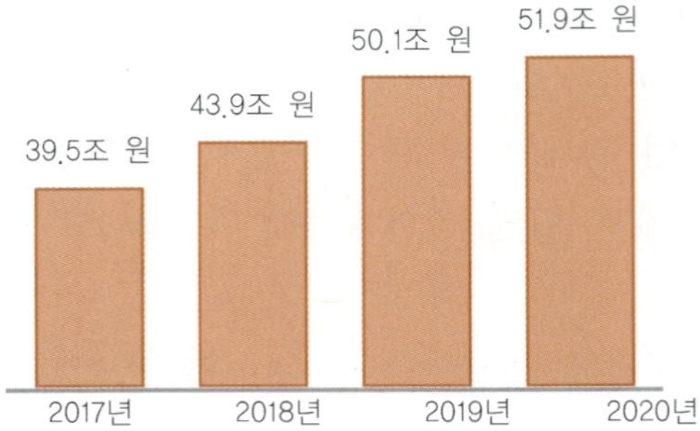

| 그림 7-5 | 조세감면 규모

출처 : 기획재정부(www.moef.go.kr).

근로장려세제와 관련한 패널자료 연구를 통해 근로장려세제의 시행은 잠재적 수급가구의 근로소득을 증대시키는 효과를 가져왔고 근로시간도 증가하는 효과를 가져오는 것으로 나타났다(박능후, 2011). 소득구간별 분석결과에 의하면, 점증구간에 속한 가구는 임금노동시장 참여율을 높이고 자영근로 비율을 낮추어 결과적으로 임금근로소득을 증가시키는 작용을 한 것으로 나타났으나, 평탄구간 및 점감구간에 속한 가구는 임금노동시장에서의 노동공급 시간을 줄이는 결과를 가져와 근로장려금의 부(-)의 효과가 나타났다(송헌재, 2012).

따라서 근로장려세제는 저소득층 근로자에게 경제활동 참가에 대한 유인효과를 나타내 노동공급 증가에 긍정적인 영향을 미치고, 이에 저소득층의 빈곤 감소에 기여하는 것으로 나타났지만, 그 효과의 정도가 급여구조에 따라 달라질 수 있으므로 근로장려금 급여체계의 적정설계가 중요하다고 할 것이다.

조세정책은 사회복지와의 관련성이 많은데 조세는 사회복지의 재원으로 사용되고, 조세의 소득재분배 효과는 사회적 불평등을 완화할 수 있으므로 사회복지의 목적에도 부합된다. 이러한 측면에서 사회복지정책 영역에 조세정책이 포함되는 것이다. 조세정책이 가지는 사회복지적 의미를 극대화하기 위해서는 분배의 정의를 실현할 수 있는 조세제도가 마련되어야 한다. 이를 위해 조세부담률의 제고와 자영업자 등의 투명한 소득파악이 이루어져야 할 것이다. 우리나라의 조세부담률은 | 그림 7-6 |을 통해 보면 이명박 정부 2011년 18.4%, 박근혜 정부 2014년 18.0%, 문재인 정부 2018년 21.2%로 문재인 정부에서 가장 많

이 상승하였다. 이렇게 조세부담률이 높아진 이유는 법인세와 부동산 양도소득세를 많이 걷어서 국세의 세입예산이 많이 증가한 이유이고 개인 근로소득세가 크게 늘어난 것은 아니라고 파악하였다. OECD 주요 국가들과의 비교(2017)에서 한국은 덴마크의 절반에도 미치지 않는 것을 알 수 있다(연합뉴스, 2019. 4. 21). 그럼에도 불구하고 국민들이 체감하는 조세부담은 매우 큰데, 이는 자신이 낸 조세를 되돌려 받지 못하는 것으로 여기기 때문이다. 따라서 조세부담률을 높이기 위해서는 조세가 국민들을 위해 어떤 목적으로 사용되고 그것이 이들에게 어떤 이로움을 줄 수 있는지를 명확히 보여주어야 할 것이다. 다음으로 자영업자 등은 근로소득자와 비교해 볼 때 소득파악이 제대로 이루어지지 않아 적절한 세금부과가 어렵고 근로소득자에게는 상대적으로 세금이 가중되는 것으로 느낄 수 있어 조세부담의 형평성 문제를 야기하고 조세저항까지 야기시킬 수 있다. 누구나 공정하게 세금을 내어 원하는 욕구를 충족하기 위해 기본적으로 자영업자 등의 소득이 투명하게 조사되어야 하고 이를 위해 다양한 소득파악 전략 등이 필요하다.

자료 : 기획재정부, 행정안전부, 경제협력개발기구(OECD)

❙그림 7-6❙ 한국 · OECD 조세부담률 추이

* 조세부담률 : 경상 GDP 중 조세 총액(국세+지방세) 차지 비율

출처 : 연합뉴스(2019. 4. 21).

앞서 사회복지정책 영역을 소득보장, 의료보장, 주거보장, 교육보장, 개별사회서비스, 노동시장정책, 조세정책으로 나누어 살펴보았다. 그러나 한국에서 사회복지정책의 영역은 통상적으로 노동시장정책과 조세정책을 제외하는 경우가 대부분이었으나, 점차 이 두 분야의 정책이 얼마나 중요한가에 대해서는 1997년 IMF를 통해 절실히 경험하였고, 신자유주의가 지배하는 세계화의 흐름에 따라 복지의 중요한 영역으로 자리매김하고 있다. 그러나 실제 주된 비중을 차지하는 사회복지정책 영역은 현재 소득보장, 의료보장, 개별사회서비스라 할 수 있고, 앞으로 사회복지정책에서 더 강화되어야 하는 영역은 주거보장과 교육보장이라 하겠다.

참고문헌

고경환(2015). 국제기준으로 본 복지분야의 조세감면규모·구성·중점 영역의 탐색적 고찰. **보건복지포럼**, 통권 제222호.

교육과학기술부(2010). 저소득층 학생 지원사업 체계화로 교육복지 강화. 보도자료.

교육부(2020). 국민기초생활보장사업 교육급여 운영방안 안내.

국토교통부(2017). 사회통합형 주거사다리 구축을 위한 「주거복지로드맵」.

________(2019). 2018년도 주거실태조사 결과.

기획재정부(www.moef.go.kr).

김동진(2013). 우리나라 건강형평성 현황 및 대책. **보건·복지 Issue & Focus**, 제194권.

김태성·손병돈(2002). **빈곤과 사회복지정책**. 서울 : 청목출판사.

박능후 외(2003). **탈빈곤정책 현황과 발전방안 연구**. 서울 : 한국보건사회연구원.

송근원·김태성(1995). **사회복지정책론**. 서울 : 나남출판.

송헌재(2012). 근로장려세제 도입이 가구노동공급에 미친 영향. **재정학연구**, 5(4), 통권 제75호.

신영전 외(2006). **보건의료 개혁의 새로운 모색 : 함께 나누는 건강한 사회를 위한 보건의료개혁**. 경기 : 한울.

연합뉴스(2019. 4. 21). 작년 세금 378조... 세수호황에 조세부담률 역대 최고.

이정우(2002). **사회복지정책**. 서울 : 학지사.

최태호(2018). 교육소외와 격차해소를 위한 교육복지 정책 방향 고찰. **예술인문사회융합멀티미디어논문지**, 8(11), 809-818.

통계청. e-나라지표(www.index.go.kr).

OECD Statistics(stats.oecd.org).

이 장의 요약

1. 사회복지정책은 그 사회 국민들의 생존권을 보장하여 인간다운 생활을 영위하도록 하는 것과 관련된 전반적인 생활영역을 포괄한다. 사회복지정책 영역은 직접적·대인적 서비스 측면의 소득보장, 의료보장, 교육보장, 개별사회서비스가 있고, 적극적인 측면의 노동시장 정책과 조세정책이 있다.

2. 소득보장은 많은 사회문제의 근원이 되는 빈곤문제를 예방하기 위한 것으로 개인적 차원을 넘어 국가적 차원에서 제도화하는 것이 필요하다. 소득보장 프로그램은 비갹출 그리고 소득 · 자산 비조사형(가족수당, 보편적 연금), 갹출 그리고 소득 · 자산 비조사형(사회보험), 비갹출 그리고 소득 · 자산 조사형(공공부조)이 있다.

3. 의료보장은 사회적 위험인 질병을 대상으로 국가 책임하에 치료와 예방의 포괄적인 의료서비스를 실시하여 국민의 건강한 삶을 유지하도록 하는 것이다. 우리나라의 의료보장제도는 국민건강보험제도, 의료급여, 공공보건의료서비스로 구분된다.

4. 주거보장은 주택이 물리적 환경뿐만 아니라 시민의 생활양식과 그들의 사회관계를 형성하는 데 결정적으로 중요하므로, 주거의 안정성과 적절한 주거수준과 주거비용을 국가가 원조하는 것을 의미한다. 주거보장은 대표적으로 공공주택서비스의 공공임대주택과 국민기초생활보장제도의 주거급여 등이 있다.

5. 교육보장은 인적 자본에 대한 잠재력과 역량을 개발하기 위해 적절한 환경을 제공하고 교육받을 기회, 과정, 결과를 보장함으로써 각종 교육소외 및 교육불평등 현상을 해소하여 국민 삶의 질 향상과 사회통합을 이루려는 것이다. 우리나라의 교육보장은 무상의무교육과 국민기초생활보장제도의 교육급여, 교육복지우선지원사업 등이 있다.

6. 개별사회서비스는 사회적 약자인 아동, 청소년, 여성, 노인, 장애인 등을 대상으로 보호, 지도, 치료 및 재활 등을 행하는 사회복지서비스이다. 개별사회서비스는 개인과 사회적 환경의 관계를 중요시 여기며, 최근 들어 세계화의 영향으로 개별사회서비스의 대상이 사회적 약자뿐만 아니라 이주노동자, 다문화가족, 북한이탈주민 등의 사회적 소수자에까지 그 범위가 확장되고 있다.

7. 노동시장정책은 노동능력이 있는 사람들을 대상으로 자신의 힘으로 생계를 유지할 수 있도록 국가에서 지원하는 적극적인 소득재분배정책이다. 노동시장정책 프로그램은 노동시장의 공급과 수요 측면을 강조하거나, 노동시장의 공급과 수요의 기능을 개선하고 빈곤층에게 유리한 임금수준을 책정하는 프로그램이 있다.

8. 조세정책은 소득재분배정책의 일환으로 소득분배 상태가 불평등하게 유발되는 사회의 불안정을 최소화하려는 의도에서 실시된다. 조세정책을 통한 직접적인 소득보장급여는 근로장려세제 등이 있다.

주요 용어

- 건강권(right to health) : 건강의료서비스에 대한 접근을 하나의 권리로 보는 시각을 반영한 것으로 건강의료정책과 공중보건사업 등은 직접적으로 인권에 영향을 미친다. 건강권은 국가나 사회적 계층 및 경제적 부담능력에 관계없이 건강함을 인정하고 향유할 수 있는 보편적 권리이다.
- 주거권 : 주택을 자본주의 시장에서 이윤추구의 상품이 아니라 기본적인 인간다운 생활을 위한 필수품으로 간주하여 인간의 권리로 파악하며 주거에 관한 국민생활의 최저선을 확보할 권리이다.
- 교육복지 : 최소한의 교육기회 제공을 목적으로 하는 협의의 교육복지와 교육적 욕구충족 및 교육기회, 과정, 결과의 불평등 해소를 통한 인간을 육성하는 복지실현의 광의의 교육복지가 있다. 교육복지 개념을 구분하였으나 두 가지 개념은 항상 유기적으로 연결되어 서로 발전적인 관계에 있고, 교육복지는 지역 차원에서 사회복지, 교육, 노동, 문화 등을 포괄하는 다차원적이고 총체적인 접근으로 나아가야 한다.
- 근로장려세제(earn income tax credit) : 일정 수준 이하의 근로소득이 있는 가구에 대해 아동의 수와 근로소득 수준에 의해 결정된 급여를 정부기준에 의한 소득세체계를 통해 현금으로 환급하는 형태이다. 근로소득 세액공제제도는 근로수준에 따라 점증구간, 최고액 고정구간, 점감구간으로 구분하고, 점증구간은 저소득가구에게 소득을 지원하면서 근로요인을 제공하는 것이므로 근로연계복지의 특징을 가지고 있다.

추천자료

권중돈 외(2019). **사회복지학개론(제4판)**. 서울 : 학지사.

김영화 외(2001). **정치경제학적 사회문제론**. 서울 : 대학출판사.

윤찬영(2017). **사회복지의 이해**. 서울 : 정민사.

Midgley, J., Rebecca Surender. R., & Alfers, L.(2019). *The Handbook of Social Policy and Development*. Cheltenham : Edward Elgar Publishing Limited.

CHAPTER 08

사회복지정책의 분석

사회복지정책의 분석은 다각적인 차원에서 사회복지정책을 이해하고 정책대안을 탐색하기 위해서 필요하다. 정책분석은 주어진 목표를 달성하기 위해 어떠한 수단적 합리성을 추구하고 어떤 정치적 변수를 고려하였는가를 보여주고 다학제적인 응용과학적 접근을 수행한다. 정책분석은 정책과정의 절차와 내용을 설명하고 정책활동 결과의 예측 가능성을 높일 뿐만 아니라 가치와 바람직한 행동노선에 대한 정보를 산출한다.

사회복지제도에 대한 실제적인 연구는 바로 사회복지정책의 분석을 통해서 이루어진다. 사회복지정책의 분석은 현행 사회복지정책을 기술・평가할 뿐만 아니라 국가가 제반 사회복지 환경을 개선시키기 위해서 어떤 역할을 해야 하는지에 대한 내용을 제시한다. 따라서 우리가 어떤 분석 틀로 사회복지정책을 보는가에 따라 특정한 사회복지정책을 수용할 수 있는 범위와 가능성이 확대 또는 축소될 수 있다. 여기에서는 사회복지정책의 분석방법인 산출분석, 과정분석, 성과분석, 역사적 분석, 비교분석에 대해 살펴보고자 한다.

1. 사회복지정책 분석의 의미

정부의 정책은 국민의 모든 생활에 영향을 미친다. 경제수준과 교육수준의 향상, 사회의 민주화 등으로 일반국민, 정책연구자, 집행의 행정관료, 기타 이해집단들은 사회복지와 관련된 정책에 관심이 높다. 또한 이들은 정부정책이 그 목적에 맞게 공평하고 합리적으로 만들어지고 실행, 평가되고 있는지에 대해 주의를 기울인다.

정책분석의 핵심 테마는 세 가지로 구분할 수 있다. 첫째, 정책분석은 다양한 학문을 아우르는 다학제적(interdisciplinary) 접근방법이다. 둘째, 정책분석은 문제중심적 정향(problem-central orientation)을 가진다. 셋째, 정책분석은 의사결정의 합리성을 개선하는 것을 목적으로 한다(Hudson, J., & Lowe, S., 2013 : 19). 마지막으로 정책분석은 정책수립에 기초가 되는 대안을 제시한다. 이처럼 정책분석은 하나의 응용과학으로 정치학, 경제학, 행정학, 사회학, 사회복지학 등을 포함하는 광범위한 사회과학적 지식과 통계분석기법 등에 관해 많은 지식과 경험을 요구하므로, 여러 분야의 전문가들이 팀을 구성하여 심각한 사회문제의 해결에 집중하여 의사결정의 대안들을 수행하는 것이라 말할 수 있다.

정책분석은 기술적 정책분석과 규범적 정책분석으로 구분할 수 있다(노화준, 2012 : 332-333). 먼저 기술적 정책분석은 정책에 관한 분석으로, 정부가 무엇을 하며, 왜 그것을 행하고, 그리고 그것이 어떤 차이를 가져왔는가 하는 것을 규명해 내는 것으로 정부가 수행하는 활동들의 원인과 결과들을 기술하고 설명하는 것이라 하였다(Dye, 1976). 이는 관련 정책의 인과관계를 과학적 추론으로 밝혀 보편적 지식을 탐색하는 것이라 할 수 있다. 규범적 정책분석은 정책결정자들이 그들의 판단력을 잘 행사할 수 있도록 정보를 제공하고 산출하는 모든 유형의 분석을 의미한다(Quade, 1975). 이 정책분석은 문제해결 차원까지 고려하여 정책대안의 체계적인 탐색과 평가에 의한 분석이라고 할 수 있다(곽효문, 2001 : 485). 즉, 정책분석은 합리성을 전제로 모든 정책과정을 통해 산출된 정책내용을 기술하고 선택과 바람직한 행동노선 등의 가치판단을 포함하며 최선의 대안을 설계하도록 한다.

정책분석은 정책의 사실(facts), 가치(value), 행동(action)에 관한 정보와 타당한 주장을 이끌어 낼 수 있어야 한다. 즉, 정책분석은 '사실이 어떠하냐?(사실)', '무엇이 바람직한가?(가치)', 그리고 '무엇이 행해져야 하는가?(행동)'의 세 가지 차원으로 접근해서 이해할 수 있다(노화준, 2003 : 11-12). 즉, 사실과 관련된 내용은 정책의 현황, 원인, 효과 등에 해당하고, 가치는 평가적 접근으로 주로 어떤 정책의 값어치(worth)와 가치(value)를 결정하는 것이고, 행동은 사회문제를 해결하게 되는 미래 행동노선을 제시하는 데 관심을 두는 것이다.

사회복지정책 분석은 사회복지 관련 문제를 해결하기 위해 다학제적인 접근을 통해 정책의 내용・과정・평가 등을 분석함으로써 정책대안을 체계적으로 탐색하기 위한 접근방법을 의미한다. 이 과정에 정책의 사실, 가치, 행동 등이 모두 포함되어 수행된다. 국민기초생활보장제도와 같은 사회복지정책이 한 번 정책으로 결정되어 집행되면 국민생활에 미치는 영향은 의도적이든 비의도적이든, 바람직한 것이든 바람직하지 않은 것이든 간에 광범위하다. 따라서 국민 각자의 삶에 영향을 미치는 정보를 산출해 내는 사회복지정책 분석이 매우 중요하다고 하겠다.

따라서 여기에서는 사회복지정책 분석에 많이 활용되는 산출분석, 과정분석, 성과분석, 역사적 분석, 비교분석 등에 대한 이론적인 면을 중심으로 살펴보고자 한다. 특히 기존의 사회복지정책 내용과 결정과정을 파악하기에 적절한 분석방법인 산출분석과 과정분석을 더 상세히 알아보고 그 내용을 제9장에서 한국 사회복지정책 사례를 통해 실제 적용하고자 한다.

2. 사회복지정책의 분석

1) 산출분석

사회복지정책의 분석방법에서 산출분석은 길버트와 테럴(Gilbert & Terrell, 2002)의 것을 가장 많이 사용하고 있다. 산출분석은 정책의 선택(choice)에 관한 것으로, 정책과정에서 선택된 가치에 따라 각 정책 차원인 할당, 급여, 전달, 재정의 구체적인 선택이 달라지게 된다. 산출분석의 사회복지정책 내용은 네 가지 체계적 범주들로 구분된다(표 8-1).

〈표 8-1〉 산출분석 틀

정책선택의 기준	내 용	구체적인 선택
할당(allocation) : 급여대상	누구에게 줄 것인가?	• 보편주의와 선별주의 • 귀속적 욕구, 보상, 등급분류, 자산조사 욕구
급여(benefits) : 급여형태	무엇을 줄 것인가?	• 현물과 현금 • 기회, 서비스, 재화, 바우처·요금 감면, 현금 급여, 권력
전달(delivery) : 전달체계	어떻게 전달할 것인가?	• 공공전달체계와 민간전달체계 • 민영화와 상업화
재정(finance) : 재원조달 방법	어떻게 재원을 마련할 것인가?	• 조세, 자발적 기여, 이용자부담

출처 : Gilbert, N., & Terrell, P.(2002). Dimensions of Social Welfare Policy(5th ed.). Boston : Allyn and Bacon.

(1) 급여대상

급여대상은 '누구에게 사회복지급여를 줄 것인가?', '누가 사회복지급여를 받는 자격대상인가?' 하는 질문에 관한 것이다. 사회복지정책의 급여대상에 대한 할당원칙은 보편주의(universalism)와 선별주의(selectivity)에서 시작한다.

① 보편주의와 선별주의

보편주의는 모든 국민이 직면할 수 있는 일상적인 생활위험에 국가가 사회복지급여를 사회적 권리로서 제공하는 것을 말한다. 보편주의자들은 사회적 통합과 인간존엄성을 중요시 여겨 사회적 프로그램에서 기여자와 수급자로 나누지 않으며 사회적 효과를 강조하는 측면이 있다. 포괄성 원칙에 입각한 보편주의는 대중적인 사회복지 프로그램으로서의 이점을 가진다. 반면에 모든 국민들을 대상으로 보편적인 사회복지서비스가 이루어지기 때문에 비용이 많이 든다는 한계가 있다.

선별주의는 특정한 욕구를 가진 선별적인 대상에게 자산조사를 통해서 사회복지급여를 제공하는 것을 의미한다. 선별주의자는 원조가 필요하다고 인정되는 빈민, 장애인, 노인, 여성, 해체가정 등에게 사회복지급여가 집중적으로 제공되므로 비용효과적이라 주장한다. 그러나 자산조사를 통한 대상자 선정과정은 급여대상자에게 부정적 낙인을 부여하고 인권을 침해하는 경우가 발생하기도 한다.

급여대상의 보편주의와 선별주의에 대한 논의는 어느 한쪽의 타당성을 논하기보다는 보편주의 틀 속에서 선별적으로 급여대상을 택하는 것이 적절하다고 본다. 스카치폴(Skocpol)은 미국 사회급여의 역사를 통해, 표적대상을 위한 반빈곤노력들은 자금활용에 있어 부적절하고 빈민을 천하게 여기고 정치적으로도 지속적이지 못한 반면, 보편적 사회정책들은 상대적으로 정치적으로 성공하였다는 결론을 얻었다. 이를 통해 빈곤에 대항하는 새로운 전략으로 보편주의 내에서 표적대상(targeting within universalism)을 선정하는 것을 제안하였다(Skocpol, 1990). 새로운 전략은 중간계층과 안정적인 노동계층 및 시민에게 주어지는 프로그램의 내용에서 상대적으로 어려운 사람들의 욕구를 반영하는 것을 말한다. 우리나라의 노인장기요양보험제도는 일반노인에게 일정한 본인부담을 지우지만 저소득층 노인에게는 무료로 이용하도록 하고 있다. 이는 장기요양서비스의 욕구가 있는 전체 노인들을 대상으로 금전적 문제로 서비스를 받을 수 없는 저소득층 노인의 욕구까지 반영하는 것이다.

② 대상자 선정기준

보편주의와 선별주의에 대한 할당의 원칙이 수급자격을 개념화하는 데는 도움이 되지만 현실에서 발생하는 대상자 선정기준은 훨씬 복잡하고 다양하다. 세부적인 대상자 선정기준은 부여된 욕구(attributed need), 보상(compensation), 등급분류(diagnostic differentiation), 자산조사(means-tested) 등으로 구분된다.

부여된 욕구의 대상자 선정은 사회적·경제적 제도하에서 특정 욕구가 충족되지 않는 사람들이 공통 집단에 속하는가와 속하지 않는가에 따라 이루어진다. 특정한 욕구를 가진 집단의 구성원으로 일정한 조건을 갖춘 사람이 이에 해당된다. 욕구는 동시대의 규범적 판단기준에 따라 정의된다. 이 조건을 결정하는 두 가지 조건은 집단지향적 할당과 욕구의 규범적 기준에 근거한다. 아동의 초·중등학교 의무교육이 여기에 해당하는데, 아동집단에게 균등한 교육기회를 제공하여 기초학력을 향상시키고 아동 각자의 적성을 개발하여 국민의 삶의 질을 향상하기 위한 것이다.

보상은 사회보험제도의 가입조건과 보험료 납부실적을 가진 사람을 대상으로 하는 경우와 인종차별이나 성차별의 희생자와 같이 사회적 희생자를 대상으로 하는 경우가 있다. 보상을 결정하는 두 가지 조건은 하나는 집단지향적 할당이며, 다른 하나는 형평을 위한 규범적 기준에 기초한다. 보상에 해당되는 우리나라의 사례는 국민연금, 국민건강보험, 산업재해보상보험, 고용보험의 4대 사회보험이 있다. 사회보험에 가입하여 보험료를 냈기 때문에 노령, 질병, 산재, 실업 등에 대해 보험금을 받을 수 있다는 것이고, 이때 갹출된 보험료는 소득수준에 따라 차등적으로 이루어지므로 형평성에 입각하고 있다. 또 다른 사례로 여성은 하나의 집단이면서 여성이라는 이유만으로 사회문화적·제도적으로 차별받는 경우가 많았기 때문에 형평성에 위배되는 경우가 빈번하였다. 이에 대한 시정노력으로서의 보상은 정치와 취업기회에서 여성의 불이익을 시정하기 위한 적극적 조치(affirmative action)를 통한 정당과 공무원의 여성할당제 등이 있다.

등급분류는 신체적·정신적으로 결함이 있는 경우에 전문가가 특별한 재화 혹은 서비스가 필요하다는 판단에 근거하여 급여대상과 급여수준을 정하는 것이다. 차등을 결정하는 두 가지 조건은 개인적 할당과 전문가에 의한 욕구의 기술적 진단에 기초한다. 여기에는 노인장기요양보험제도의 등급판정이 해당된다.

자산조사는 재화나 서비스를 살 수 없는 개인을 대상으로 급여대상을 선정한다. 자산조사는 개인의 경제적 여건, 즉 빈곤의 정도에 따라 이루어진다. 이 원칙을 결정하는 두 가지 조건은 개인적 할당과 욕구의 경제적 기준에 기초한다. 국민기초생활보장제도는 빈곤한 개인을 대상으로 자산조사를 실시하여 소득인정액이 기준중위소득 이하인 경우에 수급자로 선정된다.[1)]

이러한 할당의 네 가지 원칙을 한국적 사례와 연관시켜 보면 다음 〈표 8-2〉와 같다.

---

1) 공공부조인 국민기초생활보장제도의 급여자격은 부양의무자 조건도 동시에 충족되어야 한다. 더 자세한 내용은 제9장 주요 사회복지정책의 실제에서 국민기초생활보장제도를 참조 바란다.

〈표 8-2〉 사회복지급여 대상자선정원칙 내용

구 분	부여된 욕구	보 상	등급분류	자산조사
대상자	집단	집단	개인	개인
대상자 선정기준	규범적 판단	형평을 위한 규범적 판단	욕구의 기술적 진단	욕구의 경제적 기준
한국적 사례	아동 : 초·중등 의무교육	사회보험가입자 : 사회보험 여성 : 여성할당제	노인 : 장기요양등급	국민기초생활보장·의료급여
사회복지 개념	← 제도적(institutional) 개념			보충적(residual) 개념 →

(2) 급여형태

급여형태는 '무엇을 사회복지급여로 제공할 것인가?', 즉 '어떤 형태의 사회복지급여가 대상자의 욕구를 효과적으로 충족시키는가?'에 관련된 내용이다. 급여형태의 기본적인 유형은 현물급여(in kind)와 현금급여(in cash)이다. 급여형태를 다양한 종류와 가치이전(transferability)의 측면에서 본다면 기회, 서비스, 재화, 바우처·세금감면, 현금급여, 권력 등으로 구분할 수 있다.

① 현물급여와 현금급여

현물급여와 현금급여의 쟁점은 수급자에게 어떤 급여형태가 더 효과적이고 효율적인가에 대한 것이다. 현물급여는 사회복지급여를 현물인 물품(쌀, 운동화, 내의 등), 의료서비스, 상담서비스 등으로 제공하는 것이고, 현금급여는 직접적인 사회복지급여를 대신하여 현금으로 주는 것이다.

현물급여는 직접 물품이나 대인서비스 등을 제공함으로써 수급자들의 욕구를 충족시키고 이들의 복지수준을 향상시키는 것을 목적으로 한다. 현물급여는 쌀이 없는 사람에게는 쌀을, 보육서비스가 필요한 사람에게는 보육서비스를 제공하는 것이므로 수급자에게 제공된 급여를 다른 대상에게 또는 다른 목적으로 전환하여 사용할 수 없고 원래의 목적에 맞추어 사용하도록 한다. 이런 측면에서 현물급여는 효과적이면서도 사회적 통제가 가능하다. 그러나 현물급여는 관리·운영하는 데 어려운 점이 있고, 현물의 종류에 따라 부가적인 물류비용 등이 많이 들 수 있다.

반면에 현금급여는 욕구를 충족시키는 데 있어 필요한 금전을 제공받아 사용하므로 개인이 원하는 물품 및 서비스 등을 선택한다는 점에서 개인 선택의 자유가 주어진다. 이 입장은 개인의 자기결정권과 시장의 소비자주권론과 관련이 있다. 그러나 수급자가 자기 스스로 현금을 통제할 수 있는 능력이나 적절하게 소비할 수 있는 능력이 부족할 경우에는 부적절한 자기결정을 할 수 있으므로 현금급여가 적절한 형태가 아니다.

미르달(Myrdal, 1945 : 133-153)은 현금급여와 현물급여의 선택에서, 그 효과성은 시대의 가치와 판단에 따라 무엇이 더 적절한지를 결정한다고 보았다. 아동연금제도에서 현금급여는 출산율을 증가시켰으나 부모가 아동수당을 남용할 소지가 있음을 지적하였고, 현물급여는 의료, 복지 등의 사회서비스 증대로 삶의 질을 향상시킨다고 보았다.

현물급여와 현금급여의 선택은 그 시대의 지배적인 가치에 의해 결정되는 경향이 있고 사회복지정책의 영역에서도 차이를 보인다. 우리나라의 소득보장은 주로 현금급여로 이루어지지만 건강, 교육, 주택, 개별사회서비스 등은 대체로 현물급여로 이루어지고 있다.

② 사회적 급여

사회복지급여는 수급자의 욕구충족을 위해 다양한 형태를 가지며 가치이전의 급여유형도 있다.

기회(opportunities)는 원하는 목적을 이루기 위한 동기부여와 제재(incentive and sanctions)가 있다. 많은 사회복지정책은 기회의 창출과 분배와 관련되어 있다. 기회는 시민권이나 부가적 기회(extra chance)를 포함하는데, 기회에 대한 시민권의 행사로는 권리로서 초·중등의무교육을 받을 수 있고, 부가적 기회는 장애인에게 대학입학정원을 따로 배정하여 특례입학을 하도록 하는 것 등이 있다.

서비스(service)는 클라이언트의 이익을 위해 수행되는 대인적 활동을 말한다. 예를 들면, 보호, 상담, 사례관리, 훈련 등이 해당된다. 서비스는 즉각적인 시장

가치로 환원되지 않는다. 왜냐하면 서비스는 인간관계를 통해 클라이언트의 변화를 가져오기 때문이다.

재화(goods)는 식품, 의류, 주택 등과 같은 구체적인 상품이다. 이러한 급여는 제한된 이전가치를 가진다. 쌀은 주식으로만 사용되고 주택은 거주하는 곳으로만 사용되어 다른 급여의 유형으로 가치가 이전되어 사용되지 않는다. 이런 의미에서 클라이언트의 욕구충족에 대해 효과적으로 목표를 달성할 수 있으나 반면에 통제적인 면을 가진다.

바우처・세금감면(voucher and tax credits)은 규정된 일정 범위 내에서 교환가치를 가지며 제한된 영역 내 자원들 사이에서 일정한 선택을 가능하게 하고 정해진 교환가치를 가진다. 바우처는 식품증서(food stamps)와 같이 제한된 범위 내에서 다양한 식료품을 구입할 수 있고, 현물서비스의 형태보다도 더 많은 선택의 자유가 열려 있다. 따라서 바우처는 제한된 범위의 안전장치 내에서 수급자에게 선택을 가능하게 하므로 현물급여와 현금급여의 절충된 유형이라 볼 수 있다.

현금급여(cash)는 공공부조, 아동수당 및 사회보험과 같은 프로그램에 현금을 지급하여 구매력을 제공한다. 이 급여는 보편적인 교환가치를 가지므로 소비자 입장에서 가장 폭넓은 선택을 할 수 있게 한다.

권력(power)은 상품과 자원에 대해 통제력을 행사하는 것과 연관된다. 사회적 급여로서의 권력은 이해당사자가 정책결정 과정에 직접 참여하여 자신의 이해관계를 대변하고 정책에 영향력을 미칠 수 있으며 사회적 급여를 창출해 낼 수 있다. 권력이 현금이나 카드처럼 직접적으로 사용될 때는 사회적 급여는 아니지만 상품, 서비스, 기회의 급여형태보다는 사회적・경제적 자원을 보다 폭넓게 선택할 수 있는 여지를 제공해 준다. 이러한 의미에서 권력은 유동적 교환가치(a fluid exchange value)가 있다고 할 수 있다.

(3) 전달체계

전달체계는 '어떻게 사회복지급여를 전달할 것인가?', '어떤 방법으로 사회복지급여를 전달하는 것이 적절한 것인가?'에 대한 논의이다. 이 질문들에 답하기 위해서는 그 사회의 가치와 전달방법 등에 따라 어떤 전달체계가 적절한지에 대해 알아야 한다.

첫째, 전달체계가 그 사회에서 지향하는 사회적 가치인 개인의 자유, 사회정의, 사회적 적절성 등을 달성하는 데 적절한가에 대한 것이다. 사회가 개인의 자유에 근거하여 사회복지급여의 자유로운 선택에 중점을 두고 있다면 국가보다 여러 형태의 민간전달체계에 의해 사회복지 재화와 서비스가 제공되는 것이 적절하다. 그러나 사회정의나 소득재분배에 중점을 두고 전 국민의 삶의 질 향상에 초점을 두고 있는 사회라면 개인 선택의 자유를 다소 침해하더라도 국가가 사회복지급여를 전달하는 것이 바람직하다.

둘째, 사회복지급여가 지속적이고 포괄적인 측면을 강조한다면 국가에 의한 공공전달체계가 적절할 것이다. 사회복지급여가 지속적이고 안정적으로 제공되기 위해서는 재정의 안정성이 필요하다. 또한 의식주와 같은 기본적 욕구를 포괄적으로 충족하기 위해서는 사회복지급여가 통합적이고 체계적으로 이루어져야 한다. 공공기관은 체계적이고 조직적인 행정을 통해서 사회복지급여를 포괄적으로 전달하는 데 용이하다.

반면에 사회복지급여가 경쟁적이고 접근 용이하며 수급자의 자유선택을 강조한다면 민간전달체계가 더 효율적이다. 사회복지급여가 여러 공급자에 의해 경쟁적으로 이루어진다면 사회복지급여의 질은 향상되고 보다 효율적인 형태의 사회복지급여가 만들어질 수도 있다. 또한 응급한 욕구를 가진 클라이언트에게 민간전달체계가 더 간편할 수 있다. 공공전달체계는 상대적으로 민간전달체계보다 대상자의 선정절차나 급여제공 과정에서 시간을 지연하는 경우가 있어서 응급구호를 요하는 클라이언트의 경우에 어려운 점이 발생하기 때문이다.

이 외에도 사회복지 전달체계는 사회복지 재화의 공공재적 성격, 외부효과의 크기, 소비자의 합리적 선택 가능성 등에 의해 판단기준을 설정할 수 있다.

① 전달체계의 유형

전달체계의 유형은 크게는 정부부문과 민간부문으로 나눌 수 있으며, 구체적으로는 중앙정부, 지방정부, 그리고 중앙정부와 지방정부의 혼합체계, 정부와 민간부문의 혼합체계, 순수민간부문, 자원조직, 종교조직으로 구분할 수 있다.

a. 중앙정부

중앙정부는 제도적 사회복지가 발전하면서 전달체계로서의 역할이 더욱 증대되었다. 제도적 사회복지는 전 국민을 대상으로 보편적 서비스를 지속적으로 제공하는 것이다. 중앙정부에 의해 실시되는 사회복지급여는 사회보험과 공공부조가 가장 대표적이다. 전 국민의 최저생활을 보장하기 위한 소득보장은 공공재의 성격을 가지므로 중앙정부의 전달체계를 통해 이루어지는 것이 더 효율적이다.

b. 지방정부

지방정부는 중앙정부에 비해 지역주민의 욕구를 즉각적으로 파악하여 적절한 서비스를 신속하게 행할 수 있는 이점이 있다. 반면에 각 지방정부의 재정상황에 따라 사회복지급여의 수준이 다르게 제공될 수 있으므로 지방정부 간 급여의 차이가 발생할 수 있다.

c. 중앙정부와 지방정부의 혼합체계

오늘날 국가에서 제공하는 사회복지급여의 전달체계는 대부분 중앙정부와 지방정부의 혼합체계라 할 수 있다. 이 유형은 중앙정부가 지방정부에게 재정을 부분적으로 보조하고 지방정부가 사회복지급여를 제공하는 것이다. 중앙정부와 지방정부의 혼합체계는 재정안정성, 지속성 등의 중앙정부의 장점과 지역주민 욕구 파악 및 충족 등의 지방정부의 장점을 살려서 운영하게 된다. 복지국가 위기 이후 중앙정부와 지방정부의 혼합체계는 중앙정부의 역할보다 지방정부의 역할을 강화하고 있다.

d. 정부와 민간부문의 혼합체계

정부와 민간부문의 혼합체계는 복지국가의 위기 이후 민영화의 흐름 속에서 국가중심에서 민간중심으로의 사회복지 역할이 강조되는 시점에 대두되었다. 정부와 민간부문의 혼합체계는 정부조직이 가지고 있는 관료제적 약점과 국민들의 욕구에 대한 탄력적 대응이 미흡하다는 한계를 극복하고자 민간부문의 장점인 효율성, 경쟁성, 선택의 자유 등을 살려서 운영한다. 정부와 민간부문의 혼합체계에 대한 가장 대표적인 사례는 종합사회복지관의 위탁운영 형태이다.

e. 순수민간부문

순수민간부문은 사회복지급여의 재원과 관리운영을 모두 민간이 책임진다. 그러나 오늘날 국민복지에 대한 국가 책임의 운영원리로 대부분의 나라에서 채택하지 않고 있다. 국가는 여러 민간부문에 대해 재정이나 관리운영의 측면에서 개입하고 있으므로 순수민간부문이 차지하는 비중은 매우 적다고 하겠다.

f. 자원조직

자원조직은 자원봉사활동을 목적으로 형성된 비영리 민간조직이다. 자원조직은 자원봉사자에 의해 운영되고(경우에 따라 유급전임직원이나 유급자원봉사자가 있음), 재원은 자선적 기부나 정부로부터 재정적 지원을 받는다. 자원조직은 국가 사회복지 전달체계가 발전하기 이전부터 사회복지 전달체계의 역할을 수행해 왔고, 1980년대 이후 민간사회복지의 활성화와 더불어 확대되고 있는 실정이다.

g. 종교조직

사회복지를 국가의 책임으로 인식하기 이전부터 종교조직은 종교의 교리를 실현하고자 하는 목적에서 지속적으로 사회복지활동을 전개해 왔다. 사회복지의 민영화와 함께 종교조직의 사회복지도 그 역할이 강화되어 나타나고 있다. 우리나라에서도 이러한 경향을 보였는데, 종교조직의 풍부한 인적·물적 인프라를 사회복지에 활용하기 위해, 초기 김대중 정부가 종교단체에 사회복지 역할을 확대해 줄 것을 요청하였고, 이때 보건복지부는 사회복지 기관 및 시설의 운영을 민간에 위탁할 때에 종교단체에 우선권을 준 것으로 알려져 있다(원석조, 2006 : 57).

(4) 재원

재원은 '사회복지급여에 필요한 재정을 어떻게 마련할 것인가?'에 대한 내용이다. 사회복지정책이 추구하는 목적에 따라 사용되는 재원의 종류도 달라진다. 국가가 사회복지에 배분한 재정의 정도에 따라 그 나라의 복지수준을 가늠하기도 한다. 이런 측면에서 사회복지정책의 재원은 국가복지의 실천의지를 읽을 수 있는 중요한 잣대가 된다. 사회복지정책의 재원은 크게 공공재원과 민간재원으로 나눌 수 있다.

① 공공재원

사회복지정책의 공공재원은 국가의 일반예산을 통해 마련되고 국가예산은 조세로 충당된다. 따라서 조세의 종류와 성격을 이해하는 것은 공공재원의 효과를 극대화시킬 수 있는 시각을 갖게 만든다.

a. 일반세

- **소득세** : 납세의무자들의 소득에 대해 부과하는 것으로, 개인소득에 부과되는 개인소득세와 법인의 수익에 부과되는 법인소득세가 있다. 개인소득세는 소득의 정도에 따라 차등적으로 부과되는데, 소득이 최저임금 수준이면 소득세가 면제되지만 그 이상일 경우에는 소득이 많으면 많을수록 세금이 더 부과된다. 개인소득세는 조세 가운데 누진성이 가장 크므로 소득계층 간 소득재분배 효과가 높다. 선진복지국가는 일반예산을 구성하는 조세들 중에서 개인소득세의 비중이 많아서 소득재분배의 효과가 높게 나타난다.
- **소비세** : 납세의무자의 소득규모를 고려하지 않고 상품을 소비할 때 부과하는 것으로, 부과가치세와 특별소비세가 있다. 부과가치세는 소비에 대한 일반소비세로 모든 상품에 대해 동일한 세금을 내도록 하는 것이다. 저소득자의 경우 고소득자에 비해 수입 대비 세금비율이 높아 소득재분배 효과가 전혀 없고 소득의 역진성이 발생한다. 특별소비세는 고소득자가 소비하는 사치품에 부과하여 부가가치세의 역진성을 극복하기 위해 고안되었다.
- **부(富)세** : 개인이 소유하는 부에 세금을 부과하는 것으로, 재산세와 상속세,

증여세가 있다. 재산세는 재산소유나 재산이전에 대해 재산의 가치평가액에 따라 부과하는 세금이다. 상속세와 증여세는 상속, 유증,[2] 사인증여[3]에 의해 얻은 재산에 부과하는 세금이다. 상속, 증여를 통해 얻은 소득은 일하지 않고 얻은 소득이라 하여 높은 누진율이 적용되나 전체 일반예산에서 차지하는 비중은 아주 적다.

b. 사회보장성 조세 : 사회보험료

사회보장성 조세는 사회적 위험에 대비하기 위한 국민연금, 건강보험, 산재보험, 고용보험의 사회보험료를 의미하며, 이는 강제로 징수하므로 일종의 세금과 같은 성격을 가진다. 사회보험료는 보험가입자가 일정 기간 동안 정기적으로 일정한 금액을 내는 것이다. 따라서 사회보험료의 장점은 특정 목적을 위해 재원의 안정성을 가지고 있으며, 급여는 개인들의 갹출금으로부터 나오므로 권리 개념으로 인식되어 보편적으로 적용된다. 또한 사회보험가입자가 보험운영에 참여하여 민주적 운영과 책임성을 높일 수 있다. 반면에 사회보험료는 가족 수나 욕구를 고려하지 않고 모든 소득계층의 근로소득에 동일한 비율로 부과하므로 고소득자에 비해 저소득자의 부담이 높아 역진성을 가진다.

c. 조세비용

조세비용은 특정 집단에게 조세를 감면, 공제, 면제해 주어 납세자의 구매력이나 소득을 실질적으로 증가시켜 주는 역할을 한다. 조세비용은 세금을 지불하고 조세감면을 받을 수 있는 대다수의 대상이 저소득층이 아니라 중상위층이라는 점에서 역진적인 재분배 효과를 보인다.[4]

---

2) 유증(遺贈, legacy)은 일반적으로 유언으로 자기의 재산을 무상으로 타인에게 주는 행위를 뜻한다.

3) 사인증여(死因贈與 : donation due to death)는 증여자의 사망으로 인하여 효력이 발생하는 것으로 생전에 미리 증여계약을 했으나 그 효력의 발생은 증여자의 사망을 요건으로 하는 증여를 말한다. 증여로 인한 자산의 취득은 증여세의 과세대상이 되나 증여자의 사망으로 인하여 효력이 발생한 사인증여는 유증에 준하여 상속세의 과세대상이 된다.

4) 이 내용에 대해서는 본 서 제7장 사회복지정책 영역 중 조세정책의 조세감면정책을 참조하기 바란다.

② 민간재원

a. 이용자부담

이용자부담은 사회복지서비스를 사용하는 사람들이 그 사용의 대가를 지불하는 것이다. 예를 들면, 건강보험료의 본인부담이나 사회복지서비스의 이용자부담이 있다. 사회복지서비스에 대한 이용자부담은 서비스의 남용을 억제하여 자원이용의 효율성을 높여 불필요한 서비스 낭비를 막고 국가 복지재정의 부담을 줄이는 데 도움이 된다. 그러나 이용자부담금이 없어서 서비스를 받지 못하는 사회계층은 서비스 접근의 제한을 받는다.

b. 자발적 기여

자발적 기여는 강제하지 않은 민간의 자발적인 기부금이다. 자발적 기여는 자선, 박애의 동기만을 기초로 하는 것이 아니라 정부의 조세감면정책과도 관련이 있다. 자발적 기여는 세금공제 또는 면제를 통해 강화되고 조세감면의 혜택이 없으면 줄어드는 경향을 보인다. 따라서 중상층 이상일수록 자발적 기여의 조세감면 혜택이 높아 역진적인 소득재분배가 이루어진다. 자발적 기여는 개인이나 기업의 재정여건에 따라 유동적이어서 안정적인 사회복지 재원 확보에 어려운 점이 있다.

c. 직업복지

자본주의과 더불어 성장한 직업복지는 기업에 종사하는 노동자와 그 가족을 대상으로 이루어지는 복지를 의미한다. 직업복지는 주택자금 대부, 학자금 지원, 휴양시설, 탁아시설 등과 같은 기업체 복지후생제도가 있다. 기업은 직업복지를 통해 우수인력의 확보와 유지, 노사관계의 안정, 기업에 대한 자긍심 향상 등을 도모할 수 있을 뿐만 아니라 국가복지의 역할을 기업이 대신해 줌으로써 국가의 사회보장 수요를 감소시킬 수 있다(원석조, 2006 : 80). 그러나 직업복지는 대부분 정규직을 대상으로 복지급여가 제공되고 비정규직은 복지급여에서 배제되거나 임의적·선별적으로 제공되어 기업 내 노동자 간의 차별이 조성된다. 또한 직업복지는 소득을 기준으로 비례적으로 제공되기 때문에 계층 간의 소득역진성을 증대시킨다.

d. 가족 간 이전

가족 간 이전은 일정한 형식을 갖추지 않은 비조직적 형태인 가족, 친구, 이웃 등이 해당된다. 가족은 경제적 · 정서적 안정을 구성원들에게 제공하는 중요한 역할을 한다. 부모가 결혼하는 자식에게 집을 사주거나 자식이 부모를 부양하는 것 등은 모두 비공식적인 소득이전에 해당한다. 또한 가족은 위급한 문제가 발생했을 경우에 즉각적인 원조가 가능하나 빈곤한 가족일수록 원조가 불가능한 경우가 많다. 가족 간 이전은 사회복지를 국가의 책임이 아니라 개인의 책임으로 인식할 때 사회에서 그 비중이 커졌다.[5]

2) 과정분석

과정분석은 사회복지정책이 일련의 과정을 거쳐 어떻게 결정 · 집행 · 평가되는가를 보여준다. 사회복지정책이 그 사회의 어떤 정치 · 경제 · 사회 · 문화적 맥락에서 이루어졌는지 그 과정을 분석함으로써 사회복지정책의 목적과 기능을 명확히 알 수 있게 한다.

정책결정의 과정은 본질적으로 정치적인 활동들로 이루어진 일련의 과정 안에서 수행되는 지적 활동이다(Dunn, 나기산 외 공역, 1994 : 17). 과정분석은 사회복지정책을 둘러싼 사회 이해집단의 역학적인 관계를 파악하여 정책결정에 어떤 영향을 미치는지를 파악할 수 있게 한다.

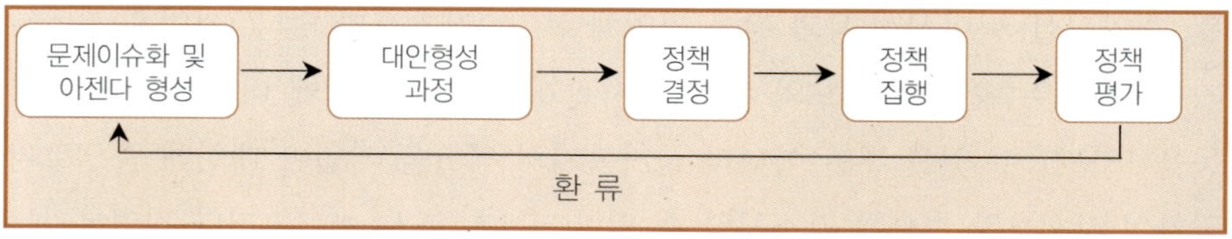

| 그림 8-1 | 과정분석

5) 김진욱(2005)은 복지혼합 접근과 사회복지 지출연구를 통합하여 한국의 복지혼합 지출구조를 분석하였다. 그 결과 국가-시장-기업-비영리-가족의 복지 5각 모형을 기반으로 하는 한국의 복지혼합은 '보호적인 가족주도형의 혼합적 복지혼합구조'로 제시하였고, 이때 가족의 사회복지 지출비중은 전체 사회복지 지출규모의 37% 수준에 이르는 것으로 밝혔으며, 미약한 비영리부문을 제외하면 가족, 국가, 기업, 시장 영역에서 복지공급 기능을 고르게 분담하는 혼합적 특성을 보이고 있다고 주장하였다.

과정분석은 시간에 따라 구분되는 상호 의존적인 단계를 가지며, 문제이슈화 및 아젠다 형성, 대안형성 과정, 정책결정, 정책집행, 정책평가 그리고 환류의 과정으로 나타난다(그림 8-1 참조). 각각의 단계는 적절한 정책 관련 정보를 산출하고 그 다음 단계의 성과에 영향을 미친다. 따라서 과정분석은 각 단계에서 주요 참가자들의 관계, 각 단계에서 이루어지는 절차, 그리고 각 단계의 성격에 대해 체계적이고 실천적인 정보를 얻을 수 있다.

(1) 사회복지정책 문제이슈화 및 아젠다 형성

사회복지 문제는 한 사회 내에서 충족되지 않는 욕구로 인해 고통받는 사람들의 조건이나 상황이 개선되거나 해결되어야 하는 상황을 일컫는다. 이슈화 과정은 문제를 인식한 국민, 시민사회단체, 노조, 학계 등의 집단들이 다양한 사회문제의 해결을 위해 구체적인 행동을 취한다. 구체적인 행동은 정부를 대상으로 직접 청원하거나 언론에 보도하기, 성명서 발표, 공개토론회 및 설명회 개최, 거리집회 등으로 나타난다.

사회복지 문제는 이슈화 과정을 거쳐 아젠다를 형성한다. 사회복지 문제나 요구가 정치적 쟁점이 되어 일반국민의 관심을 끌게 되면 아젠다로 설정될 수 있다. 아젠다는 그 사회의 문제나 이슈로서 공공의 관심을 불러일으켜 정책결정자에 의해 논의될 수 있는 안건들의 목록이라 볼 수 있다. 따라서 사회복지 정책 아젠다 형성과정은 한마디로 말해서 사회복지 문제나 요구의 이슈화 과정이라 할 수 있다(송근원 · 김태성, 1995 : 40). 아젠다 형성과정은 문제나 이슈에 대해 이해관계자들 사이의 갈등과정이 나타나고, 이 갈등과정에서 이해집단들 간에 타협, 조정이 이루어지며 정치적 권력관계가 반영된다. 국민의 최저생활 보장을 위한 기준중위소득 인상 요구에 정책결정자가 진지한 관심을 보일 때 그 요구는 아젠다를 형성할 수 있다. 그러나 이때 빈곤층과 사회시민단체, 정책결정자, 일반 국민 사이의 기준중위소득 수준을 두고 의견 차이가 발생하게 하고, 기준중위소득 인상수준에 대해서 각 이해집단에 의한 정치적 조정이 이루어진다.

(2) 사회복지정책의 대안형성 과정

사회복지정책의 대안형성 과정은 사회복지 문제와 상황을 파악하여 정책목표를 설정하고, 이를 성취할 수 있는 정책대안을 개발하여 비교·분석하는 지적 활동과정이다. 정책대안의 형성과정은 여러 가지 문제해결 방안을 개발하여 효과적인 정책대안을 제시하는 것이므로 합리적·기술적 성격이 강조된다.

대안들끼리의 비교는 '그 정책대안이 실현 가능한 것인가?'가 가장 중요한 분석기준이 된다. 실현 가능성 검증은 집행 가능한가를 파악하는 기술적 실현 가능성, 정책대안이 정치적으로 수용되는가에 관한 정치적 실현 가능성, 문화적으로 수용되는가를 파악하는 문화적 실현 가능성 등을 포함한다. 그 밖에 대안 비교에 사용하는 분석기준으로는 능률성, 효과성, 효율성, 형평성, 접근 가능성 등이 있다. 능률성은 투입과 산출의 관계에서 투입이 동일하다면 산출이 최대화되어야 능률적이고, 산출이 동일하다면 투입이 최소화되어야 능률적이라고 할 수 있다. 효과성은 투입되는 비용에 별 영향을 받지 않고 산출이나 클라이언트의 만족을 극대화시킬 수 있는 정도가 판단의 기준이 된다. 형평성은 사회적 불평등을 완화하거나 감소시키기 위한 것으로, 사회경제적으로 열악한 계층에게 더 많은 사회복지서비스를 제공하여 사회적 평등을 실현하는 분석기준이 된다. 접근 가능성은 제시된 사회복지정책이나 서비스가 클라이언트에게 전달되는 데 있어 얼마나 쉽게 이용할 수 있는가에 대한 것이다. 예를 들어, 빈곤문제를 해결한다고 하면 정책결정자는 여러 대안들 중에서 빈민의 최저생활을 보장하기 위해 사회적 형평성의 실현 정도 및 집행 가능한 실현 가능성이 있는지, 정치적으로 수용 가능성이 있는지, 효과성은 어느 정도인지, 접근 가능성은 확보되는지 등에 대한 비교 분석이 필요하다.

(3) 사회복지정책의 결정

사회복지정책의 결정은 정책대안들 중 하나를 정책으로 선택하는 과정이다. 정책결정은 권위 있는 정책결정자에 의해 최종적으로 이루어지는 경우가 많다. 권위 있는 정책결정자는 사회공익적 관점에서 다른 정책과의 연계성 및 사회적 상황 등을 고려하여 공정하게 결정하여야 한다. 그렇게 함으로써 구성원들에게 받아들여지고 이해집단 간의 갈등을 서로 감소시킬 수 있다.

정책 아젠다의 형성과정은 문제해결을 둘러싼 이해당사자들의 미시적인 시각이 정책과정을 지배하고, 대안형성 과정은 문제해결을 위한 최선의 정책대안을 제공하기 위해 가치중립적인 시각이 필요하지만, 정책결정 과정은 공공의 이익을 전제로 하는 까닭에 사회 전체적인 입장에서의 거시적 시각을 필요로 한다(송근원 · 김태성, 1995 : 123). '상자글 8－1'은 사회복지정책을 결정하는 이론모형들에 대해 설명하고 있다.

상자글 8-1 사회복지정책의 결정모형

사회복지정책을 결정하는 모형은 합리모형, 만족모형, 점증모형, 최적모형, 쓰레기통 모형 등이 있다.

■ 합리모형

합리모형은 인간의 절대적 합리성을 강조하여 정책결정자가 주어진 상황에서 모든 가치 및 선호들을 완전하게 파악하고 모든 정책대안들을 찾아내어 각 대안들을 완전히 분석하고 평가하여 최선의 정책대안을 찾아내는 것이다. 그러나 합리모형에 대한 비판은 인간이 완전히 합리적이지도 않을 뿐만 아니라 정책의 목표와 상황이 불확실하여 정책결정자가 최선의 결정을 하지 못한다는 것이다.

■ 만족모형

만족모형은 정책결정자가 모든 문제를 완전히 이해하는 것은 불가능한 것으로 본다. 인간은 완전하지 않은 제한적인 합리성을 가지고 쉽게 접근 가능한 대안들을 우선적으로 검토하여 만족스러운 정도의 정책대안을 선택하여 정책을 결정한다는 것이다. 그러나 만족모형은 만족스러운 정도가 불명확하여 객관적인 기준을 설정하지 못하며 현실 만족적이라는 비판을 받는다.

■ 점증모형

점증모형은 과거 정책결정을 기초로 하여 개혁적인 새로운 대안을 채택하기보다는 몇몇 문제점을 보완하는 조정과정을 거쳐 정책대안을 채택하는 것이다. 점증모형은 '점증'에 대한 기준이 없어서 정책의 방향성을 설정하기 어렵고 그것이 갖는 보수적 성격으로 인하여 개혁을 필요로 하는 정책결정에는 적절하지 않은 등의 한계가 있다.

■ 최적모형

최적모형은 정책결정자가 합리적 · 종합적 분석에 의한 정책결정이 어렵다는 것을 인정하고 달성하기 어려운 순수한 합리성에 대한 현실적 차선책으로 제시된 것이다. 이 모형은 정책결정에서 직관이나 창의적 고안, 브레인스토밍 등과 같은 초합리적 요소들을 강조하고 어떻게 정책을 만들 것인가에 대한 메타정책 결정을 강조한다(Dror, 1968, 노화준, 2012 재인용). 최적모형은 정책결정 과정에서의 실현 가능성이 낮다는 점과 현실적 차선, 즉 최적의 의미가 명확하지 않다는 비판이 있다.

■ 쓰레기통 모형

쓰레기통 모형(garbage can model)은 정책결정이 합리성이나 협상·타협으로 되는 것이 아니라 '조직화된 무정부 상태(organized anarchies)'에서 우연히 발생된다고 본다. 쓰레기통 모형은 정치인이나 이익집단, 언론이나 클라이언트, 관료들이나 연구자 등의 참여자들이 정치, 문제, 정책의 흐름 속에서 일련의 과정을 형성하게 되며 최종적으로는 정책결정을 이룬다. 만일 정책결정 과정이 이루어지지 않으면 정치, 문제, 정책의 흐름이라는 세 가지 정책과정의 창이 닫히고 다시 제각각 흘러가게 된다.[6]

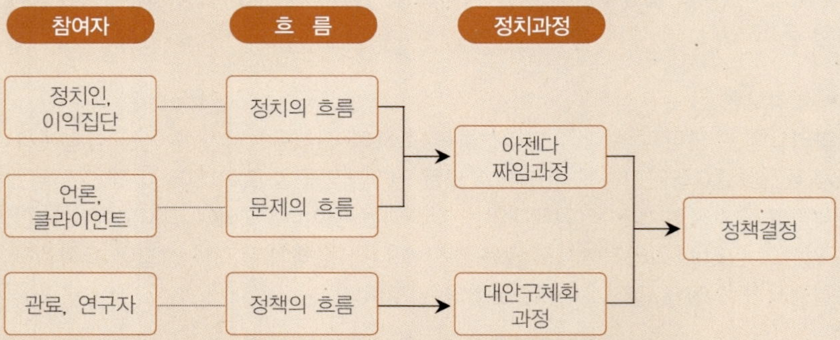

그림 8-2 쓰레기통 모형의 정책결정 과정

출처 : 송근원·김태성(1995). 사회복지정책론. 서울 : 나남출판, p. 138.

(4) 사회복지정책의 집행

사회복지정책의 집행은 정책목표를 달성하기 위해 결정된 사항을 구체적으로 실천하는 과정이다. 사회복지정책의 집행은 사회복지정책이 합법화되는 형성과정을 거쳐 법률이 제정된 후에 이루어지는 단계로서 관련 정책과 프로그램의 목적, 설계, 결과에 대한 일반적인 기술이 포함된다.

정책집행은 정책의 내용, 조직의 내규 등에 따라 적극적이라기보다는 소극적

---

6) 쓰레기통 모형은 제9장의 주요 사회복지정책의 분석에서 국민기초생활보장제도에 적용하였으므로 참조 바란다.

이고 환경순응적으로 수행하게 된다. 이는 복잡한 이해갈등 요인들과 상호 역동적 과정으로, 집행과정에서 집행이 안 되거나 변경하도록 정치적 압력이 가해지는 모습도 나타난다. 정책집행의 일반적인 특징을 정리해 보면(송근원, 2004 : 279), 첫째, 집행과정에서 가장 중요한 역할을 하는 책임자는 정부관료이다. 둘째, 참여자들은 정책집행 과정에서 다양한 가치, 선호, 이익, 신념체계 등에 따라 자신들의 의사를 표현하고 행동한다. 셋째, 효과적인 집행은 정치체제의 성격 및 사회환경과 상황에 따라 다르게 이루어진다.

사회복지정책의 집행에 영향을 미치는 요인들은 다양하다. 사회복지정책 집행에 영향을 주는 요인은 정책환경적 요인, 정책행태적 요인, 정책내재적 요인 등으로 구분할 수 있다.

첫째, 정책환경적 요인은 정치, 경제, 사회적 변화와 정책집행과의 관계를 설명해 주는 것으로, 정책집행에 직접적이라기보다는 간접적인 영향을 미친다고 볼 수 있으나 경우에 따라서는 결정적인 영향을 미치는 경우도 있다. 정책환경적 요인으로는 전쟁이나 쿠데타, 민주주의 등과 같은 정치적 상황, 국민소득, 경제성장률, 세계화, 외환위기 등의 경제적 변화, 그리고 사회양극화, 저출산과 고령화 등 사회적 상황이 사회복지에 대한 국민의 욕구를 증대시키고 관련 사회복지정책을 수립하여 집행하도록 영향을 미치는 것이다.

둘째, 정책행태적 요인은 정책집행 시에 관여하는 다양한 참여자들의 정치행동과 태도에 관한 것이다. 정책참여자들은 대통령, 국회의원, 시・구의원 등과 같은 정치기관, 지방자치단체와 중앙부처의 정책집행기관, 사회복지서비스와 관련된 클라이언트 집단, 이익집단 및 민간복지단체 그리고 시민사회단체 등 매우 다양하다. 이들은 실행하고 있는 결정된 정책내용에 영향을 받으면서 경우에 따라서 미흡한 정책내용을 보완하도록 영향을 주기도 한다.

셋째, 정책내재적 요인은 규정된 정책내용에 영향을 미치는 요인이다. 이 요인은 사회복지정책의 목적과 목표의 타당성, 정책방법 및 절차, 사회복지서비스의 유형이 포함된다. 사회복지정책의 목적과 목표가 얼마나 적절하게 수립되었나에 따라 정책집행의 성공 여부를 가늠할 수 있다. 정책방법과 절차는 정책의 목적과 목표를 달성하기 위한 재원확보, 전달체계, 서비스 전달방법 등이 해당되고 정책이 잘 집행되기 위해서는 정책집행을 촉진하거나 강제할 수 있는 정책수단이 요구된다. 사회복지서비스의 유형은 현금급여와 현물급여, 기회, 바우처·세금감면, 권력 등이 있고, 이들은 서비스의 효과성과 효율성에 영향을 미친다.

한편 정부부처의 사회복지정책 집행은 사회복지서비스의 내용에 따라 다양한 전달체계를 통하여 이루어진다. 소득보장, 건강서비스, 개별사회서비스의 집행은 보건복지부, 실업·취업훈련·고용과 산업재해 관련 업무는 고용노동부, 청소년사업 등은 여성가족부를 통해 이루어지고 있다.

(5) 사회복지정책의 평가

사회복지정책의 평가는 정책활동에 대한 가치를 판단하는 사회적 과정이다. 사회복지정책 평가는 평가범위를 기준으로 두 가지로 구분할 수 있다. 첫째, 한정적 사회복지정책 평가는 정책이 미치는 영향에 초점을 두고 정책집행의 결과에 대한 평가만을 의미한다. 둘째, 포괄적 사회복지정책 평가는 전반적인 정책과정에 이루어지는 평가이며, 사회복지정책 문제이슈화 및 아젠다 형성과정, 대안형성 과정, 정책결정, 정책집행, 정책평가에 대한 평가를 모두 포함한다.

사회복지정책 평가의 필요성은 정책목표 달성을 파악하고 충족되지 않은 욕구를 발견하여 새로운 정책대안을 개발하도록 한다. 정책평가는 정책집행자가 국민이나 지역주민에게 정책집행 시 책임을 지도록 하는데, 좁게는 사회복지기관·시설에게, 넓게는 담당 부처에게 정책집행의 결과를 책임지도록 한다.

사회복지정책의 평가는 전문가·학자·관료에 의해 객관적이고 과학적으로 수행된다. 그러나 평가의 결과를 해석하고 선택하는 것은 정책결정권자들이나 정치적·집단적 이해관계에 있는 사람들이므로, 평가의 객관성과 정치성 사이의 긴장과 갈등관계가 발생한다.

사회복지정책의 평가기준은 정책 프로그램의 목표나 클라이언트 만족도와 관련하여 효율성, 형평성, 효과성, 민주성, 적절성 등이 있다. 예를 들어, 형평성은 사회계층 간 불평등 정도를 보여주는 평가기준인데, 포괄적인 정책평가의 측면에서 정책대안 형성단계의 평가와 정책평가 단계의 평가에서 모두 적용 가능하다.

정책평가 방법은 평가주체, 평가범위, 평가목적, 평가시점 등에 따라 여러 형태가 있다.

첫째, 평가주체에 따라 정책 프로그램의 담당자가 하는 자체평가, 기관 내부의 책임자나 동료에 의한 내부평가, 그리고 기관 외부의 정책담당기관에서 하는 외부평가로 구분한다.

둘째, 평가범위에 따라 문제의 개념화와 정부개입 관련 분석, 정책 프로그램의 집행분석, 정책효용성으로 구분되는데, 이 범위들에 대한 각각의 평가는 단일평가이고, 세 부분을 모두 포함해서 이루어지면 포괄적 평가라 한다(송근원, 2004 : 428).

셋째, 평가목적에 따라 형성평가와 총괄평가가 있다. 전자는 집행과정에서 정책대안 개발이나 개선을 위해서 행해지고, 후자는 정책이 종료되고 난 후에 정책목적에 맞게 잘 수행되었나를 평가하는 것이다.

넷째, 평가시점에 따라 정책형성 이전에 이루어지는 사전평가와 정책이 종결되고 난 후 행해지는 사후평가가 있다.

실제 정책평가를 수행할 때는 한 가지의 평가방법으로 행하는 것이 아니라 다양한 평가방법을 활용하여 내부평가, 외부평가, 포괄적 평가, 사전·사후평가 등을 동시에 실시할 수도 있다.

3) 성과분석

성과분석은 특정 정책선택에 의해 실행된 프로그램이 발생한 결과를 기술하고 평가하는 데 관심을 가진다. 성과는 양적·질적 자료의 수집을 통해 그리고 여러 가지 학문분야에서 개발된 다양한 방법론적 도구를 통해 측정될 수 있다.

성과분석에서는 두 가지 질문을 하게 되는데, 첫째, '프로그램이 얼마나 잘 실행되었는가?'이고, 둘째, '프로그램을 실시하여 얻은 영향이 무엇인가?'라는 것이다. 첫 번째 질문과 관련해서는 프로그램의 구성, 표적 집단의 프로그램 목표 성취 정도, 프로그램 실시비용 등이 검토대상이다. 또한 두 번째 질문에 관해서는 프로그램 실시 전후의 행동 및 조건 간의 차이비교 등이 해당된다(Gilbert & Terrell, 2002 : 27). 이에 여기에서는 첫 번째 질문에 대한 성과분석으로 비용편익분석과 비용효과분석을 알아보고, 두 번째 질문에 대한 성과분석으로는 결과평가(outcome evaluation)를 살펴보고자 한다.

(1) 비용편익분석

비용편익분석은 공공정책에 의한 사회상황의 모든 변화를 화폐가치로 환산한 사회적 편익과 정책 실시에 소요된 모든 비용을 화폐가치로 환산한 사회적 비용의 차이를 계산하는 것이다(이성우, 2007 : 273). 이 분석방법은 정책대안 선택기준과 타당성의 판단기준에서 형평성보다는 효율성을 강조하는 경향이 있다. 도로, 댐 건설 등과 같은 인프라 건설사업의 경우 비용편익분석을 통해 사회적 편익과 투입된 비용을 계산하는 것이 용이하다. 반면에 사회복지, 보건, 교육 프로그램 등의 경우에는 사회적 편익을 화폐로 환산하는 데 어려움이 있다. 이 경우에 비용효과분석이 유용하다.

(2) 비용효과분석

비용효과분석은 공공정책에 투입된 모든 비용들은 화폐가치로 환산하나 정책으로 인해 발생된 편익들은 화폐단위로 환산하지 않고 산출물을 분석한다. 이 분석방법은 산출물을 화폐단위로 환산하기 어려운 경우나 비교하는 대안들의 산출물들이 동일할 경우에 주로 이용된다. 비용효과분석은 프로그램의 결과들이 그 자체로 가치 있는 것으로 전제한 후 그 결과들을 어떻게 효율적으로 달성하는가에 중점을 두기 때문에 한정된 자원을 효율적으로 활용하여 사회정책이나 프로그램을 확대할 수 있게 한다(노화준, 2003 : 342).

(3) 결과평가

결과평가는 사업이 기대목적과 달성된 목적과의 일치 정도를 평가하는 것이다. 여기에서 결과는 참여자들이 무엇을 알고 있는지, 무엇을 할 수 있는지, 어떠한 상태에 있는지 등에 대한 것을 확인하고 프로그램을 통해 상태가 어떻게 변화하였는지를 검토한다. 이 분석방법은 사회복지사의 개입에 의해 클라이언트의 문제 등이 줄어들었는가?를 평가할 때 유용하다.

4) 역사적 분석

앞서 살펴보았던 산출분석, 과정분석, 성과분석은 하나의 사회복지정책의 내용, 그것이 결정되는 과정, 그리고 결과평가를 분석하고 있다. 이와 달리 역사적 분석은 사회복지정책을 시간적 흐름에 따라 분석하는 것으로, 특정한 경향이 어떠하고 왜 그러한 특정 경향이 이루어지는지를 설명하고자 할 때 사용한다.

역사적 분석을 하는 데 가장 중요한 과제는 연구문제를 제시하거나 가설을 만드는 것, 즉 개념적 준거 틀을 설정하는 것이다(박병현, 2007 : 197). 이 작업이 매우 중요한데, 그 이유는 개념적 준거 틀이 역사적 분석의 길잡이가 되어 연구자가 설명하고자 하는 역사적 사실을 효과적으로 보여줄 수 있기 때문이다. 예를 들면, 사회서비스 관련 정책이 수립되었을 때 역사적 맥락과 시대의 흐름 속에서 어떻게, 왜 사회서비스정책이 수립되었는지, 그리고 이 사회서비스 관련 정책의 성격이 어떠한지를 파악할 수 있게 한다(김보영, 2012). 또한 연구자에 따라 관련 사회복지정책의 변화에 영향을 미쳤던 구체적인 변수들을 개념적 분석 틀로 설정하여 사회복지정책의 흐름을 파악하도록 한다(오수길 · 곽병훈, 2004).

역사적 분석에서 개념적 분석 틀을 설정한 후 개념적 분석 틀과 관련된 증거를 수집한다. 연구자들은 어떤 역사적 사실에 대한 분석되지 않은 1차 자료인 메모, 일기, 위원회기록, 관련 공식사이트 자료 등과 2차 자료인 역사적 사실을 분석 · 논의한 자료를 포함하여 연구를 진행한다. 자료분석 시에 1차 및 2차 자료가 풍부하고 다양할수록 연구자가 세운 개념적 분석 틀에 쉽게 접근하여 활발하게 연구를 진행할 수 있다. '상자글 8-2'는 역사적 분석을 활용하여 연구한 사례들이다.

상자글 8-2 역사적 분석 사례

- 김보영(2012)의 '영국 사회서비스 담론 분석'이라는 연구는 다양한 사회서비스의 역사적 발전을 경험한 영국에서 현대 사회서비스의 논의가 본격적으로 이루어졌던 1960년대부터 최근 2000년대까지의 문헌분석을 통해 시대의 흐름에 따라 등장했던 담론들을 구분해 역사적 분석을 하였다. 전통적 접근으로 국가주의(전통적 집합주의), 전문가주의(전통적 개인주의), 급진주의와 반억압적 실천, 지역사회 보호와 가족주의 등이 있었고, 역량강화 담론으로 소비자주의적 역량 강화, 참여민주주의적 역량 강화 등이 있으며, 최근 흐름에 따라 자립생활, 돌봄의 윤리 등으로 영국 사회서비스의 담론을 살펴보았다. 그 결과 영국 사회서비스의 역사적 발전은 단선적이기보다는 입체적이었다. 이 담론의 발전은 공급자 중심에서 이용자 중심으로 한쪽 축을 따라서만 발전해 온 것이 아니라 집합주의적 접근과 개인주의 간에 끊임없는 기간이 있었다. 이러한 긴장은 정도의 차이는 있지만 전통적 공급자 중심의 접근에서부터 가장 최근의 이용자 중심 접근까지 계속되고 있다. 영국 사회서비스의 담론 분석이 궁극적으로 우리나라 사회서비스 논의에 이론적인 기여를 할 수 있을 것이다.
- 오수길 · 곽병훈(2004)의 '사회자본－정부－거버넌스의 연계에 관한 시론적 모색'이라는 연구는 사회자본과 거버넌스가 정부를 매개로 연계될 수 있음을 시론적으로 제기하는 데 목적이 있다. 이를 위해 사회복지서비스에 대한 요구와 노령화를 배경으로 정부와 시민사회 양자에서 전개되어 온 재가노인복지서비스를 역사적으로 검토하였다. 재가노인복지서비스의 전달체계는 제1기 낮은 수준의 연계와 제도화(1970～1986), 제2기 중간수준의 연계와 제도화(1987～1992), 제3기 높은 수준의 연계와 제도화(1993～현재)로 구분하고 각각의 시기에 대한 사회경제적 맥락, 제도운용, 주요 행위자, 서비스 전달체계의 특성을 분석하였다. 이 과정을 통해 최소한 현재까지 우리나라 사회복지서비스의 거버넌스에서 정부의 제도화 노력에 따라 사회자본의 연계성이 높아져 왔음을 확인하였다. 이를 통해 사회복지서비스의 거버넌스를 효과적으로 만드는 데 사회자본이 중요하고, 거버넌스가 사회자본을 활성화하는 데 정부의 역할이 필요하다는 결론을 내릴 수 있었다. 이와 같은 역사적 분석으로 공공서비스의 거버넌스 설계가 보다 정교화되어야 하며, 다양한 행위자들 간의 사회자본을 적극적으로 키우고 활성화할 수 있는 방안이 모색되어야 한다는 정책적 함의를 도출할 수 있었다.

5) 비교분석

사회복지정책의 분석방법 중에서 다른 국가와의 비교연구가 많다. 복지국가를 이룬 스웨덴, 영국, 독일 등의 국가와 한국과의 사회복지정책을 비교하는 경우도 있고, 비슷한 문화권인 일본과 한국의 사회복지정책을 비교한 연구들도 많이 있다. 경우에 따라 각국과 사회복지정책만 떼어서 비교분석하기보다는 각국의 역사적 맥락 속에서 사회복지정책의 비교분석이 이루어지는 경우도 있다(G. Rimlinger, 1991).

사회복지정책을 분석함에 있어서 비교분석을 사용하는 목적은 크게 네 가지로 구분할 수 있다(박병현, 2007 : 200-202). 첫째, 일반적인 사회복지정책과 특정한 사회복지정책을 구분할 수 있다. 이는 각국의 비교분석을 통해 모든 국가에 공통적인 사회복지정책을 파악할 수 있는 반면에 그 나라만 갖는 특수한 사회문제에 대응하기 위해 만들어진 특별한 사회복지정책을 찾을 수 있다. 둘째, 제도선택의 범위를 넓힐 수 있다. 어떤 특정의 사회적 욕구를 충족시키려고 할 때 대안이 되는 방법들을 알면 도움이 된다. 다른 나라의 경험으로부터 많은 교훈을 배울 수 있고 제도선택에 있어서도 보다 광범위한 선택을 할 수 있도록 한다. 이 목적은 정책개발 연구에 아주 유용하게 사용된다. 예를 들면, 미국의 근로장려세제(EITC) 제도의 경우 우리나라 빈곤층의 경제적 소외현상을 극복하기 위해 한국 실정에 맞게 변형하여 2008년부터 시행하고 있다. 셋째, 사회복지제도의 전 세계적 경향을 알 수 있다. 림링거(Rimlinger)는 『사회복지사상과 역사』를 통해 서로 다른 환경 속에서 불안정에 대처한 유럽, 미국, 러시아의 사회정책을 비교분석하여 사회사상과 사회복지정책의 변화과정을 잘 기술하고 있다. 마지막으로 사회복지정책의 궁극적인 목표인 이론을 정립하기 위해서이다. 비교분석을 통해 시간적 · 지리적 구애를 받지 않고 사회복지정책 발달과 정치 · 경제 · 사회문화적 체계와의 관계를 진술할 수 있는 보편적 · 설명적 모델을 개발하기 위한 목적이 있다.

이와 같은 사회복지정책에 대한 비교분석의 장점에도 불구하고 한계가 존재한다. 먼저 사회복지정책과 관련된 용어와 개념이 학자나 국가별로 혼란스럽다. 사회복지정책이라는 용어도 사회정책, 공공정책, 복지정책 등으로 다양하게 사용되고 있다(박병현, 2007 : 203). 또한 비교분석 시에 각국의 비교기준에 차이가 있다. 시대적 상황과 그 내용에 따라 포함되어 있는 내용도 다르다. 따라서 각 나라의 사회복지정책을 비교분석할 때는 정책의 명칭과 내용을 면밀히 살펴 서로 비교할 수 있는 공통분모를 만들어 내는 것이 필요하겠다. '상자글 8-3'은 비교분석을 활용하여 연구한 사례이다.

상자글 8-3 비교분석 사례

■ Gaston V. Rimlinger, 한국사회복지학연구회 역(1991). 사회복지의 사상과 역사. 한울아카데미

이 연구의 주요 목적은 유럽, 미국, 러시아의 사회정책을 중심으로 현대 사회보장체계를 형성한 힘을 밝히는 데 있다. 이 내용은 서로 다른 환경 속에서 불안정의 위험에 대처한 방안들에 대한 비교역사적 분석이다. 비교가 되는 국가들은 서로 다른 경제적・사회적・정치적 경향들을 반영하도록 선택되었다. 이들 국가들은 서구의 자유주의와 개입주의의 전통과 동유럽의 마르크스 사회주의 전통을 반영하고 있다. 연구의 시대배경은 전 산업주의 시대부터 현대 산업주의 시대까지이다.

이번 연구의 주요 주제는 ① 전 산업사회부터 성숙한 산업사회로의 변천에 따라 빈곤문제의 변화된 속성, ② 사회보호의 발전에 있어서 하나의 결정요인으로서 계급관계, ③ 정치체계, ④ 경제변수의 역할, ⑤ 개인과 국가의 상호 권리와 의무에 관한 견해의 변화를 설명하는 관념 등에 대해 설명한다.

연구결과 주요 산업국가들의 개발과정에서 나타난 문제들을 해결하는 방법을 분석하였다. 각 단계는 사회적 보호의 발전과 관련된 경제적 조건과 사회적 힘의 형태를 각기 지니고 있었다. 비교 분석된 국가들은 산업화에 있어서 각기 다른 세 가지 사회경제적 형태를 보여주고 있었다. 첫째, 자유국가의 보호 아래 지배적 권력지위를 가진 민간기업에 의해 이루어진 산업화이다(미국, 영국, 프랑스). 둘째, 권위주의적 정치사회 구조하에서의 산업화이다(독일, 러시아). 셋째, 전체주의적 정당의 지배에 의해 사회화된 산업화이다(러시아). 현재 사회보장은 과거와 마찬가지로 개인을 사회 전체로 통합하는 수단이며, 이들을 산업사회에서의 공통적 유대에 참여시키는 수단이었다. 적대와 불만의 투쟁으로부터 창조적 협동과 생산적 효율성의 건설이라는 방향으로 변화되었다. 이러한 변화의 주된 이유는 산업화로 인한 사회적 손상이었다. 소련과 대부분의 국가들은 보호의 최저수준 이상에서는 차별화된 급여가 더 효율적이라 믿는다. 이것은 필연적이고 합법적으로 나타나는 불평등이다. 그러므로 성숙한 산업사회에서의 사회보장은 수용할 수 없는 경제적・사회적 불평등 현상을 감소시키고 합법적이고 목적적인 불평등을 유지해야 하는 이중적 과업을 지니게 되었다.

이상에서 우리가 살펴본 사회복지정책 분석방법은 산출분석, 과정분석, 성과분석, 역사적 분석, 비교분석이었다. 산출분석, 과정분석, 성과분석은 분석단위가 사회복지정책 자체의 내용과 그것이 결정되는 과정을 분석한 것이라고 한다면, 역사적 분석과 비교분석은 분석단위가 각국의 사회복지정책의 맥락을 시간의 흐름이나 비교를 통해 분석한 연구라 볼 수 있다.

산출분석은 사회복지정책이 누구에게 어떤 급여를 제공하고 이 급여를 어떤 방식으로 전달하며 급여에 소요된 재정은 어떻게 충당할 것인가를 결정하는 방법들의 선택이라 할 수 있다. 이 분석방법은 운영되는 사회복지정책을 내용별로 범주화시켜 선택된 가치와 사회주류적인 입장을 쉽게 파악할 수 있는 장점이 있다. 그러나 산출분석은 기존의 사회복지정책에 적용된 사회적 가치 평가가 어렵고 차별받고 배제된 사람들의 욕구를 파악할 수 없기 때문에 사회복지정책에 대한 바람직한 대안을 제시하기 어려운 점이 있다.

과정분석은 사회복지정책이 어떻게 이슈화되고 아젠다를 형성한 후 대안이 형성되는지, 그리고 어떤 과정을 거쳐 정책이 결정되고 집행되고 평가되는지를 보여주는 일련의 과정이다. 과정분석은 그 사회의 정치적・경제적・사회적 요인들이 어떤 관계를 가지며 정책결정에 영향을 미치는지를 보여주며, 또한 이해집단들 간의 역학관계를 잘 보여준다. 그러나 이 분석은 기존의 사회복지정책이 제도화되는 과정을 보여주므로 사회복지정책에 포함되지 않고 여전히 차별받고 배제된 제도권 밖의 사회적 약자, 사회적 소수자 등을 위한 복지적 대안을 제시하지 못하는 경향이 있다.

성과분석은 선택된 사회복지정책이나 프로그램의 결과를 기술하고 그 효과성을 파악하는 것으로, 관련 내용이 얼마나 잘 실행되었는지 그리고 또 그것을 통해 어떤 영향을 미쳤는지에 대한 것이었다. 성과분석은 사회복지정책이나 프로그램의 결과를 통해 자원을 잘 활용하고 그 효과성에 대한 객관적인 정보를 얻어 사회복지정책이나 프로그램의 지속 여부 등을 판단할 수 있게 해준다. 그렇지만 성과분석은 실행된 사회복지정책이나 프로그램의 결과를 보여주는 것으로 새로운 사회문제에 대응하는 사회복지정책을 이끌어 내지 못하는 단점이 있다.

역사적 분석은 역사적 맥락과 흐름 속에서 사회복지정책과 관련한 개념적 분석 틀을 설정하여 분석함으로써 언제, 어떻게, 왜 사회복지정책이 수립되고 어떤 성격을 띠는지를 파악할 수 있다. 그러나 역사적 분석 역시 기존의 제도적으로 이루어진 사회복지정책만을 분석할 수 있을 뿐이고 복지사각지대에 있는 사람들의 사회복지정책을 보여주지 못하는 한계가 있다.

비교분석은 국가와 국가 간의 비교분석을 통해 일반적이고 특수한 사회복지정책을 구별하도록 하고, 제도에 대한 선택기회를 넓히고, 사회복지정책의 전세계적 유행을 파악할 수 있으며, 보편적 이론도 정립할 수 있는 강점이 있었다. 그렇지만 용어 및 개념상의 혼란으로 연구 시 공통된 개념의 설정이 필요하였다. 또한 비교분석 역시도 기존의 제도화된 사회복지정책을 분석함으로써 제도 밖에 배제된 사람들의 사회복지정책을 대안으로 제시하는 데 미흡하다.

이에 본 서에서는 기존의 사회복지정책 내용과 결정과정을 파악하기에 적절한 분석방법인 산출분석과 과정분석을 제9장에서 한국의 사회복지정책 실제 사례에 적용하여 실시하고자 한다. 또한 이 장에서 제시한 분석방법의 한계를 극복하고자 제10장에서는 기존 분석방법의 대안도 찾아볼 것이다.

참고문헌

곽효문(2001). **복지정책론**. 서울 : 제일법규.

김보영(2012). 영국사회서비스 담론 분석 : 2개의 축에 따른 네 가지 지형. **한국사회복지학**, 64(1).

김진욱(2005). 한국복지혼합의 구조 : 2000년도 지출추계를 중심으로. **사회보장연구**, 21(3).

노화준(2003). **정책분석론**. 서울 : 박영사.

______(2012). **정책학원론**. 서울 : 박영사.

박병현(2007). **사회복지정책론 : 이론과 분석**. 경기 : 학현사.

송근원(2004). **사회복지정책학**. 서울 : 학지사.

송근원 · 김태성(1995). **사회복지정책론**. 서울 : 나남출판.

오수길 · 곽병훈(2004). 사회자본-정부-거버넌스의 연계에 관한 시론적 모색 : 재가노인복지 서비스 전달체계의 역사적 분석을 사례로. **한국행정학보**, 38(6).

원석조(2006). **사회복지정책론**. 경기 : 공동체.

이성우(2007). **정책분석론의 논리와 방법 : 불확실성과 제한적 합리성하의 정책분석론**. 서울 : 조명문화사.

현외성(2014). **핵심 사회복지정책론**. 경기 : 양서원.

Dunn. 저. 나기산 외 공역(1994). **정책분석론**. 서울 : 법문사.

Dye, T. R.(1976). *Policy Analysis*. University of Alabama Press.

Gaston V. Rimlinger. 저. 한국사회복지학연구회 역(1991). **사회복지의 사상과 역사 : 유럽, 미국, 러시아의 사회정책을 중심으로**. 서울 : 한울.

Gilbert, N., & Terrell, P.(2002). *Dimensions of Social Welfare Policy*(5th ed.). Boston : Allyn and Bacon.

Hudson, J., & Lowe, S. 저. 이원진 역(2013). **정책과정**. 서울 : 나눔의집.

Myrdal, A.(1945). In Cash or In Kind. *Nation and Family : The Swedish Experiment in Democratic Family and Population Policy*. London : Kegan Paul, Trench, Trubner & Co. Ltd.

Skocpol, T.(1990). Sustainable Social Policy : Fighting Poverty Without Poverty Programs. *The American Prospect*, 2.

이 장의 요약

1. 사회복지정책 분석은 사회복지정책의 목표를 이루기 위해 정책의 내용, 과정, 평가 등을 분석함으로써 정책대안을 체계적으로 탐색하기 위한 접근방법이다. 사회복지정책은 국민의 생활에 직접적 · 간접적인 영향이 매우 크므로 국민 각자에게 도움을 줄 수 있는 정보를 산출하여 대안을 탐색하는 사회복지정책 분석은 중요하다.
2. 산출분석은 사회복지정책의 내용을 포괄하는 산출연구를 중심으로 정책과정에 선택된 가치에 따라 할당, 급여, 전달, 재정의 구체적인 선택이 달라진다.
3. 과정분석은 사회복지정책이 그 사회의 정치적 · 경제적 · 사회문화적 맥락에서 어떤 일련의 과정을 거쳐 결정, 집행, 평가되었는지를 보여준다. 또한 이 분석방법은 사회복지정책을 둘러싼 사회이해집단의 역학적인 관계를 이해하여 정책결정에 어떤 영향을 미치는 요인을 파악할 수 있도록 한다.
4. 성과분석은 특정 정책선택에 의해 실행된 프로그램이 발생한 결과를 기술하고 평가하는 데 관심을 가지며, 성과는 양적 · 질적 자료의 수집을 통해 그리고 여러 가지 학문분야에서 개발된 다양한 방법론적 도구를 통해 측정될 수 있다.
5. 역사적 분석은 사회복지정책을 시간적 흐름에 따라 분석하는 것으로 특정한 경향이 어떠하고 왜 그러한 특정 경향이 이루어지는지를 설명하고자 할 때 사용한다.
6. 비교분석은 일반적인 사회복지정책과 특정한 사회복지정책을 구분하고, 제도선택의 범위를 넓힐 수 있고, 사회복지제도의 전 세계적 경향을 알 수 있으며, 궁극적으로 이론을 정립할 수 있다.

주요 용어

- 보편주의와 선별주의 : 급여대상의 범위를 선정하는 데 고려하는 원칙이다. 보편주의는 모든 국민이 직면할 수 있는 일상적인 위험에 대처하기 위해 사회복지급여를 사회적 권리로서 제공하는 것이고, 선별주의는 특정한 욕구를 가진 선별적인 대상에게 자산조사를 통해 사회복지급여를 제공하는 것이다. 급여대상의 보편주의와 선별주의에 대한 이분법적인 논의는 어느 한쪽만 옳다기보다는 보편주의적 틀에서 선별적으로 급여대상을 취하는 것이 적절하다고 볼 수 있다.

- 현물급여와 현금급여 : 급여형태를 구분하는 기본적인 형태이다. 현물급여는 수급자의 욕구를 충족시킬 수 있도록 직접 물품이나 서비스 등을 제공하여 규모의 경제나 사회적 통제가 가능하고, 현금급여는 수급자의 욕구충족에 필요한 금전을 제공받아 사용한다는 점에서 개인 선택의 자유가 있다. 현물급여와 현금급여의 선택은 그 시대의 지배적인 가치와 사회복지정책 영역에 따라 차이가 있다.
- 전달체계 : 사회복지 전달체계는 그 사회의 가치와 정부부문 · 민간부문 전달체계가 가지고 있는 장점에 따라 선택이 달라질 수 있다. 또한 전달체계는 사회복지 재화나 서비스의 속성인 공공재적 성격이나 외부효과의 크기, 소비자의 합리적 선택 가능성 등을 그 판단기준으로 삼는다.
- 공공재원과 민간재원 : 사회복지정책의 공공재원은 국가의 일반예산을 통해 마련되고 국가예산은 조세에 의해 충당되므로 조세의 종류와 성격을 잘 이해하는 것이 필요하고, 민간재원은 이용자부담, 자발적 기여, 직업복지, 가족 간 이전의 형태로 나타난다.
- 사회복지정책 문제 이슈화 : 충족되지 않은 욕구로 인해 고통받는 사람들의 조건이나 상황이 해결되어야 할 문제로 인식되어 그 문제의 해결을 위해 구체적인 행동을 취하는 것이다.
- 사회복지정책 아젠다 형성 : 사회복지 문제나 요구가 정치적 쟁점이 되어 일반 국민의 관심을 끌고 정책결정자에 의해 논의될 수 있으면 아젠다로 설정된다.
- 사회복지정책 대안형성 과정 : 사회복지 문제와 상황을 파악하여 정책목표를 설정하고, 이를 성취할 수 있는 정책대안을 개발하여 비교분석하는 지적 활동과정이다.
- 사회복지정책 결정 : 정책대안들 중에서 하나를 정책으로 선택하는 과정으로, 공공의 이익을 전제로 거시적 시각이 필요하다.
- 사회복지정책 집행 : 정책목표를 달성하기 위해 결정된 사항을 구체적으로 실천하는 과정으로, 정책집행 시 복잡한 이해갈등 요인들과 상호 역동적 과정으로 인해 정치적 양상을 띠기도 한다.
- 사회복지정책 평가 : 정책목표 달성을 파악하고 충족되지 않은 욕구를 발견하여 새로운 정책대안을 개발하기 위해 필요하다. 사회복지정책 평가는 전문가 · 학자 · 관료에 의해 객관적이고 과학적으로 수행되지만 평가의 결과를 해석하고 선택하는 것에 있어 정치적 이해관계가 형성되어 평가의 객관성과 정치성 사이의 긴장과 갈등관계가 발생한다.
- 성과분석 : '프로그램이 얼마나 잘 실행되었는가?'와 '프로그램을 실시하여 얻은 영향이 무엇인가?'에 대한 답을 구하려는 것이다.

- **역사적 분석** : 역사적 맥락과 흐름 속에서 사회복지정책과 관련된 개념적 분석 틀을 설정하여 분석한다. 이때 가장 중요한 과제는 연구문제를 제시하거나 가설을 만들고 개념적 분석 틀과 관련된 증거를 수집하여 분석하는 것이다.
- **비교분석** : 복지국가를 이룬 나라와의 비교뿐만 아니라 유사한 문화권의 나라와 한국과의 비교연구를 통해 사회복지정책의 경향을 파악한다.

추천자료

노화준(2017). **기획과 평가를 위한 정책분석론**(제5판). 서울 : 박영사.

Chambers, D. E., & Bonk, J. F.(2013). *Social Policy and Social Programs : A Method for the Practical Public Policy Analyst*. Pearson.

Gaston V. Rimlinger. 저. 한국사회복지학연구회 역(1991). **사회복지의 사상과 역사 : 유럽, 미국, 러시아의 사회정책을 중심으로**. 서울 : 한울.

Gilbert, N., & Terrell, P.(2013). *Dimensions of Social Welfare Policy*(8th ed.). Boston : Allyn and Bacon.

Popple, P. R., & Leighninger, L.(2020). *Policy-Based Profession : An Introdution to Social Welfare Policy for Social Workers*(7th ed.). Boston : Allyn and Bacon.

CHAPTER 09

한국의 주요 사회복지정책과 그 실제 분석

사회복지의 역사를 빈곤의 역사라고 할 만큼 사회복지정책에서는 빈곤문제를 가장 근본적으로 다룬다. 자본주의 사회에서 빈곤은 개인의 문제라기보다는 자본주의 발전과정에서 생긴 사회구조적 문제에서 비롯된 것이 많으므로 국가가 빈곤문제 해결을 위해 노력하는 것은 당연하다. 우리나라의 빈곤문제를 해소하기 위한 대표적인 소득보장제도는 국민기초생활보장제도이다.

빈곤은 개인의 질병과 매우 깊은 관련이 있다. '가난한 집에는 병자가 있다'는 말처럼 아프면 일을 못해 돈이 없고, 돈이 없으면 병원에 못 가서 치료를 받지 못하므로 병은 더욱 악화된다. 빈곤과 질병은 동전의 양면과 같이 국민의 삶을 위협한다. 국민건강보험제도는 국민건강의 위험을 분산시키고 국민건강을 유지・보장하기 위한 우리나라의 의료보장제도이다.

고령화사회에 진입한 우리 사회는 노인인구가 급격히 증가하고 있다. 노인인구의 확대는 가족의 경제적・사회적 부양, 노인 학대 및 자살 등 사회를 위협하는 많은 문제를 야기시켰다. 이에 대해 노인복지정책은 저출산・고령화사회에 대처하여 노인의 삶을 어떻게 보장하고 있는지 그리고 어떻게 보장해야 하는지를 보여준다.

여기에서는 사회복지정책 영역 중 소득보장, 건강보장, 개별사회서비스에서 대표적인 제도인 국민기초생활보장제도, 국민건강보험제도, 노인복지정책을 선정하여 제8장에서 살펴본 산출분석과 과정분석을 적용하여 분석해 보고자 한다.

1. 소득보장 : 국민기초생활보장제도

빈곤은 자본주의 사회에서 더 이상 개인의 게으름이나 나태로만 설명될 수 없는 문제가 되었다. 자본주의는 자본축적 과정에서 자본의 집중을 더욱 심화시켜 생산수단과 생산물의 잉여가치를 사회의 일부 계급에게 집중시킨다. 이에 다수의 사회구성원들의 생활은 상대적으로 악화되고 빈곤은 심화된다. 또한 자본주의 체제는 상대적 과잉인구로 표현되는 실업인구와 빈곤계층을 남겨둠으로써 노동의욕을 고취하고 저임금정책을 유지할 수 있는 기제를 만든다. 이러한 자본주의 축적과정의 특징으로 인해 사회에는 항상 빈곤한 계층이 일정 수준 존재하게 된다(김영화 외, 2004 : 209). 빈곤은 한편으로는 자본주의 체제의 모순을 보여주고 다른 한편으로는 자본주의 경제체제에 순기능적인 역할을 한다. 그러므로 빈곤은 개인적 차원의 문제라기보다는 사회경제적 · 구조적 배제에서 발생하는 것으로 국가의 책임을 강제하는 것이다.

빈곤에 대한 국가의 책임은 소득보장정책을 통해 현실적으로 제시된다. 소득보장정책은 제7장에서 살펴본 대로 여러 제도들로 접근할 수 있다. 그러나 여기서는 가장 대표적인 우리나라의 공공부조제도인 국민기초생활보장제도를 중심으로 산출분석과 과정분석을 적용해 보고자 한다.

1) 한국의 생활보호제도와 국민기초생활보장제도

우리나라의 공공부조제도로서는 생활보호제도를 거쳐서 국민기초생활보장제도가 실시되고 있다. 1961년에 제정된 생활보호제도는 일제시대 조선구호령(1944)의 연장선상에서 입법화된 것으로, 노령, 질병, 기타 근로능력의 상실로 인해 생활유지능력이 없는 자 등에 대한 보호와 방법을 규정하여 사회복지 향상에 기여함을 목적으로 하였다. 1960년대에 전쟁의 피해와 절대적 빈곤 속에서 국가가 극빈자에 대한 구호사업과 생활무능력자에 대한 수용보호 등을 공공부조제도로 만든 것이다. 그 후 생활보호법은 몇 차례의 개정을 통해 보호대상자의 범위를 확대하였으나 친족부양 우선주의는 지속되었다.

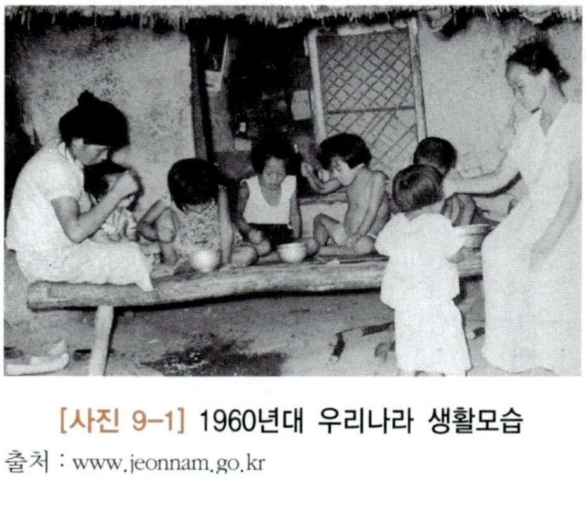

[사진 9-1] 1960년대 우리나라 생활모습
출처 : www.jeonnam.go.kr

생활보호제도는 경제위기 이후 갑작스러운 대량실업과 빈곤문제를 해결하기 위해 한시적 생활보호제도를 제정(1998. 9)하여 생활보호제도

대상자에게 공공부조서비스를 제공하였다. 그러나 생활보호제도는 국가의 경제적 위기로 인해 발생한 사회문제들을 해결하고 국민의 인간다운 최소수준의 생활을 보장하기에는 많은 한계점을 가지고 있었다. 이러한 이유로 30년 이상 지속된 생활보호제도가 폐지되고, 국민기초생활보장법이 1999년 9월 7일 공포되어 2000년 10월 1일부터 시행되었다. 국민기초생활보장제도는 근로능력 여부에 관계없이 최저생활 이하의 빈곤에 처한 국민을 대상으로 급여를 제공한다. 또한 근로능력자에 한해서 자활사업 참여를 조건으로 자활급여를 제공한다.

국민기초생활보장제도와 생활보호제도를 비교해 보면, 첫째, 국민기초생활보장제도는 국민의 기본권으로 최저생활을 보장한다. 생활보장을 받는 사람들은 생존권과 복지권을 기반으로 보호자나 수혜자가 아닌 수급자나 수급권자로 명시하고 이들의 법적 권리를 확보하였다. 둘째, 근로연계복지를 실현하기 위해 근로능력자에게 구직활동, 직업훈련, 공공근로 등의 참여를 조건으로 생계비를 지급하였고, 근로의욕과 근로능력 등을 고려하여 자활사업과 사회복지서비스를 제공하여 적극적 자립생활을 유도하였다. 셋째, 주거급여와 긴급구호가 신설되었다. 주거급여는 임대료, 주택유지수선비 등 주거안정을 위해 필요한 급여로서 빈곤으로부터 벗어나려면 사는 곳이 안정적이어야 한다는 인식을 반영한다. 긴급구호는 수급자에게 긴급하게 급여해야 할 필요가 인정될 때 이루어지는 것으로 경제위기나 재해재난 등을 겪으면서 그 필요성이 인식되었다. 넷째, 공공부조행정이 전문화되고 체계화되었다. 정부는 수급권자의 자산조사, 선정, 급여유형 등 체계적이고 합리적인 실시를 위해서 전문인력인 사회복지전담공무원을 확충하고 관련 인프라를 확대해 나갔다.

한편 국민기초생활보장제도 개정안에 대한 논의는 2013년 말부터 진행되어 2014년 초 송파 세 모녀 자살사건을 계기로 급진전되었다. 2014년 말 개별 급여체계로의 전환을 위한 법 개정을 통해 2015년 7월부터는 맞춤형 급여체계로 개편되었다. 따라서 국민기초생활보장제도에 대한 산출분석은 맞춤형 국민기초생활보장제도를 중심으로 살펴본다.

2) 국민기초생활보장제도의 분석

(1) 산출분석

국민기초생활보장제도의 산출분석은 급여대상, 급여형태, 전달체계, 재원으로 구분하여 범주별로 살펴본다.

① 급여대상

국민기초생활보장제도의 급여대상, 즉 수급자 선정기준은 부양의무자가 없거나, 부양의무자가 있어도 부양능력이 없거나 부양을 받을 수 없는 사람으로서 소득인정액이 급여종류별 선정기준 이하인 사람이다. 맞춤형 급여제도 도입 등 제도 개선에 따라 생계급여, 주거급여, 교육급여는 부양의무자에 대한 부양능력 판정기준을 적용하지 않는다. 2023년 기준, 부양의무자 기준이 적용되는 급여는 의료급여이다. 최저생계비를 기준으로 정하는 방식을 폐지하고 기준중위소득을 적용하고 있다. 따라서 소득인정액, 기준중위소득, 부양의무자(의료급여에만 적용)등이 급여 대상을 결정하는 데 고려되는 요소들이다.

2023년을 예로 들어보면 생계급여의 경우 소득인정액이 기준소득 30% 이하에 대해 적용되는데, 1인가구의 경우 623,368원 이하인 대상에게 지급되는 것을 알 수 있다.

〈표 9-1〉 2023년 기준 중위소득 (단위 : 원)

가구규모 / 구분	1인 가구	2인 가구	3인 가구	4인 가구	5인 가구	6인 가구	7인 가구
기준 중위소득	2,077,892	3,456,155	4,434,816	5,400,964	6,330,688	7,227,981	8,107,515

〈표 9-2〉 2023년 급여종류별 수급자 선정기준 (단위 : 원)

가구규모 / 구분	1인 가구	2인 가구	3인 가구	4인 가구	5인 가구	6인 가구	7인 가구
생계급여수급자 (기준중위소득 30%)	623,368	1,036,846	1,330,445	1,620,289	1,899,206	2,168,394	2,432,255

의료급여수급자 (기준중위소득 40%)	831,157	1,382,462	1,773,927	2,160,386	2,532,275	2,891,193	3,243,006
주거급여수급자 (기준중위소득 47%)	976,609	1,624,393	2,084,364	2,538,453	2,975,423	3,397,151	3,810,532
교육급여수급자 (기준중위소득 50%)	1,038,946	1,728,077	2,217,408	2,700,482	3,165,344	3,613,991	4,053,758

* 생계급여수급자 선정기준인 기준 중위소득 30%는 동시에 생계급여 지급기준에 해당
* 8인 이상 가구의 급여별 선정기준 : 1인 증가 시마다 7인 가구 기준과 6인 가구 기준의 차이를 7인 가구 기준에 더하여 산정
 → 8인 가구 생계급여수급자 선정기준 : 2,969,116원=2,432,255원(7인 기준)+263,861원(7인 기준−6인 기준)

출처 : 보건복지부(2023), 국민기초생활보장사업안내

② 급여형태

- 생계급여는 절대 빈곤상황에 처한 국민들에게 최저생계를 보장하기 위한 기본 급여이다. 생계급여는 일반생계급여, 조건부생계급여, 긴급생계급여, 시설생계급여로 구분된다. 일반생계급여는 노숙인 자활시설 및 청소년쉼터 또는 한국법무보호복지공단시설 거주자와 하나원에 재원 중인 북한이탈주민 등 타 법령에 따라 국가 또는 지방자치단체로부터 생계를 보장받는 자를 제외한 모든 수급자에게 해당된다. 생계급여액은 생계급여 최저보장수준(대상자 선정기준)에서 소득인정액을 뺀 금액이 지급된다.

  긴급생계급여는 주 소득원의 사망, 질병, 부상, 사고, 사업부도・파산 등이나 부 또는 모의 가출, 행방불명 등 천재지변이나 화재 등으로 재산・소득상의 손실이 발생한 경우, 거주지 외의 지역에서 거주하고 있으나 소득이 없어 생계유지가 어려운 경우, 그리고 기타 시장・군수・구청장이 긴급생계급여가 필요하다고 인정하는 경우에 실시한다. 긴급생계급여는 기준중위소득의 15%에 해당하는 금액을 지급하고, 긴급생계급여 기간은 1개월로 하되, 필요시 1개월에 한하여 연장 가능하며 생계비를 현금으로 지급하되, 다만 적당하지 않다고 인정되는 경우에는 물품으로 지급한다.

  시설생계급여는 기초생활보장수급자 선정기준에 의한 절차를 거쳐 수급자로 책정된 입소자에 한해 지급한다. 시설생계급여는 보장시설수급자 1인당 급

여기준의 지급기준에 의거 보장시설별 예산을 편성하고 주식비, 부식비, 연료비, 피복비 등을 현금으로 지급한다.

이행기 보전액은 맞춤형 급여로의 제도개편으로 수급자의 다른 조건은 동일하나 급여액이 감소한 경우 그 감소한 금액을 보장함으로써, 제도 개편에 따라 발생할 수 있는 보장성 감소를 방지하고 하는 한시적인 보전액이다.

- 주거급여는 수급자에게 주거 안정에 필요한 임차료, 수선유지비, 그 밖의 수급품을 지급하는 것이다. 주거급여의 최저보장수준은 임차급여의 경우 기준임대료로 하고, 수선유지급여의 경우 경보수, 중보수, 대보수 등 보수범위별 수선비용을 기준금액으로 하고 있다. 임차급여 수급권자는 소득인정액이 중위소득 46% 이하인 자 중 타인의 주택 등에 거주하면서 임대차계약 등을 체결하고 실제 임차료를 지불하는 사람이어야 한다. 구체적인 임차급여 지급기준은 국토교통부장관이 수급자의 가구규모, 소득인정액, 거주형태, 임차료 부담수준 및 지역별 기준임대료 등을 고려하여 매년 정한다. 가령 2023년 주거급여 기준 임대료는 아래와 같다. 주거급여는 자가가구가 아닌 수급자는 기준임대료 상한선을 두어 임차료(월임차료와 보증금환산액)를 〈표 9-3〉과 같이 지급한다.

〈표 9-3〉 2023년 주거급여 최저보장수급에 따른 기준임대료 (단위 : 원/ 월)

가구원수	1급지(서울)	2급지(경기 · 인천)	3급지(광역 · 세종시 · 수도권 외 특례시)	4급지(그외 지역)
1인 가구	330,000	255,000	203,000	164,000
2인 가구	370,000	285,000	226,000	185,000
3인 가구	441,000	341,000	270,000	220,000
4인 가구	510,000	394,000	313,000	256,000
5인 가구	528,000	407,000	323,000	264,000
6인 가구	626,000	482,000	382,000	313,000

※ 가구원수가 7인의 경우 6인 기준임대료와 동일, 가구원수가 8-9인의 경우 6인 기준 임대료의 10% 를 가산(가구원수가 10인 이상은 2인 증가 시 6인 기준 임대료의 10% 인상에 따라 적용)

출처 : 찾기쉬운 생활법령정보 (https://easylaw.go.kr/. 검색 : 2023. 5. 4.일자)

- 교육급여는 기초생활보장수급자에 대하여 적정한 교육기회를 제공함으로써 자립능력을 배양함과 동시에 빈곤의 세대전승을 차단하기 위한 것이다. 급여 내용은 2023년 기준으로, 고지된 학비(입학금, 수업료), 교과서대, 교육활동지원비(초등학생 : 331,000원, 중학생 : 466,000원, 고등학생 : 339,200원)를 지급한다.
- 해산급여는 조산 및 분만 전후의 필요한 조치와 보호를 위한 것이다. 수급자인 출산여성에게 1인당 70만 원이 현금으로 지급되고, 추가 출생아 1명당 70만 원씩 적용된다.
- 장제급여는 수급자가 사망한 경우 사체의 검안·운반·화장 또는 매장, 기타 장제조치를 행하는 데 필요한 금품을 지급한다. 급여대상은 생계·의료·주거급여 수급자가 사망한 경우에 해당되며, 1구당 80만 원을 지급하고, 단 금전지급이 적당하지 아니하다고 인정되는 경우는 물품지급도 가능하다.
- 의료급여는 생활유지능력이 없거나 생활이 어려운 저소득 국민에 대해 개인 질병·부상·출산 등의 의료서비스를 제공해야 할 필요성이 발생했을 경우에 급여를 제공한다. 의료급여의 수급권자는 1종과 2종 수급권자로 나누고, 수급권자가 의료기관 등을 이용한 경우에 본인이 부담해야 하는 금액은 〈표 9-4〉와 같다. 1종 수급권자가 입원했을 경우에는 입원비가 없고, 2종 수급권자가 입원했을 경우에는 입원비의 10%를 부담하고 있다.

〈표 9-4〉 수급권자가 의료기관 등을 이용한 경우 본인이 부담해야 하는 금액

구 분		1차(의원)	2차 (병원, 종합병원)	3차 (상급종합병원)	약국	PET 등
1종	입원	없음	없음	없음	–	없음
	외래	1,000원	1,500원	2,000원	500원	5%
2종	입원	10%	10%	10%	–	10%
	외래	1,000원	15%	15%	500원	15%

* 보건복지부장관이 고시하는 경증질환으로 종합병원 이상급 기관에서 원외처방전을 발급받아 약국에서 조제받는 경우 약국약제비 본인부담은 급여비용총액의 3%임

** 상기 본인부담금은 급여청구분에 대한 것으로 비급여 청구분은 전액 본인이 부담해야 하며 선별 급여시에는 급여항목별로 30~90% 본인이 부담해야 함

출처 : 보건복지부(2020b). 의료급여사업안내, p. 6.

- 자활급여는 조건부수급자, 자활급여특례자, 일반수급자, 차상위계층을 대상으로 지급한다. 자활사업은 근로역량 배양 및 일자리 제공을 통하여 빈곤탈출을 지원하고 근로능력이 있는 저소득층이 스스로 자활할 수 있도록 자활능력 배양, 기능습득 지원 및 근로기회를 제공한다. 자활근로 유형은 시장진입형, 인턴・도우미형, 사회적 일자리형, 근로유지형 등으로 구분하여 지급하고 있다. 자활사업 프로그램은 자활사례 관리, 자활근로사업, 자활기업 지원사업, 자활장려금 사업 등이 있다. 자활사업은 보건복지부와 고용노동부로 구분하여 진행되고 있다. 보건복지부는 자활정책・사업을 총괄 관리하여 종합자활지원계획을 수립하고, 자활 프로그램을 개발・추진, 지역자활센터를 지정・관리하고 있고, 고용노동부는 취업지원 관리를 중점내용으로 종합취업지원계획을 수립하고 취업지원 프로그램을 개발 및 추진하고 있다(그림 9-1 참조).

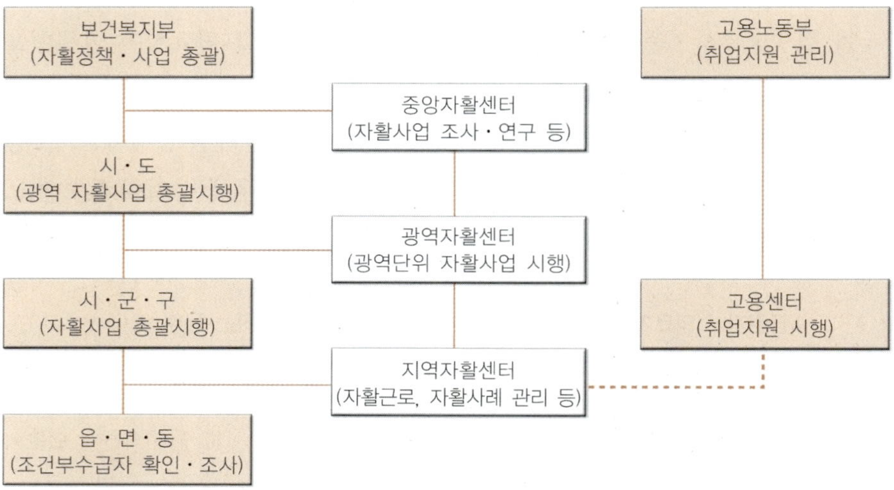

그림 9-1 자활사업 추진체계

출처 : 보건복지부(2020c). 2020년 자활사업안내 I, p. 2.

③ 전달체계

국민기초생활보장제도의 전달체계는 보건복지부가 구체적인 사업계획을 수립하면 보건복지부 산하의 전담기구를 통해서가 아니라 행정안전부의 전달체계인

시·도와 시·군·구, 그리고 일선의 행정복지센터를 거쳐 이루어진다. 단, 교육급여의 수급자조사는 행정복지센터에서 실시하고 집행은 교육청에서 이루어진다.

공공부조행정의 전문성을 강화하기 위해 1988년부터 동사무소에 사회복지전담공무원이 배치되었다. 이들은 복지업무뿐만 아니라 다른 행정업무까지도 담당하는 경우가 많아 취약계층의 발굴, 상담 및 전문적 서비스를 제공하는 데 어려움이 있었다. 이러한 업무의 문제점을 해결하고자 보건복지사무소를 1995년에서 1999년까지 시범운영하였다. 그러나 운영상의 문제들로 인해 시범사업으로 그치고 말았다.

그 후 사회복지사무소 시범사업이 2004년 7월에서 2006년 6월까지 국민의 복지체감도 향상과 정부－지방－민간의 협력에 의한 복지지원체계 구축을 위해 대도시, 중소도시, 농어촌에 실시되었다. 사회복지사무소는 공공복지의 인프라 구축을 강화하여 지역 내 다양한 복지주체의 중심축으로 수요자의 욕구에 맞게 자원을 연계·조정하고, 지역사회복지협의체는 지방자치단체와 민간복지기관 간 연계·협력기구로서 공공 및 민간 복지 네트워크를 구성하고자 하였다. 그러나 사회복지사무소는 전국적으로 확대·실시되지 못하였고 이 시범사업의 성과는 지역주민통합서비스체계에 반영되었다.

참여정부는 지방분권 추진에 부응하는 시·군·구의 주민생활을 지원하고, 그 기능을 확충하고 복지체감도를 높이는 읍·면·동의 현장성과 전문성을 강화하기 위해 지역주민통합서비스체계를 시행하였다. 2012년 4월에 지역단위 맞춤형 복지행정을 구축하고자 시·군·구에 통합사례관리 담당조직인 희망복지지원단을 구성하였다. 박근혜 정부에서는 맞춤형 복지전달체계 구축방안을 통해 동 주민센터 복지기능 보강을 추진하도록 하였다. 2015년 7월부터 맞춤형 국민기초생활보장제도가 운영됨에 따라 주거급여는 국토교통부 예산으로 동 주민센터를 통해 지급되고, 교육급여는 교육부의 교육청을 통해 전달된다. 2018년 이후에는 전 읍면동 주민센터가 복지사각지대를 해소하는 맞춤형 복지팀 확대 배치로 읍면동 기능이 행정뿐만 아니라 복지기능까지 강화되어 행정복지센터로 명칭이 변경되었다.

④ 재원

국민기초생활보장제도의 재원은 국가의 일반예산을 편성하여 전액 조세에서 충당한다. 〈표 9-5〉는 2015년부터 2018년까지의 공공부조 사업의 지출현황이다. 매년 공공부조 사업의 지출이 조금씩 증가추세에 있는 것을 볼 수 있다.

〈표 9-5〉 주요 공공부조 사업의 지출현황(2015~2018) (단위 : 억 원)

		2015	2016	2017	2018
국민기초생활보장	생계급여	34,547	42,082	44,752	45,271
	의료급여	58,936	66,319	69,749	76,355
	주거급여	9,317	10,624	10,865	12,365
기초연금		96,839	99,139	105,321	119,654
장애인연금		7,976	8,213	8,262	9,088

출처 : 국회예산정책처(2019). 공공부조제도의 현안 및 재정소요 추계. p. xiv.

이상의 맞춤형 국민기초생활보장제도의 산출분석을 종합해 보면, 국민기초생활보장제도는 전 국민의 최저생활보장을 목적으로, 국가가 정하는 소득인정액 기준과 부양의무자 기준을 충족하는 국민에게 생계급여, 주거급여, 교육급여, 해산급여, 장제급여, 의료급여, 자활급여를 보건복지부, 행정안전부, 교육부 등의 전달체계를 통해 제공하고 국가의 일반예산을 재원으로 운영됨을 알 수 있었다. 2015년 7월부터는 맞춤형 국민기초생활보장제도가 도입되어 급여대상의 기준이 조금씩 완화되어 교육급여는 부양의무자기준이 폐지되었으나 생계급여 등에 적응되는 여전히 엄격한 부양의무자 기준, 제도의 홍보 부족 등으로 인해 최저생활을 보장받지 못하는 절대적 빈곤층이 남아 있어 사회안전망으로의 그 역할을 충실히 하고 있다고 보기는 어렵다.[1]

1) 2015년 세 모녀법인 맞춤형 국민기초생활보장제도로는 자살한 세 모녀는 국가지원을 받을 수 없었다. 세 모녀는 부양의무자 조건 때문에 국민기초생활보장제도의 지원을 받지 못한 것이다. 어머니 박 씨가 61세로 근로가능 연령층이었고, 첫째 딸은 고혈압과 당뇨가 심했지만 병원에 갈 비용이 없어서 병원에 가지 못해 만성질환으로 인정받지 못했으며, 둘째 딸은 신용불량자이지만 근로무능력 사유가 되지 않았다. 근로능력이 있는 세 모녀에게 국가가 정하는 확정소득은 최소 186만 원으로 2015년 생계급여 선정기준인 963,582원 이상이므로 지원을 받을 수 없다. 2019년 11월 인천시 계양구의 한 아파트에서 어머니(49세), 아들(24세), 딸(20세), 딸 친구(19세)가 숨진 채 발견되었다. 유서에는 경제적 어려움과 건강이 좋지 않아 힘들다는 내용이 있었다. 이

(2) 과정분석

국민기초생활보장제도의 과정분석은 국민기초생활보장제도가 어떻게 사회복지문제로 인식되고 아젠다를 형성하여 결정, 집행 그리고 평가되는지를 알아본다.

① 생활보호제도의 문제점 이슈화 및 아젠다 형성

국민기초생활보장제도가 어떻게 사회복지 문제나 요구로 이슈화되어 아젠다를 형성하였는지에 대해서는 생활보호제도의 문제점, 경제위기로 인한 대량실업과 빈곤, 그리고 시민사회단체의 주도적 역할 등을 통해 파악해 볼 수 있다.

첫째, 1961년 제정된 생활보호제도는 공공부조의 역할을 30여 년 동안 수행해 왔다. 생활보호제도는 여러 번 개정을 통해 부분적으로 수정되었으나 현대적 의미의 사회적 안전망의 역할을 충실히 실현하지 못하였다. 이 제도는 빈곤을 개인과 가족의 책임으로 보는 보충적(residual) 성격이 강하여 대상의 포괄성, 급여의 충분성, 대상자 간의 형평성 등에서 문제점을 가지고 있었다. 이러한 생활보호제도의 문제점들은 국민기초생활보장법을 제정하도록 하는 중요한 문제로 작용하였다.

둘째, 1997년 말부터 시작된 경제위기는 국가의 최후 사회안전망인 생활보호제도에 대한 근본적인 재검토를 요구하였다. 경제위기에 의한 대량실업사태는 갑작스러운 소득중단, 가정불화, 가족해체, 노숙자, 개인 및 집단 자살 증가 등 급속한 사회해체 현상을 가져왔다. 이에 정부는 한시적 생활보호제도와 대규모의 공공근로사업을 통해 문제해결을 시도하였으나 이것은 일시적인 대책에 지나지 않았다. 경제위기는 열심히 일했던 개인을 하루아침에 실업자와 빈민으로 만들었고, 이들을 구제해야 하는 사회안전망은 부실하여 별다른 역할을 기대하

어머니는 생계급여 신청 시 이혼한 남편의 금융정보제공동의서를 제출해야 한다는 설명에 수급신청을 하지 않았고, 결국 가스질식에 의한 자살을 하였다. 따라서 2014년 송파 세 모녀 자살사건과 2019년 인천 계양구 일가족 사망사건이 되풀이되지 않기 위해서는 국민기초생활보장제도의 부양의무자 조건을 점차적으로 완화시켜 궁극적으로는 폐지해야 할 것이다.

기 어려웠다. 경제위기 이후에 나타난 실업과 빈곤문제는 생활보장제도의 개혁을 요구하였다.

셋째, 시민사회단체의 조직적인 사회복지운동이다(한국사회과학연구소 사회복지연구실 편, 2000 : 224). 참여연대[2] 등 전국의 많은 시민사회단체들은 가족해체 등 심각한 사회문제 해결을 위해 미흡한 제도적 장치를 사회운동적 차원에서 해결하기 위해 조직적이고 집단적인 요구와 투쟁을 펼쳐나갔다. 참여연대는 1998년 봄 이후 국민기초생활보장법 제정을 이슈화하기 위해 정책 공청회와 공동성명회 및 기자회견을 개최하고 참여연대를 중심으로 시민운동단체와 연대가 이루어졌다. 그해 7월 참여연대는 한나라당 김홍신 의원의 소개로 26개 사회단체와 연대하여 국회에 '국민기초생활보장법' 제정 입법청원을 내고 제정촉구대회를 열었다. 청원의 주요 골자는 실직 등으로 인해 소득이 최저생계비에 못 미치는 가구에 대해 생계, 주거, 의료, 자녀교육 등 기초생활에 대한 국가의 책임을 법으로 명백히 하자는 것이었고, 기존의 생활보호법 체제를 근본적으로 개혁하자는 내용이었다. 이는 국민기초생활보장법(안)을 사회쟁점화하는 데서 한걸음 더 나아가 정책의제화하려는 조직적인 시도라고 할 수 있다(안병영, 2000). 국민기초생활보장법(안)은 1998년 12월 28일 보건복지위원회 법안심사소위원회의 대안으로 의결되어 정책의제화되었다.

위에서 언급한 생활보호제도의 문제점과 경제위기로 인한 대량실업과 빈곤은 국민기초생활보장법 제정을 위한 제도적이고 환경적 요인으로 이슈 쟁점화를 형성하였다면, 시민사회단체의 활동은 주체적이고 조직적으로 국민기초생활보장법 제정의 이슈를 쟁점화하여 아젠다를 형성하도록 하였다.

② 생활보호제도의 대안형성 과정

생활보호제도의 대안형성 과정은 경제위기 이후 발생한 대량실업과 빈곤문제를 해결하는 데 있어 생활보호법의 한계를 인정하고 국민기초생활보장법(안)

---

2) 1994년에 출범한 참여연대 사회복지위원회는 초기 '국민복지기본선(national minimum)' 운동과 1998년 7월 이후 '국민기초생활보장법' 제정 입법청원 및 제정촉구 활동을 통해 문제 이슈화와 아젠다 형성에 노력하였다. 참여연대의 사회복지위원회에서 제시한 헌법소원 등의 국민기초기본선 운동이 이후 국민기초생활보장법 제정으로 연결되었다.

의 구체적인 내용을 만들어 가는 과정이다. 1999년 3월 발족한 국민기초생활보장법 제정추진 연대회의는 '국민기초생활보장법 제정의 쟁점과 전망'이라는 제목으로 공청회를 개최하여, 문진영 교수가 법 제정의 필요성과 구체적인 시행방안을 제시하였고, 주요 쟁점사항의 반대의견에 대한 반박논리를 마련하였다. 1999년 7월 6일 한나라당 김홍신 외 131인은 '국민기본생활보장법안'을 발의하였다.

이 당시 김대중 정부는 '옷로비사건' 등으로 정치적 위기에 처하게 되었다. 고관부인에 대한 로비 및 고급 옷 구입사건인 옷로비사건은 당시 정권에 커다란 정치적 타격을 주었고 6·3 재선거의 참패를 가져왔다. 이러한 사건들을 계기로 김대중 정권은 자신들의 전통적인 지지층이고 옷로비사건의 직접적인 피해자인 중산층과 서민층의 생활을 중심으로 집권당의 방향을 설정하게 되었다(한창근, 2001). 옷로비사건은 이후 대통령의 국민기초생활보장법 제정 발언에 영향을 미치는 정치적 사건이라 할 수 있다.

이 당시 보건복지부는 대안형성 과정에서 매우 미약한 모습을 보였으나 1998년 말에 법안이 국회상임위원회 법안심사소위원회를 통과하고 1999년부터 조직화되면서 관심을 갖기 시작하였다. 보건복지부는 1999년 1월에 행정인프라의 구축[3]을 전제로 국민기초생활보장법안에 소극적인 동의를 표시하였다.

③ 국민기초생활보장제도의 결정

1999년 6월 21일 김대중 대통령이 울산에서 '국민생활보장법' 제정을 제안하였다. 대통령의 발언은 국민기초생활보장법 제정을 위한 결정적인 계기를 마련하였으나, 그 법안의 구체적인 내용과 실시 일정에 대한 결정은 쉽게 이루어지지 않았다. 재정경제부, 보건복지부, 기획예산처, 노동부 등 여러 부처가 공동으로 참여하여 국민기초생활보장법 제정을 위한 실무협의 등을 마련하였고 그 후 국민기초생활보장제도의 주요 내용에 대해 합의하였다.

1999년 8월 2일에 개원된 206회 임시국회는 1998년 12월에 채택한 상임위원회

3) 그 내용은 ① 생활보호사업을 담당할 사회복지전문요원의 인력 확충, ② 생활보호사업을 위한 사회복지전산망 구축, ③ 읍·면·동 폐지 시 사무소의 복지센터로의 전환, ④ 보건복지부 내에 생활보호 전담부서 설치 등이다.

대안과 1999년 7월에 제출된 한나라당안을 두고 심사하였다. 마침내 국민기초생활보장법은 여야의 합의 속에 1999년 8월 12일 임시국회 전체 회의를 통과하여 그해 9일 7일 공포되었다(법률 제6024호).

이상에서 국민기초생활보장법의 결정은 제8장에서 언급한 정책결정 모형 중에서 점증모형과 쓰레기통 모형을 적용시켜 분석할 수 있다. 점증모형은 이전의 정책내용을 기초로 약간의 수정을 통해 여론을 반영하고 보완적인 정책대안을 제시하는 정책결정이다. 국민기초생활보장법은 외형적으로는 국민의 보편적 권리인 생존권 보장, 근로연계복지, 주거급여와 긴급급여의 신설 등으로 생활보호법과 두드러진 차이를 보이는 것은 사실이나 실제적으로 수급자에게 제공되는 급여나 운영 면에서는 생활보호법 내용에서 점진적인 차이를 보여주고 있으므로 점증모형에 의한 정책결정의 설명이 가능하다.

쓰레기통 모형은 정책결정 과정에서 우연성, 임시성, 유동성이 강조되고, 정책결정 과정이 합리적인 절차를 통해 이루어지기보다는 정치·문제·정책의 흐름을 통해 비합리적인 또는 조직화된 무정부 상태를 통해 이루어진다는 것을 보여준다. 앞서 살펴본 국민기초생활보장제도의 정책결정 과정을 쓰레기통 모형에 적용하여 제시하면 ❙그림 9-2❙와 같다. 이 당시 정치의 흐름에서 경제위기 극복을 위한 정부의 노력, 옷로비사건, 생산적 복지 등이 제시되었고, 문제의 흐름에서는 국민들의 대량실업, 빈곤문제, 가정해체 등의 사회문제들, 언론의 지속적인 보도, 시민사회단체의 이슈화를 위한 노력 등이 있었으며, 정책의 흐름에서는 참여연대 사회복지위원회의 정책공청회와 토론회 주최, 소극적인 보건복지부의 모습을 보였다. 정치·문제·정책의 흐름이 각각 흘러가다가 정치의 흐름과 문제의 흐름이 만나 국민기초생활보장법(안)이 보건복지위원회 법안심사소위원회 대안으로 의결되어 아젠다를 형성하였고 정책흐름은 대안을 구체화하는 과정으로 나타났다. 김대중 대통령의 국민생활보장법 제정 발언은 정책결정에 가장 큰 영향을 미쳤고 아젠다 형성과정과 대안 구체화 과정을 통해 제시된 안들을 정부 실무협의에서 구체화시켜 나갔다.

<table>
<tr><th>참여자</th><th colspan="2">흐 름</th><th colspan="2">정책과정</th><th>정책결정</th></tr>
<tr><td>정치인, 이익집단</td><td>정치의 흐름</td><td>• 김대중 정부 : ① 경제위기 극복을 위해 구조조정을 통한 경쟁력 강화 및 노동시장유연화 정책 실시, ② 정치적 위기 : '옷로비사건' 등(1999. 5. 이후), ③ 생산적 복지 제시(1999. 8. 15)
• 여야국회의원 : 경제위기로 인한 국민생활상의 위험을 심각하게 인식⇒대책으로 사회안전망 강화 필요성 주장</td><td rowspan="2">아젠다 형성과정</td><td rowspan="2">• 26개 시민단체와 김홍신 의원의 소개로 '국민 기초생활보장법' 제정 입법 청원(1998. 7. 23)
• 국민기초생활보장법(안)을 보건복지위원회 법안심사소위원회 대안으로 의결(1998. 12. 28)</td><td rowspan="3">• 김대중 대통령 : '국민생활보장법' 제정 발언(1999. 6. 21)
• 정부실무협의 등 실시 : 여러 부처 공동참여⇒ 국민기초생활보장제도의 주요 내용에 합의(1999. 7.~8)
• 임시국회 전체 회의(206회, 1999. 8. 2) : 상임위원회 대안(1998. 12)과 한나라당안(1999. 7)을 두고 심사하여 여야의 합의 속에 국민기초생활보장법 통과(1999. 8. 12)
• 국민기초생활보장법 공포(1999. 9. 7. 법률 제6024호)</td></tr>
<tr><td>클라이언트, 언론, 시민사회단체</td><td>문제의 흐름</td><td>• 국민 : 경제위기로 갑작스러운 대량실업 · 빈곤문제 · 가정해체 등 사회문제 발생 ⇒ 국민생활의 심각한 위기상황 발생
• 언론 : 급격히 추락된 국민의 궁핍한 생활을 보도
• 참여연대사회복지위원회 : 국민복지 기본선운동과 헌법소원, 국민기초생활보장법 제정 촉구 운동</td></tr>
<tr><td>관료, 연구자</td><td>정책의 흐름</td><td>• 참여연대 사회복지위원회 : 정책공청회와 토론회를 통해 '기초생활보장법' 정책대안 개발(1998. 3, 4, 6)
• 보건복지부 : 1998년까지 국민기초생활보장법에 관심을 보이지 않음</td><td>대안 구체화 과정</td><td>• 국민기초생활보장법 제정 추진 연대회의 : 법 제정 관련 공청회 개최(1999. 3. 17)
• 한나라당 : '국민기본생활보장법'을 김홍신 의원 외 131인에 의해 발의(1999. 7. 6)
• 보건복지부 : 국민기초생활보장법안에 대해 행정인프라 구축을 전제로 소극적 동의(1999. 1)</td></tr>
</table>

Ⅰ그림 9-2Ⅰ 국민기초생활보장제도의 쓰레기통 모형 적용

출처 : 송근원 · 김태성(1995). 사회복지정책론. 서울 : 나남출판, p. 138 재구성.

④ 국민기초생활보장제도의 집행

국민기초생활보장제도를 집행하는 기관을 보장기관이라 하고, 보장기관은 국민기초생활보장법에 의하여 급여를 행하는 보건복지부장관, 특별시장 · 광역시장 · 도지사, 시장 · 군수 · 구청장이 해당된다. 지방생활보장위원회는 국민기초생활보장사업의 기획 · 조사 · 실시 등에 관한 사항을 심의 · 의결하기 위하여 특별시·광역시·도 및 시·군·구에 구성하고 시·도지사 또는 시·군·구청장이 법령의 규정에 의하여 설치한다.

국민기초생활보장제도의 집행은 보건복지부와 행정안전부의 서비스 전달체계를 통해 이루어진다. 국민기초생활보장제도는 지역주민의 경제적 상황 파악과 밀접한 관련이 있으므로 주민등록에 기재된 거주지 중심주의를 채택하고 있다. 국민기초생활보장제도의 집행절차는 급여신청 ⇒ 조사 ⇒ 급여결정 ⇒ 급여실시 ⇒ 확인조사 ⇒ 보장으로 이루어진다.

사회복지공무원은 수급권자의 조사, 선정 및 급여의 실시 등 국민기초생활보장법이 정하는 보장업무를 수행한다. 2018년 기준으로 읍면동 복지공무원은 1인당 797.3명, 기초수급자는 114.5명을 담당하였다. 업무과중의 추세는 복지공무원의 확충과 더불어 점차 감소하고 있으나 한 사람의 복지공무원이 담당하는 복지대상자는 여전히 많다. 사회복지공무원은 복지대상자로부터 폭력, 폭언, 위협, 업무방해를 지난 2016년부터 2019년까지 3년간 약 42만 7,000여 건 당한 것으로 나타났다. 폭력피해 유형으로는 폭언(69.3%), 업무방해(19.8%), 위협(9.2%), 기타(1.2%), 폭력(0.3%), 기물파손(0.2%) 등으로 나타났다(에이블뉴스, 2019. 10. 2). 따라서 사회복지공무원들의 업무과중과 안전한 근무환경 조성을 위해 보건복지부와 지방자치단체들의 노력이 더욱 필요하다고 하겠다.

⑤ 국민기초생활보장제도의 평가

국민기초생활보장제도의 평가는 국민기초생활보장사업에 대한 정보를 수집하고 분석하여 의도대로 잘 실행하였는지, 실행 시 문제점은 무엇이었는지를 밝혀내는 것이다. 그동안 운영된 국민기초생활보장제도에 대한 평가는 행정 관련 부서, 학계, 시민사회단체 등에서 내실 있는 국민기초생활보장제도를 만들기 위해 활발하게 이루어졌다. 그 내용을 살펴보면 다음과 같이 몇 가지로 제시할 수 있다.

첫째, 수급권자의 선정에 있어서 부양의무자 기준 폐지와 명확한 소득인정액 파악을 위한 소득조사가 뒷받침되어야 한다. 부양의무자 기준 폐지는 문재인 대통령의 대선 공약이고 100대 국정과제의 하나이다. 100대 국정과제에서

부양의무자 기준 폐지에 대한 내용은 2018년 주거급여 부양의무자 기준을 폐지하고, 생계 · 의료급여에서 소득 하위 70% 이하 노인과 중증장애인 가구에 대해 부양의무자 기준을 적용하지 않겠다고 밝혔다. 이에 교육급여에 이어 주거급여는 2018년 10월에 완전 폐지되었고, 생계급여 및 의료급여는 중증장애인과 노인을 대상으로 부양의무자 기준이 완화되고 있다. 그럼에도 불구하고 우리 사회가 부양의무자 기준으로 최저생활보장을 받지 못하고 생계의 위협을 받는 문제 등을 고려할 때 정책의 우선순위에서 부양의무자 기준 폐지가 가장 우선시되어야 할 것이다.

또한 투명한 소득조사를 기반으로 하는 명확한 소득인정액을 제시해야 한다. 소득을 신고하는 개인이나 자영업자들의 소득조사는 실제의 소득보다 더 적게 신고하는 경향이 있다. 이러한 행위로 인해 불명확한 소득인정액이 산출되고 급기야 부정수급까지 나타날 수 있다. 그러므로 이러한 상황도 통제하고 제대로 된 수급자 선정을 위해서 가장 기본적인 제대로 된 소득조사가 요구된다.

둘째, 급여에 있어서 최대의 쟁점은 급여기준이 되는 각 급여별 기준중위소득 설정이다. 2020년 기준중위소득은 4인 가구 기준으로 2019년 461만 3,500원 대비 2.94% 인상된 474만 9,200원으로 결정되었다. 기준중위소득은 통계청 표본조사에 의해 발표되는 수치가 아니라 중앙생활보장위원회의 심의 · 의결을 거쳐 고시하는 중위소득으로 정부의 각종 선별적 복지정책을 집행하는 데 필요한 선정 기준선이다. 제도의 시행과정에서 중위소득의 추정이 중요성을 갖게 됨에 따라 통계자료의 선택 및 추정방법과 관련된 쟁점을 검토할 필요가 있다(노대명 외, 2015). 통계자료 선택에서 통계청에서 생산하는 여러 종류의 데이터의 선별과정 및 표본의 대표성 등을 고려하여 중위소득값을 비교하여 추정하여야 할 것이고, 가중치 선택에 따른 문제를 고려해야 할 것이며, 소득증가율 적용을 위한 지표도 선택하여야 할 것이다.

셋째, 전달체계에 있어서 수급자 선정과 효율적인 관리운영을 위해서 사회복지공무원의 확충과 전문성 유지가 필요하다. 적은 수의 사회복지공무원으로 많은 업무를 하다 보니 업무의 만족도가 저하되고 질 높은 복지서비스를 제공하기가 어렵다. 또한 지역주민의 삶의 질을 향상시키고 수요자 중심의 찾아가는 서비스를 제공하기 위해서는 적정한 인력의 확충이 필요하고, 이들의 전문성을 강화시킬 수 있는 교육 및 훈련 프로그램이 절실히 요청된다.

넷째, 적정한 예산이 확보되어야 한다. 국민기초생활보장제도의 적정예산의 확보는 국민기초생활보장제도의 기본 취지인 최저수준의 인간다운 생활을 위해서 반드시 필요하다. 대부분의 경우 예산이 먼저 정해지고 난 후 수급자의 인원을 확정하다 보니 새로이 수급자로 인정되는 사람인 경우 책정된 예산이 없어서 불이익을 당하는 경우도 종종 있다. 신규 수급자가 행정적 절차로 급여를 받지 못하는 피해가 없도록 하기 위해서는 안정적인 예산의 확보가 전제되어야 한다.

이상의 국민기초생활보장제도의 과정분석을 종합 정리해 보면 다음과 같다.

국민기초생활보장제도는 기존의 생활보호제도의 문제점, 경제위기, 그리고 시민사회단체의 조직적인 사회복지운동 등으로 인하여 새로운 공공부조제도의 아젠다를 형성하였다. 시민사회단체는 생활보호제도에 대한 활발한 대안제시를 하였으나, 관련 부서인 보건복지부는 대안형성 과정에서 소극적 자세를 보였다. 옷로비사건 등으로 연결되는 집권당의 정치적 위기와 대통령의 국민기초생활보장법의 제정 발언은 이 법안이 제정되는 데 결정적인 역할을 했으나, 여러 관련 부처의 이견으로 구체적인 내용과 시행일시를 결정하는 데 어려움이 따랐다. 국민기초생활보장법은 1999년 9월에 공포되어 2000년 10월부터 시행되게 되었다. 국민기초생활보장제도는 이전 생활보호제도의 전달체계를 그대로 가져왔으며, 수급자의 파악을 위해 사회복지공무원과 인프라를 확충하였다. 2015년 7월부터는 맞춤형 국민기초생활보장제도가 시행되고 있다.

국민기초생활보장제도의 과정분석에서 눈여겨볼 두 가지 점이 있다. 첫째, 시민사회단체의 사회복지제도에 대한 개혁운동이다. 참여연대 사회복지위원회는 경제위기 이전부터 국민복지기본선 확보를 위해 '최저 사회복지 수준'을 제시하고, '공익소송'을 펼쳐 생활보호제도의 문제점에 대한 사회적 여론을 형성하였다. 조직적인 국민기초생활보장법 제정추진 연대회의는 국민기초생활보장제도의 결정과정의 각 단계마다 적절한 운동방식을 채택하여 중요한 영향력을 행사하였다.

둘째, 국민기초생활보장법 제정 당시의 정치상황이다. '옷로비사건' 등으로 이어지는 정치적 위기로 인해 김대중 정부는 정권의 지지기반이 약화되었다. 이후 대통령의 국민기초생활보장법의 제정의지는 흔들리는 정권의 지지기반을 공고히 하기 위한 정치적 측면을 반영한다. 국민복지기본선 확보를 위한 연장선상에서 국민기초생활보장제도를 주장한 시민사회단체는 집권당의 정치적 위기상황을 잘 극복할 수 있게 하였고, 국민기초생활보장제도를 법제화하는 계기를 마련하였다. 이는 '준비하는 자만이 기회가 있을 때 그 기회를 자신의 것으로 만든다'는 말이 그대로 적용되는 적절한 예라 할 수 있다.

2. 의료보장 : 국민건강보험제도

사람은 한평생 건강하게 사는 것을 행복으로 여긴다. 자본주의 경제체제에서 건강하지 않다는 것은 개인의 질병이라는 차원을 넘어 사회구조적 차원의 문제로 인식된다. 개인의 질병과 장애는 노동력 상실로 인한 소득의 감소를 가져오고 치료비와 관련하여 가계소득의 지출을 발생시킨다. 만성적인 질병과 장애는 소득이 없는 상태에서 지출만 발생시켜 빈곤해질 수밖에 없는 상황에 이르게 된다. 이러한 빈곤상황은 다시금 질병과 장애를 더 심화시킨다. 질병과 장애의 증가는 건강한 노동력을 확보하지 못해 경제·사회 발전을 저해한다. 따라서 의료보장제도는 국가가 질병이라는 사회적 위험을 예방하고 치료받을 기회를 균등하게 보장하여 국민건강의 유지와 증진을 위한 제도이다.

여기서는 우리나라의 의료보장제도들 중에서 국민건강보험제도를 정책분석 대상으로 삼아 산출분석과 과정분석을 적용해 보고자 한다.

1) 한국의 건강보험제도

국민건강보험제도의 변천과정은 급여적용대상자의 확대와 운영방법의 변화과정이라 볼 수 있다. 즉, 적용대상자가 임의가입에서 전 국민을 대상으로 하는 강제가입으로 바뀌었고, 운영방식이 조합주의에서 통합주의로 변화되면서 국민건강보험제도는 보편적이고 포괄적인 제도로 변모하였다.

1963년 최초로 의료보험법이 제정되었으나 강제가입이 아닌 임의가입으로 출발하여 사회보험의 본질적 목적에 맞는 실효성을 가지지 못하였다. 이후 당연적용대상자는 1977년 500인 이상 사업장으로, 1979년 300인 이상 사업장으로 확대되었다. 그리고 같은 해에 공무원 및 사립학교 교직원을 대상으로 하는 의료보험법이 제정되었다. 이 당시 의료보험은 사업장과 공무원 및 사립학교 교직원의 조합을 따로 설립하여 운영하게 되었는데, 이것이 조합주의의 시작이었다. 이후 조합주의와 통합주의 논쟁이 지속되어 왔다. 1980년대에는 1988년, 1989년 두 차례의 법 개정을 통해 농어촌 지역주민과 5인 이상 사업장근로자 및 도시지역 주민에게 확대 적용하여 전 국민의 의료보험시대가 열렸다. 1989년에는 약국에서도 의료보험이 적용되기 시작했다.

1990년대에 의료보험의 문제점은 조합별 심각한 재정적 격차에서 비롯되었다. 조합주의 관리운영 방식은 급여의 하향평준화, 보험료 부담의 불공평성, 지역의보험료에 대한 국고지원 규모의 증가, 급여범위의 제한 등을 가져왔다. 이러한 문제들의 해결을 위해 1994년 의료보장개혁위원회와 1997년 의료개혁위원회가 설립·운영되었다. 1997년에는 국민의료보험법이 제정되면서 지역의료보험과 공무원·교직원 의료보험의 통합이 이루어졌다. 국민의 정부는 의료보험의 통합을 가속화시켜 2000년 7월에 건강보험 관리운영을 통합하였고, 2003년 7월에 건강보험의 재정통합을 이루었다.

건강보험정책심의위원회에서는 제1차 국민건강보험종합계획(2019~2023)을 수립하고, 시행계획으로 평생건강을 뒷받침하는 보장성 강화, 의료 질과 환자중심의 보상 강화, 건강보험의 지속가능성 제고, 건강보험 신뢰 확보 및 미래 대비 강화로 정하고 그 비전과 체계도를 【그림 9-3】으로 제시하였다.

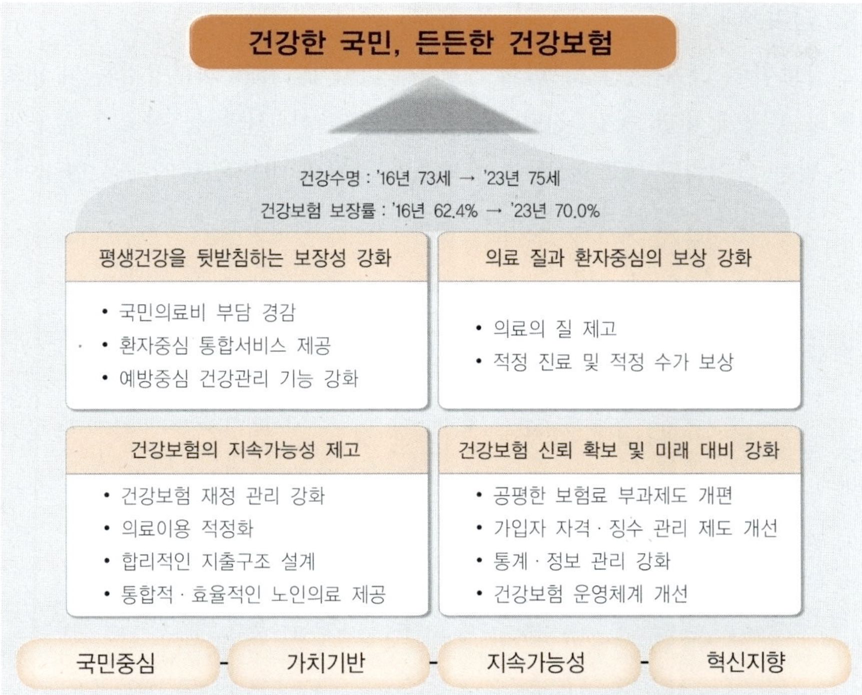

그림 9-3 제1차 국민건강보험종합계획 비전 및 체계도

2) 국민건강보험제도의 분석

(1) 산출분석

국민건강보험제도의 산출분석은 급여대상, 급여형태, 관리운영체계, 재정으로 구분하여 범주별로 살펴본다.

① 급여대상

국민건강보험의 적용대상은 의료급여수급자를 제외한 모든 국민이다. 가입자의 유형은 직장가입자와 지역가입자로 구분된다. 직장가입자는 근로자와 그 사용자, 공무원·교직원 및 그 부양가족이 포함되고, 지역가입자는 직장가입자를 제외한 도시 및 농어촌 지역주민과 그 부양가족이 해당된다.

② 급여형태

건강보험의 급여는 건강보험의 적용을 받는 가입자와 피부양자를 대상으로 질병과 부상에 대한 예방, 진단, 치료, 재활과 출산, 사망 등 사고가 발생했을 경우 받는 급여이다. 〈표 9-6〉에서 보듯이 급여의 내용은 급여제공 형태에 따라 현물급여와 현금급여로 구분한다.

〈표 9-6〉 국민건강보험급여의 종류, 수급조건, 내용

종 류		조 건	내 용
현물급여	요양급여[4]	가입자 및 피부양자의 질병・부상・출산 등	① 진찰・검사, ② 약제・치료재료의 지급, ③ 처치・수술, 기타의 치료, ④ 예방・재활 ⑤ 입원, ⑥ 간호, ⑦ 이송
	건강검진	가입자 및 피부양자	• 2년마다 1회 무료
현금급여	임신・출산 진료비	임신 중이며 지원 신청한 자	• 임신 및 출산 관련된 진료 • 임신・출산 1회당 60만 원(이용권 지원)
	본인부담 상한제	본인부담액이 가입자 소득수준에 따른 본인부담 상한액을 초과할 경우, 그 초과금액을 돌려주는 제도(비급여항목 제외)	• 2020년 기준으로 1분위 81만 원, 2~3분위 101만 원, 4~5분위 152만 원, 6~7분위 281만 원, 8분위 351만 원, 9분위 431만 원, 10분위 581만 원임(요양병원 입원일수 120일 초과 시 1분위 125만 원, 2~3분위 157만 원, 4~5분위 211만 원)
	본인부담금 환급금	건강보험 본인부담금을 심사평가원에서 심사한 결과 과도하게 납부되었음이 확인되었거나, 보건복지부에서 병원을 현지조사한 결과 본인부담금을 과도하게 수납하였을 경우	• 본인부담 환급금지급신청서 작성 및 건강보험공단에 제출
	요양비	출산비 산소치료기기대여료 자가도뇨소모성재료구입비 만성신부전증 환자의 복막관류액 및 자동복막투석소모성재료 구입비 당뇨병환자 소모성 재료 구입비 인공호흡기 대여료 및 소모품 구입비 기침유발기 대여료 양압기 대여료 및 소모품 구입비 당뇨병 관리기기 구입비	• 국민건강보험 홈페이지의 보험급여 참조

출처 : 국민건강보험공단 홈페이지(www.nhis.or.kr).

4) 요양급여는 지속적으로 그 내용을 확대하고 있다. 건강보험 보장성 강화로 인하여 2020년 상반기에는 여성생

현물급여는 주로 진단, 치료, 재활, 입원과 같이 지정된 요양기관에서 받는 의료서비스로서 요양급여와 건강검진이 여기에 해당한다. 현금급여는 질병으로 인해 소득의 상실이 있을 때 환자가 직접 부담한 진료비를 신청하여 국민건강보험공단에서 현금으로 환급받는 것이다. 구체적인 현금급여으로는 임신·출산진료비, 본인부담상한제, 본인부담금 환급금, 요양비 등이 있다. 국민건강보험공단의 2019년 상반기 보험급여의 실적을 보면, 현물급여의 비중이 98.4%로 대부분을 차지하는 반면에 현금급여는 1.6%로 나타났다(국민건강보험, 2020). 이는 우리나라의 건강보험이 현물급여 위주로 운영되고 있음을 알 수 있다.

③ 관리운영체계

국민건강보험제도의 관리운영체계는 크게 보건복지부, 국민건강보험공단, 건강보험심사평가원 등이 있다. 국민건강보험제도의 관리운영체계는 보건복지부의 총괄하에 가입대상자에 따른 조합방식에서 중앙집중적 통합방식으로 전환되었다. 1977년 사업장 노동자 중심의 의료보험조합이 설립된 후, 1979년에는 공무원·교직원 대상의 조합이, 1988년에는 군단위의 농어촌의료보험이, 1989년에는 도시 자영업자 중심의 의료보험 등이 분산적으로 관리운영되어 왔다. 그 후 지역의료보험조합과 공무원 및 사립학교 교직원 의료보험관리공단이 통합하여 국민의료보험관리공단을 설립하였다. 둘로 나누어진 의료보험조직은 2000년 7월에 관리운영이 통합되었고, 2003년 7월에는 재정까지도 통합되었다. 이로써 국민건강보험공단은 중앙집중적인 관리운영 방식을 마련하였다.

건강보험심사평가원은 국민건강보험공단과는 별도의 법인으로 요양급여비용을 심사하고 요양급여의 적정성을 평가하기 위한 기관이다.

④ 재정

건강보험의 수입은 보험료, 국고지원금, 진료비용 본인부담금으로 구성된다. 보험료는 직장가입자와 지역가입자로 구분하여 이원체제로 운영되고 있다. 직

식기(자궁, 난소 등)의 초음파가, 2020년 하반기부터는 흉부(유방), 심장초음파가 건강보험이 확대·적용된다. 거동불편 환자의 의료접근성을 개선하고자 2020년부터 의사가 환자의 가정을 방문해 진료하는 왕진시범사업이 시작된다.

장가입자는 이전 표준보수월액을 1~100등급으로 나누었던 것이 폐지되고 2007년부터는 보수월액으로 변경되었다. 2020년 기준 보수월액보험료 상한액은 6,644,340원이고 하한액은 18,600원이다. 2018년 7월부터 근로소득을 제외한 소득이 연간 3,400만 원을 초과하는 직장가입자에게 보수외소득을 기준으로 소득월액보험료를 신설하여 부과되고 있다. 지역가입자는 소득・재산(자동차 포함)에 따라 등급을 나누고 등급별 일정액을 내었던 부과방식을 폐지하고 가입자의 소득(사업・이자・배당・연금・기타・근로소득), 재산(토지, 주택, 건축물, 선박, 항공기, 전세/ 전월세), 자동차(사용연수 9년 미만의 승용차 중 4천만 원 이상이거나 배기량 1,600CC 초과 승용차와 그 밖의 승용자동차만 부과)를 참작하여 부과요소별 점수를 계산하여 보험료를 부과한다. 이렇게 산정된 보험료는 세대단위로 부과된다.

국고지원금은 국가가 지역건강보험에 지원하는 것으로, 농어민, 도시지역 저소득 계층 등의 보험료 부담을 완화하기 위한 것이다.

본인부담금은 가입자나 피부양자가 요양급여나 분만급여를 받을 때 진료비용의 일부를 본인이 부담하는 것이다. 우리나라의 본인부담금은 OECD 국가와 비교할 때 매우 높다. WHO와 World Bank(2017)에 따르면 2017년 국민의료비 중 본인부담비가 한국은 OECD 36개국 중에서 라트비아(41.6%), 멕시코(41.4%), 다음으로 34위로 36.8%를 부담하고 있다. 이런 자료를 통해 볼 때 우리의 건강위험보장이 매우 부족하다는 것을 알 수 있다.

건강보험의 지출은 보험급여와 관리운영비로 구성된다. 보험급여는 피부양자에 대해 제공되는 의료서비스에 관한 지출이고, 관리운영비는 건강보험을 운영하는 데 필요한 경비를 말한다.

건강보험의 재정은 〈표 9-7〉에서 보듯이 2011년부터 2017년까지 흑자상태에서 2018년에는 적자재정을 보이고 있다. 2017년 8월, 국민의 의료비 부담을 완화하기 위해 비급여의 급여화, 취약계층에 대한 의료비부담 경감 등을 내용으로 하는 '건강보험 보장성 강화 대책('17~'22)을 발표하였다. 2022년까지 30.6조원의 재정을 투입해 나갈 계획이며 적정 수준의 보험료율 인상, 정부지원의 확대, 보험료수입기반의 확충, 불필요한 재정 지출의 효율화, 적립금 일부를 활용하여 재원을 충당할 예정이다(보건복지부, 2019a).

〈표 9-7〉 건강보험제도의 재정(2008~2018년) (단위 : 억 원, %)

구 분	2008	2009	2010	2011	2012	2013	2014	2015	2016	2017	2018
수입(A)	289,079	311,817	335,605	379,774	418,192	451,733	485,024	524,009	557,195	579,990	621,159
지출(B)	275,412	311,849	348,599	373,766	388,035	415,287	439,155	482,281	526,339	572,913	622,937
당기 수지	13,667	△32	△12,994	6,008	30,157	36,446	45,869	41,728	30,856	7,077	△1,778
수지율(B/A)	95.3	100.0	103.9	98.4	92.8	91.9	90.5	92.0	94.5	98.8	99.7
누적 적립금	22,618	22,586	9,592	15,600	45,757	82,203	128,072	169,800	200,656	207,733	205,955

출처 : 보건복지부(2019a). 2018년 보건복지백서, p. 642.

산출분석으로 본 국민건강보험제도는 국민의 건강을 보장하기 위하여 의료급여수급자를 제외한 전 국민에게 보험료, 국고지원금, 진료비용 본인부담으로 재원을 마련하고, 보건복지부와 국민건강보험공단을 통해 현물급여와 현금급여를 제공하는 것이다. 우리나라는 OECD 국가들 중에서 본인부담의료비가 매우 높은 편에 속한다. 정부는 건강보험의 보장성을 지속적으로 확대해 왔으나 보장성 수준이 크게 향상되지 못한 이유는 건강보험의 보장 항목이 서서히 늘어나는 동안 새로운 의료서비스와 기술이 시장에 진행하여 비보장 항목이 매우 빠르게 증가하였기 때문이다(권순만, 2019). 이러한 특징에서 오는 국민건강보험제도의 취약점은 비보험급여가 많아 본인부담률이 커서 사회보험으로서의 역할을 제대로 수행할 수 없다는 것이다. 따라서 국민들이 실제적으로 체감하는 건강보험의 보장성은 여전히 부족한 실정이다.

(2) 과정분석

국민건강보험제도의 과정분석은 건강보험의 재정통합을 이끌어 내는 과정을 중심으로 살펴볼 것이다. 이 과정에서 정치집단과 이익집단들이 지향하는 사회적 가치와 역동적인 관계들을 집중적으로 파악하고자 한다.

① 문제이슈화 및 아젠다 형성

국민건강보험의 통합논의는 지난 수십 년 동안 조합 간의 이해관계로 인해 다루기 어려운 사안이었다. 의료보험은 조합주의로 시작하였는데, 조합주의는 조합에 따라 급여의 종류나 수준에서 차이를 보였다. 이러한 폐단을 막고자 제시된 것이 통합주의이다. 통합주의는 재정통합을 통해 국민들에게 직접적인 건강보험급여를 확대하여 보장성을 높이기 위한 것이었다. 재정통합은 계층 간, 직역 간의 사회적 연대를 강화하여 보험재정의 안정을 가능하게 할 수 있는 장점이 있다. 반면에 조합주의에서는 자영업자의 소득파악이 제대로 안 되는 상황에서 재정을 통합하면 직장근로자에게 손해이고 직장보험조합이 지역보험조합의 적자 재정을 메꾸어 주는 식으로 운영된다는 주장을 내세워 재정통합에 반대하였다. 국민건강보험 통합에 대한 찬성과 반대 의견의 내용을 정리해 보면 〈표 9-8〉과 같다.

〈표 9-8〉 국민건강보험 통합의 찬반의견 주요 쟁점

통합 찬성	통합 반대
• 주요 쟁점 : 보험급여의 확대	• 주요 쟁점 : 자영자 소득파악의 문제
• 계층 · 직역 간 사회적 연대를 강화	• 건강보험 재정위기 초래
• 조합 간 재정차이 문제 해결	• 관리운영의 책임성 약화

이러한 건강보험 재정통합은 1999년 1월에 통과된 국민건강보험법에 따라 2002년 1월에 이루어져야 했으나 한나라당의 통합유보로 1년 6개월이 연기되었다. 한나라당은 지역가입자의 소득파악과 직장과 지역가입자 간 공평한 부과체계가 개발되지 않았기 때문에 건강보험 재정통합을 유보해야 한다고 주장하였다. 그러던 중에 한나라당 이원형 의원 등 21명은 소득파악 문제로 인한 형평성 시비와 위헌논란으로 국민건강보험법 중 개정법률안(2003. 2. 11)을 발의하였다. 이후 이원형 의원은 '국민건강보험제도 개혁 특별위원회 설치 · 운영 등에 관한 특별법(이하 특별법, 2003. 4. 23)'을 발의하여 이전 법안을 취소하고 특별위원회를 설치하여 직장 · 지역가입자의 재정을 구분하여 계리한다는 재정분리를 제시하여 조합주의 체제를 다시 유지하자는 주장을 내놓았다. 반면에 국민의 정부와 집권당인 민주당은 국민건강보험 재정통합을 유예하려는 한나라당의 주장에 반대하고 건강보험 재정을 통합할 것이라고 주장하였다.

건강보험의 재정통합이냐 재정분리냐의 논의가 국민건강보험법 제정 이후 다시 사회이슈화되고 특별법의 발의 등으로 아젠다가 형성되었다.

② 대안형성 과정

국민건강보험 재정통합과 관련하여 각 정당은 대안을 제시하였다. 한나라당은 자영업자 소득파악률 제고와 단일보험 부과체계 확립 등을 내세워 특별위원회를 설치하여 재정분리를 대안으로 주장하였다. 한나라당은 직장건강보험 노동조합에 속한 한국노총을 포섭하고 이들에게 자영업자의 소득파악이 제대로 안 된다는 점을 내세워 통합논의에 대한 불만을 자극하였는데, 이는 다분히 정치적 의도가 내포되어 있었다(이용재, 2004). 민주당은 사회보험의 원칙에 충실한 재정통합을 일관적으로 주장하였다. 이들은 재정통합이 세대, 지역, 도농 간 소득재분배를 가져오며 궁극적으로 사회통합에 기여하게 된다고 주장하며, 건강보험업무체계를 일원화하고 재정통합을 예정대로 추진할 것을 대안으로 제시하였다. 이로써 건강보험 재정통합의 대안형성에 있어 정당 간의 입장 차이가 확연히 나타났다.

건강보험 재정의 대안형성 과정에서 나타난 사회세력집단의 입장을 살펴보면 다음과 같다(원석조, 2003). 기업계는 기업의 보험료 부담 증대를 예상하고 재정통합에 반대했다. 그 이유는 첫째, 직장생활자의 보험료가 지역의 의료보험조합으로 이전되어 적자상태인 지역의료보험 재정을 채우면 그 이후에 직장생활자의 보험료 부담이 늘어나게 될 것이며, 이는 곧 기업의 보험료 증대로 나타나기 때문이었다. 둘째, 조합의 의료기관에 대한 감시기능이 약화되어 진료비 지출이 증가하는데 이는 기업의 부담 증가로 이어지기 때문이다. 노동계에서 중소기업 노동자를 주된 노조원으로 하는 한국노총은 통합에 반대하였으나 대기업 노동자를 주된 노조원으로 하는 민주노총은 찬성하였다. 한국노총을 대변하는 산하의 직장의료보험노조는 임금노동자의 부담증대, 의료공영화로 인해 의료발전 저해, 비민주적인 관리방식 등의 이유를 내세워 반대하였다. 반면에 민주노총의 입장을 대변하는 산하의 지역의료보험노조는 통합운영이 관리운영비 절약, 재정의 안정, 공정한 급여제공, 전국적 위험분산 등의 이유로 바람직하다고 여겼다. 저임금노동자와 소득파악률이 낮은 자영업자와의 재정통합이 노조원에게 불이익을 줄 수 있음에도 불구하고 민주노총이 통합을 주장한 점은 노조의 이익보다는 사회개혁운동 차원에서 이 논의에 접근하였다고 볼 수 있다. 농민은 통합운동의 주된 동력으로 직장생활자와의 통합이 자신들에게 유리하다고 생각해 찬성하였다. 시민단체로서 진보적인 보건의료단체들은 보건의료전문직의 이익보다는 민주주의와 시민들의 복지를 위해 제대로 된 보건의료제도를 주장하며 통합에 찬성하였다. 이 외의 경실련이나 참여연대 등도 대표적인 시민단체로서 통합에 찬성하였다.

③ 정책결정

2003년 2월에 한나라당 이원형 의원 등 21명은 '국민건강보험법 중 개정법률안'을 발의했다. 이 법안은 상임위원회에 상정되었고 이와 관련된 공청회도 열렸다. 그해 6월 25일 법안심사소위원회에서 합의되지 않았던 특별법안은 박종웅 위원장의 직권으로 상정하였으나, 한나라당은 법안을 통과시킬 과반수를 확보하지 못해 상정한 특별법이 부결되었고 국민건강보험법의 원안에 따라 2003년 7월부터 재정통합이 이루어졌다.

④ 정책집행

관리와 재정을 통합한 국민건강보험제도의 집행은 보건복지부가 보건과 복지정책을 관장하고, 국민건강보험관리공단이 요양기관과 보험가입자들에게 의료서비스 관련 업무를 수행하고 있다.

국민건강보험공단은 가입자 및 피부양자의 자격관리, 보험료 부과와 징수, 가입자의 건강증진업무 등 보험재정 관리 및 포괄적 국민건강보장 주체로서의 역할을 수행한다. 건강보험심사평가원은 요양기관이 제공한 의료서비스와 서비스 비용의 적정성을 객관적으로 공정하게 심사하고 평가하여 공단이 지급할 비용을 확정한다. 요양기관은 가입자에 대한 의료서비스를 제공하고 서비스 비용은 공단과 계약으로 정한다. 국민건강보험의 집행과정은 ❙그림 9-4❙와 같다.

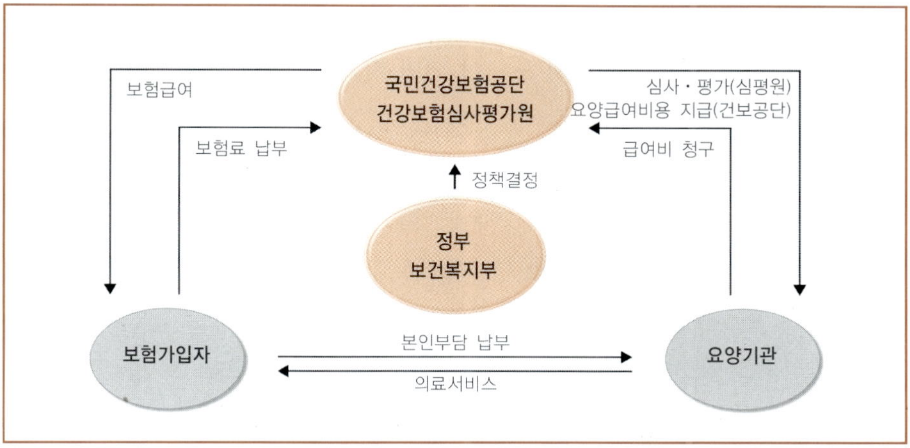

| 그림 9-4 | 국민건강보험제도의 집행과정

출처 : 보건복지부(2019a). 2018년 보건복지백서, p. 621.

⑤ 정책평가

국민건강보험제도는 조합주의 방식을 지양하고 통합주의 방식으로 이루어지면서 적정급여의 구축, 소득재분배 기능의 강화, 관리운영의 효율성 증대를 가능하게 하는 성과를 이루었다. 국민건강보험제도의 정책평가는 다음의 세 가지로 정리할 수 있다.

첫째, 건강보험의 통합은 보험급여의 확대로 조합방식의 저부담-저급여에서 탈피하여 적정부담-적정급여의 제도를 구축하였다고 평가된다. 조합방식은 구조적으로 적자 또는 흑자의 재정불균형이 발생하여 보험급여의 하향평균화를 초래하였다. 반면에 통합방식은 전국적 수준에서 보험료와 급여수준에 대한 통제가 가능하여 의료급여의 범위를 확대할 수 있고 또한 의료서비스 질의 향상을 가져올 수 있다.

둘째, 계층 간・지역 간・세대 간 사회연대를 통해 소득재분배 기능이 더욱 강화될 수 있다. 소득과 자산에 따라 보험료가 차등 부과되어 계층 간・지역 간에 소득재분배 효과를 가능하게 하였다. 또한 세대 간 위험분산이 가능해졌다. 건강보험은 건강한 사람이 건강하지 않은 사람에게 급여를 주는 수평적 재분배가 주요 목적이지만 생애기간에 걸친 세대 간의 재분배도 가능하도록 하였다(박병현, 2003 : 336). 소득이 안정적이고 건강한 청장년기는 직장건강보험을, 소득이 불안정하고 나이가 들어 노년이 되면 지역건강보험을 가입하여 세대 간 연대를 통해 부담이 조절될 수 있기 때문이다.

셋째, 관리운영의 효율성이 제고되었다. 건강보험의 통합은 관리운영의 효율화를 통해 관리조직, 운영인력, 관리운영비를 감소시켰고, 조직 면에서 1998년 10월 이전에 370개 기관에서 2000년 7월에는 국민건강보험관리공단 1기관(1개 본부, 6개 지역본부, 223개 지사, 12개 출장소)으로 축소되었다. 운영인력 면에서 1997년 말 통합 이전에는 15,036명에서, 통합 후에는 10,716명으로 줄었고, 관리운영비 면에서도 업무표준화와 전산시스템을 적극 활용하여 비용을 줄이게 되었다. 관리운영비의 절감만큼 바로 의료서비스 질을 향상할 수 있는 여건을 조성하였고 또한 민원서비스를 개선하는 효과를 가져왔다. 또한 국민건강보험관리공단이 각종 통계관리를 통합적으로 관리운영하게 되어 보험자는 가입자를 위한 여러 질병 통계를 체계적으로 이용할 수 있게 되었고, 이 통계자료들을 연구자나 학계의 연구에 제공함으로써 더 나은 정책을 구상하는 데 기여할 수 있게 만들었다.

이상의 국민건강보험 재정통합을 위한 과정분석을 살펴보면, 국민건강보험의 재정통합 논의는 사회연대성 확보 등의 규범적 차원에서 시작하여 통합논의를 이슈화시켜 아젠다를 형성시켰으나 재정통합 대안형성 과정에서는 사회세력들 간에 확연히 다른 입장을 보였다. 이는 각 사회세력들을 지지하는 이해집단의 관계를 반영하는 것이라 볼 수 있다. 반면 대기업 노동자를 주된 노조원으로 민주노총과 보건의료전문직으로 구성된 진보적 보건의료단체인 건강연대의 경우, 건강보험의 재정통합이 자신의 조직구성원들에게는 불이익을 줄 수 있음에도 불구하고 재정통합을 주장하여 사회개혁적 의지를 강하게 보였다.

국민건강보험 재정통합 결정과정에서 나타나는 특이점은 정부, 정치인, 사회시민단체 등의 사회세력집단의 입장은 재정통합에 대한 규범적 측면보다는 각각 사회세력들의 이해득실의 관계에 기초를 두고 있음을 알 수 있었다. 그러나 앞에서 지적하였듯이 보건의료단체와 민주노총은 자신들이 속한 집단의 이해관계를 넘어 사회적 연대성과 사회적 약자에 대한 배려 등을 내세워 건강보험의 재정통합을 주장하였다. 바로 이러한 사회세력들은 사회를 변화시키고 개혁시키는 원동력으로 작용하였다.

3. 개별사회서비스 : 노인복지정책

우리가 살고 있는 사회에 노인인구가 증가하고 있다. 노인인구가 증가한다는 것은 한편으로는 노인들의 욕구가 늘어난다는 것이고, 다른 한편으로는 이들을 위한 다양한 서비스를 필요로 한다는 것을 뜻한다. 이런 측면에서 노인복지정책은 국가가 노인의 기본적 욕구를 충족시켜 건강하고 생산적인 노후생활을 보장하여 노인의 사회적 통합을 추구하려는 제도적 노력이라 볼 수 있다.

많은 사람들이 노인을 가난하고 병들고 의존적이고 무능하다고 여긴다. 연령차별주의(ageism)는 젊음을 숭상하는 사회에서 나이가 많다는 이유만으로 사회적 편견과 차별을 받게 되는 것을 말한다. 연령차별주의는 인종차별(racism)과 성차별(sexism) 다음으로 나타난 차별 이데올로기이다. 연령규범(age norm)은 사회가 연령에 적합한 행동을 타율적으로 정형화시키는 것이다. 잘못된 연령규범의 예를 살펴보면, 노인은 시간이 많기 때문에 젊은이의 일정에 맞춰서 행동해야 하고, 기억능력이 떨어져 잘 잊어버리기 때문에 더 이상 교육을 받을 필요가 없다고 여기는 것 등이 이에 해당된다. 연령차별주의와 연령규범과 같은 왜곡된 편견은 노인을 사회에서 배제시키고 주변화시켜 노인 자신뿐만 아니라 사회에도 부담을 줄 수 있다. 고령화사회에 살고 있는 시점에서 노인이 자기 생활의 주체로, 사회의 주체로 역할을 충실히 하기 위해서는 우리나라의 노인복지정책을 살펴보아야 할 것이다.

여기에서는 노인문제와 고령화가 사회복지정책에 미친 영향을 간략히 살펴보고, 우리나라의 노인복지정책에 대해 산출분석과 과정분석을 통해 그 내용을 파악해 보고자 한다.

1) 한국 고령사회의 노인복지정책

고령사회는 사회복지정책 영역에 많은 과제를 부여하고 있다. 대표적인 과제들은 생활양식의 변화로 수명의 연장과 노화로 인한 질환 및 장기요양보호문제, 정년 후 이들의 노동능력을 활용하는 방안, 사회보장제도를 노인의 수요에 맞게 정비하는 문제, 노인부양 부담의 세대 간 형평성 확보 등이다.

사회가 고령화된다는 것은 사회보장 관련 지출이 증가함을 의미한다. 사회보장제도의 강화는 직접적으로 사회복지재정의 증대를 가져온다. 따라서 노인인구의 증대는 노인의 노후생활을 보장하는 소득보장, 건강상의 문제를 해결하는 의료보장, 사는 곳에 대한 주거보장, 심리·정서적 서비스 등인 사회서비스 등에서 지출을 증대시킨다. 가령 노인진료비를 예로 들면, 2021년 65세 이상 노인 진료비는 2020년 보다 3조 7,694억 원 증가한 41조 3,829억 원으로 전체 진료비의 43.4%를 차지했다. 노인 인구가 전체 인구의 16.2%(832만명)를 차지하는 것에 비하면 진료비 비중은 매우 높은 것을 알 수 있다.

상자글 9-1 "16%인 노인인구, 전체 건강보험 진료비의 43% 차지"

인구 고령화 영향으로 지난해 65세 이상 노인 진료비가 41조 원을 돌파했다. 이는 전체 진료비의 43.4%를 차지하는 수치다. 국민건강보험공단과 건강보험심사평가원이 9일 발간한 '2021년 건강보험통계연보'에 따르면 지난해 건강보험 진료비는 95조4,376억 원으로 전년 대비 10.1% 증가했다. 같은 기간 환자본인부담금을 제외한 급여비(공단 부담금)는 71조5,569억 원으로 9.6% 늘었다. 지난 2017년 노인 연간 1인당 진료비는 425만원에서 2021년 508만 원으로 83만원 늘어난 데 비해 전체 1인당 진료비는 같은 기간 139만원에서 185만원으로 46만원 증가에 그쳐 1.8배 정도 차이를 보였다.

구 분	2017년	2018년	2019년	2020년	2021년
전체인구(천 명)	50,941	51,072	51,391	51,345	51,412
65세 이상 인구(천 명)(구성비, %)	6,806 (13.4)	7,092 (13.9)	7,463 (14.5)	7,904 (15.4)	8,320 (16.2)
65세 이상 진료비(억 원)(전년대비 증감률, %)	283,247 (12.1)	318,235 (12.4)	357,925 (12.5)	376,135 (5.1)	413,829 (10.0)
노인 1인당 연평균 진료비(천 원)	4,255	4,568	4,910	4,870	5,085
전체 1인당 연평균 진료비(천 원)	1,391	1,528	1,681	1,688	1,857

주) 1. 국민건강보험경단, 수진기준(실제 진료받은 일자기준)

2. 전체인구와 65세 이상 인구는 연도말 기준
※ 노인 1인당 연평균 진료비 = 65세 이상 진료비/65세 이상 연평균 적용인구(2021년 : 8,137,798명)
전체 1인당 연평균 진료비 = 전체 진료비/연평균 적용인구(2021년 : 51,392,452명)
출처 : 청년의사(http://www.docdocdoc.co.kr / 2022. 11. 10. 기사)

저출산·고령화의 사회적 위험을 인식한 정부는 2003년 '고령사회 대책 및 사회통합기획단'을 발족하였고, 2004년 2월에 고령사회 대책 및 사회통합기획단은 대통령 자문 '고령화 및 미래사회위원회'로 확대·개편하여 '저출산고령사회기본법'을 제정하였다. 2006년 7월에 저출산·고령화에 대한 대책으로 제1차 저출산고령사회기본계획인 '새로마지플랜 2010'이 제시되었고, 제2차 저출산고령사회기본계획인 '새로마지플랜 2015'가 제시되었으며, 지금은 제3차 저출산고령사회기본계획 '브릿지플랜 2020'이 운영되고 있다. 제1차('06~'10) 기본계획에서는 출산·양육에 유리한 환경 조성 및 고령사회 대응 기반을 구축하였고, 제2차('11~'15) 기본계획에서는 출산율의 점진적 회복 및 고령사회 대응 체계를 공고화하였다. 제3차('16~'20) 기본계획에서는 저출산 추세 반전 및 고령사회의 성공적 적응에 초점을 두고 있다(보건복지부, 2019a).

2) 노인복지정책의 분석

(1) 산출분석

노인복지정책의 산출분석은 노인복지정책의 대상, 급여유형, 전달체계 그리고 재정에 대해 알아본다.

① 노인복지정책의 대상

노인복지정책의 대상은 우리나라에 거주하는 모든 노인을 포괄한다. 일반적으로 노인은 생리적·신체적·심리적인 측면과 노화의 여러 특성을 잘 수용하고 있다고 여기는 65세 이상의 사람을 제도적으로 규정하고 있다. 그러나 65세 이상의 사람을 일괄적으로 노인으로 규정함으로써 노화의 개인 간 차이를 무시하거나 노인에 대한 편견을 가질 수 있게 하는 어려운 점이 있다(최성재·장인협, 2004 : 48).

노인복지법의 기본 이념(노인복지법 제2조)에 의하면, "노인은 후손의 양육과 국가 및 사회의 발전에 기여하여 온 자로서 존경받으며 건전하고 안정된 생활을 보장받고, 그 능력에 따라 적당한 일에 종사하고 사회적 활동에 참여할 기회를 보장받는다. 그리고 노인은 노령에 따르는 심신의 변화를 자각하여 항상 심신의 건강을 유지하고 그 지식과 경험을 활용하여 사회발전에 기여하도록 노력하여야 한다"고 명시하고 있다. 노인의 수가 급증하고 있는 고령화사회에서는 그에 따른 다양한 서비스를 요구한다.

② 노인복지정책의 급여유형

a. 소득보장급여

노후의 생활을 위해서는 기본적으로 소득유지가 필요하다. 청・장년기부터 개인적 차원의 노후준비가 필요하고 동시에 모든 국민이 겪게 될 노령에 대비하여 국가적 차원의 다층적 소득보장이 필요하다. 우리나라에서 노인에 대해 실시되는 소득보장 프로그램은 직접보장과 간접보장으로 나누어 볼 수 있다. 〈표 9-9〉에서 보듯이 직접보장은 소득을 유지하기 위해서 현금으로 급여하는 형태이고, 간접보장은 경로우대나 고용촉진 및 조세제도를 통해 간접적으로 소득을 보장하는 형태이다. 간접보장의 경로우대 프로그램 중에서 공공시설이용료 할인은 여전히 시행 중이나 버스승차권 지급은 폐지되었고 현금지급 내용은 기초연금으로 통합되어 현재는 운영되지 않는다.

〈표 9-9〉 현행 노인소득보장 프로그램

직접보장			간접보장		
구 분	프로그램	실시연도	구 분	프로그램	실시연도
사회보험	공무원연금 군인연금 사립학교교직원연금 국민연금	1960 1963 1975 1988	경로우대	공공시설이용료 할인 버스승차권 지급 현금지급	1980 1990 1996

5) 기초연금은 기초노령연금이 폐지되고 2014년 7월부터 시행되었다. 기초연금은 만 65세 이상이고 한국 국적을 가지고 있고 국내에 거주(주민등록법 제6조 제1호, 제2호에 따른 주민등록자)하는 노인 중 가구의 소득인정액이 선정기준액 이하인 사람에게 지급한다. 박명호・박대근(2019)은 한국재정학회의 재정학연구의 '기초연금제도가

공공 부조	생활보호(2000년 폐지) 노령수당(1997년 폐지) 노인결연사업 국민기초생활보장제도 기초노령연금(2014년 폐지) 기초연금[5]	1961 1989 1991 2000 2008 2014	취업 증진	노인능력은행 노인공동작업장 고령자취업알선센터	1981 1986 1992
사회 수당	노부모봉양수당(공무원)	1986	생업 지원	매점설치 우선권 전매품 판매 우선선정	1989 1989
개인 보장	퇴직금제도	1953	세제 혜택	상속세 공제 소득공제	1986 1986
	주택연금[6]	2007			

출처 : 박석돈 외(2018). 노인복지론. 경기 : 양성원, p. 120 수정 · 보완.

b. 고용보장급여

노인들을 위한 고용정책은 고령자 고용촉진 프로그램과 고용알선 프로그램으로 구분할 수 있다. 고령자 고용촉진 프로그램은 고용노동부에서 고령자고용촉진법에 의해 운영되는 것으로, 고령자의 고용촉진과 직업안정을 도모하기 위해 고령자 고용촉진 대책수립과 시행, 그리고 직업능력 개발 등의 필요한 시책을 종합적이고 효과적으로 추진한다. 2010년까지 운영되었던 고령자 고용촉진 장려금은 2011년부터 고령자 고용연장 장려금제도로 변경되었다. 이 제도는 정년연장 지원금과 정년퇴직자 재고용 지원금으로 구분되어 상시근로자 300인 미만 사업장에서 운영되고 있다.

고용알선 프로그램으로 보건복지부에서 운영하는 노인일자리 · 사회활동지원사업, 노인취업지원센터 등이 있다. 노인일자리사업은 국가발전이나 국민의 삶의 질 향상을 위해 필요하지만 수익성이 낮아 민간시장에서 배제된 일자리가 속한다. 노인일자리 · 사회활동지원사업은 지역사회 공익증진을 위한 공익활동, 노인의 재능을 활용한 상담안내, 학습지도 등의 재능나눔이 있고, 민간노인일

소득분배 및 빈곤에 미치는 효과' 논문에서 빈곤 노인의 생활 안정을 위해 도입한 기초연금으로 노인 고소득층과 저소득층의 총소득 배율은 23배에서 15배로 완화했다는 실증 분석 결과가 나왔다고 제시하였다. 기초연금에 대한 더 자세한 내용은 기초연금 홈페이지(http://basicpension.mohw.go.kr)를 참고하기 바란다.

6) 주택연금은 만 55세 이상(주택소유자 또는 배우자)의 대한민국 국민(주택소유자 또는 배우자)이 소유주택을 담보로 맡기고 평생 혹은 일정한 기간 동안 매월 연금방식으로 노후생활 자금을 지급받는 국가 보증의 금융상품(역모기지론)으로, 한국주택금융공사에서 관리한다. 더 자세한 내용은 한국주택금융공사 홈페이지(https://www.hf.go.kr)를 참고하기 바란다.

자리사업에는 소규모 매장, 전문 직종 사업단 등 공동 운영하여 수익을 창출하는 시장형 사업단, 교육수료자 또는 업무능력보유자를 수요처로 연계하는 인력파견형, 기업인턴 후 계속고용을 유도하는 목적 인건비사업인 시니어인턴십, 노인다수고용기업 설립 또는 우수고용기업을 지원하는 고령자 친화기업, 기업에 노인고용확대를 위한 간접비를 지원하는 기업연계형 등이 있다. 노인일자리·사회활동지원사업의 운영은 지방자치단체와 지방자치단체에서 위탁받은 시니어클럽, 노인복지회관, 대한노인회, 노인복지센터, 사회복지관 등을 통해 이루어지고 있고, 이 사업의 원활한 추진을 위해 중앙에 한국노인인력개발원을 설치·운영하고 있다(그림 9-5 참조).

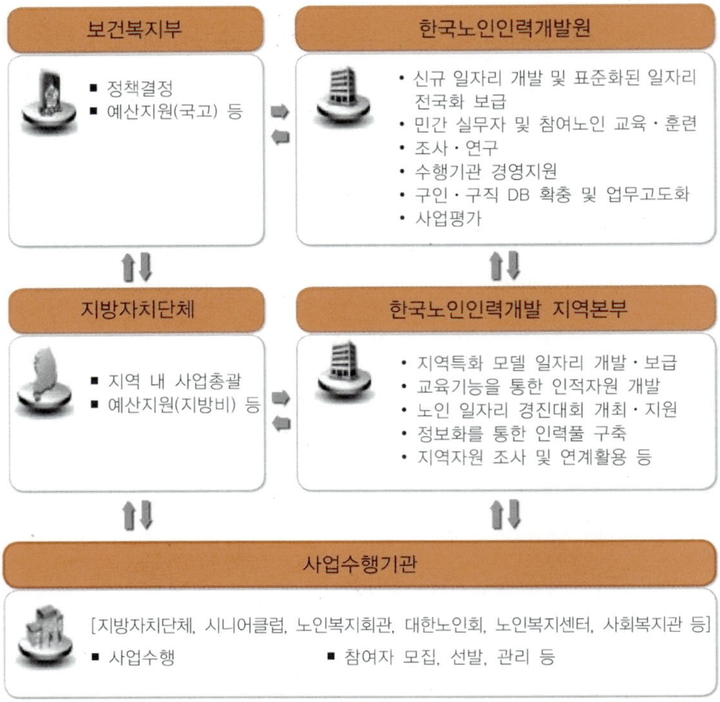

| 그림 9-5 | 노인일자리사업 추진체계

출처 : 보건복지부(2019a). 2018 보건복지백서, p. 282.

노인취업지원센터는 인력파견형 일자리사업의 활성화를 위해 대한노인회에서 운영되고 있던 취업알선업무 등의 업무들을 취업지원센터로 확대 설치하여 운영하고 있다. 노인취업지원센터는 구직희망노인의 상담, 알선, 취업, 연계조정, 사후관리서비스를 통해 행정사무원, 경비원, 안내원, 청소원, 판매원 등의 인력파견형 일자리를 제공하고 있다.

c. 의료보장급여

노화현상은 신체적・정신적・사회적 측면 등에서 나타나며, 특히 초고령으로 갈수록 심각해진다. 만성질환을 가지고 있는 노인은 집중적인 치료보다는 장기간의 요양과 보호를 필요로 한다.

의료보장정책으로 국민건강보험제도, 노인장기요양보험제도, 의료급여, 노인건강진단이 있다. 먼저 전 국민을 대상으로 하는 국민건강보험제도에서 노인은 가입자의 부양가족 또는 가입자 본인으로서 건강보험의 급여를 받는다.

노인장기요양보장제도는 노인성 질환을 가진 노인들의 장기요양보호를 위한 대책이다. 이 제도의 급여대상은 전 국민이고, 장기요양 신청대상자는 65세 이상 노인과 65세 미만이라도 노인성 질환을 가진 국민으로 6개월 이상 혼자 일상생활이 어려운 자로서 장기요양등급판정위원회에서 등급판정을 받은 사람이다. 장기요양등급판정은 1등급에서 5등급, 인지지원등급 등으로 구분하고 등급판정위원회에서 최종결정을 한다. 급여종류는 재가급여, 시설급여, 특별현금급여로 구별된다. 재가급여는 방문요양, 방문목욕, 방문간호, 주야간보호, 단기보호, 기타 재가급여(복지용구) 등이 있고, 시설급여는 노인요양시설 등에 입소하여 신체활동지원서비스를 받는다. 특별현금급여는 가족요양비 등이 있다. 노인장기요양보험의 재원은 장기요양보험료, 국가지원, 본인부담금으로 구성되며, 본인부담금은 시설급여는 20%, 재가급여는 15%를 부담하게 되며, 의료급여수급권자인 국민기초생활수급자는 전액 무료이고, 그 외 기타 의료급여수급자와 저소득층의 경우에는 각각 1/2로 경감된다. 노인장기요양보험제도 도입으로 치매노인의 건강기능 호전 및 수발자의 신체적・심리적・경제적 부담 완화가 있는 것으로 나타나고 있으나, 장기요양서비스의 품질을 향상시키기 위해서는 노인요양시설의 확충, 노인장기요양보험 전문인력 양성, 효과적인 재가노인복지서비스 운영 등이 필요하겠다.

의료급여는 저소득 노인을 위한 공공부조 방식의 의료보장이다.[7)]

노인건강진단은 1983년부터 저소득층 노인들을 대상으로 질병의 조기발견과 조기치료로 건강의 유지와 증진을 도모하기 위해 무료 건강진단을 실시해 오고 있다. 현재는 건강보험에서 모든 노인들을 대상으로 건강진단이 실시되고 있다.

d. 주거보장급여

노인이 갖는 특수성으로 인해 노인이 사는 공간은 생활의 안정성과 요양기능을 갖추어야 한다. 만성질환으로 인해 장기요양을 필요로 하는 노인들은 대부분의 시간을 주택에서 보내므로 주택의 의미는 중요하다. 따라서 노인의 건강상태를 고려한 주택건설은 노인이 편안한 일상생활을 할 수 있도록 하고 의료기관에 대한 의존을 줄일 수 있다.

우리나라에서 현재 실시하고 있는 노인주거보장급여는 국민기초생활수급자를 대상으로 하는 주거급여가 있고, 공공기관 건설주택의 우선공급제도와 임대주택 우선공급제도가 있다. 공공기관 건설주택의 우선공급제도와 임대주택 우선공급제도는 국가, 지방자치단체, 대한주택공사 및 지방공사인 사업주체가 건설 · 공급하는 주택을 노인에게 우선권을 주는 제도이고, 임대주택에 한해 주택공급량의 20% 범위 안에서 부모를 일정 부양기간 동안 모시는 자녀에게 우선권을 주는 제도이다.

e. 노인맞춤돌봄서비스

노인맞춤돌봄서비스는 2020년 1월부터 기존의 6개 노인돌봄사업을 통합 · 개편하여 실시되고 있다.[8)] 서비스 대상자를 35만 명('19년)에서 45만 명('20년)으로 확대하고 기존의 안부확인 및 가사지원 위주의 서비스에서 욕구별 맞춤형 서비스로 개편 · 시행한다.

노인맞춤돌봄서비스의 특징은 첫째, 사업 간 칸막이를 해소하여 서비스의 종류가 다양해지고, 둘째, 개인별 맞춤형 서비스가 제공되고, 셋째, 생활권역별 수

7) 의료급여에 관한 내용은 제7장을 참조하기 바란다.

8) 기존의 6개 노인돌봄사업은 노인돌봄기본서비스, 노인돌봄종합서비스, 단기가사서비스, 독거노인사회관계활성화, 초기독거노인 자립지원, 지역사회자원연계 등이다.

행기관이 책임지고 운영하고, 넷째, 가구방문 서비스 이외에도 참여형 서비스가 신설되고, 다섯째, 은둔형, 우울형 노인에 대한 서비스가 확대될 예정이다(보건복지부, 2020). ❙그림 9-6❙은 노인맞춤돌봄서비스의 사업종류, 대상노인, 수행기관, 서비스 내용, 수행인력 등을 제시하고 있다.

	2019년		2020년	비 고
사업 종류	돌봄기본·종합, 단기가사, 자원연계, 독거노인친구만들기 등 6종	➡	'노인맞춤돌봄서비스'로 통합	6 → 1개 사업으로 통합
대상 노인	35만 명 (기본) 독거 29.5만 명 (종합) 등급 외 A·B 4.8만 명	➡	45만 명 저소득* 돌봄필요 노인 *국민기초생활, 기초연금수급자 등	**+10만 명**
수행 기관	2,805개소 (기본) 복지관 등 245개 (종합) 방문요양 등 2,583개〈지정〉	➡	647개소 (사회복지·비영리법인 위탁 등)	생활권역별 책임기관제
서비스 내용	단순 안부확인·가사지원	➡	욕구별 맞춤형 서비스 제공 (안전·사회참여·생활교육·일상생활 지원)	서비스 다양화, 욕구중심 맞춤제공
수행 인력	1.2만 명	➡	2.8만 명 전담사회복지사 약 2,000명 생활지원사 약 2만 6,000명	신규 창출 일자리 수 +1.6만 명

❙그림 9-6❙ 노인맞춤돌봄서비스 시행 전·후 비교

출처 : 보건복지부(2020). 오늘부터 [노인맞춤돌봄서비스]를 시작합니다. 보도자료.

③ 노인복지정책의 전달체계

노인복지정책의 전달체계는 크게 공공과 민간으로 나눈다. 공공전달체계는 보건복지부의 사회복지정책실(가정보건복지심의관, 기초생활보장심의관, 장애인보건복지심의관)과 연금보험국을 통해 노인복지정책에 관한 종합계획 및 조정업무를 수행한다. 또한 행정안전부는 광역자치단체 ⇒ 지방자치단체 ⇒ 읍·면·동 단위에서 노인복지 관련 서비스를 노인에게 전달하는 업무를 관장한다. 또한 민간노인복지정책 전달체계는 비영리법인, 기업, 개인 등이 노인주거복지시설, 노인의료복지시설, 노인여가복지시설, 재가노인복지시설 등을 설치·운영하여 욕구가 있는 노인에게 다양한 서비스를 직접 제공한다.

④ 노인복지정책의 재정

노인복지 관련 예산은 〈표 9-10〉을 보듯이 보건복지부 예산과 함께 증가 추세에 있다. 2019년 노인복지 예산은 13조 9,133억 원으로 보건복지부 총지출 72조 3,758억 원의 19.2%, 보건복지부 사회복지분야 예산 60조 7,895억 원의 22.9%를 차지하고, 전년도에 비해 25.8%가 증가하였다. 2019년 노인복지예산은 기초연금 및 치매관리체계 구축, 노인요양시설 확충 등으로 증가한 것으로 보인다(최혜지, 2018).

〈표 9-10〉 노인복지예산 변화 (단위 : 억 원)

구 분			2018년 예산	2019년 예산안	증 감	증감률(%)
총지출(A)			632,870	723,758	90,888	14.4
사회복지(B)			526,662	607,895	81,233	15.4
노인복지	금액(C)		110,607	139,133	28,526	25.8
	비중	C/A(%)	17.5	19.2		
		C/B(%)	21.0	22.9		

출처 : 보건복지부(2018). 사랑중심의 포용적 복지국가 구현을 위한 '19년 복지부 예산 편성.

이상의 산출분석을 통해 본 노인복지정책은 모든 노인을 대상으로 공공과 민간의 노인복지 전달체계를 통해 소득보장, 고용보장, 의료보장, 주거보장, 재가노인복지서비스 등의 급여를 제공하고 있다. 노인복지정책의 급여종류는 다양하게 있으나 실제적으로 노인에게 경제적·의료적·사회적으로 원조를 할 수 있는 것은 아직 미약하므로 급여의 종류보다는 그 수준과 범위의 내실화가 요구된다. 특히 노인의 우울과 자살문제가 심각한 사회문제로 대두되고 있는 실정에 노인맞춤돌봄서비스가 실시되어 노인돌봄서비스의 실질적인 역할이 기대된다. 2008년 7월부터 시행하고 있는 노인장기요양보험제도는 장기요양보호를 필요로 하는 노인과 그 가족들에게 경제적·의료적·사회적 지원을 가능하게 하여 노인과 그 가족의 어려움을 덜어줄 수 있는 제도로 정착해 나가고 있는 실정에서, 요양시설 내에서의 노인인권 보장, 전문인력의 양성을 통한 질 높은 서비스 제공 등이 이루어져 자신의 부모를 믿고 맡길 수 있는 제도로 자리매김해야 할 것이다.

(2) 과정분석 : 노인학대 예방 관련 내용의 법제화 과정

노인복지법은 노인들의 생활안정과 복지를 향상시키기 위한 목적으로 1981년 제정되었고, 그 후 수차례에 거쳐 개정되었다. 노인복지법의 개정은 당시 노인문제에 대한 법적 대처방안으로 개정시기의 정치적·경제적·사회적 환경요인, 정책 참여 세력자 간의 역동관계 등에 영향을 받았다. 2004년에 개정된 노인복지법에는 노인학대 예방에 관련된 내용이 삽입되었다. 노인학대는 가정에서 이루어지는 폭력의 한 유형으로 노인부양에 대한 가치관의 변화와 가족사회적 구조 및 기능의 변화를 직접적으로 보여주는 예가 된다. 노인의 인권을 보장하기 위해서 학대받는 노인을 위한 적절한 대책과 잠재적인 학대예방을 위해 법·제도를 정비하여 정책적으로 접근해야 할 것이다. 여기서는 노인학대의 대처방안이 어떤 과정을 통해 노인복지법을 개정하도록 하였는지, 그리고 어떻게 실행·평가되는지를 과정분석을 통해 알아본다.

① 노인학대 문제이슈화 및 아젠다 형성

노인학대에 대한 국제적 관심은 1990년대부터 가시화되었다. UN은 '노인을 위한 UN 원칙'을 1991년에 발표하고, 노인의 자립, 참여, 보호, 자아실현을 주요 원칙으로 제시했다. UN 원칙은 노인의 존엄성 보호를 전제로, 노인은 스스로의 존엄성을 지킬 수 있고 안전하게 살 수 있고, 착취의 대상이 되어서는 안 되며 육체적이나 정신적으로 학대를 받아서는 안 된다고 언급해 노인은 착취와 학대의 대상이 되지 않아야 함을 강조한다.

2002년 스페인에서 개최된 제2차 세계고령자회의(The Second World Assembly on Ageing)에서는 19개 문항의 정치선언문이 발표되었다. 정치선언문의 5항은 노인의 권위를 인정하고 모든 형태의 노인학대나 폭력을 철폐하기 위한 노력을 기울여야 할 것을 규정하고 있다. 이 외에도 세계보건기구(WHO), 세계노년학회(IAG) 등에서 노인학대에 대한 관심과 국가적 개입의 중요성을 제시하였다.

우리나라에서 노인학대는 1990년대에 들어와서 대중매체, 상담사례, 통계자료 등을 통해 노인학대의 심각성이 알려지면서 사회문제로 부각되기 시작하였다. 특히 1997년 경제위기 이후 노인학대는 가정 내의 경제적 어려움, 노부모

부양의 가족적 한계, 노인복지서비스의 부재 등으로 인해 양적으로 크게 증가하였다. 전국단위로 조사된 최초의 노인학대 실태조사는 1999년 전국 6개 대도시 총 12개 노인종합복지회관 이용노인(65세 이상 노인 총 856명)을 대상으로 이루어졌고 전체 노인의 8.2%가 학대받은 경험이 있다고 응답하였다(조애저 외, 1999). 또한 국가인권위원회가 2002년에 발표한 「지역사회에서의 노인학대 실태조사」에 의하면, 전체 응답자 중에서 37.8%가 한 번 이상의 학대를 경험했다고 응답하였는데, 이는 노인 3명 중 1명이 학대를 받았다는 것이다. 유교적 가족문화와 연관하여 가족이 행한 학대를 노인이 드러내지 않고 보고하지 않는 정서를 고려한다면, 노인학대는 우리 사회에 심각하게 퍼져 있음을 알 수 있었다.

노인학대에 대한 개입은 재가노인복지시설협회 관련 기관과 까리따스수녀회 등 민간 차원에서 먼저 시작하였다. 2000년 사회복지공동모금회는 이 기관들에서 제출한 노인학대 상담 및 서비스에 관한 프로포절을 신청사업으로 채택하였다. 이로부터 노인학대 신고전화 운영 및 전문적 상담, 예방교육이 실시되었다. 2002년 말에 노인학대 상담 및 서비스가 사회복지공동모금회의 기획사업으로 채택되어, 노인학대상담센터전문위원회(2002. 11)가 구성되고, 전국 11개 지부 노인학대상담센터가 개소(2002. 12)되어 노인학대에 대한 효과적이고 통합적인 서비스를 제공하였다.

노인학대에 대한 국제적인 동향과 국내의 심각성이 널리 알려지면서 노인학대는 이슈화되었으며, 체계적이고 지속적인 사회적 개입의 필요성이 강조되었다. 1990년대에 들어와서 학계에서는 노인학대에 대한 활발한 연구들이 이루어지기 시작했다. 노인학대 연구들은 노인학대의 실태, 개념, 개입, 대처방안 등을 중심으로 이루어졌다. 다른 한편으로는 노인학대에 대한 국가개입의 근거를 법률을 통해서 확고히 하려는 노력을 보였다. 당시 노인학대에 대한 법적인 대응은 '가정폭력방지법'과 '형법'에 의해 운영되었으며, 사후 처벌 중심적이고 가정폭력의 범주 안에서 소극적으로 다루어졌다. 따라서 노인학대 관련 법 제정의 방향은 노인학대의 사후 처벌뿐만 아니라 사전 예방적이고 교육적인 차원까지도 포함하는 것으로 전개되었다.

노인학대 법 제정의 방법은 크게 두 가지로 제시되었다. 하나는 독립된 '노인학대방지법'의 제정과 노인부양에 대한 노인복지법의 보완이었다(서 윤, 2003). 다른 하나는 노인학대를 노인문제라는 전체적인 틀에서 바라봄으로써, 노인학대와 관련하여 새로운 법을 제정하거나 노인학대만을 위한 특별한 서비스를 개발하기보다는 노인복지법 안에서 다양한 보건, 사회적 서비스와 지지자원을 증대시키는 것이 노인학대를 예방, 감소시키는 데 보다 효과적이라는 안이다(우국희, 2001). 결과적으로 후자의 내용이 반영되어 2003년 5월 16일 김홍신 의원 외 9인이 노인학대 관련 내용을 포함하는 노인복지법 중 개정법률안을 공동으로 발의하였다.[9] 2003년 10월 21일에는 김용균 의원이 노인복지법 개정을 청원하였다. 2003년 11월 11일 노인복지법 중 개정법률안이 보건복지위원회에 안건으로 상정되었고, 그 후 구체적인 전문적 심의를 위해서 보건복지위원회 법안심사소위원회에 회부되었다. 2003년 12월 9일 제234회 국회(정기회) 제11차 위원회는 법안심사소위원회에서 마련한 노인복지법 중 개정법률안을 대안으로 제시하였다. 이로써 노인학대 관련 내용이 노인복지법 중 개정법률안으로 제시되어 정책 아젠다로 형성되었다.

② 노인학대 관련 내용의 대안형성 과정

노인학대에 관해서는 일반 국민을 비롯하여 학계, 정치인, 관료, 정책결정자들이 사회문제로 심각하게 인식하여 법 개정의 필요성을 절감하고 있어서 노인학대 관련 내용을 노인복지법에 삽입시키는 과정은 순조롭고 신속하게 이루어졌다. 노인학대상담센터전문위원회가 주최하는 "노인학대 예방과 개입을 위한 토론회"를 2003년 11월 21일에 개최하였다. 토론회의 주제는 실천영역에서의 노인학대 개입수준 및 제한점, 노인학대 법적 근거 마련을 위한 쟁점, 외국의 노인학대 관련법 검토 등에 대한 것이었다(노인학대상담센터전문위원회, 2003). 노인학대 예방과 개입을 위한 토론회는 우리 사회에 적합한 노인학대 관련 법 규정을 만들기 위한 대안형성 과정이라 하겠다.

9) 노인복지법 중 개정법률안의 주요 내용은 ① 노인학대 예방 및 보호를 위한 긴급전화 설치, ② 노인보호전문기관 설치 및 운영, ③ 노인학대 신고 및 응급조치의무, ④ 노인학대 행위의 금지 및 처벌 등이다.

③ 노인학대 관련 내용의 법제화 결정

법안심사소위원회에서 대안으로 제시한 노인복지법 중 개정법률안(2003. 12. 9)은 며칠 뒤 정기국회에서 노인복지개정법률안으로 통과되어 2004년 1월 29일에 공포되고, 2004년 7월 30일부터 시행하게 되었다. 노인학대 내용을 삽입한 노인복지 개정법률안은 매우 빠른 시일 내에 신속히 국회를 통과하였다. 이는 국회의원들도 노인학대의 심각성을 인식하여 노인학대의 가해자와 피해자에 대한 대책이 절실히 필요했음을 보여준다.

노인복지법의 개정이유는 노인학대를 방지하고 학대받는 노인을 보호할 수 있도록 노인학대의 개념을 정의하기 위함이었다. 나아가서 긴급전화 및 노인보호전문기관의 설치, 노인학대에 대한 신고의무와 조치사항을 규정하며, 노인학대 행위에 해당하는 일정한 행위를 금지하고 이를 위반하는 자를 처벌하기 위한 것이었다.

④ 노인학대 예방사업 집행

노인학대 예방사업으로 2014년 전국 28개 지역에서 노인보호전문기관이 운영되고 있다. 노인학대 예방을 위한 협력체계는 행정기관(보건복지부, 시 · 도, 시 · 군 · 구), 사법경찰, 119 구급대, 의료기관, 노인 및 사회복지시설, 법률기관으로 구성되어 각각의 전문적 영역에서 노인학대 사례에 대해 신속히 조치할 수 있도록 연계된다. 노인학대예방사업은 노인보호전문기관을 통해 이루어지고 중앙과 지역으로 구분한다. 중앙노인보호전문기관의 주요 업무는 노인인권 관련 사업, 노인학대예방사업의 총괄적 관리 및 조정, 학대받은 노인의 단기보호, 지역노인보호전문기관 지원 · 관리 · 평가, 관련 기관과의 사업연계 및 전국홍보, 노인인권 보호를 위해 보건복지부장관이 위탁하는 사항 등이 있다. 지역노인보호전문기관은 노인학대 신고전화의 운영 및 사례접수, 노인학대 의심사례에 대한 현장조사, 학대피해 노인 및 학대행위자에 대한 상담 및 서비스 제공에 따른 기록과 보관 등을 포함한 17가지의 업무를 담당한다. 【그림 9-7】은 노인학대 사례의 업무진행 과정을 보여준다.

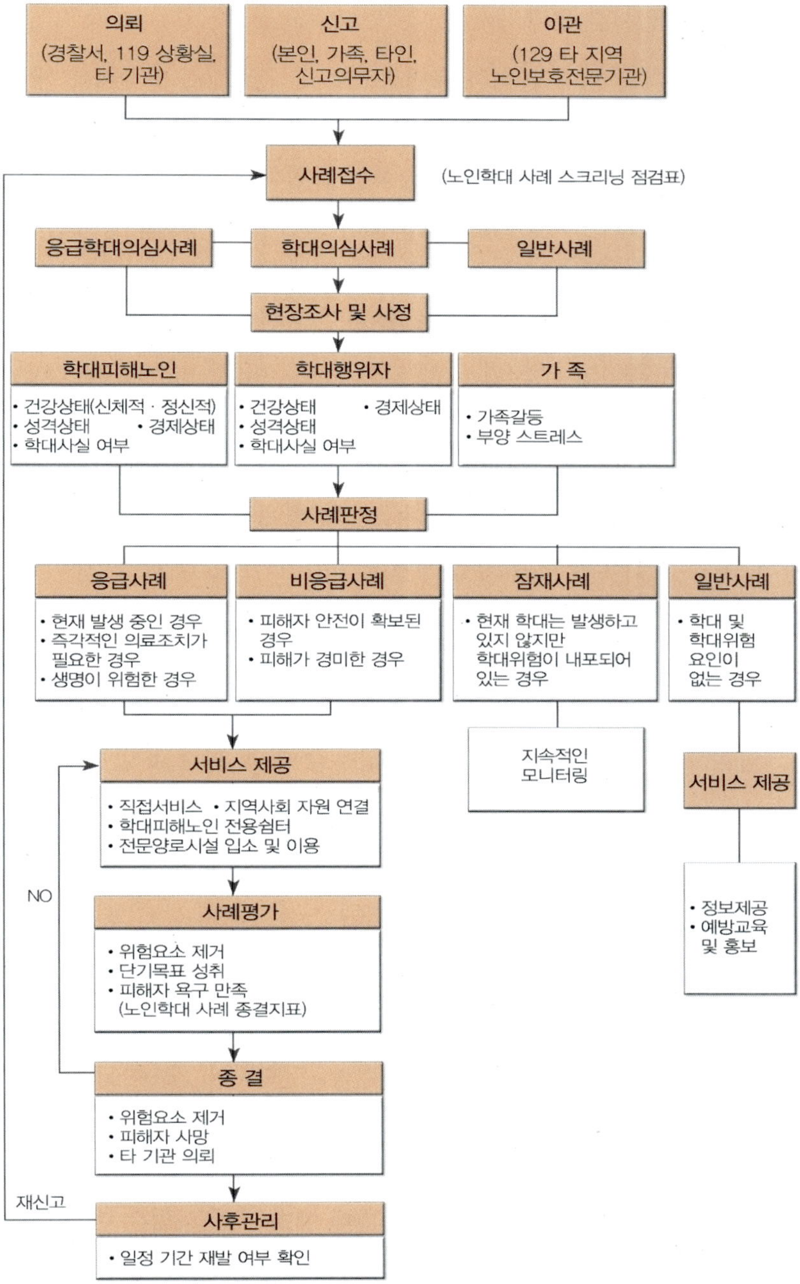

| 그림 9-7 | 노인학대사례 업무진행도

출처 : 보건복지부(2020d). 2020년 노인보건복지사업안내Ⅱ, p. 143.

⑤ 노인학대 예방사업 평가

노인학대는 우리 사회에 급속히 표면적으로 나타났고, 노인학대를 해결하고자하는 노력은 노인복지법 개정으로 이루어졌다. 이에 노인학대 예방사업은 개정된 노인복지법 규정에 근거하여 적극적인 노인학대 예방 및 상담사업을 할 수 있게 되었다. '2018년 노인학대 현황보고서'(보건복지부, 2019b)에 따르면, 지난해 전국 31개 지역노인보호전문기관을 통해 노인학대로 신고된 사건은 1만 5,482건, 이 중 학대로 판정된 건수는 5,188건으로 전년(4,622건)보다 12.2% 증가했다. 노인학대는 2014년 3,532건, 2015년 3,818건, 2016년 4,280건, 2017년 4,622건 등으로 매년 늘고 있다. 학대 발생장소는 가정이 4,616건(89.0%)으로 가장 많았고, 생활시설 380건(7.3%), 병원 65건(1.3%) 순이었다. 재학대는 가정(98.4%)이 대부분이었다. 학대유형은 정서적 학대(42.9%), 신체적 학대(37.3%), 방임(8.8%), 경제적 학대(4.7%) 순으로 나타났다. 60세 이상의 노인이 노인을 학대하는 '노-노 학대'는 2,051건으로 전체 학대의 36.2%를 차지하였고, 학대행위자는 배우자가 1,474건(71.9%)으로 가장 많았고, 피해자 본인 240건(11.7%), 기관 138건(6.7%) 등이었다. 노-노 학대의 증가는 사회 전반적인 고령화 추세와 노인부부 간의 갈등, 노인의 자기방임, 고령자녀들의 부양부담 등에 있다고 할 수 있다.

앞서 언급한 세 가지의 제도인 국민기초생활보장제도의 제정 과정분석과 국민건강보험제도 재정통합의 과정분석과 노인학대 관련 내용에 대한 노인복지법 개정의 과정분석을 비교해 보면, 첫째, 국민기초생활보장제도의 제정 과정과 국민건강보험제도의 재정통합 과정은 여러 사회세력들의 이해관계 등으로 문제이슈화 및 아젠다 형성에서 정책결정에 이르는 단계까지 많은 시간이 걸린 반면에, 노인학대 관련 내용은 사회세력들 간의 입장이 일치되어 신속하고 적극적으로 노인복지법 개정을 통해 법제화되었음을 알 수 있었다. 둘째, 국민기초생활보장제도와 국민건강보험제도는 공공부문의 전달체계를 통해 일관적이고 체계적으로 정책을 집행하였던 반면에, 초기의 노인학대 예방 관련 사업은 먼저 민간에서 시작하여 이후에 공공부문으로 전환되는 과정에서 공공부문과 민간부문의 역할분담 등이 원활하게 이루어지지 않아 정책집행 면에서 노인학대 관련 사업이 서로 중복되거나 혼란을 주는 경우가 발생하였다는 점을 알 수 있다.

참고문헌

국가인권위원회(2002). 지역사회에서의 노인학대 실태조사.

국민건강보험(2020). 2019 상반기 건강보험 주요통계.

국민건강보험공단 www.nhis.or.kr

국토교통부(2020). 2020년 주거급여 사업 안내.

국회예산정책처(2019). 공공부조제도의 현안 및 재정소요 추계.

권순만(2019). 건강보험 보장성의 정책 과제. 보건복지포럼 272호.

김영화 외(2004). 인간과 사회, 그리고 복지. 경기 : 현학사.

노대명 외(2015). 국민기초생활보장제도의 맞춤형 급여체계 개편실행방안연구. 서울 : 한국보건사회연구원.

노인학대상담센터전문위원회(2003. 11. 21). 노인학대예방과 개입을 위한 토론회자료집.

박명호 · 박대근(2019). 기초연금제도가 소득분배 및 빈곤에 미치는 효과. 재정학연구, 12(2).

박병현(2003). 사회복지정책론 : 이론과 분석. 경기 : 현학사.

박석돈 외(2018). 노인복지론(제3판). 경기 : 양성원.

보건복지부(2015). 기초생활보장제도 맞춤형 급여체계 개편방안.

________(2018). 사랑중심의 포용적 복지국가 구현을 위한 '19년 복지부 예산 편성.

________(2019a). 2018년 보건복지백서.

________(2019b). 2018년 노인학대현황보고서.

________(2020). 오늘부터 [노인맞춤돌봄서비스]를 시작합니다. 보도자료.

________(2020a). 2020 국민기초생활보장사업안내.

________(2020b). 2020년 의료급여사업안내.

________(2020c). 2020년 자활사업안내 Ⅰ.

________(2020d). 2020년 노인보건복지사업안내.

서 윤(2003). 노인학대와 현대의 효. 한국예절학회, 5.

송근원 · 김태성(1995). 사회복지정책론. 서울 : 나남출판.

에이블뉴스(2019. 10. 2). "칼로 죽이겠다" 살해협박 · 성희롱 시달리는 복지공무원.

우국희(2004). 노인학대 관련 정책개발을 위한 일 고찰 : 미국의 노인학대 관련 법과 서비스 정책을 중심으로. 한국사회복지학, 제44권.

원석조(2003). 건강보험통합의 이념성 고찰. 사회복지정책, 제17권.

이용재(2004). 복지정책결정에서 의회역할에 관한 탐색적 연구 – 건강보험 재정통합 사례. 한국사회복지의 낙후성 그 원인과 대책. 비판과 대안을 위한 사회복지학회 춘계학술대회 자료집.

조애저 외(1999). 노부모학대 실태에 관한사례연구 : 6개 대도시 노인(종합)복지회관 이용노인을 중심으로. 한국보건사회연구원.

최혜지(2018). 2019년도 보건복지 예산안 분석－노인복지 분야. **복지동향**.

한국사회과학연구소 사회복지연구실 편(2000). **한국사회복지의 현황과 쟁점**. 서울 : 인간과복지.

한창근(2001). 정치흐름에 따른 복지정책 참여자들의 대응에 관한 분석 : 국민기초생활보장법의 제정과정을 중심으로. 서울대학교 대학원 석사학위논문.

현외성 외(2005). **한국노인복지강론**. 서울 : 유풍출판사.

World Health Organization & World Bank(2017). Tracking Universal Health Coverage : 2017 Global Monitoring Report.

이 장의 요약

1. 국민기초생활보장제도는 국가가 정한 일정한 수준 이하의 경제적 빈곤상태에 있는 개인이나 가족을 대상으로 최저생활을 국민의 권리로서 보장하는 것이다. 산출분석을 통해 본 맞춤형 국민생활보장제도는 급여대상의 부양의무자 기준이 급여에 따라 차이가 있으나 여전히 엄격하여 복지사각지대의 절대적 빈곤층이 남아 있어 제도의 역할을 충실히 하고 있다고 보기는 어렵다. 국민기초생활보장제도의 과정분석에서는 국민복지기본선 확보를 위한 연장선상에서 국민기초생활보장제도를 주장한 시민사회단체의 영향이 지대하였고 제도 제정 당시의 정치상황이 국민기초생활보장제도를 법제화하는 데 영향을 미쳤다.
2. 국민건강보험제도는 전 국민을 대상으로 보험원리를 이용하여 국민의 기본적 의료문제와 개별가계의 의료비 과중부담을 방지하기 위해 실시한다. 산출분석으로 본 국민건강보험제도의 특징은 급여범위가 제한되고 본인부담률이 높아 사회보험으로서의 역할을 제대로 수행할 수 없는 한계를 가졌다. 국민건강보험 재정통합을 위한 과정분석에서 나타나는 특이점은 정부, 정치인, 사회시민단체 등의 대부분의 사회세력 입장이 재정통합에 대한 규범적 측면보다는 각각 사회세력집단들의 이해관계에 기초를 두고 있음을 알 수 있다. 그러나 보건의료단체와 민주노총은 자신들이 속한 집단의 이해관계를 넘어 규범적 차원에서 건강보험의 재정통합을 주장하였다. 바로 이러한 사회세력들이 사회를 변화시키고 개혁시킬 수 있는 원동력으로 작용하였다.
3. 노인복지정책은 저출산 · 고령화와 연관하여 노인문제에 관한 국가적 차원에서의 대응이다. 산출분석을 통해 본 노인복지정책은 급여형태보다는 급여의 수준과 범위를 더욱 내실화해야 할 것이고, 앞으로 노인장기요양보험제도는 장기요양서비스의 품질을 향상시키려는 노력을 하여야 할 것이다. 노인학대 관련 내용의 노인복지법 개정에 대한 과정분석의 특징은, 그 결정과정에서 있어 국민기초생활보장제도와 국민건강보험제도 재정통합의 결

정과정에 비해 상대적으로 사회세력들 간의 입장이 일치되어 신속하고 적극적으로 법제화되었다는 것이다. 다른 한편 정책집행 단계에서 국민기초생활보장제도와 국민건강보험제도는 공공부문의 전달체계를 통해 일관적이고 체계적으로 정책을 집행하였던 반면에, 초기의 노인학대 관련 사업은 먼저 민간에서 시작하여 이후에 공공부문으로 전환되는 과정에서 공공부문과 민간부문의 역할분담 등이 원활하게 이루어지지 않아 정책집행 면에서 노인학대 관련 사업이 서로 중복되거나 혼란을 주는 경우가 발생하였다.

주요 용어

- 맞춤형 국민기초생활보장제도 : 2015년 7월부터 시행된 제도로 2014년 2월에 발생한 송파 세 모녀 자살사건에 대한 반성으로 국민기초생활보장제도의 지원방식을 개편하였다. 수급내용은 최저생계비가 아닌 기준중위소득으로 변경된 소득인정액에 따라 생계, 의료, 주거, 교육급여가 각각 개별급여로 지급된다.
- 저출산 · 고령사회기본법 : 자녀의 출산 및 양육이 원활하게 이루어지고, 노인이 중요한 사회적 행위자로서 건강하고 활력 있는 사회생활을 할 수 있도록 국가의 책임을 정하고, 저출산·고령사회정책의 기본 방향과 그 수립 및 추진체계에 관한 사항을 규정한 법이다. 이 법은 2005년 9월 1일부터 시행되었다.
- 노인장기요양보험제도 : 전 국민을 가입 대상으로 하는 사회보험 방식으로 운영되며, 급여대상자는 65세 이상 노인 또는 65세 미만의 자로 치매·뇌혈관성 질환 등 노인성 질병을 가진 자로 재가급여 및 시설급여, 특별현금급여를 제공하는 것으로, 2008년 7월부터 실시하고 있다.
- 노인학대 : 노인에 대해 신체적·정신적·성적 폭력 및 경제적 착취 또는 가혹행위를 하거나 유기 또는 방임을 하는 것으로, 노인복지법 개정(2004년 1월)을 통해 노인학대내용이 삽입되었다.

추천자료

김동진(2013). **한국의 건강불평등 지표와 정책과제.** 서울 : 한국보건사회연구원.

김영순(2021). **한국 복지국가는 어떻게 만들어졌나 - 민주화 이후 복지정치와 복지정책.** 서울 : 학고재.

신명호(2013). **빈곤을 보는 눈.** 경기 : 개마고원.

충청남도노인보호전문기관 편(2019). **나비, 사부작사부작 날다.** 전주 : 모악.

Jeffrey Sachs 저. 김현구 역(2006). **빈곤의 종말.** 서울 : 21세기북스.

국민건강보험공단. www.nhis.or.kr

기초연금. basicpension.mohw.go.kr

보건복지부. www.mohw.go.kr

(사) 참누리 : 빈곤없는 사회. www.poverty.or.kr

참여연대. www.peoplepower21.org

한국도시연구소. kocer.re.kr

CHAPTER 10 기존 분석방법의 문제점과 대안

사회복지정책 분석은 사회복지정책의 목표를 이루기 위해 정책의 내용, 과정, 평가 등을 분석함으로써 더 나은 사회복지정책을 만들기 위한 노력이다. 앞서 살펴본 사회복지정책의 분석방법 중에서 산출분석과 과정분석은 사회복지정책 분석에서 가장 보편적으로 많이 사용되는 방법으로, 현행 사회복지정책의 내용과 형성과정을 이해하는 데 많은 도움이 된다. 그러나 이러한 분석방법은 자본주의 경제체제에서 정치적·경제적·사회적·생태적으로 배제되고 차별받아 온 대상을 포괄하여 분석하기에는 한계가 있다. 기존 분석방법들은 사회의 주류집단의 입장을 그대로 반영하거나 주류집단의 입장에 의해 형성되는 경향이 있기 때문이다.

사회복지정책의 대안적 접근은 기존의 사회복지정책 분석방법에서 간과한 자본주의, 권력, 환경 등의 관련성뿐만 아니라, 주변화된 사회적 약자와 사회적 소수자들도 포함할 수 있도록 하여 우리의 시각을 더욱 개방적으로 확대할 수 있게 해준다. 이러한 문제인식하에 이 장에서는 기존 분석방법의 문제점을 지적하고 사회구성원에 대한 차별과 배제가 아닌 인정과 포섭의 의미가 내재된 대안적 접근을 탐색해 보고자 한다.

1. 기존 분석방법의 문제점

앞의 제8장에서 우리는 사회복지정책 분석방법으로 산출분석, 과정분석, 성과분석, 역사적 분석, 비교분석 등을 알아보았고, 제9장에서는 기존의 사회복지정책 내용과 결정과정을 파악하기 위해서 적절한 분석방법인 산출분석과 과정분석으로 사회복지제도 등을 분석하였다. 산출분석은 길버트와 테럴의 사회복지정책을 시장체계 외부에서 급여-할당(benefit-allocation)의 기제를 통해 운영하고, 사회적 가치에 따라 각 사회복지제도의 급여대상, 급여형태, 전달체계, 재원방법을 선택하는 것이었다. 산출분석은 사회복지정책을 분석하는 데 가장 보편적으로 사용되고 있으며, 정책내용을 체계적으로 분석하여 사회복지정책의 핵심사항을 분류화하였다.

그러나 산출분석은 바람직한 정책을 모색하는 데는 한계를 지닌다. 이 분석방법은 정해진 틀에 따라 사회복지정책 내용을 분석함으로써 적용된 사회적 가치에 대한 평가가 어렵고 기존의 사회주류적 입장을 대변할 가능성이 높으므로, 한 사회의 바람직한 사회복지정책의 방향성을 제시하기가 용이하지 않다. 산출분석 중심으로 본 정책분석은 현행 사회복지정책에서 배제되고 차별받는 사람의 욕구들을 제대로 파악할 수 없고, 정책내용에 대안을 담아내지 못하는 한계를 가진다. 예를 들면, 이 분석은 빈곤문제를 해결하려는 소득보장정책인 현행 국민연금제도나 국민기초생활보장제도에 대해 구체적으로 설명할 수는 있다. 그러나 여성빈곤문제에 대해서 이 분석은 왜 여성빈곤자가 남성빈곤자에 비해 더 많은지, 여성은 왜 고령이 될수록 더욱 빈곤해지는지 그리고 대부분 여성빈곤자의 소득보장이 왜 사회보험제도가 아닌 공공부조를 통해서 이루어지는지에 대해 적절한 분석을 할 수 없다는 것이다.

과정분석은 그 사회의 문제가 어떻게 이슈화되어 아젠다와 대안을 형성하는지, 그리고 사회복지정책으로 어떻게 결정, 집행, 평가되는지에 대한 일련의 연속적인 과정을 분석한다. 과정분석은 사회적 이슈가 아젠다로 채택되어 정책화하는 각 단계에서 환경적 변수인 정치적 · 경제적 · 사회적 요인이 어떻게 서로 관련을 맺으며 영향을 미치는지를 잘 보여준다. 또한 이 분석방법은 정부, 정치집단, 이해집단 등 사회세력 간의 역동적인 관계를 잘 제시하여 누구를 위해서 정책이 만들어졌는지를 이해하는 데에 도움이 된다. 그러나 과정분석도 현행 사회복지정책에 대한 정보를 산출하여 기술할 따름이지 사회에서 배제되어 있는 대상들을 발굴하여 그들을 위한 복지적 대안으로 제시하기에는 한계가 있어 보인다. 과정분석의 마지막 정책평가 단계는 평가를 통해 그 사회복지정책이 가지고 있는 문제점과 개선방향을 제시하나, 현행 사회복지정책의 틀에서만 주로 이루어진다. 그러므로 이 분석방법은 자본주의 사회에서 근본적으로 배제되고 주변화되어 살아가고 있는 사회적 약자나 사회적 소수자를 정책의 범위 내로 포함시킬 수 있는 근거를 제시하는 데 어려움이 있다. 또한 이 분석방법은 환경오염과 같은 새로운 사회문제를 시민의 권리와 연결시켜 사회복지정책으로 제시하는 데에도 제한점을 가진다.

따라서 오늘날 사회복지정책의 분석은 사회적 약자와 사회적 소수자의 권리를 보장하여 안전한 생태환경 속에서 그들의 생존권을 확보하고 삶의 질 향상에 기여할 수 있는 대안적 접근이 되어야 할 것이다. 사회복지정책의 분석방법에도 변화하는 사회에 대한 통찰력을 가질 수 있는 새로운 분석적 접근이 요구된다. 이러한 조건과 요구를 충족시킬 수 있는 대안적 접근은 지구적 자본주의 경제체제와 사회복지와의 관계를 명확히 보여주어야 할 것이며, 성 요인, 권력, 부, 과학기술, 생태파괴 등의 관련성을 분석하여 이미 주변화된 객체를 주체로 포괄하여 부각시킬 수 있어야 할 것이다. 이 장에서는 사회복지정책의 대안적 접근으로 정치경제학, 페미니즘, 정치생태학적 접근을 제안하고, 이 대안적 접근들을 국민기초생활보장제도, 국민건강보험, 노인복지정책에 구체적으로 적용하고자 한다. 이러한 대안적 접근은 앞으로도 계속 모색되고 발굴되어야 할 것이다.

2. 대안적 접근의 모색

1) 복지와 정치경제학

정치경제학은 "자본주의 사회를 살아가는 사람들의 '먹고사는 문제'를 해결하기 위해 인간과 인간의 관계를 중심으로, 경제를 정치 및 문화와의 상호 관련 속에서 분석하여 그 원리와 규칙성을 밝히고 자본주의 다양성과 가변성을 해명하려는 학문(김형기, 2001 : 48)"이라 볼 수 있다. 전통적인 정치경제학은 마르크스의 『자본론』을 통해 체계화되었다. 이 학파는 자본주의 생산양식이 자본과 인간 노동력을 통해 상품을 생산하는 양식이고, 자본의 운동에 의해 자본주의 경제의 성장과 위기 등이 나타나는 것을 밝혔고, 공황, 실업문제, 노동소외, 사회양극화 등이 발생한다고 보았다. 이처럼 정치경제학은 노동－자본관계를 기본 모순으로 전제하고 현대 자본주의, 국제관계, 세계경제 및 이행의 문제를 다루고 있으며, 경제적 모순이 해결되면 모든 사회적 모순들은 해결될 수 있다고 믿었다.

전후 자본주의 발전의 역사적 변형에 관심을 갖는 조절이론은 전통 마르크스주의 이론을 재구조화하였다. 조절이론은 '재생산으로부터 조절'이라는 관점에서(Jessop, 1990) 자본주의 체제의 재생산 가능성이 자동적으로 전개되는 것이 아니라 위기와 모순을 구체적으로 통제·극복해 가는 조절기제의 작용에 의한다는 것이다(조명래, 1996). 조절이론의 이론적 구성은 추상적인 수준에서 파악되는 안정적인 재생산의 형태적 가능성의 개념인 축적체계와 이 가능성이 구체적 수준의 전략들에 의해 실현되는 현상들을 설명하는 개념인 조절양식으로 구성된다.[1)]

제솝(Jessop)은 서구 선진 자본주의 사회에서 국가형태를 케인즈주의적 복지국민국가(KWNS : a Keynesian Welfare National State)로부터 슘페터주의적 근로탈국민체제(SWPR : a Schumpeterian Workfare Post-national Regime)로의 변화가 진행 중이라고 본다(Jessop, 2000). 이것은 국가의 탈국민화, 탈국가화, 정책체제의 국제화라는 국가와 정치의 성격변화와 관련이 있는데, 포드주의적 경제성장 양식으로부터 포스트포드주의적 양식의 서구 경제의 지속적 이행과 연관되어 있다. 제솝은 서구 선진자본주의를 포디즘과 포스트포디즘이라는 축적체제와 KWNS와 SWPR이라는 조절양식으로 분석하였다.

포디즘 축적체제에서의 복지국가는 자본순환을 위해 대중소비의 중심적 역할을 수행하고 임금노동의 재생산과 자본축적을 보장하는 국가의 역할을 증대하였으며 자본재와 소비재 부문 간을 조정하고 대중소비 규범을 일반화하기 위한 사회적 최저임금을 형성하도록 하는 역할을 하였다. 포디즘과 연결되는 조절양식인 KWNS는 일국 내의 완전고용을 목표로 하는 케인즈주의적 복지정책을 중심으로 대량생산·대량소비의 소비증진을 이끌었고 국민국가의 안정을

1) 여기에서 언급하는 조절이론은 Bob Jessop. 유범상·김문귀 공역(2000). 전략관계적 국가이론 : 국가의 제자리 찾기. 서울 : 한울과 Jessop. 김영화 역(2010). 자본주의 국가의 미래. 경기 : 양서원의 내용을 중심으로 서술되고 있다.

회복하려고 하였다.

포스트포디즘은 전후 복지국가를 이루었던 포디즘이 1970년대 경제위기를 맞이하면서 나타난 새로운 축적체제이다. 포스트포디즘 축적체제는 새로운 노동과 생산과정이 나타났는데, 고용관계와 노동조직이 분절되고 파편화되고 급변하는 시장수요에 생산체제를 탄력적으로 재조정할 수 있는 역량이 획기적으로 증진되었다. 또한 경제조정의 사회적 양식 측면에서는 공급부문의 혁신과 탈규제화와 같은 유연화를 통해 관리된다. 예를 들어, 핵심 노동자와 주변 노동자의 분절적 노동관리, 국가 금융정책보다 민간자본과 다국적 금융자본의 힘에 의한 거시경제 관리 등이 있다(조명래, 1996). 포스트포디즘의 축적체제와 짝을 이루는 SWPR은 생산주체들의 창의와 자율적 협력을 높이는 공급중심의 정책과 포디즘의 집단적 임금과 고용관계를 해체하는 유연화를 가져온다. 세계화의 정치경제적 과정을 통해 이윤과 축적을 추구하게 되므로 국민국가의 경계를 벗어나게 된다. 국민국가의 재조직화를 통해 공식기구, 준국가기구, 준정부기구, 단체들 간의 다양한 협력을 하는 네트워크 관리가 이루어진다.

SWPR의 대안적 전략으로 신자유주의, 신조합주의, 신국가주의, 신공동체주의를 제시할 수 있다(Jessop, 김영화 역, 2010 : 349-356).

첫째, 신자유주의는 경제적 세계화를 위한 헤게모니 전략으로 기술될 수 있다. 신자유주의는 시장주도적 이행을 촉진하는 데 관여하여, 공공영역에서는 민영화, 자유화를 가져왔고 탈규제화를 통해 법과 국가의 역할감소를 가져왔다. 신자유주의 국가는 고용과 해고, 유연시간과 유연임금노동시장 등을 반영하고 선호하는 경제활동을 위한 국가보조금에 기반을 둔 민간주도에 의해 운영되는 세금지출이 증대한다. 또한 사회보장 대책과 프로그램의 규제적 힘의 강화뿐만 아니라 낮은 임금의 지원과 지급수단으로 복지국가를 변경시키는 대책을 강화하며, 민간부문에 대한 필요성을 반영한 경제적·사회적 정책의 일반적 재지향 등을 반영한다. 신자유주의는 국내 경제공간의 국제화를 환영하는 세계주의적 접근에 개입하고 지역블록 내에서 국제적 무역과 투자의 자유화를 요구한다.

둘째, 신조합주의 전략은 경쟁과 협력적 균형을 잡으려는 경제적 힘에 기반한다. 사적인 경제적 이익과 사회적으로 각인되고 사회적으로 조절된 경제의 안정성에 대한 집단적 동의를 중요하게 여기고 이것들에 대한 자기성찰적 이해에 기반을 둔다. 신조합주의의 조정범위는 노동력과 노동시장에서 증가하고 있는 이질성뿐만 아니라 정책공동체의 다양성과 혁신추진 성장양식과 관련된 네트워크를 반영한다. 또한 기업연합과 노동조합을 넘어 별개의 기능적 시스템인 과학, 건강, 교육, 법률 등을 대표하는 정책공동체를 포함하여 확장한다. 국가의 자원과 행동은 조합주의적 협상을 통해 도달하는 결정을 밀거나 지지하기 위해 사용된다.

셋째, 신국가주의는 시장순응적이지만 경제적 재조직화를 위해 국가가 적극적으로 시장력의 발전을 이끌기 위해 중재한다. 국가가 새로운 기술, 기술이전, 혁신시스템, 경제기반, 그리고 지식기반경제의 전체 구조적 경쟁에 영향을 미치는 다른 요인들과 관계하여 전략적 표적으로 놓고 적극적인 구조적 정책을 이끈다. 중앙국가가 핵심적이고 전략적인 역할을 유지하는 동안 지방적 수준에서는 유사하게 그리고 보충적 활동을 허용하고 장려한다. 신국가주의는 탈중심화된 맥락에서 강한 국가역할을 수행한다.

넷째, 신공동체주의는 사회적 삶의 확장과 사회 전체에 대한 부르주아 헤게모니가 자리 잡은 것에 대한 저항으로 사회경제를 촉진한다. 이는 디지털화된 금융자본의 광적 순환보다는 사회적 재생산의 리듬에 지향점을 둔 공간적·시간적 흐름에서의 경제적 조직을 재내면화하는 것을 추구한다. 신공동체주의는 교육, 의료서비스, 주택, 정치, 문화, 스포츠 등이 직접적으로 상품화되는 것을 반대하고, 유사 시장력의 주체가 되는 삶의 다른 영역에 대한 자본주의 논리의 확장에 반대한다. 즉, 전체 사회에 대한 자본의 헤게모니 증가에 저항하여 사회경제를 확대하고자 하는 것이다.

이상의 내용을 정리하면 〈표 10－1〉과 같다.

〈표 10-1〉 SWPR의 대안적 전략

신자유주의	• 자유화 – 자유경쟁의 촉진 • 규제완화 – 법률과 국가역할의 축소 • 민영화 – 공공부문의 투매 • 잔여적 공공부문의 시장대리 • 세계화 – 자유로운 국내·국제 유통 • 감소한 직접세 – 고객선택의 증가
신조합주의	• 경쟁과 협력의 재균형 • 탈중심화된 '조절된 자기조절' • 공공적 그리고 다른 이해당사자의 범위 확장 • 공사협력의 역할 확대 • 개발경제에서의 핵심 경제부문의 보호 • 금융사회적 투자에 대한 높은 과제
신국가주의	• 국가통제로부터 조절된 경쟁 • 상의하달식 계획보다 국가전략의 안내 • 민간과 공공 영역 수행감사 • 국가지침 아래에서의 공사협력 • 핵심경제의 신중상주의적 보호 • 새로운 집단자원을 위한 역할 확대
신공동체주의	• 탈자유주의화 – 제한된 경쟁 • 역량강화 – 제3섹터의 역할 강화 • 사유화 – 사회경제 확대 • 사회적 사용의 강조 – 가치와 사회적 응집력 • 자유무역이 아닌 공정무역 • 세제 방향 전환 – 시민의 임금, 돌보는 사람의 수당

출처 : Jessop. 김영화 역(2010). 자본주의 국가의 미래. 경기 : 양서원, p. 354.

앞에서 살펴본 네 가지 전략은 이론적으로 정리된 것이고 실제 국가들에는 순수한 형태로 발견되지 않았다. 지식기반경제를 기반으로 하는 세계화의 변화는 상이한 전략들이 결합되어 나타났다. 더구나 2020년 초부터 세계를 강타한 코로나19는 그동안의 일상생활양식을 다 바꾸어 놓았으며 이를 계기로 불확실성이 지배하는 사회로 전환되고 있다. 국가의 역할이 재조명되고 있으며 언택트(untact) 사회를 맞이하여 공동체의 형태와 역할도 변화되고 있다. '문명사적 전환'이라고 회자되고 있으며 현재진행 중이다.

한편 또 다른 정치경제학적 관점에서 디콘(Deacon)은 사회정책의 세계화를 주장하였다. 세계화의 문제점을 비판하면서, 디콘은 초국가적인 사회정책의 출현으로, 초국가적 규제와 세계 또는 초국가적인 규정으로부터 다국적인 재분배를 목적으로 하는 지구적 사회정책을 주장한다. 지구적 사회정책의 목적은 (George & Wilding, 김영화 외 공역, 2004 : 346) 첫째, 인류적 측면에서 지구화를 이룩하는 것이다. 한 국가의 시장들이 스스로를 유지하기 위해 국가활동이 필요한 것처럼 똑같이 지구적 시장도 필요하다고 본다. 지구적 공공정책은 시장의 필연적인 결과로서의 불안정, 부조리, 그리고 비복지와 맞서기 위해 요구된다. 둘째, 부유한 국민으로부터 빈곤한 국민에게로 복지를 재분배함에 따라 지속가능한 세상을 만드는 것이다. 지구적 경제, 사회, 정치 그리고 지구적 환경의 안정은 개발도상국에서 비참한 가난과 국민의 불평등이 근절될 때에만 확립될 수 있다고 주장한다. 이러한 것들을 달성하기 위해 요구되는 지구적 사회정책은 규제, 재분배, 서비스의 공급과 기본권 보장의 혼합 등과 같은 다각적인 차원을 포함한다. 따라서 지구적 사회정책은 기본적 인권보장을 위해 국제적 수준에서 이루어지는 것이고 국가적 차원에서 사회정책을 보완하고 보충하여 글로벌 자본주의에 대항하는 지구적 안전망을 구축하는 것이라 할 수 있다.

현재 코로나 팬데믹은 그동안 인간이 하지 못한 많은 일을 하고 있는데(코로나의 역설), 예를 들면 생산과 자본축적보다는 공동체에 대한 인식, 환경과 생태에 대한 문제의식에도 대전환을 가져오고 있다.

2) 복지와 페미니즘

윌리엄스(Williams)는 사회복지 전개과정에서 상호 연관성과 독특성을 갖는 인종, 성, 계급에 대한 문제를 거론하였고, 사회정책의 원리에 있어 성과 인종을 무시하거나 제한하여 정책수립에서 인종차별주의와 성차별주의를 설명하는 데 실패하였다고 주장한다(Williams, 이영철 외, 1994 : 19-20). 이는 복지국가가 상대적으로 인종과 여성에 대해 차별적 관계를 맺고 있다는 것이다. 한국사회는 역사-사회적 맥락에서 볼 때 인종문제보다는 성차별의 문제가 더 부각된다. 여성은 남성에 비해 더 많이 빈곤하고, 더 건강하지 못하고, 또한 상대적으로 사회적 차별을 많이 겪는다. 왜 이러한 현상이 생길까? 무엇이 여성을 주변화시키며 사회적 약자로 만들고 있는가? 이것에 대한 답은 페미니즘적 시각을 통하여 복지국가의 정체성과 연결시켜 볼 때 어느 정도 드러날 것이다.

우선 근본적 문제를 제기할 수 있는 것은 "복지국가는 어떤 준거 틀을 기초로 수립되었나?" 하는 것이다. 영국 복지국가의 청사진인 베버리지 보고서의 기본 틀에 의하면, 사회정책 모델은 경제단위인 핵가족을 설정한다. 핵가족은 가족부양의 책임을 지는 남성과 가정 내에서 가사노동과 양육을 담당하는 여성, 그리고 그들의 자녀로 구성된다. 복지국가의 가족구조는 '남성은 가족부양자, 여성은 가정주부'라는 역할을 설정해 여성에게는 가정 내 아동, 노인, 장애인 등의 돌보는 노동과 가사노동을 전담하게 하였다. 이러한 여성의 노동은 지불하지 않는 노동, 즉 사회적 부불노동으로 파악되었다(김영화 외, 2004 : 165). 여성은 화폐소득을 받는 남성에게 의존적 존재로 그리고 피부양자로 위치 지워졌다. 그리고 남성은 경제적 부양의 역할뿐만 아니라 가족구조 내에서도 가부장으로서 더 많은 권력을 행사하도록 만들어졌다.

한편 자본주의 경제체제는 최대의 잉여가치를 추구하기 위해 성, 연령, 인종, 민족, 지역 등 피지배계층을 차별화할 수 있는 모든 요소들을 활용해 왔다. 이 중 노동시장이론에 의하면, 노동시장은 고임금·고용안정의 1차 노동시장과 저임금·고용불안의 2차 노동시장으로 분절되어 있다. 성차별과 성별 직종 분리로 인해 여성노동은 특정 직종에만 집중적으로 종사하고, 2차 노동시장에 종사하는 경향이 높다. 한국여성정책연구원(2018)에 따르면, 우리나라는 여전히 OECD 국가 중 성별임금격차가 압도적으로 높지만, 최근 임금격차가 줄어드는 추세를 보이고 있고, 경제활동인구조사 부가조사를 활용해 2004년 이후 성별임금격차를 분석한 결과 시간당 임금과 월평균 임금 모두 대체로 2011년을 기점으로 성별임금격차가 줄어드는 추세를 보이고 있다. 남성이 여성에 비해 근로시간이 길기 때문에 월평균 임금을 기준으로 성별임금격차를 구하면 시간당 임금에 비해 격차가 더 크게 나타나는데, 시간당 임금 기준으로 보면, 2004년 이후 2010년까지 35.4%에서 37.9%로 증가했고, 2010년 정점을 기록한 이후 최근까지 가파른 감소추세를 유지하며 2017년 30.7%를 기록하였다. 한편 한국에서는 혼인으로 발생하는 사회문화적 사건이 여성의 임금을 낮추는 주요 요인으로 나타났다(상자글 10-1 참조).

상자글 10-1 남녀 임금격차 지난해 37.1%…OECD 최고 수준

한국의 남녀 노동자 임금 격차가 37.1%에 달한다는 조사 결과가 나왔다.

장진희 한국노동조합총연맹(한국노총) 중앙연구원 연구위원은 26일 한국노총 대회의실에서 열린 토론회에서 "2018년 우리나라의 성별 임금 격차는 37.1%로, 매우 심각한 수준"이라고 지적했다.

남녀 임금 격차는 남성 임금 대비 남녀 임금 차액의 비율을 가리킨다. 경제협력개발기구(OECD) 통계 기준으로 2017년 한국의 남녀 임금 격차는 34.6%로, OECD 주요국 중 최고 수준이었다. 장 연구위원은 지난해 통계청 경제활동인구조사 부가조사 결과를 토대로 남녀 임금 격차를 산출했다. 남녀 임금 격차를 연령대별로 보면 15~19세(4.8%), 20~24세(7.0%), 25~29세(10.1%)는 작았지만, 30~34세(19.4%), 35~39세(28.1%), 40~44세(34.9%), 45~49세(38.5%), 50~54세(45.7%), 55~59세(48.6%)로, 30대부터 급격히 커졌다.

장 연구위원은 "(출산 등) 혼인으로 발생하는 여러 사건이 여성의 임금을 낮추는 주요 요인이 된 것으로 보인다"고 분석했다. 비혼 남녀 임금 격차는 13.4%였으나 배우자가 있는 '유배우' 남녀 임금 격차는 41.5%에 달했다. 이 또한 혼인이 남녀 임금 격차에 영향을 준 결과로 볼 수 있다. 교육 수준별로 보면 고졸 이하 남녀 임금 격차가 38.3%로, 가장 컸고 대졸(31.7%), 대학원졸(27.9%)로 갈수록 작아졌다.

장 연구위원은 "여성이 남성과 동일한 교육 수준을 갖춰 동질의 노동력을 가져도 좋은 일자리로 진입할 때 남성중심 채용 문화 등 진입 장벽에 직면할 가능성이 있다"고 지적했다. 상용직 비율이 남성은 73.6%에 달하지만, 여성은 58.8%에 불과해 상대적으로 고용이 불안정한 점도 남녀 임금 격차에 영향을 준 것으로 장 연구위원은 분석했다.

평균 근속연수도 남성(8.1년)이 여성(5.3년)보다 길었다. 한국과 같이 '연공급 임금체계' 성격이 강한 곳에서는 근속연수가 길수록 임금 수준도 높아진다.

매출 상위 100대 기업 가운데 성별 통계가 있는 50개 기업 중에서는 GS(72.2%)의 남녀 임금 격차가 가장 컸다. LG디스플레이의 남녀 임금 격차는 −8.9%로, 여성이 남성보다 임금이 많은 유일한 사례였다. 기업의 주요 의사결정을 하는 이사회에 참석해 의결권을 행사할 수 있는 등기임원 가운데 여성이 한 명도 없는 곳이 40곳에 달했다.

출처 : 연합뉴스(2019. 9. 26).

국가 성평등지수는 성평등수준을 정량적으로 측정하는 데 사용하는 대표지표와 각 부문의 성평등 정도를 모니터링하고 정책을 관리하기 위해 설정되는 관리지표로 구성된다. 2018년 한국의 성평등보고서에 따르면, 성평등지수는 가족, 복지, 보건, 경제활동, 의사결정, 교육·직업훈련, 문화·정보, 안전부문 등 8개 부문으로 구성된다. 우리나라는 국가 성평등지수의 8개 부문 23개 지표를

포괄하고 있다.[2] 성평등지수는 2014년부터 2017년까지 매년 0.8p 상승한 것으로 나타났고, 2018년에는 전년 대비 1.2p로 비교적 높은 상승을 보였다. 분야별 성평등지수 값을 보면, 보건분야가 97.3으로 가장 높았고, 교육·직업훈련 분야(94.1), 문화·정보 분야(89.9), 복지 분야(76.3), 경제활동 분야(74.7) 순으로 성평등 수준이 높았다. 반면에 의사결정 분야가 31.1로 가장 성평등 수준이 낮았고, 가족 분야 60.5, 안전 분야 66.5 등으로 나타났다(그림 10-1 참조).

(단위 : 완전 성평등=100.0)

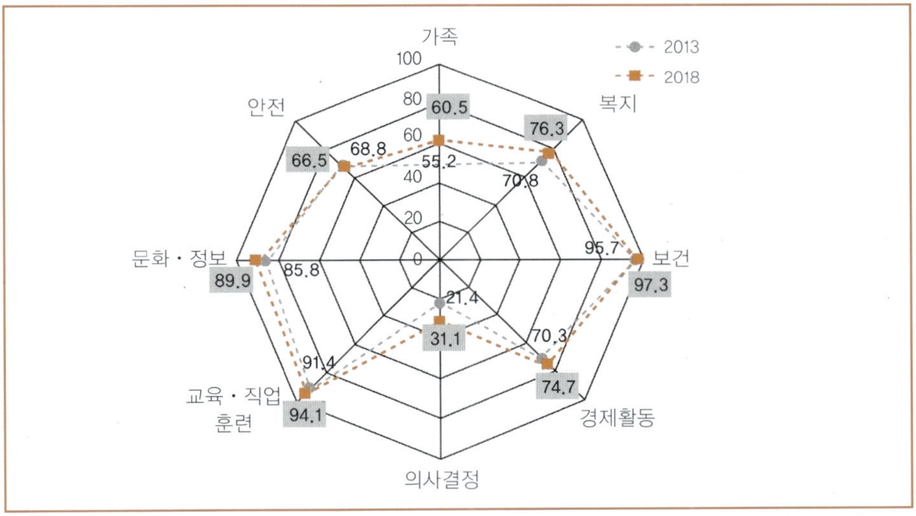

❙그림 10-1❙ 부문별 우리나라 성평등 수준 변화

출처 : 주재선 외(2019). 2018년 한국의 성평등보고서. 서울 : 여성가족부, p. 35.

자본주의 체제와 가부장적 가족구조에 기반한 복지국가의 경제적 핵가족 모델은 부양책임자인 남성이 부재한 경우, 여성은 많은 어려움에 봉착하여 다양한 사회문제에 노출된다. 복지국가의 사회안전망은 고용을 전제로 한 사회보장 제도를 통해 이루어진다. 예를 들면, 부양의무자인 남성이 있을 경우 여성은 사회보험에 피부양인으로 가입되어 보험급여를 받게 되지만, 부양의무자인 남성이 없을 경우 여성은 사회보험급여의 제한을 받게 된다. 단순하고 임시적이며

2) 국가 성평등지수 값은 0.0(불평등)에서 100.0(평등)까지의 범주를 가지고 있어서 점수가 높을수록 성평등하다는 의미이다.

부차적인 비정규직에 종사하는 여성은 남성에 비해 더 빈곤해질 개연성이 높다. 따라서 복지국가의 전형적인 핵가족구조에서 벗어나는 독신자, 이혼자, 한부모가장 등은 사회적 안전망에서 사회보험보다는 공공부조에 의해 최저생활을 하게 될 가능성이 높게 나타난다.

3) 복지와 정치생태학

정치생태학은 생태문제가 생태계에서 파생되는 것이 아니라 인간이 생산하고 소비하는 자본주의 체제의 특성에서 발생하는 것으로 본다. 모든 사회관계 및 구조들, 생태적 기능, 그리고 물리적 환경은 상호작용을 하는데, 이러한 사회관계와 구조들이 생태계 파괴에 어떤 영향을 주는지를 비판적으로 고찰한다. 정치생태학의 관점은 자연과 사회의 상호작용적 관계를 종합적으로 바라보고 자연을 관계 속의 사회적 구성물로 파악한다.

정치생태학은 정치경제학적 접근을 생태적 관점에서 보완하고 대체하여 사회와 자연세계의 관계를 이해하기 위한 것이라 할 수 있다(Bell et al., 정규호 외 공역, 2005 : 13). 자본주의 체제의 잉여가치를 극대화하는 경제중심 논리는 개발과 성장을 내세워 자연환경을 훼손하였다. 인간사회는 자연 위에 군림하여 자연과 사회를 이분법적으로 분리하였고, 상호 간의 긴장과 갈등을 발생시켰다. 또한 지구적 차원의 경제적 세계화는 부자와 빈민 사이의 간격을 더욱 확대시켰고 지구환경의 오염을 더욱 악화시켰다. 세계화의 과정에서 극대화된 부는 개발주도집단(예 백인인 남성)에게로 집중되고, 상대적으로 여성, 소수자, 소수민족, 제3세계국가는 자본주의 체제와 기존의 지배적 가치체계로 인해 소외되고 배제되는 과정을 겪게 되었다. 이처럼 성별, 인종, 국가 등에 따라 생태적 자원과 사회경제적 자원이 매우 불균형적으로 분포되고 이로 인한 갈등이 심화되어 나타난다. 따라서 정치생태학에서는 자본주의가 성장하면 할수록 자연생태의 황폐화 현상은 가속화되고 자원의 분배도 부정의하게 이루어질 수 있으므로, 지구가 당면한 생태위기를 극복하기 위해 사회와 자연의 균형과 지속가능한 관계를 이끌어 내기 위한 노력이 필요하다는 입장이다.

복지의 정치생태학은 사회개발 문제에 초점을 잡고 전체 현대사회에 대한 비판과 제도적 기구가 가져오는 복지적 결과에 대한 평가를 하도록 한다. 생태학적 복지론에 있어서 대표적인 흐름은 생태주의와 녹색주의라 할 수 있다(김영화, 2010 : 313-318).

생태주의는 1972년 로마클럽보고서 「성장의 한계」에서 지구위기를 주장하면서 생태문제에 관심을 갖게 되었다. 이전의 사회복지는 베버리지 보고서가 제시한 결핍, 무지, 질병, 나태, 불결 등을 5대 악으로 규정하여 이를 해소하기 위해 노력하여 기본적 욕구를 해결해 주었다. 한편에서 새로운 사회문제인 환경문제가 발생하였고, 이에 사회복지학에서 생태체계이론이 강조되면서 인간행동과 환경의 관련성의 중요성이 제기되었다. 1992년 브라질에서 리우선언이 채택되면서 환경문제의 심각성과 그에 따른 비판이 제기되었다.[3] 또한 1996년 이스탄불의 유엔인간정주회의(HABITAT 2)에서 도시환경 문제의 해결과 함께 지속가능한 개발의 새로운 패러다임을 제시하였고, 그 후 지속가능한 개발이 지속적으로 논의되었다. 생태주의는 기술에 대한 맹신이 생태위기를 좌초하게 하였고, 지속적이고 맹목적인 개방정책은 인구증가, 도시화와 산업화, 경제성장과 기술발달을 촉진해 자원소비를 증가시켜서 환경문제를 야기시켰다는 비판을 제기하였다. 또한 한정적인 자원에 대한 무계획적인 개발은 환경파괴로 이어지고 종국에는 인류의 생존도 보장할 수 없도록 한다는 입장이다.

녹색정치는 삶의 질에 대한 물음을 제기하면서 사회적 책임과 건전하고 지속가능한 경제체계를 요구한다. 녹색정치는 모든 형태의 착취를 거부하고 다원주의를 존중하는 풍요로운 문화생활을 권장한다. 이러한 내용을 실현하기 위한 녹색정치의 이념은 생존, 우애, 자율성, 자유와 참여, 생활의 질과 자유롭게 선택된 생활양식, 사회정의 등이 있다. 녹색정부는 지속가능한 발전에 대한 사회적 인식과 합의를 바탕으로 정부의 모든 정책과정과 정책내용에서 지속가능한 발전을 추구하는 정부형태로, 환경문제에 대한 합의와 협력을 위한 네트워크를

3) 리우선언의 전문에서 "모두의 이익을 존중하고 또한 지구의 환경 및 개발체제의 통합성을 보호하기 위한 국제협정체결을 위해 노력한다"고 제시하고, 27개 원칙을 발표하였다. 또한 "인간을 중심으로 지속가능한 개발이 논의되어야 한다"고 전제하고 "인간은 자연과 조화를 이룬 건강하고 생산적 삶을 향유하여야 한다"고 명시하였다.

구성하여 국정을 운영한다. 녹색정치는 생태주의적 관점에서 환경의 심각성을 인지하고 위기와 한계를 인식하여 지속가능한 사회를 만들고 운영하기 위한 정치적 행위이다. 다음의 '상자글 10-2'는 코로나19로 사용된 일회용 마스크가 환경오염을 발생시키므로 친환경소재의 마스크 개발의 필요성을 언급하고 있다.

상자글 10-2 일회용 마스크 '폭증'…환경 오염에 2차 감염 우려도

일회용 마스크 주성분인 폴리프로필렌 부직포, 소각 시 다이옥신 등 유해물질 발생
길거리 버려진 마스크 통해 2차 감염 이뤄질까?
전문가 "마스크 바깥 쪽 바이러스를 만진 사람이나, 동물 감염 이뤄질 수도"
환경연합운동 "건강한 사람이라면 면마스크 무방…친환경 소재 개발 시급"

신종 코로나바이러스감염증 확산으로 '마스크 5부제'까지 등장하는 등 하루 최소 천만 개 이상의 일회용 마스크가 소비되고 있다. 버려진 마스크가 혹시 코로나19 바이러스를 퍼트리는 것은 아닌지, 또 환경 오염 우려는 없는지 따져봤다. (중략)

현재 사용이 권장되는 KF80 이상의 일회용 마스크 주성분은 폴리프로필렌 부직포다. 미세플라스틱의 일종인 플리프로필렌은 주로 마스크의 안감과 겉면에 부착되는데 인체에 무해해 다방면에서 사용되고 있다.

하지만 환경문제에서는 자유롭지 못하다. 폴리프로필렌은 소각 과정에서 일산화탄소, 다이옥신 등 해로운 성분이 대기중으로 확산되고 땅에 묻는다 해도 자연분해까지 수백 년이 걸린다.

환경부의 '재활용품 분리배출 가이드라인'에 따르면 마스크는 일반 쓰레기로 등록돼 있다. 부직포, 면 등 재질과 상관없이 모든 종류의 마스크를 일반 쓰레기로 취급하기 때문에 종량제 봉투에 넣어 버린 뒤 소각된다.

일회용 마스크는 보통 콧잔등을 잡아주는 철사와 마스크 풀림을 방지하는 플라스틱 연결고리, 부직포, 폴리염화비닐(PVC) 등 다른 소재들과 복합적으로 구성돼 있다. 원칙적으로는 부직포와 철사 등 다른 재질은 별도로 제거하고 종류별, 재질별로 구분해 배출해야 하지만 해체 후 분리가 현실적으로 어렵다.

이에 환경 전문가들은 정부가 권장한 대로 건강한 사람은 면마스크를 착용해 환경에 주는 악영향을 최소화해야 한다고 강조했다. 최근 일각에서 면마스크를 직접 만들어 쓰는 움직임이 일고 있는 것은 매우 바람직하다.

환경연합운동 정미란 국장은 CBS노컷뉴스와의 통화에서 "최근 정부에서 건강한 사람은 면마스크를 사용해도 된다고 권고했는데 처음부터 제대로 된 지침이 있었다면 이런 혼란을 초래하지 않았을 것"이라며 "과도한 일회용 마스크의 사용이 환경오염에 끼칠 점이 걱정"이라고 주장했다.

이어 "친환경 소재를 활용한 마스크 개발이 시급하다"면서 "일회용 마스크를 사용하지 않아도 믿고 쓸 수 있는 소재의 마스크가 보급돼야 한다"고 말했다.

출처 : CBS노컷뉴스(2020. 3. 12).

한편 환경민주주의는 모든 생명의 천부적 가치에 대한 인정을 요구하고, 시민들이 인간을 포함한 모든 생명의 이익을 위해 그에 적합한 자질을 갖출 것을 요구한다. 환경민주주의는 생태적 시민권을 강화하고 촉진하는 것이다(Bell et al., 정규호 외 공역, 2005 : 377-378). 생태적 시민권(ecological citizenship)은 사람들이 자연 및 자연의 내용물 모두에 대한 보호윤리를 가진다는 것이고, 인류와 다른 종(species)이 모두 기본적 권리를 가지고 있다는 사실을 인정하는 것이다. 인류와 다른 종의 욕구를 동시에 충족시키기 위해서는 생태적으로 지속가능한 사회적·경제적 장치를 필요로 한다(O'Brien et al., 김영화 외 공역, 2002 : 304). 근대 시민권의 입장에서 복지급여는 공적 영역을 담당하는 남성중심으로 이루어지고 주부의 역할을 하는 여성은 배제될 수밖에 없었다. 생태적 시민권은 자원착취에서의 성별분화나 비공식적 노동을 하는 여성 또는 사회의 비주류인 소수자 등을 제도적 장치 내로 포용하고자 하는 방법이다. 따라서 정치생태학은 자본주의 사회와 자연의 역동적 관계를 생태적 성찰을 통해 탐색하여 기존 체제에 배제되고 억압된 집단들의 생존과 복지를 이룩할 수 있는 생태적이고 지속가능한 사회발전을 지향한다.

앞서 보았듯이 정치생태학적 실천은 기존의 개발과 성장이념을 폐기하고 인간과 자연이 공생할 수 있도록 하는 것에서 시작한다. 이를 위해서 정치생태학은 경제적 합리성을 생태적 합리성으로 전환하여 새로운 발전이념을 정립하는 것으로, GNP와 1인당 국민소득의 강조보다는 빈곤과 기아의 문제를 효과적으로 해결하는 데 노력한다.

정치생태학적 접근은 이윤의 창출보다는 공동체를 지지하는 사회적 일자리와 고실업사회의 일자리 나누기(job sharing)를 예시로 들 수 있다. 먼저 사회적 일자리는 취업 취약계층에게 일자리를 지원하고 사회서비스를 확충하려는 목적에서 전개되었다. 외환위기 이후에 다수의 저임금계층과 빈곤층이 쏟아져 나왔다. 유연한 노동구조로 인해 비정규직이 증가하였고 경제성장이 일자리 창출을 담보하지 못하는 상황에서 노동시장의 불안정성이 증가되었다. 사회적 일자리는 사회적 경제에 입각해서 진행되었다. 사회적 경제는 협동조합 및 관련된 기업, 상조회, 결사체들이 수행하는 경제활동을 포함한다. 그 윤리적 원리는 이윤을 창출하기보다는 조직구성원이나 공동체를 지지하고 독립경영을 원칙으로 하고 민주적 의사결정 과정을 가지며, 소득분배에서 자본보다는 노동과 사람을 우선으로 한다. 따라서 사회적 일자리사업은 취약계층의 교육·고용·복지·산업을 연결하는 통합적인 경제·사회정책 프레임을 구축하게 하였다(한국고용정보원, 2007). 일자리 나누기는 기업의 구조조정이 인건비의 지출을 줄이고자 정리해고의 방식을 통해 실직자를 양산하는 형태가 아니라 공생과 상생의 원리로 노동시간과 보수를 재조정하고 일자리 나누기(job sharing) 방식으로 기업구조를 전환하는 것이다. 이 방식은 실업자를 줄이고 유효수요의 감소도 막을 수 있을 뿐만 아니라 더 적게 생산하고 더 적게 소비하여 폐기물의 양을 줄여 생태위기를 극복할 수 있다. 이렇듯 정치생태학은 '집중과 극대화'로 인한 불평등과 차별을 추구하는 것이 아니라 '공존과 나눔'을 통해 지역공동체 속에서 인간과 환경이 상호 연계되도록 하는 것이다.

정치생태학과 복지의 관계를 살펴보자면 복지국가의 사회보험제도는 경제논리가 중점을 이룬다. 경제성장을 이루면 이룰수록 절대적 복지의 총량은 증가하여 사회보험의 급여범위가 더 많이 확대된다. 복지국가는 증가된 복지총량의 분배를 통해 빈곤이나 질병 등으로 불이익을 받는 사람들의 상태를 완화시킬 수 있다는 것이다. 복지가 개인의 물질적 안녕을 강화하는 수단으로 욕구충족의 수준을 증가시킨다면, 경제는 장기적 지속가능성을 보장함이 없이 환경착취의 비율을 계속 높일 것이다(O'Brien et al., 김영화 외 공역, 2002 : 296). 따라서 정치생태학에서 성장과 복지의 관계를 보는 관점은 경제가 성장할수록 궁극적으로 인간의 복지를 증대시키는 것이 아니라 반대로 환경오염과 관련되어 인간의 복지가 더 저해된다는 것이다. 더 많은 경제성장이 더 많은 소비구조를 필요로 하고 소비한 폐기물들은 더 많은 생태계 파괴를 가져온다. 따라서 정치생태학적 관점에서 볼 때, 사회복지정책은 지속가능한 발전을 위해 지역공동체 중심으로 사회문제에 대해 많은 자원을 소비하는 사후 처방적인 면을 비판하고, 예방적 차원에서 자원을 덜 소비하고도 수급자의 욕구를 충족시킬 수 있는 문제 발생 이전의 생태친화적인 방향으로 정책이 나아가야 할 것을 주장한다.

3. 대안적 접근의 적용 및 시도

1) 소득보장과 국민기초생활보장제도

(1) 맞춤형 국민기초생활보장제도와 정치경제학적 접근

국민기초생활보장제도는 1997년 경제위기를 극복하는 과정에서 제시되었다. 경제위기는 금융시장 개방과 노동시장 유연화라는 신자유주의적 경제정책, 노동정책 등을 입법화시켰고, 이 당시의 심각한 사회문제인 대량실업 및 빈곤문제의 해결을 위한 사회안전망을 강화하도록 하였다. 이와 함께 국민기초생활보장제도는 저소득층에 대한 국가적 책임을 강화하여 복지를 권리로서 인정하여 수급자의 생계·주거·교육·장제·해산·의료·자활 등 포괄적인 급여가 이루어지도록 하였다.

2000년에 제정된 국민기초생활보장제도는 2014년 송파 세 모녀의 자살사건이 기폭제 역할을 하여 맞춤형 국민기초생활보장제도로 변경되었다. 국민기초생활보장제도의 개정 필요성은 첫째, 수급자의 기준이 충족될 때는 모든 급여가 지급되지만 미충족될 때에는 중단되어 자립유인이 부족하고 위기가구에 대한 탄력적 대응이 곤란하였고, 둘째, 보상수준의 현실화를 위해 지역별 최저생계비 도입의 필요성과 상대적 빈곤 관점을 반영한 급여수준 인상의 필요성이 지속적으로 제기되었으며, 마지막으로 사각지대 해소를 위해 부양의무자 범위 축소, 소득·재산기준 상향 등 부양의무자 기준 완화를 주장해 왔다. 맞춤형 국민기초생활보장제도의 특징은 첫째, 최저생계비가 기준중위소득으로 대체되면서 각 급여별 기준중위소득이 다르게 적용되었고, 둘째, 부양의무자 소득기준을 완화하여 사각지대를 해소하려 하였다(보건복지부, 2015a).

정치경제적 접근에서 본 맞춤형 국민기초생활보장제도는 조절이론의 신국가주의 전략적 차원으로 접근할 수 있다. 신국가주의는 시장순응적이고 강력하고 적극적인 국가역할을 수행한다. 맞춤형 국민기초생활보장제도의 도입 이후 비수급빈곤층의 규모가 어느 정도 감소되었는지를 추정해 보면, 생계급여 기준선인 기준중위소득 30% 이하 비수급빈곤층은 2015년 28만 가구(41만 명)로 2014년 비수급빈곤층 30만 가구(50만 명) 대비 약 2만 가구가 줄어들어 가구기준 6.7%가 감소한 것으로 추정되었다. 맞춤형 급여제도에서 의료급여 선정기준에 해당되는 기준중위소득 30~40% 이하 비수급빈곤층의 규모는 2015년 35만 가구(52만 명)로 2014년 비수급빈곤층 41만 가구(68만 명) 대비 6만 가구가 줄어들어 가구기준 17.1%가 감소된 것으로 추정되었다(김태완 외, 2017). 이러한 사실을 통해 볼 때 국가가 국민의 삶을 보장하고 진정성 있는 탈빈곤을 목적으로 하는 기초생활보장제도를 개편하기 위해 노력하고 있음을 알 수 있다. 그럼에도 불구하고 국가가 자본주의 시장경제를 해치지 않는 범위 내에서 국가의 역할을 수행하고 있음을 보여준다.

(2) 자활사업과 페미니즘적 접근

① 여성빈곤의 심각성

피어스(Pearce)는 '빈곤의 여성화(feminization of poverty)'라는 용어를 사용하여 급속히 퍼져나가는 여성빈곤의 심각성을 표현했다. UNDP의 인간개발보고서에서 '빈곤이 여성의 얼굴을 가졌다'는 표현으로 여성에게 빈곤이 집중적으로 나타나는 심각성을 보여주었다. 또한 현대사회의 여성빈곤은 경제적 박탈을 넘어 포괄적이고 다차원적인 사회적 배제로 나타나고 있다. 즉, 여성의 빈곤은 어떤 상태가 아니라 어떤 과정으로 인식되고, 경제적 빈곤이 생활수준 유지에 불충분한 상황으로 처하게 만들며 사회적 삶의 기회마저도 박탈당하게 만든다. 여성에게 집중되어 나타나는 빈곤문제를 명확하게 고찰하기 위해서는 성인지적인 관점이 필요하다.

여성빈곤의 문제는 여성 개인만의 문제가 아니라 성차별적인 여러 사회구조적 측면에서 원인을 찾아야 하며, 그 원인으로서는 세 가지를 지적할 수 있다. 첫째, 여성노동은 노동시장에서 주변화되어 있다. 노동시장에서 여성의 노동은 비정규직이 차지하는 비중이 정규직보다 더 높다. 2019년 8월 경제활동인구조사 근로형태별 부가조사 결과에 따르면(통계청, 2019), 비정규직이 남성은 44.9%이고, 여성은 55.1%로 나타나 남성보다 높았다. 여성노동자의 비정규직화는 생애주기와 관련이 있다. 여성은 결혼 전에는 정규직에 취업했으나, 결혼과정의 출산 및 아동양육 후 노동시장에 재진입할 때에는 비정규직으로 전환됨을 알 수 있다. 둘째, 가부장적 가족체제이다. 남편은 주된 생계책임자로서 소득을, 아내는 무임금노동인 가정 내 돌봄노동으로 성별 역할분리가 이루어진다. 이는 여성이 남성에게 경제적으로 의존하게 만드는 가부장적 이데올로기에 근거한다. 셋째, 성별이원화된 복지체제이다. 노동시장의 중심 노동력을 구성하는 남성은 실직 시 사회보험의 수혜자가 되지만 노동시장의 주변 노동력을 구성하는 여성의 경우는 실직 시 공공부조의 수혜자가 되는 경우가 많다(표 10-2 참조). 또한 남성부양자 모델에 입각한 사회보장제도는 남성과 여성의 역할이 분리된 가부장적 성별분업 이데올로기에 기초한다. 이 모델에서 전업주부인 여성은 직장 남성의 피부양자로서 의존적인 보험급여 지위를 부여받는다.

② 자활사업과 페미니즘적 접근

여성의 빈곤문제를 해결하기 위한 제도들 중 가장 큰 비중을 차지하는 제도는 국민기초생활보장제도이다. 〈표 10-2〉에서 보듯이 국민기초생활보장제도에서 생애주기별 남녀의 총인구 대비 수급자 비율을 보면, 중년기에는 남자가, 청소년기, 청년기 및 노년기에는 여자가 높게 나타났다. 특히 노년기의 여성은 남성의 수급자 비율에 비해 2.6%p가 높게 나타나 여성노인의 빈곤 정도가 심하다는 것을 알 수 있다.

〈표 10-2〉 생애주기별 남녀의 총인구대비 수급자 비율 현황 (단위 : %)

구 분	계	영유아기	학령기	청소년기	청년기	중년기	노년기
남 자	2.9	1.2	3.6	5.6	1.0	2.9	5.6
여 자	3.5	1.2	3.6	5.9	1.3	2.7	8.2

주 : 영유아기(0~5세), 학령기(6~11세), 청소년기(12~19세), 청년기(20~39세), 중년기(40~64세), 노년기(65세 이상)

출처 : 보건복지부(2019). 2018년 국민기초생활보장제도의 수급자 현황.

국민기초생활보장제도의 수급자 중에서 노동능력이 있는 수급자는 자활사업의 참여를 통해 최저생활을 유지한다. ❙그림 10-2❙는 성별에 따른 자활사업 참여 정도이다. 2016년, 2017년, 2018년에 걸쳐서 여성이 남성보다 더 많이 자활사업에 참여하고 있고 해마다 그 격차가 줄어들고 있음을 알 수 있다(한국복지자활개발원 홈페이지). 자활사업에 참여하는 여성들은 이혼이나 사별 등 혼인상태의 중요한 변화에 의해 갑작스러운 주 생계부양자의 역할과 어린 자녀를 돌봐야 하는 양육자의 역할까지 수행해야 하는 상황에 직면하게 된다(백학영 · 고미선, 2007). 이에 많은 비중을 차지하는 자활사업참여자인 여성의 특성을 고려하여 자활사업의 기획에서 평가에 이르기까지 성주류화적 관점을 가지고 성인지적 통계기반을 구축하여야 할 것이다.

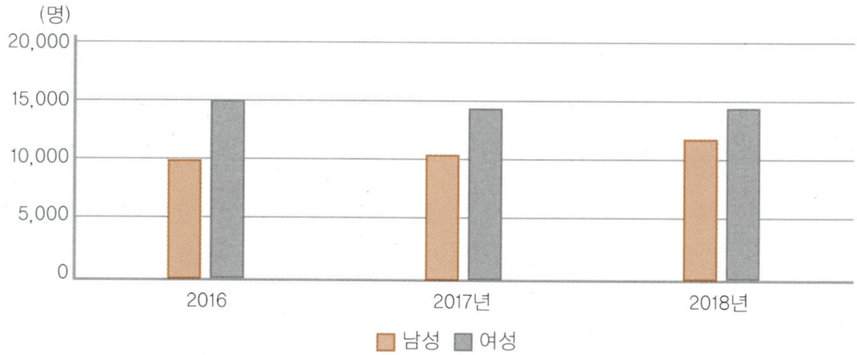

❙그림 10-2❙ 자활사업 참여 성별 비교

출처 : 한국자활복지개발원 홈페이지.

다음에 제시한 '상자글 10-3'은 성주류화를 전략을 선택한 북경행동강령(1995년) 25주년을 맞아 국제회의를 개최한다는 소개이다.

상자글 10-3 '북경행동강령 · UN결의안 1325호' 국제회의 기획위 출범

여성가족부는 올 하반기 개최하는 '북경행동강령 채택 25주년 및 유엔 안보리 결의안 1325호 채택 20주년 기념' 국제회의를 준비하기 위해 전문가 기획위원회를 출범하고 16일 첫 회의를 연다고 밝혔다.

북경행동강령은 유엔(UN)이 1995년 북경에서 개최한 제4차 세계여성대회에서 채택한 것으로, 정부 정책에 대한 '성 주류화(Gender Mainstreaming)' 전략을 제시했다는 점에서 그 의미가 크다.

성 주류화 전략은 법령 제정, 정책 기획, 예산 편성 등의 과정에 성평등 관점을 반영하는 것으로 성별영향평가, 성인지 예산, 성인지 감수성 교육 등이 주요 정책 수단이다.

'유엔 안보리 결의안 1325호(UN Security Council Resolution 1325)'는 2000년 유엔 안전보장이사회가 만장일치로 채택했다. 분쟁 지역에서 여성에 대한 폭력 근절, 분쟁해결 과정에서 여성 참여 확대 등을 주요 내용으로 한다.

한국은 2014년 제1기 국가행동계획을 수립했고, 현재 제2기 국가행동계획(2018~2020)을 이행하고 있다.

여가부는 국제회의와 1325호 국가행동계획 이행 강화를 위한 민관 협력, 정책 추진을 위해 지난 2월 부내 정책기획관을 단장으로 하는 '유엔 안보리 결의안 1325호 추진단'을 구성해 운영한다.

이날 출범하는 기획위원회에는 전문가, 지자체 담당자 등 9명이 참여하며 국제회의의 기획과 운영 과정 전반에 관한 자문, 사후평가까지 수행한다. 여가부는 코로나19 상황이 개선되면 기획위원회로 민간 전문가와 시민사회 참여 범위를 더욱 확대할 계획이다.

출처 : 연합뉴스(2020. 5. 12).

2) 건강보험제도

(1) 의료민영화와 정치경제학적 접근

우리나라의 의료제도는 예전부터 공급은 민간주도로 이루어지면서 시장경쟁의 논리가 주도해 온 반면에, 수요 측면에서는 국민건강보험을 통한 정부개입과 통제의 성격이 강하였다. 즉, 공급 측면에서의 시장주의 의료정책은 노무현 정부 이전에도 크게 다르지 않았으며, 재벌병원들의 등장을 기점으로 영리화,

고급화 등이 심화되고 있었다. 그러나 이 병원들이 아무리 영리를 추구한다 하여도 기본적 비영리법인 병원으로 운영되어야 한다는 정부규제가 있어왔다(송이은, 2012).

의료민영화는 자본의 자유로운 출입과 영리추구를 제도화하는 것을 의미한다. 한 나라의 의료제도를 크게 볼 때 공급체계와 재정체계로 구성되는데 의료민영화가 이루어지면 공급과 재정 모두 민간영역 비중이 커지게 된다(이상이 외, 2008). 현재 우리나라 의료민영화의 주된 쟁점은 영리법인병원 허용문제이고, 재정 측면에서는 민간의료보험 활성화라 할 수 있다.

의료민영화를 부정적으로 보는 이들은 이를 상품화, 계층화로 보는 반면에, 긍정적으로 보는 관점은 선진화, 효율화라고 본다. 부정적 관점에서는 민영화는 의료의 공공재 개념이 사라지게 되면서, 상품화가 심화될 경우 그동안 소득재분배적인 효과를 유지해 주었던 공공부문의 역할은 대폭 축소되면서 건강불평등 등으로 나타나는 계층화가 심화된다는 것이다. 더욱이 민간보험의 활성화와 건강보험 질병정보 공유는 상품화와 계층화를 더욱 심화시키는 기제가 된다. 이는 당연지정제 폐지, 건강보험의 연대성원리 훼손, 건강보험 차등화로 인한 계층화 심화 같은 연쇄적 결과를 낳는다. 반면에 의료민영화의 긍정적 측면은 기존 민간영역에서 공급해 온 의료의 효율성을 더욱 높임으로써 경쟁력을 강화하는 것을 의료민영화로 여기므로 이윤추구의 선진화, 효율화를 말한다. 즉, 근본적인 의료영역의 성격변화가 기존 민간의료 공급의 연장선에서 효율성을 보다 향상시키고 경쟁력을 키움으로써 선진화를 도모하겠다는 것이다(이상이 외, 2008).

의료민영화에 찬성하거나 반대하거나 간에 의료민영화는 국가의 재정적 책임을 민간영역으로 전가하는 과정에서 국가의 역할을 점차적으로 축소하여 공적 서비스 영역을 민영화한다는 측면에서 조절이론의 신자유주의 전략으로 설명할 수 있다. '상자글 10-4'는 코로나19와 같은 감염병으로부터 국민의 건강을 지키기 위해서는 의료민영화의 추진보다는 공공의료시스템의 구축이 더 시급하다는 것을 보여준다.

상자글 10-4 코로나19 사태로 드러난 의료현실…개혁에 나서야

4·15 총선이 더불어민주당의 압도적인 승리로 종료된 가운데 의료민영화 저지와 무상의료 실현을 위한 운동본부(이하 운동본부)는 20일 '21대 국회의원 총선거 결과에 부쳐-21대 국회와 문재인 정부가 해야 할 일'이란 제하의 성명을 발표했다. 운동본부는 성명을 통해 "한 달여 임기가 남은 20대 국회, 그리고 새로 출범하는 21대 국회와 문재인 정부는 코로나19 사태를 종식시키고 새로운 감염병 사태에 대한 대비를 서둘러야 한다"며, "더불어 코로나19 사태와 함께 드러난 우리나라의 의료 현실을 개혁해야 한다"고 강조하며, 시급히 추진해야 할 8개 과제를 제시했다.

운동본부가 제시한 과제는 △코로나19 사태로 드러난 공공의료와 인력의 부족 사태를 속히 해결할 것 △공공 감염병전문병원을 권역별로 즉각 설립할 것 △공공의료인력과 의료인력 전반을 확충할 것 △상병수당의 즉각적인 도입 △전국민 주치의제도 도입 △건강보험 강화 △의료 민영화·영리화 조처를 철회하고, 중단할 것 △공공제약사를 설립해 백신과 치료제 개발·생산·공급을 책임질 것 등이다.

운동본부는 "우선 공공의료를 최소 30%까지 이르도록 확충함과 동시에 음압병상도 대폭 확충하는 등 더 이상 민간에 맡겨서는 안 되고 공공에서 책임져야 한다"며 "더불어 공공 감염병전문병원을 설립, 여기서 발생할 수 있는 '착한 적자'를 공공에서 책임지고 설립·운영하는 한편 공공의료인력에 대한 확충을 위해 20대 국회에 제출된 공공의과대학법안을 공공의과대학의 수와 정원을 확대해 5월 국회에서 속히 통과시킬 수 있도록 해야 한다"고 밝혔다.

또 OECD 국가 중 유일하게 상병수단이 없는 우리나라인 만큼 즉각적인 도입과 함께 전국민 주치의제도를 도입해 대형병원 환자 쏠림을 막고, 예방·진료·재활 등 질 높은 일차의료를 제공토록 해야 하며, 법에 규정된 20%의 국고지원을 지키고 그동안 미납한 25조 원에 달하는 국고지원금 납부와 동시에 국고지원의 시한을 정한 규정을 폐지해 건강보험 재정의 안정성을 보장하는 등 건강보험을 강화해야 한다고 제언했다. 이 밖에도 국민 안전과 생명을 심각하게 위협할 수 있는 의료 민영화·영리화 관련 법안의 즉각적인 철회와 함께 공공제약사를 설립해 공중보건 위기상황에 대응하기 위한 국가 의약품 생산·공급 체계를 갖춰야 한다고 밝혔다. (하략)

출처 : 한의신문(2020. 4. 20).

(2) 진료비 지불방식과 정치생태학적 접근

먼저 진료비 지불방식을 살펴보면, 행위별수가제, 포괄수가제, 총액예산제 등이 있다. 우리나라의 진료비 지불방식은 기본적으로 행위별수가제(fee-for-service)이다. 행위별수가제는 의료기관이 환자에게 제공한 모든 의료서비스를 항목

별로 계산하여 진료비를 산정하는 방식이다.

행위별수가제는 의료진의 진료행위에 대한 자율성을 확보하고 책임 있는 진료를 보장하여 동기유발이 강하며 의료기관에서 제공한 의료서비스를 화폐화하는 데 편리한 방식이다. 그러나 이 방식은 의료행위가 많으면 많을수록 진료비를 국민건강보험공단으로부터 더 많이 청구하여 받을 수 있어 진료비 통제가 거의 불가능하다. 행위별수가제에서 의료기관은 환자에 대해 과잉진료를 유도할 수 있고, 환자는 전문적인 지식이 없는 상황에서 불필요한 검사와 진료를 받게 되는 상황이 발생하기도 한다. 이는 과잉·부당진료를 초래하여 비용부담에 따른 건강보험에 대한 비용을 증가시켜 환자의 부담뿐만 아니라 건강보험 재정의 부담을 가중시킬 수 있다.

또 다른 진료비 방식으로 포괄수가제(diagnosis related groups)가 있다. 포괄수가제는 질병의 진료에 제공되는 모든 의료서비스에 필요한 자원의 이용을 고려하여 질병 범주별로 구분하여 그 범주에 따라 고정금액을 보수로 지불하는 방식으로, 제왕절개술, 백내장, 항문 등과 같은 7개 질병군을 대상으로 실시되고 있다. 이 방식은 의료제공자가 진료를 효율적으로 제공하도록 하는 동기유발이 강하다. 그러나 포괄수가제는 진료비 지불자에게 질병사례의 분류와 조정 등의 높은 행정비용이 발생하고 진료를 제공할 경우에 과소진료의 위험이 있다.

총액예산제는 국민건강보험 재정의 위기와 더불어 제안되었다. 총액예산제는 의료기관에 대해 1년간 진료비 총액을 협상하고 일괄적으로 지급하는 방식으로, 의료기관의 과잉진료를 억제하는 효과가 있다. 사전에 보상 정도가 정해지는 총액예산제는 한 번 예산으로 결정되면 원칙적으로 수정이 불가능하다. 총액예산제는 진료비 지불자에게는 비용지출을 예측 가능하도록 하고 행정비용을 낮게 유지할 수 있고 예산관리자에게는 자원의 효율적 이용이 가능하다. 그러나 의료제공자에게 효율성을 위한 직접적인 동기유발이 없고 과소진료를 할 가능성이 한계로 지적된다.

건강보험 진료비 방식의 정치생태학적 접근은 불필요한 진료비 증가를 막는 데 유용한 시각을 제공해 준다. 질환이 있어 병원에 가고, 병원에 가면 진료비 산출방식으로 인해 과잉·부당진료가 많이 발생하여 국민과 공단에게 과잉진료비를 청구하게 됨으로써 사회적 비용은 증가한다. 의료서비스의 증가는 병원 폐기물을 더 많이 발생시키고 이것은 또한 환경오염을 가속화시킨다. 이러한 악순환 속에서 시민은 환경오염의 희생양이 되는 것이다. 이러한 고리를 근본적으로 끊기 위해서는 의료서비스의 소비를 조장하는 진료비 방식의 개혁이 필요하다. 현행 주된 진료비 방식인 행위별수가제는 과잉진료를 허용할 수 있으므로 포괄수가제, 총액예산제 등의 다른 방식들의 장단점을 고려한 혼합진료비 방식을 개발할 필요가 있다. 따라서 정치생태학적 접근에서 진료비 방식은 건강보험 재정적·위기적 측면에서 접근하는 것이 아니라 소비를 조장하는 의료서비스 공급을 적극적으로 줄일 수 있는 방향으로 진료비 방식을 인식하고 개발하여야 할 것이다.

정치생태학적 입장에서 의료서비스를 줄일 수 있는 실천방안은 진료비 방식에서 더 나아가 예방적 차원에서 전국민 주치의제도를 통해 국민건강을 증진하는 것이다. '상자글 10-5'에서 보듯이 전국민을 대상으로 주치의제도를 마련하여 국민건강을 개발관리하여 커뮤니티 케어를 실현하여 지역사회를 건강하게 만들 수 있을 것이다. 이를 통해 공동체를 회복하여 질병 발생 전에 예방에 주력하여 질환 발생을 줄일 수 있을 것이다. 또한 '건강한 생활습관 갖기 지역사회 주민운동'과 같은 지역사회 주민 실천운동모임은 지역사회에서 주민 스스로의 활동을 통해 건강을 유지하는 방안으로 고려해 볼 만하다.

상자글 10-5 시민단체, 文대통령에 "전국민 주치의제 도입하라"

시민사회단체들이 7일 문재인 대통령에게 전국민 주치의제를 도입해야 한다고 제안했다. 이들 단체는 과로사 예방법의 제정도 촉구했다.

생명안전시민넷과 4·16 세월호참사가족협의회, 산재피해가족네트워크 '다시는', 김용균 재단 등 단체는 이날 오전 청와대 분수대 앞에서 기자회견을 열고 "문재인 정부 출범 3주년과 이천 참사에 즈음해 안전한 나라를 위한 제안을 한다"며 17개 정책과제를 발표했다.

이들 단체는 먼저 생활안전 분야에서 전국민 주치의제 도입을 제안했다. 전국민 주치의제는 1차 의료(의원 및 개인 병원)의 의사 중 1명을 주치의로 등록해 환자를 개별 관리하는 것으로, 주치의는 자신에게 등록된 환자에 대해서 책임을 갖고 의료서비스를 제공해야 한다. 전국민 주치의제를 도입하면 의료 사각지대를 줄일 수 있다는 것이 이들의 주장이다.

이들은 또 감염병 대응기구 조직을 개편하고 역량을 강화해야 한다고 주장했다. 통학버스에 3점식 안전띠 설치 등 카시트 장착 의무화도 제언했다.

안전총괄 분야에서는 헌법에 생명 및 안전권을 명시해야 한다고 했다. 또한 피해자 인권 보장을 위해서 피해자 집단 소송제도를 도입해야 한다고 주장했다. 일터안전 분야에서는 산업안전보건법을 전면 재개정해서 위험의 외주화를 막아야 한다고 제안했다. 외국인 노동자를 포함해서 모든 노동자에 산재보험을 적용해야 한다고 촉구했다. 아울러 과로사 예방법 제정 등도 제언했다.(하략)

출처 : 뉴스핌(2020. 5. 12).

3) 노인복지정책

(1) 노인문제와 페미니즘적 접근

노인의 빈곤문제는 이미 오래된 사회문제이다. 노인의 빈곤 정도는 기초생활보장수급자 현황을 통해 알 수 있다. 앞서 제시한 〈표 10－2〉에서 생애주기별 국민기초생활보장제도 수급률에서 여성노인이 8.2%로 가장 높게 나타났다. 이러한 사실을 토대로 노인빈곤 문제는 곧 여성노인의 빈곤문제라 하여도 과언이 아니다.

그러면 이러한 빈곤현상이 왜 여성노인에게 집중되어 나타나는 것일까? 여기에 대한 답은 여성노인의 경제적·사회적 요인들과 관련하여 고려해야 한다. 먼저 여성노인의 경제적 자립에 영향을 미치는 것은 배우자의 유무이다. 대부분의 여성노인은 가정 내 주부역할을 수행하고 남편의 화폐소득에 의지하여 생활하였기 때문에 여성 자신을 위한 노후준비를 하지 못했다. 그래서 무배우자 여성노인은 유배우자 여성노인에 비해 빈곤할 가능성이 더 높다. 둘째, 여성노인의 취업이다. 남성노인의 38.3%, 여성노인의 25.5%가 취업을 하고 있는 상황으로 나타났다. 취업노인이 가장 많이 종사하는 곳은 단순노무직으로, 취업노인의 40.1%이며, 여성노인이 단순노무에 종사하는 비율(50.8%)이 남성노인(30.5%)보다도 더 높아 취업직종에 있어서도 더 불안정한 저임금을 받고 있다(정경희 외, 2017). 마지막으로 우리나라의 건강수명 산출에 의하면(고숙자, 2014), 2011년 출생자의 건강수명은 70.74세, 기대여명은 81.2세로 나타났다. 남성노인의 경우는 건강수명이 68.79세, 기대여명이 77.65세로 8.86년간 질병을 앓는 것으로 제시한 반면에 여성노인은 건강수명이 72.48세, 기대여명이 84.45세로 11.97년간 질병을 앓는 것으로 나타났다. 여성노인이 남성노인보다 기대여명이 약 7년 더 길어 질병을 앓는 기간도 더 길었다. 앞서 언급한 세 가지 이유로 여성노인은 빈곤에 노출될 가능성이 매우 높고, 또한 한 번 빈곤에 노출되면 빈곤에서 벗어나기 힘들어 생을 마칠 때까지 지속적으로 빈곤 속에서 살아야 하는 것이다. 따라서 '빈곤의 여성화'가 여성노인에 이르러서는 더욱 집중적으로 나타나는 것이다.

노인의 건강문제를 살펴보면 노인의 건강 정도를 나타내는 지표 중의 하나는 만성유병률이다. 노인의 만성유병률은 지난 10년간 계속 증가하여 노인의 건강상태가 시간이 지날수록 더 악화되고 있는 실정이다. 정경희 등의 조사(2017)에 의하면, 여성노인의 만성유병률(79.5%)이 남성노인(64.1%)에 비해 15.4%p 더 높게 나타났고, 성별 만성질환유병률을 보면 남녀 모두 고혈압이 가장 높은 유병률을 보였는데, 여성노인은 24.0%이고 남성노인은 17.2%로 나타나 여성노인이 6.8%p 더 높게 나타났다. 이는 여성노동의 특성을 반영한 것으로 여성노인이 젊었을 때 고생한 결과 나이가 들어 만성질환으로 나타나는 것으로 보인다. 앞에서 언급한 대로 여성노인이 남성노인에 비해 수명이 길기 때문에 경제적 빈곤에 노출될 가능성이 높고 만성질환으로 인한 건강상의 장애가 더 심화될 소지가 있다. 이러한 자료를 통해 볼 때, 여성노인은 연령에 의한 차별뿐만 아니라 성에 의한 차별도 동시에 받고 있어 사회적으로 더욱 열악한 상황에 있음을 알 수 있다.

노인문제에 대한 페미니즘적 실천은 여성노인이 남성노인에 비해 사회적 약자로서 겪는 문제를 해결하고 예방하는 데 그 초점을 두어야 한다. 이를 위해 여성노인의 사회문제는 노년기에 발생된 문제이라기보다는 전 생애를 거쳐 축적된 여성에 대한 사회적 편견과 차별에서 비롯된 것이라는 인식이 선행되어야 할 것이다. 성차별적 법, 제도, 관행 등을 개선하고 성불평등을 해결 및 예방할 수 있는 적극적인 조치(affirmative action)로 성평등적인 제도가 구체화되고 실현되어야 할 것이다. 그리고 노년기 이전 시기부터 적극적으로 사회적 차별이 축적되지 않도록 여성의 전 생애주기에 걸쳐 적절한 형태의 법적 장치가 마련되어야 할 것이다.

(2) 노인 사회적기업과 정치생태학적 접근

사회적기업은 사회적기업 육성법 제2조에 "취약계층에게 사회서비스 또는 일자리를 제공하거나 지역사회에 공헌함으로써 지역주민의 삶의 질을 높이는 등의 사회적 목적을 추구하면서 재화 및 서비스의 생산・판매 등 영업활동을 하는 기업으로서 제7조에 따라 인증받은 자를 말한다"라고 정의한다. 사회적기업은 사회적 가치를 창출하는 비영리조직과 경제적 가치를 창출하는 영리조직의 특성을 가진다.

사회적기업은 사회복지, 보건, 교육과 같은 공공서비스를 무료나 저비용으로 제공하는 비영리조직과 달리 재화와 사회서비스 판매를 통해 수익사업을 한다는 점에서 차이가 있다. 이러한 수익활동을 토대로 조직은 재정적 안정성을 갖추고 사회적 목적과 가치를 창출하게 된다(최조순, 2012).

정치생태학적 관점에서 보는 사회적기업은 창출된 자본의 이익을 개인이 아니라 사회에 나눔으로써 지속가능한 사회, 세대 간, 계층 간의 협력과 협치를 가능하게 한다. 이것은 공정하고 공평한 방법으로 사회구성원들에게 골고루 재분배하고자 하는 공익적 자본주의라고도 칭할 수 있다.

국내 활동중인 사회적기업은 모두 2,518곳이다. 이들 사회적기업에 고용된 노동자는 4만 8,495명이고, 이 가운데 고령자, 장애인, 경력단절여성 등 취약계층(2만 9,195명)은 10명 중 6명(60.2%)이다. 전체 사회적기업 중 조직의 주된 목적을 취약계층에게 일자리를 제공(취약계층 30% 이상 고용)하는 것으로 정하고 있는 일자리제공형이 66.8%에 달하는 등 사회적기업은 취약계층 일자리 창출에 기여하고 있다(고용노동부, 2020).

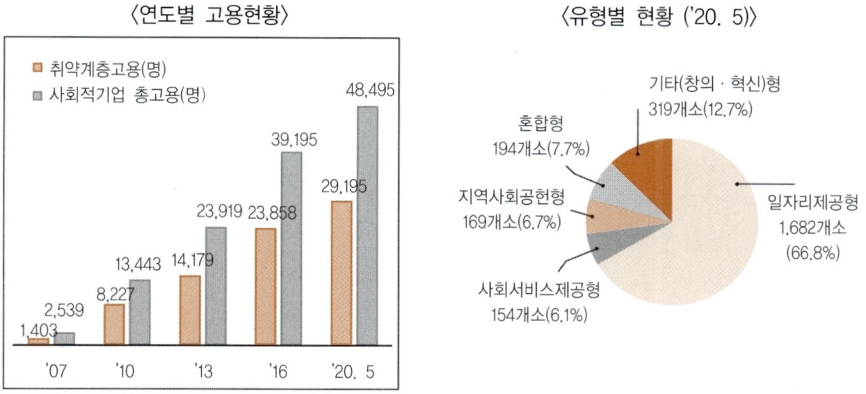

▌그림 10-3▐ 사회적기업 연도별 · 유형별 현황

출처 : 고용노동부(2020). "새로운 사회적기업 74개 인증, 국내 사회적기업 총 2,518개로 늘어". 보도자료.

노년기에 사회적 위험을 경험하고 있는 노인에게 안정적 일자리를 제공하고 유지하기 위한 노인일자리사업의 대안으로 제시할 수 있는 것이 노인 사회적기업이다. 2020년에 노인을 대상으로 하는 사회적기업으로 인정된 곳은 ㈜러블리페이퍼이다. 이곳은 어르신들이 모은 폐박스를 미술용 종이 화포로 탈바꿈시켜 얻은 판매 수입금으로 어르신들의 노동환경과 생활환경을 개선하였다. 폐지 수집 어르신들에게 시장가보다 높은 가격으로 폐지를 매입하고, 매입한 폐지로 미술재료인 화포를 제조 · 판매한다. 제작된 화포는 지역 작가들의 재능기부를 담아 예술작품으로 재창조된다. 판매수익 일부를 어르신들의 생활지원금으로 지원하고 있다(고용노동부, 2020). '상자글 10-6'은 지역시니어클럽에서 노인일자리사업으로 시작하여 사회적기업으로 성장시킨 '경주서라벌찰보리빵' 사례를 제시하고 있다.

상자글 10-6 노인 위한 사회적기업, 행복가게 '경주서라벌찰보리빵'

하루에 4시간씩 주 3일 일하는 65세 이상 어르신 22명의 일터
무농약찰보리 · 1등급 우유 등 최고품질 재료에 할머니 정성이
서라벌찰보리빵 가게 직장 이상의 보금자리, 세상 소통 공간
노인일자리 창출사업의 좋은 사례, 갖춰야 할 조건 등 잘 갖춰

(중략) 서라벌찰보리빵 가게는 지난 2005년 3월에 문을 열었다고 한다. 서라벌찰보리빵은 경주시니어클럽이 노인일자리를 만들고 운영하는 점포다. 점포 두 곳에서 하루 4시간씩 주 3일 일하는 방식으로 65세 이상 어르신 22명이 일하고 있다. 한 명의 일자리를 노인들 10~12명이 나누고 있는 셈이다. 운영진이 불경기에도 최대한 일거리를 유지하려고 애쓰는 이유다. 서라벌찰보리빵은 보건복지부지정 노인 일자리 창출 가게이기 때문이다. 신라문화원의 경주시니어클럽에서 운영하고 있는 서라벌찰보리빵 가게는 수익금 전부를 노인 일자리 창출과 가게 운영비 등으로 쓰이고 있다.

■ 할머니들 일자리 위해 매일 빵을 굽는다

서라벌찰보리빵은 100% 무농약 찰보리를 비롯해 1등급 우유에 신선한 계란 등 최고품질의 재료들에다 할머니들의 정성으로 빵을 굽는다. NO트랜스지방, NO 방부제를 자랑하는 영양만점 웰빙식품인 것이다. 사업의 기본은 수익창출이지만, 서라벌찰보리빵은 수익을 내기 위해서보다는 할머니들의 일자리를 위해 매일매일 빵을 굽는다. 하지만 주문이 몰려든다고 서라벌찰보리빵 운영자인 신라문화원의 경주시니어클럽이 돈을 버는 건 아니다. 수입은 모두 양질의 재료와 할머니들 일자리 창출에 쓰이기 때문이다. 돈을 벌려고 빵을 굽는 게 아니라 일자리를 만들어 주려고 빵을 굽는 것이다. 이곳 할머니들이 한 달에 받아가는 돈은 20만 원에서 60만 원 정도라고 한다. 할머니들에겐 소중한 돈이다. 돈의 액수를 떠나 일할 수 있는 즐거움이 가장 크기 때문이다. 그리고 무엇보다 자신이 땀을 흘려 일해서 버는 돈이기에 그 가치는 1억 원 버는 사람 부럽지 않다고 입을 모은다. (중략)

노인 일자리 창출의 필요성과 양질의 노인 일자리가 갖춰야 할 조건 등을 잘 갖추고 있는 곳으로 뽑힌다. 고령화 사회를 지나 고령사회를 눈앞에 둔 시점에서 대부분의 노인들이 건강과 시간이 허락한다면 사회에서 더 일을 하고 싶어 하는 것이 오늘의 실정이다. 하지만 경력을 살려 재취업을 하거나 창업에 성공하는 경우가 극소수인 가운데 단순 노동을 하는 직업을 구하기도 사실상 어려운 실정이다. 이런 시점에서 노인을 위한 사회적기업 '경주서라벌찰보리빵'이 노인고용의 성공사례로 관심을 끌고 있으며, 노인들의 고용활성화와 정책에 대한 필요성이 절실한 이유다.

출처 : 홍주일보(2016. 11. 14).

참고문헌

고숙자(2014). 우리나라의 건강수명 산출. 보건・복지 이슈 & 포커스 제247호.

고용노동부(2020). 새로운 사회적기업 74개 인증, 국내 사회적기업 총 2,518개로 늘어. 보도자료.

김영화(2010). **현대사회복지이론**. 경기 : 양서원.

김태완 외(2017). 2017년 기초생활보장 실태조사 및 평가연구. (사)참누리 빈곤문제연구소.

김형기(2001). **새정치경제학**. 서울 : 한울.

백학영・고민선(2007). 자활사업 참여자의 자활사업에 대한 인식과 노동시장 진입 전망에 관한 연구 : 여성가장의 자활사업 참여경험을 중심으로. **사회복지정책**, 30권.

보건복지부(2015a). 기초생활보장제도 맞춤형 급여체계 개편방안.

_________(2019). 2018년 국민기초생활보장제도의 수급자 현황.

송이은(2012). 노무현 정부 이후 진행된 한국 의료민영화의 성격. **한국사회학**, **46**(4).

이상이 외(2008). **의료민영화 논쟁과 한국의료의 미래**. 서울 : 도서출판 밈.

이영환 편(2003). **통합과 배제의 사회정책과 담론**. 서울 : 함께읽는책.

정경희 외(2017). 2017년도 노인실태조사. 한국보건사회연구소.

조명래(1996). 포스트포디즘의 정치적 양상. **한국정치학회보**, **29**(4).

주재선 외(2019). 2018년 한국의 성평등보고서. 서울 : 여성가족부.

최조순(2012). 사회적기업의 지속가능성과 기업가정신. 경기 : 한국학술정보.

통계청(2019). 2019년 8월 경제활동인구조사 근로형태별 부가조사 결과.

한국고용정보원(2007). 사회적 일자리 창출사업 실태와 개선방안.

한국여성정책연구원(2018). 성별임금격차 감소, 저임금 일자리 중심으로 개선되었으나 중하위층 여성에만 나타나는 한계. KWDI Brief. 제48호.

Bell, V. J. et al. 공저. 정규호 역(2005). **정치생태학**. 서울 : 당대.

Bob Deacon(1995). Global Social Policy Actors and Shaping of East European Welfare. *International Journal of Sociology, 25*(1), 40-80.

George & Wilding 공저. 김영화 외 공역(2004). **세계화와 인간복지**. 서울 : 삼우사.

Jessop, B. 저. 김영화 역(2010). **자본주의국가의 미래**. 경기 : 양서원.

Martin O'Brien et al. 공저. 김영화 외 공역(2002). **사회복지의 이론화 : 계몽과 근대사회**. 서울 : 대학출판사.

Williams, F. 저. 이영철 외 공역(1994). **사회복지정책**. 서울 : 도서출판 말길.

이 장의 요약

1. 기존 사회복지정책 분석방법은 현행 사회복지정책의 내용과 정책이 형성되는 과정을 이해하는 데 도움이 되지만 사회 주류집단의 입장을 그대로 반영하거나 주류집단의 입장에 의해 형성되는 경향이 있다. 즉, 사회에서 배제되어 있는 대상들을 발굴하여 그들을 위한 복지적 대안을 제시하는 데 한계를 가진다.
2. 사회복지정책의 대안적 접근은 변화하는 사회에 대한 통찰력을 가져 지구적 자본주의 경제체제와 사회복지의 관계를 명확히 보여주며, 성 요인, 권력, 부, 과학, 생태파괴 간의 관계 등을 분석하여 이미 주변화된 객체를 주체로 포괄해 낼 수 있다. 이러한 사회복지정책의 대안적 접근은 정치경제학, 페미니즘, 정치생태학 등을 들 수 있다.
3. 정치경제학적 접근으로 본 맞춤형 국민기초생활보장제도는 신국가주의 전략적 차원에서 접근하여 개별급여의 수준과 부양의무자 기준에 대한 비판을 통해 국가가 빈곤정책에 대해 여전히 잔여적이고 그 잔여적인 것마저도 충족되지 않는 수준에 지나지 않는 것을 알 수 있었다. 따라서 국가가 자본주의 시장경제를 해치지 않는 범위 내에서 강력한 국가의 역할을 하고 있음을 보여준다.
4. 자활사업에 대한 페미니즘적 접근은 자활사업 참여와 자활사업 지속참여 여부, 그리고 자활사업 참여자의 불만족 정도 등의 자료를 통해 제시하였다. 여성은 남성에 비해 노동시장으로의 진입이 어렵기 때문에 자활사업의 적합 여부와 상관없이 자활사업에 남을 경향이 높아 여성자활사업 참여자가 더 많았고, 또한 여성자활 참여자는 남성에 비해 자활사업에 대한 만족도가 낮은 것으로 나타났다. 이러한 근거를 통해 자활사업에 대한 여성의 탈빈곤정책은 성인지적 관점에서 여성친화적인 욕구와 특성을 더 많이 반영하여 다양한 프로그램들을 개발하고 실행하여야 할 것이다.
5. 의료민영화에 대한 정치경제학적 접근에서 의료민영화가 이루어지면 공급과 재정 모두 민간영역의 비중이 커지게 된다. 현재 우리나라 의료민영화의 주된 쟁점은 영리법인 병원 허용문제이고, 재정 측면에서는 민간의료보험 활성화라 할 수 있다. 이에 국가의 재정적 책임을 민간영역으로 전가하는 과정에서 국가의 역할을 점차적으로 축소하여 공적 서비스 영역을 민영화한다는 측면에서 신자유주의 전략으로 설명할 수 있다.
6. 진료비 방식의 정치생태학적 접근은 불필요한 의료진료비 증가를 막는 데 초점이 있다고 볼 수 있다. 현행 주된 진료비 산출방식이 과잉·부당진료를 하도록 하여 의료서비스를 증가시키고 이로 인해 환경과 사람의 삶까지도 위협하고 있다. 이러한 고리를 근본적으로 끊기 위해서는 의료서비스의 소비를 조장하는 진료비 방식의 개혁이 필요하다. 건강보험 재정적 측면에서 진료비 방식만을 정액으로 규제하는 관점이 아니라 적극적으로 의료서비스를 줄일 수 있는 방향으로 진료비 방식을 인식하고 개발하여야 할 것이다.

7. 노인문제에 대한 페미니즘적 실천은 여성노인이 남성노인에 비해 사회적 약자로서 겪는 문제를 해결하고 예방하는 데 그 초점을 두어야 할 것이다. 이를 위해 여성노인의 사회문제는 노년기에 발생된 문제이라기보다는 중장년기를 거치면서 축적된 여성에 대한 사회적 차별 속에서 비롯된 것이라는 인식이 선행되어야 할 것이다. 우리 사회에서 여성의 생애주기별로 적용될 수 있는 성차별적 법, 제도, 관행 등을 개선하고 성불평등을 해결하고 예방할 수 있는 적극적인 조치(affirmative action)로 양성평등적인 제도가 구체화되고 실현되어야 할 것이다. 그리고 노년기 이전 시기부터 적극적으로 자신의 권익을 보장받기 위해 조직적이고 정치적인 힘을 형성할 수 있어야 할 것이다.
8. 정치생태학적 측면에서 보는 사회적기업은 창출된 자본의 이익을 개인이 아니라 사회에 나눔으로써 지속가능한 사회, 세대 간, 계층 간의 협력과 협치를 가능하게 한다. 이것은 공정하고 공평한 방법으로 사회구성원들에게 골고루 재분배하고자 하는 공익적 자본주의라고도 칭할 수 있다.

주요 용어

- 정치경제학 : 자본주의 사회를 살아가는 사람들의 '먹고 사는 문제'를 해결하기 위해, 인간의 관계를 중심으로 경제를 정치 및 문화와의 상호 관련 속에서 분석하여 그 원리와 규칙성을 밝히고 자본주의의 다양성과 가변성을 해명하려는 것이다.
- 조절이론(Jessop) : 한 나라의 자본주의가 축적체제와 조절양식 간의 동태적이지만 안정적인 조응관계를 통해 주기적으로 위기와 모순을 극복해 가면서 재생산된다는 이론이다.
- 지구적 사회정책 : 기본적 인권보장을 위해 국제적 수준에서 이루어지는 것이고 국가적 차원에서 사회정책을 보완하고 보충하여 글로벌 자본주의에 대항하는 지구적 안전망을 구축하는 것이다.
- 국가 성평등지수 : 성평등수준을 정량적으로 측정하는 데 사용하는 대표지표와 각 부문의 성평등 정도를 모니터링하고 정책을 관리하기 위해 설정되는 관리지표로 구성된다. 우리나라는 성평등지수로 가족, 복지, 보건, 경제활동, 의사결정, 교육 · 직업훈련, 문화 · 정보, 안전부문 등 8개 부문을 구성하고 있다.
- 정치생태학 : 생태문제가 생태계 자체의 문제에서 파생되는 것이 아니라 인간이 생산 · 소비하는 자본주의 체제의 특성에서 발생하여 환경이 파괴된다고 본다. 즉, 정치생태학은 자본주의 사회와 자연의 역동적 관계를 생태적 성찰을 통해 탐색하여 기존 체제에서 배

제되고 억압된 집단들의 생존과 복지를 이룩할 수 있는 생태적으로 지속가능한 사회발전 방향을 지향한다.

- 행위별수가제 : 의료기관이 환자에게 제공한 모든 의료서비스를 항목별로 계산하여 진료비를 산정하는 진료비 지불방식이다.
- 포괄수가제 : 제왕절개술, 백내장, 항문 등과 같은 질병군에 대해 일정한 진료비를 미리 정해두는 진료비 지불방식이다.
- 총액예산제 : 의료기관에 대해 1년간 진료비 총액을 협상하여 일괄적으로 지급하는 진료비 지불방식이다.
- 사회적기업 : 사회적 가치를 창출하는 비영리조직과 경제적 가치를 창출하는 영리조직의 특성을 가진다.

추천자료

김영화(2010). **현대사회복지이론**. 경기 : 양서원.

김영화 외(2002). **현대사회와 여성복지**. 서울 : 양서원.

김영화 외(2020). **코로나19의 경험과 대응 그리고 그 이후**. 대구 : 대구시사회서비스원 · 사회복지공동모금회.

김형기(2001). **새정치경제학**. 경기 : 한울.

이강호(2019). **착한 민영화는 없다**. 전북 : 내일을 여는 책.

허숙민 외(2020). **긴급돌봄서비스 지원체계연구 : 대구시사회서비스원 코로나19 긴급돌봄서비스지원단을 중심으로**. 대구 : 대구시사회서비스원 · 사회복지공동모금회.

Gray, M., & Webb, S. A. 공저. 조성우 외 공역(2012). **사회복지학의 새로운 접근**. 서울 : 시그마프레스.

Jessop, B. 저. 김영화 역(2010). **자본주의국가의 미래**. 경기 : 양서원.

Niklas Luhmann 저. 이남복 역(2002). **현대사회는 생태학적 위협에 대처할 수 있는가**. 서울 : 백의.

Vic George & Paul Wilding 공저. 김영화 외 공역(2004). **세계화와 인간복지**. 서울 : 삼우사.

PART 03

통합으로서의 사회복지정책

CHAPTER 11

사회적 소수자와 인권복지정책

사회적 소수자란 "사회구성체의 정치, 경제, 사회 등 제반 영역에서 인종, 성, 경제적 능력, 사상이나 도덕, 기타의 이유로 지배적이라고 일컬어지는 가치와 상이한 입장에 있는 사람들"로 정의될 수 있다. 또한 소수자는 "인종, 종교, 언어 또는 국적 등에 있어서 그들이 소속되어 있는 사회의 다른 구성원들과 구별되거나, 스스로 또는 다른 구성원들에 의하여 분리되고 구별되는 것으로 인식되는 사람들의 집단으로 정의되고 있다.

우리가 소수자의 복지와 정책을 이야기할 때 간과하지 말아야 하는 것은 '차이'가 차별로 나타나는 배제와 주류의 억압이다. 소수자는 자칫 그 존재가 일상 속에 파묻혀 버리기 쉬워서 적극적인 관심을 통해서만 그 입장과 위치를 확인할 수 있는 특징이 있다.

절대적인 우리 혹은 타자는 존재하지 않는다. 개인은 가족에서 국가에 이르기까지 다양한 차원의 사회집단에서 때로는 주류의 모습이, 때로는 소수자의 모습이 될 수 있다. 어떤 사회집단을 준거로 삼느냐에 따라 개인은 주류에 속한 존재가 되기도 하고, 비주류에 속할 수도 있다. 그러므로 누가 소수자인가의 문제는 그들 개개인의 문제가 아니라, 그들을 소수자로 규정하는 사회 자체의 문제로 해석하여야 한다. 이 장에서는 기존의 사회복지정책이 포괄하지 못한 사회적 소수자의 모습과 주요한 쟁점을 살펴보도록 하며, 이를 기초로 향후 우리나라가 지향하여야 할 '공존적 인권기반 복지정책'의 방향을 가늠해 보고자 한다.

1. 사회적 소수자의 의미

인간은 끊임없이 다른 사람 혹은 집단과 일정한 구분을 만들면서 살아간다. 남성과 여성의 구분, 성인과 아동의 구분, 지역과 지역 간, 혹은 신념과 사상 간의 구분 등이 대표적인 예이다. 이와 같은 구분은 순기능적일 수도 있다. 가령 구분이 없다면 집단 간의 정체성을 확립하기 어려울 것이며, 질서유지와 역할배분에도 큰 어려움을 겪게 될 수 있을 것이다. 세계를 특성에 맞게 분류하고, 이를 통해 차이를 이해하는 능력이 키워지는 점에서 구분은 긍정적인 기능이 있다. 세르토(Certeau, 1991)의 주장처럼 차별화와 배제는 모든 사회집단에 내재된 본질이다.

그러나 만일 그와 같은 구분이 왜곡된다면, 이는 특정 집단에 대한 배제 혹은 억압으로 이어질 수 있다. 차이를 '차별'로 만드는 지배계급의 권력행사는 명명하기(이름 붙이기)를 통해서 이루어진다. 사람들은 그들이 가진 많은 속성 가운데 선택된 특정 속성에 의해 동류로 묶이고 범주화된다. 성, 인종, 국적, 성적 취향, 질병 유무 등 수많은 지표들이 사회화되어 인간의 분류에 동원되는 것이다. 이때 가령 조선족, 외국인 노동자, 성매매 여성, 일용직노동자, 장애인들은 이른바 '소수자'로서 동일시되며, 종속화, 차별화의 대상이 된다(최 협 외, 2004). 실제로 우리 사회에서는 아무런 이유 없이 특정 집단을 배척하는 일이 흔히 발생하고 있으며, 이 같은 현상은 '사회적 소수자에 대한 차별'로 주변 여러 곳에서 나타나고 있다. 특히 억압을 가하는 집단, 계층이 권력과 헤게모니, 혹은 관련 지식과 기술을 확보하고 있다면 이는 인식의 오류에서 더 나아가 정치, 사회, 문화적 억압에까지 이르게 된다. 이렇게 볼 때 결국 범주와 해석에서 비롯된 '구분'과 '경계'의 왜곡된 인식결과가 인류 사회에서 사회적 소수자를 만들어 내는 원인이 된다고 볼 수 있다.

역사적으로 보면 사회적 소수자의 모습은 근대와 현대를 통해 변화되었다. 초기 근대사회에서의 소수자는 대부분 신분질서의 문화 속에서 배제된 자들로서 이른바 일생을 통해서 세습되는 '낙인' 찍힌 집단이었다. 따라서 이는 본인의 의지와는 상관없이 강요된 속성이며, 개인의 의사로 변화시킬 수 있는 것은 아니었다.

하지만 오늘날 현대사회의 소수자는 근대사회의 소수자와는 그 성격의 차이가 있다. 현대사회에서는 신분제가 대부분 후퇴하였고, 세계적 규모의 자유주의 경제질서가 확산되어 실시간 정보유통과 기술이 급격하게 발달하고 있다. 따라서 오늘날의 소수자는 태생적으로 주어진 한계보다는 생애의 어떤 시점 혹은 기간을 통해 만들어지는 측면이 강하다. 또한 우리 사회 소수자의 모습은 과거와 달리 매우 다면적이다. 상당수는 강요에 의함이 아닌 자발적 의지에 의해 소수자가 된 사람들이다. 이런 면에서 유동성과 다양성은 현대사회의 소수자 집단을 특징지을 수 있는 성격으로도 볼 수 있다. 근대사회가 동질성과 민족주의를 기반으로 단일의 정체성을 표방하였다면 현대는 강요된 동일성의 왜곡으로부터 해방되어 다양한 정체성을 수용하고자 하며 차이의 정치학을 인정하는 속성을 지닌다. 동성애자의 커밍아웃이나 병역거부자의 양심선언들은 이러한 시대흐름을 반영하는 것이다. 이런 측면에서 본다면 현대는 '자발적 소수자 되기의 시대'라고도 말할 수 있다. 다시 말해, 사회구성원 대다수가 적어도 생애주기 과정의 한 부분에서 '소수자 되기'를 경험할 수도 있는 것이다.

다른 한편으로 사회적 소수자는 또한 특정 국가 혹은 사회가 지니고 있는 '사회적 조건'의 산물이다. 예를 들면, 경제의 자유화가 빠르게 전개됨에 따라 과거 단일민족임을 내세우던 한국사회에도 피부색과 언어가 다른 수많은 외국인들이 입국하여 공존하는 것이 일상화되고 있으며, 그들의 문화를 인정하지 않아 사회적 차별이 나타나기도 한다(최 협 외, 2004 : 16-17).

요컨대 근대의 소수자가 선천적이고 신분적인 특징을 가졌다면 현대의 소수자는 후천적 · 선택적 · 사회적인 특징이 있다. 특히 후천적이기 때문에 현대를 사는 누구든 소수자가 될 가능성이 높다. 이 같은 면을 고려할 때 사회적 소수자란 "사회구성체의 정치, 경제, 사회 등 제반 영역에서 인종, 성, 경제적 능력, 사상이나 도덕, 기타의 이유로 지배적이라고 일컬어지는 가치와 상이한 입장에 있는 부류"로 정의할 수 있다(안경환, 1990). 또한 소수자는 인종, 종교, 언어 또는 국적 등에 있어서 그들이 소속되어 있는 사회의 다른 구성원들과 구별되거나, 스스로 또는 다른 구성원들에 의하여 분리되고 구별되는 것으로 인식되는 사람들의 집단으로도 정의될 수 있다(Weiss Thomas G., 1994 : 83-88).

한편 소수자로서 정의되기 위해서는 대체로 일정한 주관적 요인을 가지고 있어야 한다는 설명도 있다. 소수자는 주관적 의미에 있어서 그 집단 또는 그 구성원들이 그들이 속한 공동체 내에서 다른 집단과의 차이점 때문에 자의적 - 타의적인 면에서 모두 특별한 집단으로 간주될 수 있는 측면이 있다. 뿐만 아니라 많은 경우 스스로의 특질(特質)을 보존하고자 하는 타 집단과 구분되는 공동의지(common will)를 가지고 있다는 점에서도 그러한 성격을 엿볼 수 있다

(김부찬, 1997 : 1-3).

주의할 것은 소수자의 개념과 특징은 전체적-총괄적인 의미가 아닌 개별적-분파적인 개념이라는 점이다. 가령 정치적 소수자라고 하여 사회 혹은 문화 영역에서까지 소수자라고 할 수는 없다. 그러므로 우리가 소수자에 대한 복지와 정책을 논함에 있어서 간과하지 말아야 하는 것은 '차이'가 왜곡되어 나타날 수 있는 배제와 나아가 주류의 억압이다. 또한 자칫 그 존재가 일상 속에서 파묻혀 버릴 수 있기 때문에 적극적인 관심을 가지고 접근해야 한다는 점 또한 잊지 말아야 한다. 더불어 시대와 국가 그리고 상황의 변화에 따라 소수자와 다수자의 집단적 위치는 언제나 변화될 수 있다는 점 역시 중요한 특징이다. 비록 한 시대 혹은 특정 상황 속에서 사회적 소수자의 입장에 있다 하더라도, 그 개개인 역시 주권자로서의 시민이자 한 국민이기 때문에 인간의 존엄성과 행복을 추구할 권리를 가진다.

사회적 소수자는 상대적인 개념이다. 절대적인 우리 혹은 타자는 존재하지 않는다. 개인은 가족에서 국가에 이르기까지 다양한 차원의 사회집단에서 때로는 주류의 모습이, 때로는 소수자의 모습이 될 수 있다. 어떤 사회집단을 준거로 삼느냐에 따라 개인은 주류에 속한 존재가 되기도 하고, 비주류에 속할 수 있다. 그러므로 누가 소수자인가의 문제는 그들 개개인의 문제가 아니라, 그들을 소수자로 규정하는 사회 자체의 문제로 인식하여야 하는 것이다.

사람들 사이에는 수도 없이 많은 차이가 존재한다. 그러나 모든 차이가 차별을 야기하는 것은 아니다. 개인과 집단 간의 차이들이 '차별'로 바뀌는 것은 권력과 위계구조를 결합하게 될 경우이다. 그리고 그 서열에서 낮은 위치를 차지하는 특성을 가진 집단은 열등한 존재로, 또는 부인되어야 할 존재로 간주된다. 이러한 범주화 과정을 통해 분리되고, 배제되고, 통제되어야 할 사회적 소수자 개인과 집단이 정해지게 되고, 그 과정에서 다시 그들에 대한 편견과 고정관념이 강화되고 재생산된다. 소수자를 어떻게 규정하느냐에 따라 그 범위에 큰 차이가 있지만, 우리 사회의 대표적인 소수자집단으로는 장애인, 동성애자, 혼혈인, 북한이탈주민, 절대 빈곤층 등을 들 수 있다. 또한 비정규직 노동자, 학교 밖 청소년, 노숙인도 전형적인 소수자의 예에 해당된다.

그렇다면 이처럼 다양하게 나타나는 사회적 소수자는 어떻게 구분될 수 있는가? 어떠한 현상에 대한 구분기준을 설정하는 일은 매우 조심스러운 일이다. 왜냐하면 대부분의 경우 권력의 중심위치에 있는 집단이 기준을 설정하게 되며, 그 기준은 그들의 관점에서 주로 만들어지기 때문에 권력관계를 벗어나 공정한 시각으로 구분하기가 어렵기 때문이다. 사회적 소수자의 유형을 구분하는 기준 자체가 오히려 소수자 억압의 도구로 사용될 수 있기 때문에 더욱 그러하다. 그럼에도 불구하고 조심스럽게 조작적 분류를 시도해 보면, ① 수적으로 소수자이면서 사회적 약자에 속하는 집단과, ② 수적으로는 소수가 아니지만 사회적 약자인 집단으로 유형화할 수 있을 것이다. 이때 첫 번째 유형에는 동성애자, 이주노동자, 결혼이민자, 사할린 영주귀국자, 불법체류 중인 외국인 노동자 등이 해당될 수 있고, 이들은 새로운 사회변화와 함께 나타나고 있는 집단이라고 설명할 수 있다. 두 번째 유형은 오랜 역사 속에서 이미 '소수자'로 정형화된 집단이다. 요컨대 사회적 소수자의 개념은 소수자를 통해 밝혀지는 우리 스스로의 모습과 소수자를 배제하도록 만든 사회기제의 성격과 관계 속에서 이해되어야 한다.

2. 사회적 소수자의 인권

인권(human rights)의 개념은 17세기 이후 서유럽의 자유주의 정치사상에 입각한 자연법사상에서 비롯되었으며, 인권이라는 용어는 『인간의 권리(Rights of Man)』라는 페인(Paine, 1971)의 저서 제목과 동의어인 '인간의 권리(right of man)'에서 유래되었다(안치민, 2003). 인권이란 '사람이 사람답게 살기 위해 필요한 것으로서 당연히 인정된 기본적 권리' 또는 '인간이 자연인으로 누려야 할 당연한 권리'로서, 세계인권선언에서는 인권의 개념을 보다 적극적으로 해석하여 '인간이 되기 위한 권리, 인간이 가져야 할 당연한 권리'로 보고 있다(국가인권위원회, 2004). 또한 인권은 인구사회학적 특성에 의해 좌우되는 것이 아니라, 그 모든 조건과 상황을 초월하여 보장받고 존중되어야 하는 권리라고도 볼 수 있다. 사회적 소수자의 인권은 그들을 둘러싼 '차별'을 당연시하는 편향된 현실에 맞설

수 있는 권리라는 점에서 중요한 의미를 가진다. 즉, 인권은 최소한의 권리를 규정하고 보호하기 위한 보호막의 역할과 동시에 인간이 누릴 수 있는 높은 수준의 삶의 권리를 포함하는 개념이다(광주광역시, 2014 : 9).

인권 개념의 시초는 근대 프랑스혁명에서 비롯되었다. 프랑스혁명은 불평등한 사회모순을 제거하고 자유, 평등, 박애라는 이념을 주장하였는데, 이는 오늘날 세계인권선언 제1조(인간은 태어날 때부터 자유롭고 평등하며, 인류는 서로 형제애로 대해야 한다)에서도 적용되고 있다. 프랑스혁명을 계기로 인권은 시민권, 참정권, 경제·사회·문화적 인권, 평화, 발전, 환경 관련 권리의 순서로 성장, 발전되어 왔다. 특히 19세기 이르러 산업혁명의 결과로 노동력 착취, 노동자들의 빈곤문제와 식민지 국가의 확대로 인해 사회문제가 급속하게 증가되면서, 소수자 계급에 대한 탄압의 부당함이 제기되었다. 이와 더불어 근대적 의미에서의 국제적 보호는 17세기에 체결된 종교적 소수자의 보호를 위한 몇몇의 조약에서부터 비롯되었다. 이러한 흐름은 이후에도 지속되었고 점차 인종, 언어, 민족적 소수자들에게도 적용되었다.

심화학습 카렐 바삭(Karel Vasak)의 3세대 인권론

- 1세대 인권(자유권) : 초기 인권 개념이라고 할 수 있으며 간섭받지 않을 권리와 경제활동의 자유가 강조된 것이다. 투표권, 언론의 자유, 집회의 자유, 공정한 재판과 법 앞의 평등, 공민권, 사생활의 보장, 자기표현의 권리, 종교의 자유, 공무담임의 권리, 시민생활과 사회활동에의 자유로운 참여가 이에 해당한다. 그 외 존엄하게 대우받을 권리, 공공안전의 권리, 차별받지 않을 권리, 합법적 사업을 보호받을 권리, 협박·희롱·고문·강요 등을 받지 않을 권리 등이 포함된다.
- 2세대 인권(사회권) : 진정한 자유는 인간다운 생활을 추구할 수 있을 때에만 가능하다고 보는 것으로의 인식전환과 함께 등장한 인권 개념이다. 특히 사회·경제적 약자의 권리보장과 노동조건의 개선 등을 비롯한 실질적인 평등의 보장에 주목한다.
- 3세대 인권(집단권 또는 연대권) : 20세기 들어서야 인권으로 인식된 것으로, 1·2세대 인권이 개인적 수준의 권리라고 한다면 3세대 인권은 집단수준의 권리이다. 오늘날 인류가 직면한 많은 인권문제들이 한 나라나 개별 국가의 노력만으로는 대처할 수 없는 것들이 포함되어 있는 만큼 국경을 초월한 전 세계 국가들의 단결과 연대가 필요함을 주장한다.

소수자 인권의 국제적 보호에 대한 체계적인 관심은 제1차 세계대전 이후 국제연맹 및 국제노동기구의 설립과 더불어 크게 고취되었다. 특히 나치의 잔학행위에 대한 세계적 대응의 결과들은 소수자의 인권문제는 일국적 문제가 아닌 국제적 문제임을 증명해 주었으며, 1945년 국제연합 창설의 중요한 단초가 되었다. 국제연맹을 대신하여 새롭게 설립된 국제연합은 1948년 국제연합총회에서 '세계인권선언'을 통과시켰다. 여기서 열거된 권리들은 '시민적 · 정치적 권리' 및 '경제적 · 사회적 · 문화적 권리' 등의 두 가지 범주가 포함되었다. 세계인권선언 제2조 제1항에서 규정되고 있는 차별금지의 원칙은 피부색이나 성별, 또는 인종적 · 민족적 · 종교적 · 언어적 · 신분적 차이에 상관없이 모든 개인에 대한 평등한 대우를 보장하는 것으로서 소수자 문제의 포괄적 해결을 위한 예비적 단계에 해당되는 것이었다. 그 이후 소수자의 인권을 구체화하고 보호하기 위한 각종 노력들이 단계적으로 진행되었는데, 각종 협약과 의정서들이 채택되었고 국제연합 회원국들 간에 상호 비준되어 왔다.

〈표 11-1〉 인권 관련 주요 국제협약

연도	제 목	주요 내용
1945	UN 헌장	기본적 인권의 일반원칙 규정
1948	UN 세계인권선언	국제 관습법적 지위 확보
1965	모든 형태의 인종차별에 관한 국제협약	인종차별 철폐
1966	UN 국제인권규약 (1976년 발효, 우리나라 1990년 가입)	A규약 : 경제 · 사회 · 문화적 권리에 관한 국제규약 B규약 : 시민 · 정치적 권리에 관한 국제규약
1967	ILO 장애 · 노령 · 유족연금에 관한 128조 협약	노령연금지침 제공(국가별 특성 반영)
1979	모든 형태의 여성차별 철폐에 관한 협약	여성차별 금지 및 평등 강조
1982	UN 고령화에 관한 국제행동계획	고령화에 관한 세계회의에서 채택 노인인권의 정책 · 사업의 실천적 지침 제공(제62항 권고) NGO의 자발적 활동 장려
1984	고문 및 그 외 잔인한, 비인도적인 또는 굴욕적인 대우나 처벌의 방지에 관한 협약	고문 및 가혹행위 금지 등
1991	노인을 위한 UN 원칙 (UN Principles for Older Person)	국제행동계획 중 인도적 측면 강조 5개 원칙 18개 권리 명시 (자립, 참여, 보호, 자아실현, 존엄)

1992	UN 고령화에 관한 성명	1999년을 세계노인의 해로 정함
2002	마드리드 국제행동계획	노인의 자기 개발권을 강조 연령차별 금지와 고령화를 세계개발 의제로 포함시킬 필요성을 강조
2006	장애인권리협약	장애인의 인권보장 및 인간존엄성의 존중과 보장 강조
2023	강제실종방지협약	• 어떠한 사람도 강제실종을 당할 수 없음을 강조 • 협약 당사국에 강제실종이 자국의 형법상 범죄를 구성하도록 보장하는 데 필요한 조치를 하도록 강조

소수자를 위한 인권보호의 역사는 오늘날 가장 적극적인 의미로서 해석되는 사회권의 보장을 요구하는 단계로 진입하였다. 사회권은 생존권적 기본권의 성격을 갖는 것으로서 〈표 11－1〉에서 살펴본 A규약(경제적 · 사회적 · 문화적 권리에 관한 국제협약)에 근거를 두고 1967년부터 효력을 발생하게 되었다. 사회권 규약은 기본적으로 형평성에 기초를 두고 있으며 그 구체적인 내용으로는 노동할 권리, 노동조건, 노동조합에 가입할 권리, 사회보장을 받을 권리, 가정, 산모, 어린이와 청소년에 대한 보호조치, 일정한 생활수준을 유지하고 향상시킬 권리, 건강을 누릴 권리, 교육받을 권리, 문화적 생활에 참여할 권리, 과학의 혜택을 누릴 권리 등으로 이루어져 있다. 국제연합 가입국의 경우 5년에 한 번씩 사회권과 관련한 자국의 상황을 보고할 의무를 지니고 있으며, UN 사회권위원회는 이에 대해 권고안을 제시하도록 되어 있다. 사회권이 현실적인 효력을 발휘하기 위해서는 '가용 가능한 자원'에 대한 사회적 합의가 선행되어야 한다. 한 나라의 자원은 제한되어 있으므로 분배와 우선순위의 문제가 제기될 수밖에 없다. 따라서 오늘날 소수자에 대한 사회권의 발전과 그 위상은 자국의 경제상황과 함께 점진적으로 이행되고 있는 정책적 권리의 성격을 띠고 있다. 동시에 정치적 권리와는 달리 한 개인이나 집단이 국가에 자원을 배분해 줄 것을 요청한다는 측면에서 소수자의 사회권은 청구권적 기본권의 성격도 가지고 있다(국가인권위원회, 2002 : 4-146).

최근 '삶의 질(well-being)'에 대한 관심과 욕구가 높아지면서 그와 연관된 다양한 사안들이 인권 차원에서 접근되고 있다. 인권은 행복을 추구하는 인간 모두에게 보장되어야 할 권리들의 가치를 정당화하고 있다. 현대사회에 들어와서 인권은 사회권과 연대권 등으로 발전하고 있으며, 대표적으로 사회보장권, 노동권, 건강권, 주거권, 연대권, 환경권 등이 부상하고 있다. 사회권은 사회보장 및 복지서비스와 연계되는 인권영역이며, 연대권은 사람들 사이의 협력적 실천과 좋은 관계를 지향하는 인권영역인바, 사회적 소수자의 인권 또한 사회권과 연대권이 강조되는 경향이 나타나고 있다(광주광역시, 2014).

인권 개념과 패러다임의 변화양상 속도과 달리 우리나라는 그 정치·역사적 요인으로 인해 인권인식이 타 분야의 발달에 비해 뒤처져 있다. 한국전쟁 이후 정권이 교체되고 제도가 변화되어 오는 동안 사회적·정치적 소수자에 대한 탄압과 인권문제가 우리 사회 곳곳에서 나타났으며 여전히 큰 진전을 보고 있지는 못하다.

3. 사회구조 속의 사회적 소수자

1) 정치제도와 사회적 소수자

인류가 생존한 이래, 단 한시도 소수자의 문제가 거론되지 않았던 적이 없던 곳은 바로 정치 분야이다. 정치의 의미는 나라를 다스리는 일 또는 국가 권력의 획득·유지·행사를 위한 투쟁이나 조정 등의 여러 현상으로 볼 수 있다. 현대사회에서는 이에 덧붙여 정치의 의미가 '인간의 공공생활·공동생활에 필요한 업무수행과 문제처리를 나타내는 말'로 광범위하게 해석되고 있다. 하지만 정치의 본질은 소수에 의한 다수의 지배라고 볼 수 있다. 다시 말해, 권력은 소수의 손에 의해 좌우된다.

정치제도와 사회적 소수자를 이해하기 위해서는 정치적 측면에서 사회적 소수자의 입장과 현황을 파악하는 일뿐만 아니라 한 걸음 더 나아가 사회 혹은 집단 간의 각종 정치적 행위까지 파악하는 일이 중요하다. 이때 고려해 보아야 할 것은 정치적 맥락에서 때로는 복지라는 명분으로 우리 사회의 소수자들이 차별받을 수 있다는 점이다. 그러므로 소수자에 대한 관점을 정립할 때 사회복지 수요자 혹은 이용자인 국민 당사자로서 단순히 약자가 아닌, 자율적이고 능동적인 권리의무의 주체로서 인정하는 것이 중요하다.

정치적 소수자는 그 당사자의 개인적 혹은 집단적 특성에 기인한 차별적 요소가 존재한다기보다 정치 다수가 사회적 약자로서의 소수의 견해 혹은 입장을 대변하지 못한 결과에 기인하는 것이 대부분이라고 보는 것이 적절해 보인다. 가령 정치를 가장 이상적으로 실현할 수 있는 방법은 직접 민주주의이지만 현실적으로 어렵다는 이유를 들어, 오늘날 세계 각국은 선거권을 중심으로 한 대의제를 채택하였다. 대의제는 민주주의의 근본 원리인 주권재민사상을 가장 이상적으로 실천할 수 있는 직접 민주주의가 현실적으로 적용되기 어렵기 때문에 차선으로 도입된 것이다. 하지만 대의제의 핵심인 다수결의 원칙은 소수자를 배제하는 결과를 낳았다. 이로 인해 실제 정치제도 속에서는 '과반수', '다수결' 등과 같은 대의제 원리의 적용으로 인해, 상대적으로 다수 득표를 획득하기 어려운 소수집단의 의견과 권리들이 제대로 정책에 반영되지 못하는 결과가 나오기도 한다. 이때 국민의 다양한 요구를 제대로 파악하여 정치과정에 반영하지 않고, 영향력이 있는 집단의 요구를 우선적으로 정책화한다면 사회적 열세에 있는 많은 국민들은 결국 정치로부터 배제된다.

예를 들면, 왜 우리 사회는 장애인이라는 존재에 대해 무언가를 도와주어야 하고 배려해 주어야 할 대상으로 이해시키는 것인가?, 나아가 장애인 문제에 대한 대안들이 왜 장애인들에 의한 민주적인 절차와 정치참여를 통해 만들어지거나 시행되지 않는 것일까?, 아울러 장애인들의 인권과 권리에 대해 그 문제를 구체적으로 개선하거나 변화시키지 못하고 왜 분석만 하는 것인가? 이 물음의 답은 정치적 측면에서 왜곡된 '최대다수의 최대행복' 논리에 기인하는 것이다. 정치적 측면에서의 공리주의의 지나친 강조는 결국 '소수자에 대한 차별'의 정당화를 가져올 수 있는 명분이 될 수도 있다.

한편 우리 사회에서 주류로 인식되는 국민국가의 모습은 '단일민족'을 중심으로 하여 국민을 주권자로 인정하는 것이다. 이때 국민은 기본적으로 국가와 개인 간의 귀속관계를 전제로 성립되는 개념이기에 정책과 제도에서 '외국인'이 배제되며, 그 결과 자칫 외국인의 인권까지도 침해될 가능성이 발생할 수 있다.

요컨대 바람직한 정치제도의 성립 여부는 전체 사회주권자의 자치와 참여 여부에 달려 있다. 주권자들이 자신과 관련된 사안에 어떤 형태로든지 스스로 참여할 수 있을 때 참다운 민주주의라 할 수 있다. 그러므로 앞 장에서도 언급된 것처럼 이론적으로만 논의되고 법 조항으로만 보장되던 형식적인 시민권과 참정권이 실질적인 사회권으로 보장받을 수 있어야 한다. 나아가 지금까지 정책 결정 과정에서 배제되었던 반대자나 정치적 소수자의 권리도 보장되어야 할 것이다.

2) 경제제도와 사회적 소수자

한국은 자본주의 사회이다. 시장과 자본을 중심으로 하는 사적 영리추구의 사회이기 때문에, 사익추구 과정에서 충돌하게 되는 공익과의 갈등은 피할 수 없게 된다. 이때 사익과 공익의 충돌과정에서 빚어지는 격차, 즉 상대적 빈곤 및 계급 간의 빈부격차 등을 조정하는 장치가 바로 사회복지정책이다.

사회구성원이 시장경쟁의 폐해가 단순히 개인의 책임이 아니라 사회나 국가의 책임이라는 것과 사익을 정당화하는 것만큼이나 공익이나 공동선을 보장하는 제도나 규범의 필요성을 인식할 때, 사회복지의 중요성이 드러난다. 사익 극대화 행위나 논리만으로 공익이 보증되지 않으며, 공익이 보장되지 않으면 공동체의 유지나 존속은 말할 것도 없고 사익 극대화 자체도 불가능해지거나 국가의 정당성을 상실할 수 있다. 이것이 바로 복지국가나 복지제도가 나타날 수 있는 근거가 된다.

이러한 중요성에도 불구하고 한국의 사회복지정책은 제대로 기능을 하지 못하고 있어 경제적 어려움을 가진 사회적 소수자가 급속히 증가하고 있다. 경제적 측면에서 사회적 소수자의 의미는 노동시장으로부터 소외 혹은 배제된 자를 뜻하며, 자본주의 경제질서가 기술발전과 맞물리면서 이와 같은 현상은 더욱 심각해지고 있다.

빈곤은 과거처럼 극소수의 사회적 부적응, 일할 능력이 없는 사람에게 국한된 것이 아니다. 국가인권위원회가 진행한 '빈곤청년 인권상황 실태조사'에서 66.9%가 '돈 때문에 사람을 만나는 것이 꺼려진 적 있다'고 답했다. '가족 생일 등 기념일을 챙기는 것이 부담스럽다'(49.6%), '돈 때문에 식사를 거르거나 양을 줄인 경험이 있다'(49.5%)는 답변도 절반에 육박했다. '생활필수품을 줄일 정도로 어려운 적이 있다'(31.2%), '매월 공과금을 내는 게 힘든 적이 있다'(30.8%)는 답변도 작지 않은 비중을 차지했다. 응답자의 10명 중 3명은 현재 부채가 있다고 답했다. 만 19~24세 청년의 경우 학자금 대출(60.3%), 만 25~29세는 생활비(25.0%), 만 30~34세는 주거비(53.9%)가 채무 발생의 주된 요인이었다. 온라인 응답자 중 20명을 대상으로 진행한 심층조사에서도 청년들은 "나에게 필요한 건 1초도 망설임 없이 '돈'이다", "학자금을 절반 정도 갚았는데 다른 신용카드 대출도 있다"고 언급하는 등 경제적 어려움을 토로했다(연합뉴스, 2019. 12. 19. 보도). 청년빈곤이 더 이상 특정 상황, 특정 계층에 국한된 것이 아니라는 의미다.

세계화 이후 점점 강화되는 자유주의적 경향 속에서 소외되어 빈곤층으로 전락되는 사회적 소수자들은 이른바 신빈곤층 혹은 사회적 빈곤층이다. 이들은 이른바 '일하는 빈곤층(working poor)'으로서 끊임없이 노동하면서도 동시에 실업에 노출되는 불안정한 상태에 처하게 된다. 게다가 날로 증가하는 청년실업과 장기실업의 증가는 앞으로 노동빈곤층이 더욱 고착화될 것이라는 예측을 가능하게 해준다. 이들 또한 새로이 취업을 한다 해도 낮은 임금의 일자리로 취업될 가능성이 매우 높아 노동시장 진입으로도 생계를 꾸려나가기에 충분하지 못할 위험에 노출되기 때문이다.

한편 이런 노동의 불안정성은 여성에게 더욱 심각하게 나타나서 일하는 여성의 약 70% 이상이 비정규직을 차지하고 있다. 고용만 불안정한 것이 아니라 임금도 남성정규직 그리고 남성비정규직보다 낮아 남성정규직에 비해 100만 원 이상 임금격차가 있다. 말할 것도 없이 이들은 온갖 사회적 안전망으로부터 배제되어 있어서 사회적 빈곤은 한 명의 가구주를 넘어서 여성에게 그리고 청년에게로 확대, 재생산되는 모습을 보인다. 여기서 중요한 문제는 경제적 소외현상 그 자체에만 국한되는 것이 아니다. 한국사회는 사회복지 영역에 있어서 사회통합과 탈상품화의 노력이 매우 미약하기 때문에, 결국 사회복지와 시장 간의 불균형으로 인한 사회적 충격은 국민의 고통으로 이어지게 되었고, 전체 국민의 과반수 이상이 '일하는 빈곤층'으로 사회적 소수자가 되는 결과를 가져왔다.

일하는 빈곤의 문제는 사회적 배제와 연결되면서 차별과 인권침해를 가져온다는 점에서 그 심각성이 있다. 사회적 배제는 힘 있는 다수가 힘 없는 소수에 대해 이들이 가진 기본적 권리를 박탈하거나 과중한 의무나 부담을 부과하는 것을 의미한다. 따라서 근로빈곤층의 사회적 배제는 경제적 자원의 부족이나 결핍의 문제만이 아니라 보다 다양한 차원에서의 박탈과 결핍, 불이익으로 이어지는 것이다. 무엇보다 빈곤 탈출의 의지를 지니고 있고 사회적 지위 상승의 기회도 다소나마 열려 있는 차상위 빈곤층이 빈곤상황에서 벗어나지 못한 채 노동빈곤층으로 적체되는 것은 왜곡된 경제제도가 사회적 소수자를 양산시키고 있는 것으로도 해석할 수 있다.

경제구조의 왜곡과 변형으로 인해 발생하는 물질적 결핍과 박탈로서의 빈곤상황은 생존에 필요한 최소한의 여건마저 갖추어지지 못해 인간다운 삶을 영위하기 어려운 상황을 만들고 있다. 또한 인간으로서의 존립을 위협한다는 점에서 빈곤은 결국 인권 침해가 된다.

3) 사회문화적 측면에서 본 사회적 소수자의 모습

'여성, 어린이 · 청소년, 장애인, 이주노동자, 성적 소수자……'

우리 사회에서 이들은 '사회적 소수자', '사회적 약자'로 분류된다. 이들 스스로 약자이기를 자처하거나 이들이 약자로 규정되어야 할 그 어떤 '자연적' 속성을 타고난 것은 아니다. 다만, 이들은 우리 사회에 뿌리내리고 있는 어떤 기준에 의해 '소수'이자 '약자'로서 취급되거나 분류될 뿐이다.

근래에 우리 사회에서는 세계화, 냉전체제의 해소에 힘입어 외국인 노동자 및 구소련과 중국지역의 교포(조선족 · 고려인)들의 유입이 크게 증가하고 있으며, 다문화가정 또한 급증하고 있다. 경제적 불안정기가 길어지면서 절대 빈곤층과 불안정취업자, 중도포기학생 등 다수의 비자발적 사회적 소수자가 등장하고 있다. 자발적 비혼주의자, 종교적 혹은 가치관에 따른 병역거부자 등 다양한 집단이 등장하고 있으며, 계층, 성과 세대 간의 격차가 커지면서 개인의 삶과 사회, 국가에 대한 가치관의 차이는 날로 증가하고 있다.

이처럼 한국사회에도 급속하게 인종이나 민족, 성, 빈곤 등의 사회문화적 · 사회경제적 요인과 관련된 다수의 소수자 집단들이 나타나고 있으나, 이들의 인권과 문화적 · 정치적 · 경제적 기본권은 크게 주목받지 못하고 있다. 이들에 대한 차별은 한국사회의 긴장과 모순의 주요한 한 요인으로 작용한다.

가령 성적 소수자의 인권문제는 현대사회가 직면한 민주주의와 인권의 갈등을 간접적으로 보여준다. 특히 갈등의 핵심은 대부분의 사회에서 성적 지향 또는 성 정체성이 다르다는 이유로 차별과 인권침해가 행해져 왔다는 데 있다. 이렇게 차별받는 집단을 이른바 성적 소수자(sexual minority)라고 부른다. 최근 동성애에 대한 연구가 활발해지면서 역사적으로 성적 소수자는 숱한 박해를 받아왔다는 점이 드러나고 있지만, 지금도 세계 곳곳에서 차별에 대한 절망이나 항의로 생명을 포기하는 사례가 여전히 속출하고 있다. 그러나 이러한 문제를 인권의 시각에서 이해하고 대처하려는 시도는 아주 최근의 일이다.

민주주의는 인권을 보호하고 증진하는 효과적인 제도로 알고 있지만 다양한 소수자 집단에게 민주주의는 때로 인권침해의 구실을 제공한다. 성 정체성의 관점에서 볼 때 민주주의는 다수자인 이성애자 중심의 제도로 볼 수 있다. 역설적으로 국가는 다수인 이성애자의 이름으로 소수자의 인권보호 의무를 방기하고 있는 것이다. 이는 경제 수준과 관계없이 나타나는 현상이다. 예를 들어, 흔히 비선진국이라고 구분되는 남아프리카공화국의 경우, 제도화된 인종차별제도인 아파르트헤이트를 철폐한 직후인 1996년 역사상 처음으로 헌법에 성적 지향에 근거한 차별을 금지하는 조항을 명시적으로 포함시켰다.[1] 이것은 인권 선진국으로 우월감을 가지고 있던 서구의 어떤 나라보다도 앞선 결정이었다.[2] 이

1) 아파르트헤이트란 남아프리카공화국의 소수 백인이 자행한 극단적 인종차별 및 인종격리정책의 총칭으로 백인과 비백인(아프리카인, 인도 · 파키스탄 · 말레이시아 등 아시아계 주민, 컬러드라고 하는 혼혈주민) 사이의 여러 가지 차별적 관계를 제도적 · 법률적으로 규정한 것을 뜻한다.

2) 그러나 인구의 75%인 흑인이 국토의 15%, 국부(國富)의 2%만을 소유하고 있는 파행적 경제현실이 쉽게 개선되지 않는 등 남아프리카공화국의 정치 · 경제 · 사회 전반에 남아 있는 인종차별 후유증은 가시지 않고 있다.

는 과거 2007년 입법예고된 차별금지법에 '성적 지향', 즉 동성애자 여부가 포함된 것이 논란이 되어 결국 삭제된 우리의 실정과 대조되는 부분이다.[3]

하지만 여전히 한국사회는 성적 소수자의 문제를 거론하지 않더라도, 호주제 폐지 논의에서도 드러났듯이 아직도 남녀 성차별로 씨름 중이다. 성적 소수자의 인권운동은 '편견'과 '무지'와의 싸움으로 비유된다. 국가권력의 '무감각'과 '무책임'은 이런 편견과 무지로부터의 해방을 더디게 하고 있다. 따라서 성적 소수자 인권운동은 보수적인 사회와 관료적인 국가를 동시에 상대해야 하는 이중의 과제를 안고 있다(국가인권위원회, 2004).

뿐만 아니라 전통적으로 사회적 소수자 집단에 속하는 장애인, 여성, 노인 등을 생각해 보면 사회문화적 측면에서 사회적 소수자의 문제는 더욱 심각해진다. 장애인의 이동권을 예로 들면, 지난 수십 년간 장애인들은 대표적인 대중교통수단인 지하철과 버스를 이용할 수가 없어 이동권에서 심각한 차별을 받아왔다. 이는 사회, 경제, 문화 등 다양한 활동의 제약을 낳았으며, 이로 인하여 장애인들은 사회적 소수자, 사회적 소외계층, 실업자 등 한국사회의 주변부에서 차별받고 소외되는 존재가 되었으며, 심지어는 시혜와 동정의 대상이 된 것이다.

상자글 11-1 **韓, 난민문제 국외 지원 활발하지만 국내 수용은 '미적'**

2019년 발간된 유엔난민기구(UNHCR)의 글로벌 동향보고서 통계에 따르면 오늘날 전 세계에서 7,080만 명이 자신의 의사에 반해 조국을 등진 '난민'으로 살아가고 있다. 20년 전의 두 배다. 직전 해인 2018년보다도 230만 명이 증가했다.

한국사회에 첫 난민이 들어온 것은 2001년이다. 하지만 사회적으로 난민을 어떻게 받아들일지 본격적으로 고민하게 만든 사건은 2018년 5월 제주에 600여 명의 예멘 난민이 들어오면서다. 그간 대규모 난민 유입을 경험하지 못했던 우리 사회의 갈등은 폭발했다.

'국경 통제'와 '난민 보호' 가치관의 갈등은 오늘날 한국만의 일은 아니다. 비교적 난민 보호에 우호적 모습을 보였던 유럽연합(EU) 국가들조차 2018년 6월 이후 국경 통제를 강화하는 모습을 보이고 있다. 동시에 예멘 난민 사태에서 보듯, 한국에 대한 수용 분담 압박도 늘어나고 있다.

3) 당시 차별금지법안에 사용된 '성적 지향'의 표현에 대해 인권단체에서는 성적 소수자들의 사회적 배제 및 각종 차별 등을 정부 당국에서 적극적으로 고려한 결과로 간주했다. 그러나 일부 종교계 및 보수기관들의 경우 교육에 미치는 영향을 우려해 성적 지향 차별금지는 아직 시기상조라고 주장하는 등 첨예한 대립을 보였다.

하지만 예멘 난민 사태 이후 한국사회의 난민 논의는 정체 상태다. 2018년 5월 예멘 난민이 국내 유입된 직후 국내에 찬반 논란이 거세게 일었고, 청와대 국민청원 게시판에는 '난민 신청 허가 폐지' 청원이 올라와 70만 명의 동의를 얻었다. 이후 6, 7월 국회에서 난민 반대 법안이 무더기로 발의되고, 일부 의원들은 인기 영합 목적으로 '난민법 폐지' 법안까지 발의했지만 난민 문제에 대한 토론은 거기서 끝이었다. 국회 법제사법위원회 관계자는 4일 "한국에서 진정한 의미의 난민 논의는 이뤄진 적이 없다"며 "여론에 영합하는 난민 반대 법안이 무더기로 쏟아지고 모든 논의는 그걸로 끝이었다"고 설명했다.

대규모 난민 유입이 처음이었던지라 그간 난민심사제도에도 여러 비판이 제기됐다. 법무부는 제주 예멘 난민 신청자 484명에 대한 심사를 거쳤지만 난민 인정을 받은 이는 2명뿐이었다. 412명은 인도적 체류허가를 받았다. 단순 불인정은 56명, 난민신청을 철회하거나 출국했을 때 이뤄지는 직권종료는 14명이었다. 난민 인정을 받은 2명은 언론인 출신으로, 후티 반군에 대한 비판적인 기사를 쓴 뒤 납치·살해 협박을 받은 경우다. (중략) 한국사회가 아직 난민을 직접 받아들일 준비가 돼있지 않은 것과 달리, 국제사회에서의 기여는 비교적 활발하게 진행되고 있는 것으로 보인다. (중략) 민간 차원 기여도 작지 않은 수준이다. 제임스 린치 UNHCR 한국사무소 대표는 지난해 12월 기자회견에서 "한국의 개인 후원자들이 2018년 기준으로 4,400만 달러를 후원했다"며 "한국전쟁의 경험을 통해서 어쩔 수 없이 집을 떠난다는 게 어떤 것인지 이해하고, 다시 삶을 건설하는 게 얼마나 어려운지도 이해하는 것 같다"고 말했다.

이 같은 점을 고려할 때 한국사회가 국제사회의 일원으로서 난민 문제의 심각성을 인정하면서도, 직접 수용하는 데는 여전히 두려움을 갖고 있는 것으로 풀이된다. 난민으로 인정되면 정부의 전적인 경제적 지원을 받아 국민들의 세부담이 늘어난다거나, 난민 유입 지역의 범죄율이 증가했다는 등 부정확한 정보에 기반한 경우가 많다. 난민 신청자는 입국 후 6개월간 취업 등 경제활동을 할 수 없기 때문에 난민법에 생계비 지원 규정을 둔 것은 사실이지만, 실제 지원 기간은 3~4개월이며 실제 지원받는 이들은 거의 없다는 게 관련 전문가들의 설명이다. 정성환 국가인권위원회 상임위원은 "난민에 대해 부정적 선입관이나 편견을 갖거나, 이상주의에 치우쳐 인도적 측면만을 부각하는 것보다 사회·경제적 영향에 대해 냉정하게 분석하고 대처할 필요가 있다"고 주문했다.

UNHCR는 2016년 '뉴욕선언'을 통해 난민 수용에 '포괄적 난민 대응 체계(CRRF)'를 적용할 것을 제안한 바 있다. 수용국 정부가 난민을 '사회통합적 관점'으로 수용해야 한다는 것이다. 난민이 수용국에서 일하지 않고 지원만 받는 것은 수용국 국민의 반발을 일으킬 뿐 아니라 난민을 그 사회에 직접 포용할 수 없다는 점에서 정부나 국제기구가 수용국 시설 개선 등에 자원을 투입하고 난민이 직접 일하며 자립하게 하는 접근이다. 한국사회는 이 프로그램의 대상국은 아니나 시사점이 작지 않은 것으로 평가된다.

출처 : 세계일보(2020. 2. 13). http://www.segye.com/newsView/20200205518568?OutUrl=naver

사회적 약자에 대한 우리 사회의 정책적 배려가 아쉬운 것은 비단 이와 같은 사례에서만 나타나는 것은 아니다. 사회문화적 측면에서 사회적 소수자들을 규정한다는 것은 어쩌면 그 '규정'에서부터 차별과 경계가 시작되는 일이다. 우리 사회에서 이들은 이와 같은 잘못된 '구분'으로 인해 사회적 약자는 미성숙하거나, 누군가의 보호나 지원을 받아야만 하는 존재로 간주되고 있다. 그러나 인간으로서 존엄성과 인권의 보장이라는 측면에서 본다면, 이들은 동등한 존재요, 동등한 권리를 누려야 할 주체이다. 차이가 배제를 당연시하도록 만드는 사회문화적 구조는 잘못된 것이다. 그러므로 국가는 이들을 억압해 온 차별적 관행과 반인권적 제도들을 시정하고, 이들의 권리를 보장하기 위한 정책을 적극적으로 시행하여야 할 것이다.

4. 사회적 소수자의 인권보장과 복지정책

소수자의 차별과 배제를 극복하기 위한 대안을 모색해 보면, 먼저 소수자에게 그들을 특수한 이해집단으로 여기지 않고 사회적 권리를 주체적으로 판단하고 행사할 수 있는 포괄적 권리를 인정하는 것이 우선이다. 이에 기반하여 교육, 보건복지, 의료, 취업, 노동 등 다양한 사회영역에서 소수자들이 여느 권리주체와 마찬가지로 동등한 권리를 누릴 수 있어야 한다. 그리고 배려 위주의 정책이 아닌, 지금의 사회 속에서 공존하는 것에 초점을 맞추는 정책이 만들어져야 한다. 다음으로 다양한 소수자와 더불어 살아가기 위해서 전체 사회의 인식전환이 요구된다. 이를 위해 소수자 문제의 공론화와 함께 정책결정 과정에서의 그들의 자연스러운 참여가 보장되어야 할 것이다.

사회적 소수자 개인과 그 개인이 속한 집단에 대해 구분하고 배제하여 제한하는 과정에서 차별과 왜곡, 나아가 소외와 배제가 나타나게 된다. 이러한 방식으로 차별과 소외가 재생산된다면 편견은 지속될 수밖에 없다. 여전히 규범과 기준은 다수자 중심이기 때문이다.

산업사회 이후 사회복지정책은 대부분 경제적 관점에 입각한 다수 권력계급의 입장에서 발전하였다. 그 결과 권력의 주변부에 위치하게 되는 집단의 특성과 문화들은 복지국가의 논의 속에 제외되어 있었다. 최근 외국인 노동자, 다문화가족, 장애인, 노인 등을 위한 정책개발 노력들이 일어나고 있지만, 만족할 만한 것은 아니다.

가령 인종차별에 관한 논의와 연구도 모든 학문분야에서 점점 증가하고 있었으나 사회정책 분야에서는 그동안 거의 언급되고 있지 않았다(Fiona Williams, 이영철 외 공역, 1994 : 21-22). 최근에 와서는 복지와 '인종'에 관한 주제를 연결시킨 연구가 눈에 띄기 시작하고 있다. 이 논문들의 공헌은 그동안 사회복지의 보수적 연구방법에 반론을 제기한 점과 나아가 사회복지 발전의 정체요인을 지적하여 진보적인 시각으로 재분석한 점을 평가할 수 있다(Ely, P., & Denny, D., 1987 : 22). 그러나 우리에게는 인종문제와 마찬가지로, 성과계급의 문제, 가부장적 사회문화와 제도의 문제 역시 매우 중요한 사안으로 등장한다. 따라서 지금까지의 복지논의에서 배제되거나 억압되어 있었던 여러 요인들을 고려하여 새로운 이론적 체계와 실천적 방안을 만드는 것은 앞으로 수행되어야 할 과제들이다(김영화 외, 2004 : 168-169).

1) 인권보장을 위한 법적 장치

우리나라는 그동안 사회적 소수자에 대한 차별금지와 관련된 여러 제도적 장치를 마련해 왔지만, 그 모든 노력의 가장 기본이 되는 차별금지법은 아직도 제정되지 못하고 있다. 어떤 면에서는 차별금지법이 제안 · 폐기된 과정이 바로 우리나라 인권보장의 현주소라고도 볼 수 있다. 구체적으로 살펴보면 지난 2006년 7월 25일 국가인권위원회가 차별금지법안을 권고한 것이 계기가 되어, 빈부격차 · 차별시정위원회를 중심으로 법무부, 노동부 등 관계부처를 포함한 "차별금지법 제정추진기획단"을 구성 · 운영하면서 법안이 만들어졌다. 그 후 2007년 10월 2일에 입법이 예고되었으나, 의회선교연합 등 일부 단체에서 성적 지향의 포함 여부를 "동성애가 확산되면 안 된다고 교육할 수 없어진다"라고 주장하면서 차별금지법에 대한 논란이 전파되었고 학력, 성적 지향, 병력, 출신국가 등 7개 항목이 제외된 채로 법제처 심의가 진행되는 결과를 가져왔다. 인권보장과 차별금지의 핵심적인 사항이 누락된 법안에 대해 시민단체들은 '차별조장법'이라고 하면서 원안 복구를 주장하기도 하였다. 나아가 2006년 국가인권위원회의 차별금지법 제정안에 포함되어 있던 시정명령권과 이행강제금 부과, 징벌적 손해배상제도 등은 입법 예고 당시부터 제외되어 차별규제에 대한 실효성이 없다는 평가가 지배적이었는데, 결국 이 법안은 국회에서 통과되지 못하고 2008년 5월에 회기만료로 폐기되었다.

그 후 2010년 법무부에서 차별금지법 특별분과위원회를 통해 법률안을 만들고자 하였지만, 차별금지법 제정에 따른 사회경제적 부담에 대한 우려가 해소되지 않는 상황이라면 원만한 사회적 합의과정을 통한 법 제정은 어려울 수밖에 없다는 점에서 위원회의 활동은 무산되었다. 2013년 정부는 유엔 인권이사회의 '국가별 정례인권검토' 권고에 따라서, 포괄적인 차별금지법의 추진을 검토하기로 했으나 2020년을 기준으로 어떤 법안도 내놓고 있지 않다.

사회적 소수자 집단에 대한 정책적 관심과 문제의식이 성장함에 따라 입법이라는 제도적 장치를 통해 이들의 인간다운 삶을 보장하는 것은 매우 중요한 일이다. 그러나 아직 우리나라는 '문제가 생긴 상황'을 중심으로 대응하는 수준에 머물러 있을 뿐, 국가의 의무이자 국민의 권리로서 인권을 보장하고 차별을 철폐하기 위한 노력은 여전히 답보적인 수준이다. 경제문화 수준이 비슷한 다른 국가와 비교하여도 인권보장에 대한 제도적 뒷받침은 매우 열악하다고 볼 수 있는 만큼, 기본권으로서의 인권을 실현할 수 있는 법적 장치가 마련되는 것이 급선무다.

상자글 11-2 국내 주요 인권 관련 법 제정 현황

1953	근로기준법
1953	미성년자노동보호법
1961	생활보호법
1961	아동복리법, 윤락행위 등 방지법
1963	산업재해보상보험법, 의료보험법

1979	인종차별철폐협약에 서명
1981	심신장애자복지법, 노인복지법
1985	여성차별철폐협약에 서명
1986	최저임금법, 국민연금법
1987	남녀고용평등법
1989	모자복지법
1990	시민적 · 정치적 권리에 관한 국제규약 가입 경제적 · 사회적 · 문화적 권리에 관한 국제규약 가입 장애인 고용촉진 등에 관한 법률
1991	아동권리협약 가입, 유엔 가입
1995	고문방지협약에 서명, 사회보장기본법
1998	청소년권리헌장, 장애인인권헌장
1999	국민기초생활보장법, 남녀차별금지 및 구제에 관한 법률
2000	의문사진상규명위원회 설립
2001	여성부 설립, 국가인권위원회 설립
2002	부패방지위원회 설립 → 국가청렴위원회
2003	외국인근로자의 고용 등에 관한 법률
2004	성매매방지 및 피해자보호 등에 관한 법률
2005	긴급복지지원법, 저출산 · 고령사회기본법
2007	장애인차별금지법

2) 사회적 소수자의 인권기반 복지정책 방향

소외되고 억압된 사회구성원을 위한 기회균등정책, 공평성을 바탕으로 한 사회보장 체계의 재구성, 사회적 약자들을 위한 보다 적극적인 복지정책의 실시가 요구된다. 즉, 그동안의 자본중심, 정치권력 중심적 사고로부터 벗어나, 함께 공존하는 세계에 대한 새로운 인식으로 우리 사회에서 억압받고 있는 사회적 소수자들에 대한 활발한 사회복지정책 개발이 절실하다.

우리 사회에서 사회적 소수자에 대한 편견의 제거와 차별의 해소는 인간의 양도할 수 없는 인권적 권리의 확보라는 차원에서 적극적으로 해결해야 할 과제이다. 이런 점에서 사회적 소수자에 대한 보호와 공존을 위한 사회복지정책의 방향을 살펴보도록 한다.

첫째, 전체 사회적 소수자에 대한 직접차별의 철폐를 위한 적극적인 정책노력이 요구된다. 직접차별이란 합리적 이유 없이 성이나 연령, 신체조건, 성적 지향 등 개인의 태생적 또는 후천적 속성을 기준으로 그 개인에 대해 불이익한 대우를 하는 것을 의미한다. 예를 들어, 주택 임대 시 장애인이라는 것을 이유로 임대를 거부하였다면 이는 신체조건을 이유로 한 직접차별이 된다.

우리나라 사회복지정책의 경우 직접차별을 금지하는 법령의 제정과 그 법에 기초하여 전개된 시민운동의 결과 가시적이고 직접적인 차별은 점진적으로 완화되어 가고 있다. 장애인, 준고령자 등에 대한 차별철폐와 관련된 각종 정책과 법령, 성차별을 없애기 위한 범국민적 노력들이 여기에 속한다. 그러나 이를 기반으로 더욱더 법적 구속력이 있는 장치들을 개발, 적용하여야 할 것이며, 나아가 교육적 계몽을 통해 직접차별에 대한 개개인의 인식을 바꾸어야 하고, 더 나아가 사회적 소수자를 위한 인권기반 복지정책을 실시하여야 한다.

상자글 11-3 스위스 국민투표서 성소수자 차별금지법 가결

스위스는 9일(현지시간) 공공장소에서 동성애 차별 또는 혐오행위를 할 경우 최대 3년의 징역형으로 처벌할 수 있는 차별금지법 개정안을 통과시켰다.

AP통신과 뉴욕타임스(NYT) 등에 따르면 이날 성적 지향에 따른 차별 또는 혐오행위를 처벌하도록 차별금지법 개정안에 대한 찬반 여부를 묻는 국민투표에서 63.1%가 확대에 찬성했다.

스위스는 다른 서구 국가들과 달리 레즈비언, 게이, 양성애자 등을 차별로부터 보호하는 법률이 없어 공공장소에서 성적 지향을 이유로 차별 또는 혐오행위가 발생하더라도 기소가 불가능했다. 기존 차별금지법은 인종과 민족, 종교에 따른 차별 또는 혐오행위만을 처벌하도록 규정하고 있다. 이에 유엔 인권이사회는 지난 2017년 스위스에 성적 지향을 이유로 한 차별을 막기 위한 입법을 촉구했다. 스위스 의회는 2018년 차별금지법 대상을 성 소수자까지 확대해 공공장소에서 동성애 차별 또는 혐오 행위를 할 경우 벌금형 또는 최대 3년의 징역형에 처할 수 있도록 승인했다.

하지만 반대론자들은 표현의 자유에 반한다며 5만 명의 서명을 모아 국민투표에 회부했다. 스위스에서는 유권자에게 정책 입안에 대한 직접적인 발언권을 주는 국민투표를 매년 실시한다.

한편, 스위스 내무부와 법무부는 차별금지법 확대와 관련해 인간의 존엄성을 존중하는 한 게이와 레즈비언 등 성소수자에 대한 표현의 자유는 여전히 보장된다고 밝혔다.

뉴시스(2020. 2. 10). http://www.newsis.com/view/?id=NISX20200210_0000913230&cID=10101&pID=10100

둘째, 사회적 소수자에 대한 간접차별을 줄이기 위한 적극적인 사회복지정책이 실시되어야 한다. 이때 간접차별이란 중립적인 기준을 적용하였으나 그러한 중립적 기준이 특정 소수자 집단에게 불이익한 결과(disparate impact)를 야기하는 경우로 보는 것이다.

직접차별이 편견이나 고정관념을 기초로 의도적으로 다르게 대우하는 것에서 기인한다면 간접차별이나 체계적 차별, '불평등 효과'에 의한 차별은 특정 소수자 집단에게 현저하게 불리한 영향을 미치는 기준이나 행위에 의해 이루어진다. 이러한 간접차별의 예방을 위해 고용주나 시설 및 서비스 제공자는 특정한 기준이나 행위가 소수자 집단에게 불리한 영향이 미치지 않도록, 합리적인 편의(reasonable accommodation)를 제공함으로써 특정한 기준이 차별적 영향을 미치지 않도록 하여야 한다. 예를 들면, 거동이 불편한 노약자 혹은 장애인들을 위해 편의시설을 제공함으로써 그들이 불합리한 구조물과 장치로 인해 교육이나 주거, 교통수단 등의 이용에서 배제되거나 제한받지 않도록 하는 것이다. 또한 외국인 노동자들이 그들의 국적과 신분을 이유로 노동조건에서 불리한 처우를 당하지 않도록 합리적인 준거 틀을 마련하는 것이다.

이미 세계 각국에서 '사회적 소수자에 대한 차별'에 대해 끊임없이 새롭게 해석을 확대하고 있는 것은, 기존 개념이 가진 한계를 분석하고 그 한계를 넘어서고자 하기 때문이다. 이에 사회복지정책에서도 단순히 직접적이고 가시적인 차별을 논하는 데서 한발 더 나아가 우리 사회에 관습처럼 팽배해 있는 간접차별을 철폐하는 데 노력해야 할 것이다.

셋째, 사회적 소수자의 참여에 의한 정책 개발이 필요하다. 어떤 정책이라도 그 결정과정에서 당사자의 권익표현을 위한 참여는 중요한 사안이다. 그럼에도 불구하고 사회적 소수자 관련 문제의 확인과 정책적 대응과정을 살펴보면 소수자의 견해가 제대로 반영된 사례는 거의 없다. 예컨대 빈곤문제의 경우 이에 대한 정책적 혹은 학문적 관심은 통계수치 개념을 통한 빈곤율 혹은 빈곤의 심도에 초점이 맞추어져 있다. 여기에 무엇이 빈곤인가 하는 빈곤의 본질적 문제는 관심의 대상에서 소외되어 있었다. 이는 '빈곤하기 때문에 빈민이 아니라 빈민으로 간주되기 때문에 빈곤하다'는 역설적인 결과를 초래하고 있다. 참여를 강조하는 인권 관점이 중요한 이유는 바로 여기에 있다. 당사자의 목소리 경청을 통한 빈곤문제의 본질적 접근을 시도하는 사례는 프랑스와 세계은행 등에서 국제적으로 가시화되고 있는 만큼 의미가 있을 것이다(심창학 외, 2013).

요컨대 현재 우리 사회의 차별 수정, 차별 금지를 위한 법 제도들은 사회적 소수자들에 대해서 소극적인 모습의 '차별 안 하기 정책'에 집중되어 있다. 그러나 이미 우리 사회에서 과거로부터 축적된 차별의 결과가 현재에까지 영향을 미치고 있다는 것을 인정한다면, 소극적 '차별 안 하기'는 특별한 제재조치가 없다면 결적으로는 차별로 이어지게 된다. 이런 맥락에서 누적된 차별로 이루어진 다수자의 독과점 체제를 해체하기 위해 보다 적극적인 국가개입이 필요하다. 나아가 사회적 소수자의 사회적 지위와 인권보장을 위한 제도적 장치가 마련되어야 하며, 사회복지적 측면에서 사회와 시장에서 배제된 소수자의 삶의 질 보장을 위한 복지정책이 마련되어야 할 것이다.

참고문헌

광주광역시(2014). 광주인권도시 기본계획 연구보고서.

국가인권위원회(2002). 국가인권위원회와 사회권. 사회권연구모임.

___________(2004). **시선**, 11월호.

김부찬(1997). 국제법상 소수자의 권리. **동아시아연구논총**, 제8권. 제주대학교 동아시아연구소.

김영화 외(2004). **인간과 사회 그리고 복지**. 서울 : 현학사.

심창학 외(2013). 사회복지 분야 대학교 인권과목 개설을 위한 기초연구. 2013년도 국가인권위원회 연구용역보고서.

안경환(1990). 소수자보호를 위한 법리. 법과사회이론학회(구 법과사회이론연구회). 법과 사회.

조효제 역(2009). **인권의 대전환**. 서울 : 교양인.

최 협 · 김성국 · 정근식 · 유명기 공편(2004). **한국의 소수자, 실태와 전망**. 경기 : 한울.

De Certteau, M.(1991). *L'etranger. L'Etranger ou L'uniondans La difference*. Desclee de Brouwer.

Ely, P., & Denny, D.(1987). Social Work in the Multiracial. *Society*. Gower.

Fiona Williams(1989). *Social Policy, Polity Press*. 이영철 외(1994). **사회복지정책**. 서울 : 말길.

Thomas G. Weiss, et al.(1994). *The united Nations and Changing World Politics*. Boulder : Westview Press.

이 장의 요약

1. 사회적 소수자란 '사회구성체의 정치, 경제, 사회 등 제반 영역에서 인종, 성, 경제적 능력, 사상이나 도덕, 기타의 이유로 지배적이라고 일컬어지는 가치와 상이한 입장에 있는 부류'로 정의될 수 있다. 또한 소수자는 인종, 종교, 언어 또는 국적 등에 있어서 그들이 소속되어 있는 사회의 다른 구성원들과 구별되거나, 스스로 또는 다른 구성원들에 의하여 분리되고 구별되는 것으로 인식되는 사람들의 집단(an aggregate or a group of people)이다.
2. 소수자에 대한 관점은 사회복지 수요자 혹은 이용자인 국민 당사자에 대해, 약자로서가 아닌 자율적이고 능동적인 권리의무의 주체로서 인정하는 것이 중요하다.
3. 소수자에 대한 사회권의 발전과 그 위상은 자국의 경제상황과 함께 점진적으로 이행되고 있는 정책적 권리의 성격을 띠고 있다. 동시에 정치적 권리와는 달리 한 개인이나 집단이 국가에 자원을 배분해 줄 것을 요청한다는 측면에서 소수자의 사회권은 청구권적 기본권의 성격도 가지고 있다.

4. 사회적 소수자에 대한 보호와 공존을 위한 사회복지정책의 방향으로서 첫째, 전체 사회적 소수자에 대한 직접차별의 철폐를 위한 정책노력이 요구된다. 둘째, 사회적 소수자에 대한 간접차별을 줄이기 위한 사회복지정책이 실시되어야 한다.

주요 용어

- 소수자 : 사회구성체의 정치, 경제, 사회 등 제반 영역에서 인종, 성, 경제적 능력, 사상이나 도덕, 기타의 이유로 지배적이라고 일컬어지는 가치와 상이한 입장에 있는 부류이다.
- 이주노동자 : 노동을 목적으로 이민하여 국적을 취득하여 일하는 사람을 말한다.
- 성적 소수자 : 성적 지향 또는 성 정체성이 다르다는 이유로 차별과 인권침해를 받는 집단을 말한다.
- 대의제 : 국민들이 스스로 선출한 대표자들을 통해 법률제정 및 정책결정에 참여하는 정치제도 또는 그 절차이다.
- 적극적 조치(affirmative action) : 소수 민족과 여성의 교육기회와 고용에 대한 차별철폐를 추진하는 정책 및 계획이다.

추천자료

김영옥 · 류은숙(2022). 돌봄과 인권. 서울 : 코난북

김지우 역(2016). 나의 눈부신 친구. 서울 : 한진사.

박기복(2020). 수상한 학교, 평등을 팝니다. 서울 : 행복한나무.

이상안(2005). 인권과 질서. 서울 : 대명출판사.

조효제 역(2009). 인권의 대전환. 서울 : 교양인.

CHAPTER 12

성인지적 복지정책

사회복지정책의 목표 가운데 하나는 사회적 불평등을 해결함으로써 보다 평등한 사회를 추구하고, 사회통합을 통한 새로운 사회질서로의 전환을 위한 사회변혁을 지향하는 데 있다. 따라서 사회복지정책은 어떤 분야보다 성평등 지향적이어야 하며, 성인지적 관점이 적용되어야 할 분야로 보여진다.

성인지적 관점(gender-sensitive perspective)이란 사회적으로 구조화된 성 불평등이 존재함을 인식하여 어떤 문제를 파악하고, 분석하며, 그 대안을 제시하는 데 성평등적 관점을 중심에 두는 시각이다. 이 장에서는 성차별적 사회문제를 해소하고, 양성평등사회, 궁극적으로 화합과 발전의 정책을 실시하기 위해 '성인지적 복지정책'에 대해 살펴보도록 한다. 나아가 우리 사회의 경제성장, 인간개발, 양성 모두의 역량 강화를 가능하게 하는 방법으로서 성인지적 사회복지정책의 구체적인 방향에 대해 다루게 된다.

1. 사회복지정책의 성격과 성인지적 관점

사회복지제도는 대체로 구조적인 불평등의 결과로 나타나는 모든 인간사회의 문제, 예컨대 빈곤, 소외, 질병, 범죄, 비행 등의 분야에 관심을 갖고 있다. 사회복지가 불평등에 관심을 갖는 이유는 사회복지의 기본 목적이 사회통합, 사회변혁, 시민권의 확보라는 점과 관계가 있다. 그리고 복지국가의 중요 의무인 사회권의 보장을 경제적·사회적 불평등 구조 속에서 어떻게 실현할 것인가와 연결된다. 사회복지정책은 재산, 교육, 환경, 의료, 취업 등의 영역에서 발생하는 불평등을 수정하여, 발전적이고 공정한 사회로 전환시켜야 하는 실천적 과제를 가지고 있다.

이에 대해 브리그(Brigg)는 복지국가의 거시적 목표를 세 가지로 제시하였다. 먼저 국민을 사회적 위험으로부터 보호하여 경제적 안정을 유지하는 것과 두 번째로 개인과 가족의 최저한의 생계를 보장함으로써 빈곤을 극복하는 것을 들었다. 그리고 마지막은 모든 시민들이 그들의 지위나 속한 계층과 관계없이 사회에서 매우 필요한 상품과 서비스를 공급받도록 하는 것이다(박병준, 2004). 브리그의 이론에서처럼 복지국가가 지향하는 사회복지정책은 '탈계층-탈신분'적이며, 국민 개개인이 사회구성원으로서의 동등한 인권을 보장받도록 제도적 기반을 마련하는 데 있다.

그런데 이러한 지향점에도 불구하고 정책결정은 주로 다수자 중심의 논의구조에서 결정되었고, 더불어 정치권자의 통치명분과 관련된 방향으로 집행되는 모습을 보여주었다. 그동안 사회복지정책은 다수자 중심의 정치적 수단으로 추진되어 온 경향이 있기 때문에 사회적 약자집단에 속하는 여성을 비롯한 소수자들은 상대적으로 불평등을 경험하게 된 것이다. 똑같은 조건하에서 같은 처우를 보장하여야 하는 평등의 원칙과, 차이를 적극적으로 인정하는 긍정적 차별원칙이 복지정책에 제대로 수용되지 못한 결과, '배제'와 '소외'라는 사회복지의 역기능도 발생하였다. 특히 여성은 동·서양의 역사와 정책 속에서 공통적으로 소외된 집단으로 이해할 수 있다.

이러한 정황을 고려할 때, 우리 사회에 필요한 것은 인식과 관점의 전환이다. 성인지적 관점(gender-sensitive perspective)이란 사회적으로 구조화된 성 불평등이 존재함을 인식하여 어떤 문제를 파악하고, 분석하며, 그 대안을 제시하는 데 평등을 중심에 두는 시각이다. 그동안 사회적 성(gender)을 정책에 반영하려는 성인지적 노력이 부족한 탓에 여성의 욕구와 입장을 잘 반영하지 못했다. 복지국가의 가부장적 특성은 결국 '분열된 복지국가'의 속성으로 나타나면서, 사회복지정책이 인종, 연령, 성별에 따라 불이익과 차별적 대우를 구조화시킬 수 있다는 것을 보여주었다.

그렇다면 복지국가의 가부장적 성격을 극복하는 방법은 무엇인가? 가장 근본적인 문제는 복지의 개념을 재정의하는 것이다. 복지의 개념이 더 이상 여성의 종속 또는 성별분업을 대가로 남성가장 중심의 가족이 '정상가족'이라는 인식을 가지지 않도록 성인지적으로 재구성되어야 한다. 이는 기존의 복지국가가 전제로 하는 남성적 사회노동과 여성적 가사노동이 주를 이루는 전통적 가족모델의 재구성을 의미한다(김영화 · 조희금, 2002 : 411-417). 사회복지정책은 사회적 불평등을 완화시킴으로써 보다 평등한 사회를 추구하며, 사회통합을 통해 새로운 사회질서로의 전환을 추구하는 사회변혁적 성격을 가지고 있다. 따라서 사회복지정책은 어떤 분야보다 성평등 지향적이며 성인지적 관점이 요구되는 분야이다.

2. 성인지적 사회복지정책의 필요성

성주류화(gender mainstreaming)는 1985년 제3차 세계여성대회 직후 유엔 여성지위위원회(CSW)에서 처음으로 그 개념이 소개되었고, 1995년 제4차 세계여성대회에서 행동강령으로 채택되었다. 세계여성회의는 성인지 관점을 정책에 통합함으로써 참여국 정부가 정책의 성주류화를 추진하도록 촉구하였다. 즉, 성주류화는 성불평등 구조를 체계적으로 변화시켜 나가려는 종합적이고 체계적인 전략에 해당한다. 특히 최근 성주류화 전략은 개별 국가의 정치, 경제, 문화적 차이를 뛰어넘어 전 지구적 차원의 공통 과제로 부각되고 있다. 성주류화를 이루는 과정은 국제기구의 노력뿐 아니라 개별 국가에서 여성의 정치적 대표성과 경제적 세력화를 위한 구체적인 정책활동과 독립적인 여성정책 담당기구를 설립하는 노력으로 나타나고 있다. 성주류화는 모든 정책과정과 구조에 있어서 '성인지적 관점'을 반영하는 인지적 요소의 중요성을 강조하는 적극적인 전략이다(조영희, 2009). 다음은 우리나라 성주류화 정책에 관한 주요 내용을 소개한 것이다.

심화학습 우리나라 성주류화 정책의 주요 내용

성주류화 정책은 여성정책을 국가 차원에서 성인지적 관점을 가지고 추진하기 위한 정책 수행의 수단(성별영향평가, 성인지예산, 성인지통계 등)을 적용하는 정책을 말한다. 우리나라에서 시행되는 성주류화 정책 역시 성별영향분석평가와 성인지예산제도, 성인지 통계 작성의 세 가지로 구성되어 있다. 이는 여성발전기본법과 2014년 전면개정된 양성평등기본법, 성별영향평가분석평가법에 근거를 두고 있다. 성별영향평가의 목적은 성평등의 실현에 있다. 성별영향평가분석평가법에서 규정한 적용대상은 제정·개정을 추진하는 법령(법률·대통령령·총리령·부령 및 조례·규칙), 성평등에 중대한 영향을 미칠 수 있는 계획 및 사업 등이다. 분석평가 결과는 정책개선과 성인지 예산서 및 성인지 기금운용 계획에 반영하도록 규정되어 있고 여성가족부장관은 전국의 성별영향평가분석을 종합, 분석하여 국무회의에 보고하며, 국회에도 제출하도록 의무화되어 있다. 두 번째로 성인지예산제도는 중앙행정기관은 2010년부터, 지방자치단체는 2013년부터 적용되고 있다. 마지막으로 성인지통계는 2008년 개정된 여성발전기본법 제13조(여성 관련 문제의 조사 등)에 근거하여 국가와 지방자치단체가 인적 통계를 작성하는 경우 성별을 주요 분석단위에 포함시킬 것을 규정하였다. 통계법도 두 차례 개정되어 성별분리통계 작성과 관련한 의무를 명기하도록 했다.

복지국가라면 그 구성원 개개인이 누구나 사회로부터 소외되지 않도록 평등과 인권을 보장해야 한다. 특히 인구사회학적 특징으로 인해 차별, 배제받지 않도록 실질적 보장은 정책으로 구체화되어야 한다. 하지만 현재 사회복지 관련 정책과 제도 등은 앞에서 언급된 태생적 한계점을 가지고 있다. 복지국가에 대한 여성주의적 비판에서 나타난 것처럼, 복지국가의 문제점은 임신, 출산, 가사노동 등의 사회적 가치를 인정하지 않았기 때문에 여성이 종속적인 위치에 있게 되고 이로 인해 사회적 남녀의 불평등이 악순환되고 있는 것이다(김미혜, 1997 : 33-34).

복지국가의 이러한 몰성적·비복지적 특성으로 인해 여성뿐만 아니라 수급권자로서 동일한 지위를 가져야 할 많은 사회구성원들이 제대로 처우받지 못하였다. 따라서 적극적 사회복지권의 실현과 양성평등적인 실질적 보장을 위해서는 성인지적 복지정책의 개발과 시행이 그 원동력이 될 수 있다.

우리나라 사회복지정책의 사각지대에는 저소득 한부모가정, 저소득 여성가장, 여성실직자, 여성노인 등의 다양한 여성집단이 자리한다. 이러한 사각지대

여성들은 대체로 질병, 저학력, 기술부족으로 인해 빈곤상태에 있으며, 비정규직, 불안정 고용, 저임금 등에 시달리고 있다. 2021년 한국보건사회연구원에서 통계청의 가계금융복지조사 통계를 분석한 자료를 살펴보면 청년(18~24세), 장년(35~49세), 중년(50~64세), 노년(65세 이상) 전체 연령층에 걸쳐 여성 가구주 가구의 빈곤율은 40.1%로 남성 가구주 가구의 빈곤율인 13.6%보다 약 3배 더 높았다. 특히 청년층에서 16.8%(여성)와 10.5%(남성)에 머무르던 빈곤율은 노년층에서 65.1%(여성), 30.7%(남성)으로 급격히 늘었다. 이는 여성 가구주 가구 중 3분의 2는 빈곤층이라는 의미이다. 1인 가구 역시 마찬가지여서 청년층에서 21.2%(여성), 15.9%(남성)을 기록하는 1인 가구의 빈곤율은 노년층에서 1인 가구 72.6%(여성), 55.7%(남성)로 나타났다. 이 통계는 우리 사회가 여성이 한 가정의 가장일수록, 나이가 들수록 더 가난해진다는 것을 보여주고 있다(서울신문 2022. 9.3).

'빈곤의 여성화'는 남성 위주의 제도화된 권력관계와 남성은 부양자, 여성은 육아와 가사노동의 전담자라는 성별체계에 입각한 '남성부양자(the male bread winner) 가족모형'에서 원인을 찾을 수 있다. 많은 여성들이 무임으로 가사와 육아를 담당하기 때문에 자신의 노동능력이나 의사와는 관계없이 노동시장에서 배제되고, 노동시장에 진입한다고 해도 저임금 구조에 놓이기 쉽다. 여성은 양육, 가사부담 등으로 취업의 단절을 경험하게 되고, 이로 인한 재취업이 어려우며, 재취업된다 하더라도 비정규직이나 시간제 노동에 그치고 만다. 이러한 여성의 특성을 감안하지 않는 복지정책은 여성을 더욱 열악한 지위로, 더욱 빈곤한 상황으로 밀어넣게 되는 것이다. 결과적으로 여성은 연금 및 여러 사회보장제도에서 자연스럽게 불리한 위치에 놓이게 되며, 남성에 대한 의존성이 더 높아지게 된다. 이때 이혼이나 사별을 겪게 될 경우 더욱 빠르게 빈곤층으로 전락하고 만다.

[사진 12-1] 여성의 얼굴을 하고 있는 빈곤
출처 : Google 이미지 검색.

성별 소득 수준의 격차는 통계를 통해 더 선명하게 나타난다. 통계청이 2020

년에 발표한 '2018년 임금근로 일자리별 소득 결과'를 보면 2018년 기준 임금근로자의 월평균 소득은 297만 원으로 집계됐다. 중위소득은 220만 원으로 전년보다 10만 원씩(3.4%, 4.6%) 늘어났다.[1)]

성별을 나누어 살펴보면 평균소득은 남성은 347만 원, 여성은 225만 원이었다. 전체 소득 중 가운데인 중위소득은 남성 269만 원, 여성 180만 원이었다. 2017년에 비해 여성은 12만 원(5.5%) 증가해 9만 원(2.7%)이 늘어난 남성보다 증가율이 높았다. 하지만 남녀 소득 격차는 122만 원으로 여전히 100만 원 이상 차이가 났다. 연령대별로는 남성은 40대가 평균 소득 427만 원으로 가장 높았으나, 여성은 30대가 279만 원으로 가장 많이 벌었다. 여성은 30대 이후 임신과 육아 등으로 인해 회사를 그만두면서 경제활동참가율이 급격히 줄어드는 경력단절 현상을 나타내는데 이때 평균 소득이 감소한다. 남녀 평균 소득 차이도 19세 이하는 11만 원, 20대 17만 원, 30대 70만 원으로 벌어지다가 40대에 들어서면 160만 원, 50대 196만 원으로 급속히 벌어진다(여성신문, 2020).

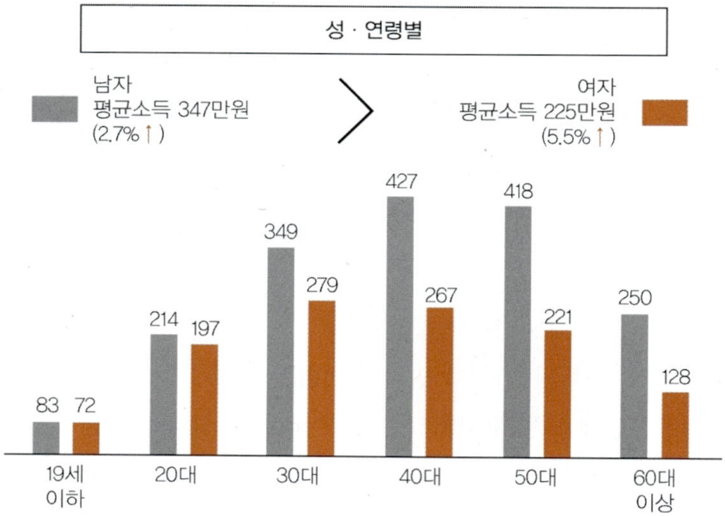

| 그림 12-1 | 2018년 임금근로 일자리별 소득 결과

출처 : 통계청(2020).

1) 월평균 소득이란 근로소득 중 비과세 소득을 제외한 보수다. 중위소득은 임금근로자를 소득순으로 줄을 세웠을 때 정중앙에 위치한 사람의 소득을 의미한다.

성차이로 인한 불평등이 존재한다는 점은 몰성적 복지정책이 실제로 남성과 여성에게 상이한 영향을 미친다는 것을 의미한다. 그간의 복지정책은 여성의 특수성을 거의 고려하지 않은 것이었다. 따라서 여성은 노동시장에서 배제되고 여성의 경제적 지위는 자신보다는 소득활동을 하는 남편에 의해 종속적으로 결정되었으며 가사 및 양육의 부담으로 사회참여가 차단되어 왔다.

앞에서 살펴본 양성평등에 장애가 되는 요인과 여성의 특수성을 감안한다면, 사회복지정책은 '성인지적(gender recognition) 관점'과 함께 가부장적 사회의 재구조화를 논의하는 '젠더 재구조화(gender restruction) 관점'을 적극적으로 도입하여야 할 것이다. 다른 의미로는 기존의 '남성부양자가족 모형'을 탈피하여 '양성소득자 모형(the dual earner model or gender model)'의 채택을 뜻한다.

요컨대 성인지적 복지정책은 우리 사회의 경제성장, 인간개발, 양성 모두에 대한 역량강화를 가능하게 하는 한국사회에 반드시 필요한 정책이다.

상자글 12-1 성인지적 예산이란?

정부 예산이 여성과 남성에게 미치는 효과를 평가하고 이 평가를 정부의 예산 체계와 편성에 반영하는 것을 의미한다.

성인지적 예산은 모든 정책 예산을 대상으로 하며, 여성을 위한 특별 사업이나 프로그램만을 대상으로 하지 않는다. 이러한 성인지적 예산은 여성 특별 프로그램에 대한 정부 지출을 높일 의도로 사용되는 것이 아니다. 성인지적 예산은 정부 예산 정책의 책임성, 평등성, 투명성, 효율성을 높이는 데 기여함을 목적으로 한다. 2001년 현재 미국, 캐나다, 영국, 프랑스, 스웨덴, 호주, 필리핀, 남아프리카공화국 등 다양한 발전단계에 있는 세계 40여 개국에서 성인지적 예산활동이 있으며, 정부, 민간, 정부와 민간 합동 등 다양한 형태로 추진되고 있다. 국제기구로는 국제연합 여성발전기금(UNIFEM)이 이를 적극 지원하고 있다. 주요 성인지 예산편성의 사례[2]는 다음과 같다.

1) 노르웨이의 농업발전기금
   - 노르웨이 정부는 젊고, 교육수준이 높은 농촌여성의 이농으로 인한 농촌문제를 해결하기 위해 오랫동안 고민해 왔음. 결혼을 하지 못하는 농촌 총각이 증가하고, 출산율이 저하되면서 농촌 인구가 감소하고 고령화되고 있었음

2) 부산광역시 · 부산여성가족개발원(2014 : 62-63) 재구성.

- 식량농업부에서 농업발전기금을 분석한 결과, 기금의 85%가 남성농업인에게 배분되고 있음을 밝혀내고, 이후 식량농업부는 매년 농업발전기금의 성별배분 현황을 분석하고, 지속적으로 기금배분의 성별격차를 축소시키기 위한 노력을 기울임. 4~5년 후 기금수혜자의 성별격차가 감소하자 여성의 소자본 창업이 활성화되었고, 농촌에 정착하는 여성들도 증가하여 결과적으로 오랫동안 노르웨이 정부가 고심했던 농촌문제가 완화되었음

2) 교통수단 이용패턴의 성차

- 주요 국가의 성인지 예산 분석에서 공통적인 관심사 중 하나가 교통정책임. 스웨덴의 한 연구에 따르면, 여성들보다 남성들이 하루 평균 53%(남성 46km, 여성 30km) 더 이동을 많이 하고, 시간도 20% 더 소비함. 남성들은 업무상 이동을 많이 하는 데 비해 여성은 자녀양육이나 쇼핑을 목적으로 이용을 많이 하며, 이동수단의 측면에서 여성이 남성보다 대중교통을 훨씬 더 많이 이용하며, 아이들을 동반하는 경우가 많음
- 버스나 지하철 등 대중교통 요금이 비싼 국가들에서는 여성들에게 대중교통에 대한 국가보조금 지원이 없다는 사실이 여성들의 자유로운 이동을 제한한다는 문제점도 제기됨. 국가가 고속도로 건설에는 많은 예산을 지출하면서 대중교통에 대한 보조금 지원은 하지 않는다면 여성들, 특히 저소득층 여성들의 자유로운 이동에 큰 장애가 될 수 있음

3) 가정폭력의 사회적 비용

- 영국의 연구결과에 따르면, 가정폭력은 연간 총 230억 파운드(약 46조 원)의 사회경제적 비용을 유발하는 것으로 나타남. 이 중 경찰, 검찰, 법원, 감옥 등 사법처리, 피해자와 가해자에 대한 물리적·정신적 치료, 피해자 보호를 위한 각종 사회서비스 등을 포함하여 국가가 지출해야 하는 직접비용이 31억 파운드(약 6조 2,000억 원)였음. 또 한 피해자와 가해자의 취업중단으로 인한 경제적 손실 등 간접비용은 27억 파운드(약 5조 4,000억 원), 이 외 개인적으로 치러야 하는 정신적 고통이 170억 파운드(약 34조 원)로 나타남
- 우리나라의 가정폭력 사회적 비용은 2007년 기준 2조 821억 원으로 추정됨. 그러나 같은 해 가정폭력의 예방을 위한 예산은 156억 원에 불과한 것으로 나타남

3. 성인지적 복지정책 실현을 위한 분야별 정책방향

1) 사회복지 분야

성인지적 복지정책이란 여성과 남성의 동등한 참여를 통한 연대와 상생의 정책을 의미한다. 이와 같은 사회를 지향하기 위한 성인지적 복지정책의 구체적인 실현방향을 살펴보면 다음과 같다.

첫째, 기존 복지정책의 실행과정에서 나타났던 몰성적 특징을 수정, 보완하여 정책이 의도하지 않을 성적 차별과 불이익을 최소화시키고 정책의 공정성을 높여야 한다. 지금까지 우리나라의 사회복지서비스의 기본 개념이 '남성생계부양자를 기준으로 한 가족중심'이었기 때문에 미혼, 이혼 등으로 독신이나 자녀가 없는 여성들의 경우 이들은 일차적으로 서비스 대상에서 제외되었다. 또한 현재 장애수당, 노령수당과 같은 대분류에서도 성별 통계가 나와 있지 않은 경우도 있고, 초보적인 수준의 성별 통계는 있으나 세부항목으로 들어가면 성별 통계가 없는 경우도 허다하다. 보건복지부 등 정부부처의 통계 중 많은 부분이 가구단위여서 앞으로 개인별·성별 통계를 파악할 수 있는 방법이 마련되어야 한다.

둘째, 사회보험제도와 관련하여 남성과 여성의 수급권 차별을 야기하는 문제점을 개선하여 성인지적 사회보험정책의 효과성을 확대시켜야 한다. 예를 들어, 고용보험법에 의해 제공되는 출산전후휴가급여와 육아휴직급여를 과세소득으로 간주해 근로소득세를 부과하여 온 기존 소득세법 역시 출산문화 장려와 모성건강 및 육아비용 보조라는 법 취지에 반하는 것으로 비판받아 왔다. 여러 논의 끝에 2007년 소득세법은 개정되어 2008년부터는 현재 근로소득세 과세대상인 육아휴직급여와 출산전후휴가급여 등이 비과세 항목으로 전환되었다(법제처, 2007).

그러나 이 같은 개선노력은 진행 자체를 하나의 발전으로 볼 수 있지만, 육아 및 가사 노동에 대한 보상인식이 부족하다는 면에서 보면 여전히 성인지적 시각은 부족하다. 따라서 궁극적인 차별을 해결하도록 정책에서도 지속적인 인식

전환 작업이 이루어져야 할 것이다.

셋째, 사회복지서비스 관련 정책에 있어서, 성별 특수성 및 상황을 적극적으로 반영하여 개인의 욕구에 부합하는 프로그램이 실시될 수 있도록 하여야 한다. 가령 장애여성산모의 경우, 비장애여성 산모에 비해 임신 및 출산에 여전히 더 큰 비용을 지불하면서도 의료 불편은 해소되지 않는 이중고를 겪고 있다(연합뉴스, 2019. 10. 1일자). 뿐만 아니라 서울시정개발연구원(2002)의 조사결과 보고에 따르면, 남성장애인과 여성장애인의 장애인복지서비스 인지도에 있어서 여성장애인의 인지도와 이용도가 남성에 비해 낮았다. 이는 실제 이용실태에서도 드러나, 2001년 서울시 28개 장애인복지관 이용자 중 여성장애인은 45.6%로 남성보다 약간 적으며 종합복지관 이용은 여성장애인이 34.6%로 남성 65.4%보다 매우 낮은 수준이었다. 인지도에 대한 성별 차이는 전반적으로 여성장애인의 교육 및 경제활동참가율이 낮고 정책에 대한 정보가 부족하기 때문이다. 이러한 결과는 여성장애인은 어렸을 때부터 가정에서 일찍 포기하여 제대로 치료나 교육을 받지 못하고 방치되거나 사회참여의 기회를 갖지 못하는 현실과도 관련이 있다. 따라서 사회복지담당공무원이 적극적으로 장애인의 실태와 욕구조사를 실시하고 각종 사회복지급여에 대한 접근성을 적극적으로 홍보하지 않으면 복지서비스에 대한 이용도는 여성장애인에게 훨씬 불리하게 나타날 것이다.

2) 노동분야

성인지적 관점에서 본 노동정책의 가장 심각한 문제는 무엇보다 우리나라 여성의 노동시장 진입이 여전히 어렵다는 점이다. 우리나라 여성의 고용률은 여전히 낮은 수준에 머물러 있는데, 2013년 2월 여성고용률은 48.1%로 남성고용률 71.6%에 비해 20% 이상 낮다. 이는 15세 이상 여성들 중 절반 이상이 일을 하지 않고 있음을 의미하는 것으로, 노동시장 진입에 있어 여성의 경우 상대적으로 어려움을 겪고 있음을 반영하는 것이기도 하다. OECD 회원국들 중에서도 우리나라의 여성고용률은 상당히 낮은 편에 속한다. 또한 여성은 노동시장에 진입한다고 하더라도 임금, 처우, 노동환경에 있어 남성과 차별적인 대우를 받는다.

건강보험, 국민연금, 고용보험과 같은 사회보험에 대한 지원에 있어서도 차별받는 것으로 나타났는데, 이는 여성이라 받는 차별도 있지만, 시간제 근로나 계약직과 같은 비정규직 일자리에 종사하는 비중이 크기 때문이기도 하다 (Megan Gereche, 2013). 비정규직 여성은 근로조건이나 복지에 있어서도 많은 불이익을 경험한다. 일례로 여성이 출산·육아휴직을 할 경우, 일시적으로 근무실적이 낮아질 수 있는 상황임에도 불구하고, 이 기간 동안도 근무실적의 평가로 삼는 차별이 빈번하게 발생하고 있다. 성인지적 노동정책은 이 같은 직접차별뿐 아니라 눈에 쉽게 드러나지 않는 여러 가지 간접차별을 막기 위한 노력과 구체적인 대책을 마련하는 데 주력하여야 한다.

둘째, 선진국(역U자형)과 달리 상당수 여성이 가사·육아부담 등으로 경력단절을 경험하는 M커브 현상이 지속되고, 재취업 시 근로조건의 하향화 현상이 뚜렷하게 나타나고 있다. 우리나라 여성의 고용지표는 지난 10년간 꾸준히 개선되고 있으나 35~44세 여성의 고용률은 30-50클럽[3] 7개국 중 최하위 수준으로 나타났다. 30-50클럽 7개국의 15~64세 여성 경제활동참가율은 지난 10년간 대체로 상승 추세를 보이고 있고, 우리나라 여성의 경제활동참가율도 2008년 54.8%에서 2018년 59.4%로 개선되었다. 하지만 여전히 여성 경제활동참가율은 60%를 하회하며 상위 5개국과 격차가 있는 것으로 나타났다. 2018년 기준 30-50클럽 7개국 중 1위인 독일 여성의 경제활동참가율과의 격차는 14.9%p로 이는 2008년 기준 한국(54.8%)과 독일(69.7%)의 격차(14.9%p)와 같아 한국의 격차는 10년이 지나도 독일과 비교하여 여전히 줄어들지 않은 것으로 조사되었다.

3) 1인당 국민소득 3만 달러 이상, 인구 5천만 명 이상의 조건을 만족하는 국가로, 미국, 일본, 독일, 프랑스, 영국, 이탈리아, 한국('18년 말 진입) 등 총 7개국을 의미한다.

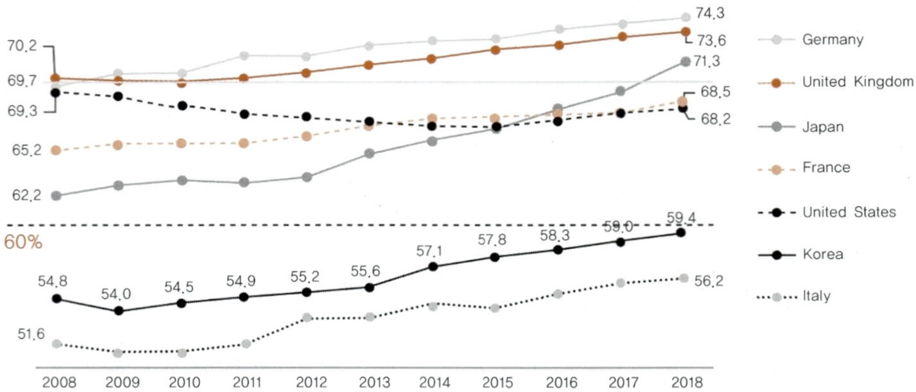

| 그림 12-2 | 30-50클럽 7개국 15~64세 여성 경활률 변화 비교(2008~2018)

출처 : OECD(www.oecd.org).

셋째, 최근 시장경쟁력 강화를 목적으로 하여 재직근로자의 직업능력 개발을 위한 훈련이 다양하게 실시되고 있다. 그러나 고용보험에 의한 사업주가 주도하는 직업능력개발훈련은 대기업, 사무관리 분야에 치중됨에 따라 중소기업, 저숙련 노동에 종사하는 비율이 높은 여성의 직업훈련 기회는 상대적으로 부족한 실정이다. 이는 훈련기회의 부족에서 그치는 것이 아니라 결국 기술숙련도와 임금·승진의 격차로 이어진다. 이 같은 사례에서 나타나는 것처럼, 우리나라 노동현장에서 나타나고 있는 성별분포 및 근로 특성을 적극적으로 반영하여, 양성 근로자 모두가 동등한 교육기회를 가질 수 있는 성인지적 직업교육정책이 마련되어야 한다.

넷째, 성차별과 배제의 극복을 위한 노동정책이 마련되어야 한다. 전 생애에 걸쳐 여성의 취업욕구가 증가하고 있는 점을 감안하여 청년기부터 중고령자까지 여성들의 폭넓은 고용활성화로 경제활동참가율을 향상시켜야 하며, 임금과 근로환경에서의 차별과 배제가 발생하지 않도록 노동시장정책이 고안되어야 한다.

성인지적 노동정책이 표방하고 있는 남녀평등은 반드시 남녀를 똑같이 다루는 것을 뜻하고 있지 않다. 우선적으로는 남녀에게 동등한 기회를 주는 것이 남녀평등의 급선무이다. 그러나 남녀가 처한 상황이 다를 경우에는 단지 동등한 기회를 제공하는 것만으로는 평등을 이룰 수 없다. 즉, 주어진 기회를 활용할 수 있도록 하기 위해서 동등한 조건을 형성해 주는 것이 필요하다. 법으로는 남녀에게 평등한 고용기회가 주어지지만 현실적으로 여성은 가사와 육아를 병행하면서 취업활동을 하게 되므로, 여성들이 처한 상황이 적극적으로 고려되어야 한다. 궁극적으로 성인지적 노동정책은 여성 혹은 남성이 처한 불평등적 조건을 보완하여 결과적으로 일정한 수준의 삶의 질을 향유할 수 있게 하는 것을 목적으로 삼는 것이다.

3) 법제분야

1995년 처음으로 제정된 여성발전기본법은 헌법의 양성평등 이념을 구현하기 위한 국가와 지방자치단체의 책무 등에 관한 기본적인 사항을 규정한 법으로서 중앙과 지방정부의 여성정책 및 예산 수립의 근거로 작용하여 왔다. 그러나 제정 이후 20여 년을 지나오는 동안 여성정책을 둘러싼 사회환경과 관련 법제도가 크게 변화하였고, 여성정책의 패러다임이 '여성발전'에서 '실질적 양성평등 실현'으로 전환되고 있음에도 불구하고 기존 법은 이를 반영하지 못하고 있다. 특히 세계적으로 여성정책의 패러다임이 '성주류화'로 바뀌어 가고 있는 상황에서 기존 여성발전기본법은 이러한 변화를 포함하지 못함으로써 양성평등정책의 기본법 성격에 맞게 법체계를 재정비할 필요성이 지적되었다.

〈표 12-1〉 양성평등기본법의 골격

장		주요 내용
1장	총 칙	제1~6조 목적 및 기본 이념, 정의, 국민의 권리와 의무 등
2장	양성평등정책 기본계획 및 추진체계	제7~13조 양성평등 기본계획의 수립 및 연도별 시행계획의 수립, 양성평등위원회 설치 등
3장	양성평등정책의 기본시책	제14~41조 양성평등정책 촉진, 양성평등 참여, 인권보호 및 복지 증진, 양성평등 문화 확산 관련 사항 규정
4장	양성평등기금	제42~44조 기금의 설치 및 용도
5장	양성평등정책 관련 기관 및 시설과 단체 등의 지원	제45~51조 양성평등정책 관련 기관 설치, 한국양성평등교육진흥원 설립 등 관련 규정
6장	보 칙	제52~53조

이에 지난 2015년 여성발전기본법은 전부 개정되어, 법제명 또한 입법취지에 맞게 양성평등기본법으로 변경, 공포되었다. 양성평등기본법은 성평등과 관련된 권리보장과 정부의 책임성을 강화하고, 양성평등정책 추진체계의 내실화, 양성평등 촉진을 위한 시책 강화, 정책의 양성평등 효과를 강화하기 위한 성주류화 조치의 체계화 등을 강조하는 한편, 모든 영역에서 평등한 책임과 권리를 공유하는 실질적 양성평등사회를 실현하는 것에 주안점을 두고 있다.

개정에 따른 가장 큰 변화는 '양성평등'의 정의규정이 신설되었다는 점이다. 양성평등에 위배되는 행위로는 성희롱에 대해 지위를 이용하거나 업무 등과 관련하여 성적 언동 또는 성적 요구 등으로 상대방에게 성적 굴욕감이나 혐오감을 느끼게 하는 행위, 상대방이 성적 언동 또는 요구에 대한 불응을 이유로 불이익을 주거나 그에 따르는 것을 조건으로 이익공여의 의사표시를 하는 행위로서 그 범위를 넓게 정의한 것이다. 또한 양성평등정책에 관한 중요 사항을 심의·조정하기 위하여 국무총리 소속으로 양성평등위원회를 두고, 양성평등위원회에 양성평등실무위원회와 분과위원회를 둘 수 있도록 하며, 중앙행정기관 및 시·도에 양성평등정책책임관과 필요한 전담전문인력을 지정하도록 하는 등 양성평등정책의 정부 책임성을 강화하고 양성평등정책의 조정, 협력, 실행을 촉진하도록 했다(법 제11~13조).

또한 양성평등정책 촉진을 위하여 국가와 지방자치단체가 직무수행 과정에서 성주류화 조치를 취하여야 함을 규정하고, 성별영향분석평가, 성인지예산, 성인지통계, 성인지교육, 국가 성평등지수 작성·공표 등에 관한 근거를 마련하였다. 국가와 지방자치단체는 차별로 인하여 특정 성별의 참여가 현저히 부진한 분야에 대하여 적극적 조치를 취하도록 노력하여야 하고, 여성가족부장관은 국가기관 등에게 적극적 조치를 권고할 수 있도록 하였다. 그리고 국가와 지방자치단체는 관리직 목표제를 비롯하여 정책결정 과정·공직·정치·경제활동 등 사회 전 분야에서 여성과 남성의 평등한 참여를 도모하기 위한 다양한 시책을 마련하도록 규정하였다. 나아가 모성보호의 개념을 권리보장의 개념으로 전환하고 모성뿐 아니라 부성으로까지 확대하여 모·부성권을 보장함으로써 실질적인 양성평등을 도모하고자 한 특징이 있다.

한편 여성친화도시 조성의 법적 근거 마련을 통해 여성친화도시 조성사업의 체계적·공식적 추진을 도모하고 여성친화적 지역정책이 활성화되도록 하며 궁극적으로 실질적 양성평등 실현을 꾀하도록 하였다. 그 밖에 국제개발협력(ODA) 시 양성평등 실현을 위한 시책 마련 및 국내외 평화문화 확산과 통일추진 과정에서 여성과 남성의 평등한 참여를 위한 노력 조항을 신설했다는 점도 종전과 달라진 특징이다.

양성평등기본법이 갖는 가장 큰 의의는 여성발전이라는 발전론적 접근에서 벗어나 여성정책의 목표가 양성평등 실현에 있다는 것을 분명히 하는 것을 통해 여성정책의 패러다임 변화를 도모했다는 것이다. 양성평등기본법의 두 번째 의미는 모든 정책이 성인지적으로 수립, 시행되게 하기 위한 추진체계를 강화하였다는 것이다. 이를 위해 양성평등기본법은 앞서 살펴본 바와 같이 여성가족부장관에게 연도별 시행계획 점검과 조정 요청, 그리고 추진실적을 평가할 수 있는 권한 부여와 함께 이를 국회에 보고하여 연도별 시행계획의 수립과 시행에 있어서 실효성을 강화하려고 하였다. 또한 중앙행정기관은 물론 광역자치단체에까지 양성평등책임관과 전문인력을 두도록 강제하였다.

4. 성인지적 한국 사회복지정책의 발전방향

지난 2000년에 개최된 '베이징+5'라고 불렸던 유엔여성특별총회에서는 성인지적 관점, 나아가 성주류적 관점을 적극적으로 수용하여 사회보장 체계를 재조정하고 남녀평등한 접근권을 보장하도록 권고한 바 있다. 우리나라 역시 이러한 입장을 긍정적으로 수용하여, 그동안 성인지적 관점의 사회복지정책으로써 법적인 평등을 획득하기 위한 노력을 기울여 왔다. 그러나 법적인 평등이 이루어졌다 해서 실제로 평등이 이루어지는 것은 아니다. 법 앞의 평등은 사실상의 평등을 향한 첫걸음에 불과하다. 법적인 성차별 요소들은 그간 몇 차례의 개정을 거쳐 많이 감소되었다. 그러나 이를 정착시킬 하위 법에 관한 규정들이 마련되어 있지 않아 법의 내용은 형식적인 의미만을 갖는 데 불과한 경우가 많다.

특히 우리나라 사회복지정책은 그 발전과정에서 사회문제와 개개인의 욕구에 대응하기 위해 개발되었다기보다는 정치, 경제적 역동 속에서 정치엘리트 위주로 전개되어 왔다. 또한 급속한 근대화에 비해 사회권 및 보편적 인권과 같은 기초적 권리에 대한 인식은 더디게 형성되어 왔다. 서구 사회에서 여성이 권리의 주체로서 시민권을 획득하게 된 과정이 한순간에 이루어진 것이 아니라는 점을 감안하면 지금 우리 사회의 성인지적 관점과 인식은 걸음마 수준이라고 하여도 과언이 아니다. 양성평등적 정치참여 기회의 절대적인 부족, 정치문화의 미성숙, 보편적 인권에 입각한 복지정책의 미비 등은 사회복지제도의 발전은 물론, 성인지적 관점의 수용과정에서도 방해물로 작용되었다. 성인지적 한국사회복지정책의 발전을 제약하는 근본 요인이 여성의 역할에 대한 전통적인 고정관념이라고 하더라도, 이는 단기간에 불식되기는 어려울 뿐 아니라 한 가지의 정책만으로 해결할 수도 없는 문제이다. 그러므로 이를 해결하기 위해서는 단계적인 정책추진이 실질적인 효과를 거둘 수 있을 것이다.

성인지적 개념을 중심으로 사회복지정책을 실현한다는 것은 정책 자체의 목표이자 방향이다. 함께 공존할 수 있는 사회적 기반을 확보하기 위해 사회적으로 약자의 입장에 있는 여성들을 적극 통합하고 참여시키는 정책을 개발하며, 나아가 남녀 모두가 함께 행복한 지역사회를 만들어 가는 정책을 실천하여야 한다. 이러한 정책추진 노력과 성과들이 구체적인 성과를 거두고, 실질적인 성인지적 복지정책을 마련하기 위해서는 다음과 같은 점들이 필요하다고 보인다.

첫째, 양성에게 불평등한 현실과 오랜 불평등 문화 속에 길들어 있는 현실을 감안할 때 이의 극복을 위해서는 폭넓은 적극적 조치가 필요하다. 이의 실행에 있어 선언적 조치보다는 강력한 실행방법이 수반되어야 함을 잊어서는 안 된다.

둘째, 가정의 돌봄 노동에 대한 중요성이 새롭게 인식되어야 하며 이 노동은 국가와 사회의 기본적인 자원으로 평가되어야 한다. 또한 젠더적 특성과 사회적 능력 그리고 개인의 잠재력을 모두 감안한 다양한 직업교육과 훈련 프로그램이 제공되어야 할 것이다.

셋째, 여성을 비롯한 사회적 약자의 '주류화'로서 사회의 모든 분야에서 여성 및 각종 사회적 소수자가 제반 사회분야에 동등하게 참여하고 복지권을 보장받을 수 있도록 한다.

특히 평등한 복지권을 획득하기 위하여 복지정책의 결정과정과 시행과정에 여성의 참여가 보장되어야 한다. 지금까지는 대부분 복지정책의 수혜자, 공공서비스를 이용하는 소비자, 복지기관의 단순종사자로서 여성의 참여가 많았다. 그러나 보다 궁극적으로는 사회복지 관련 법의 제정과 이를 집행하는 정책결정과정에 여성의 참여가 가능해져야만 여성의 특수성이 반영될 수 있다.

넷째, 성인지적 주류화 관점이 정책이나 프로그램의 실시결과, 여성과 남성에게 어떻게 다르게 영향을 미치는가를 검토하여, 모든 정책의 수준과 과정을 성인지적 관점으로 접근하는 것이다.

성인지적 관점의 사회복지정책 조성을 위한 기초
1. 여성인력은 충분히 활용되지 못한 인적자원으로서 국가경쟁력 제고를 위한 잠재적 가치가 매우 큰 집단으로 이해 2. 각종 사회문제 해결의 기초가 되는 가정과 지역사회에서의 성인지적 생활문화를 조성하여, 국민 개인의 인식변화 유도 3. 여성의 권익과 욕구를 정책에 반영하여 남녀가 함께하는 사회풍토를 조성

이러한 논의를 종합하면 사회복지정책에 대한 성인지적 방향은 여성과 남성의 삶의 조건이 서로 다르다는 것을 인식하고, 이를 기반으로 여러 사회적 약자에 대한 인식 틀을 새롭게 정립하는 것에서 출발하여야 한다. 성인지적 복지정책은 사회의 모든 분야에서 성의 차이로 인한 불평등을 완화시키기 위함이며, 성평등은 여성과 남성의 같은 점과 다른 점, 그리고 남녀의 다양한 역할에 대해 사회가 공평하게 가치를 부여할 때 가능하다. 성평등을 구현하는 것은 성주류화적 복지정책의 기본이 된다. 최근에는 '다양한 성'의 등장으로 여성과 남성으로만 구분하여 논의할 수 없는 복합적인 측면이 나타나게 되었고 '여성'보다 더욱 소수자의 위치에 있는 '성소수자'의 문제도 결코 간과할 수 없는 젠더이슈로 부각되고 있다. 따라서 성인지적 관점에 기반한 성주류적 정책 결정이 이루어질 때에 비로소 성평등에 기반한 미래지향적 복지정책을 기대할 수 있을 것이다.

참고문헌

김미혜 외(1997). **양성평등이 보장되는 사회**. 서울 : 미래인력연구센터.

김영화·조희금(2002). **현대사회와 여성복지**. 서울 : 양서원.

박병준(2004). **사회복지정책론**. 서울 : 양서원.

부산광역시·부산여성가족개발원(2014), pp. 62-63 재구성.

여성가족부(2014). 2014년도 업무추진계획.

통계청(2020). 2018년 임금 근로 일자리별 소득 결과.

COR(2014). OECD Employment Outlook 2014.

Megan Gereche(2013). A Policy mix for gender equality?. Lessons from high-income countries. ILO Report.

OECD(www.oecd.org).

이 장의 요약

1. 성인지적 관점(gender-sensitive perspective)이란 사회적으로 구조화된 성 불평등이 존재함을 인식하여 어떤 문제를 파악하고, 분석하며, 그 대안을 제시하는데 성 불평등 문제를 중심에 두는 시각이다.
2. 사회복지정책은 사회적 불평등을 완화시킴으로써 보다 평등한 사회를 추구하며, 사회통합을 통한 새로운 사회질서로의 전환을 추구하는 사회변혁적 성격을 가지고 있다. 그러므로 사회복지정책은 어떤 분야보다 성평등지향적이며 성인지적 관점이 요구되는 분야이다.
3. 우리나라에서 그동안 성평등적 정치참여 기회의 절대적인 부족, 정치문화의 미성숙, 보편적 인권에 입각한 복지정책의 저발달 등은 사회복지제도의 발전은 물론, 성인지적 관점의 수용과정에서도 방해물로 작용되었던 원인들이었다. 성인지적 한국 사회복지정책의 발전을 제약하는 요인은 대단히 복합적이어서 단기간에 불식되기는 어렵고 또한 한 가지의 정책만으로 해결할 수도 없는 문제이다. 그러므로 이러한 복합적 문제들을 해결할 수 있는 단계적인 정책추진이 실질적인 효과를 거둘 수 있을 것이다.
4. 성인지적 복지정책이 지향하는 방향은 정책 개선을 통해 평등과 사회통합을 이룰 수있는 사회를 만들어 가는 것이다.
5. 사회복지정책에 대한 성인지적 방향은 여성과 남성의 삶의 조건이 서로 다르다는 것을 인식하고 이를 기반으로 여러 사회적 약자에 대한 인식 틀을 새롭게 정립하는 것에서 출발한다.

주요 용어

- 성인지적 관점 : 사회적으로 구조화된 성 불평등이 존재함을 인식하여 어떤 문제를 파악하고, 분석하며, 그 대안을 제시하는 데 성 불평등 문제를 중심에 두는 시각이다.
- 성주류화(gender mainstreaming) : 국가정책의 모든 영역 및 단계에 성평등적인 시각을 적용하는 것을 의미한다.
- 남성부양자(the male bread winner)가족 모형 : 남성은 부양자, 여성은 육아와 가사노동의 전담자라는 성별체계에 입각한 남성 위주의 제도화된 권력관계를 의미하는 가족 유형이다.
- 성인지적 예산 : 정부 예산이 여성과 남성에게 미치는 효과를 평가하고 이 평가를 정부의 예산체계와 편성에 반영하는 것이다.

추천자료

김영화 외(2011). **현대사회와 여성복지**. 서울 : 양서원.
은서란(2023). **친구를 입양했습니다**. 서울 : 위즈덤하우스
이한우 역(2005). **여성 철학자 : 아무도 말하지 않은 철학의 역사**. 경기 : 푸른숲.
이화여자대학교 한국여성연구원(2011). **국가, 젠더, 예산 : 성인지 예산 분석**. 경기 : 한울.
조남주(2016). **82년생 김지영**. 서울 : 민음사.

CHAPTER 13 지속가능한 발전을 위한 복지정책

'부와 행복'은 누구나 추구하는 목표이다. 어느 시대, 국가를 막론하고 그 목표를 이루기 위한 노력, 즉 경제개발과 소득증대는 상당히 중요시되었다. 그러나 동시에 지나친 개발과 성장 위주의 정책으로 인한 불균형 발전과 각종 자연파괴 현상 또한 동반되었다. 예컨대 선진국가와 개발도상국가 간의 빈부격차를 비롯하여 무분별한 개발의 결과가 빚은 환경황폐화에 이르기까지, 그 심각성은 무엇이라 말할 수 없을 만큼 심화되고 있다. 이에 개발의 본질적인 방향을 수정할 필요성이 대두됨에 따라, 효과적으로 대응하기 위해 제시된 개념이 바로 1992년 6월 리우 환경정상회의에서 제기된 '지속가능발전(sustainable development)'이다.

이 개념은 인간이 모든 문제해결의 중심이자 공존을 위해 다음 세대를 배려한다는 점에 기초하고 있다. 동시에 현세대의 자원과 환경의 개발로 인해 다음 세대의 안녕을 위협하지 않도록 진행되는 개발을 의미한다. 이 장에서는 경제성장과 사회발전, 나아가 사회구성원의 적극적인 복지권의 확보라는 측면에서, 지속가능한 복지정책의 구체적인 방향을 살펴보고자 한다.

1. 지속가능발전의 등장배경과 의미

행복하고 안정된 생활을 원하는 것은 인간의 오랜 욕구이다. 풍요로운 삶을 위해 인류는 끊임없이 과학기술을 발전시켰고 오늘날과 같은 생활형태를 만들어 왔다. 그러나 인간의 욕구를 만족시키기 위해 주력했던 각종 개발들은 환경오염, 기후변화, 오존층 파괴, 해양오염 등 범지구적인 파괴현상을 몰고 왔다. 또한 선진국과 개발도상국 간의 빈부격차, 시민의식의 황폐화에 이르기까지, 무분별한 개발정책이 낳은 부작용은 갈수록 심각해지고 있다. 이러한 문제에 효과적으로 대응하기 위해 제시된 개념이 바로 '지속가능발전(sustainable development)'이다.

지속가능한 발전이라는 공식적인 용어가 처음 널리 알려진 것은 1987년 '환경과 개발에 관한 세계위원회(WCED : World Commission on Environment and Development)'에서 제출한 '우리 공동의 미래(Our Common Future)'에서이다. WCED는 지속가능한 발전의 개념을 아래와 같이 정의하였다.

> "발전의 1차적 목적은 인간의 욕구충족이다. 인간의 욕구는 음식, 에너지, 주택, 물 공급, 위생과 건강 등을 포함하여 인간의 삶 자체이기에 그 내용이 매우 광범위하다. 인간의 욕구는 시간적으로는 세대를 초월하여, 공간적으로는 국가를 초월하여 생산활동을 통해 충족된다. 생산활동은 자연자원의 착취를 통해 이루어진다. 따라서 지속가능한 발전이란 '미래세대가 그들의 필요를 충족시킬 능력을 저해하지 않으면서 현세대의 필요를 충족시키는 것'이다(WCED, 1987 : 43)."

이 개념은 인간이 모든 문제해결의 중심이자 공존을 위해 다음 세대를 배려한다는 점에 기초하고 있다. 동시에 현세대의 자원과 환경의 개발로 인해 다음 세대의 안녕을 위협하지 않도록 진행되는 개발을 의미한다. 이러한 지속가능발전의 개념은 1992년 6월 리우에서 개최된 'UN 환경 및 개발회의'에서 21세기를 위한 글로벌 행동 프로그램인 '아젠다 21'의 핵심 개념으로 자리 잡게 되었다. 이 회의에서는 각국의 의제 21 추진상황을 평가・관리하기 위한 '유엔지속가능발전위원회(UNCSD : United Nations Commission on Sustainable Development)'의 설치를 권고하였다. 그 결과 1992년 12월 제47차 유엔 총회에서 유엔경제사회이사회(UNECOSOC : United Nations Economic and Social Council) 산하에 유엔지속가능발전위원회의 설치가 결정되었다.

2000년대 이후 '지속가능발전' 개념은 보다 포괄적 의미로 확대되었다. 2002년 남아프리카공화국의 요하네스버그에서 개최된 지속가능발전세계정상회의(WSSD : World Summit on Sustainable Development)는 리우회의 이후 지속가능발전의 추진실적을 종합 평가하고 향후 구체적인 추진계획을 마련하기 위해 열린 회의였다. WSSD에서는 "인간, 지구, 번영(people, planet & prosperity)"을 주제로 채택하여 과거 환경중심의 개념에서 보다 광범위해진 발전이라는 적극적인 주제로의 전환을 이루었다. 이에 따라 '지속가능발전'도 사회통합과 환경보호, 경제성장을 모두 아우르는 포괄적인 개념으로 재정립되었다. WSSD에서는 세계 정상들이 실천계획을 작성하기로 합의하였다. 이로써 각국은 국가 지속가능발전 이행계획을 작성할 의무가 부여되었으며, 지속가능발전의 당위성을 재확인하였다.

그 후 2010년대에 들어서면서 2012년 6월 브라질 리우데자네이루에서 개최된 유엔지속가능발전정상회의(UNCSD, 일명 'Rio+20 정상회의')가 개최되었다. UNCSD에서는 "지속가능발전과 빈곤퇴치 맥락에서의 녹색경제"와 "지속가능발전을 위한 제도적 틀"을 의제로 채택하여, '녹색경제'로의 세계 경제 패러다임 전환의 방향성을 제시하였다. 회의 결과 채택된 문서는 『우리가 원하는 미래(The Future We Want)』이다.

상자글 13-1 통영 RCE, 유네스코 파트너 선정

오는 5월 23일 개장을 앞둔 통영 RCE(UN 지속가능발전 교육) 세자트라 센터가 10년 이후 지속가능발전 교육의 확산을 위해 유네스코에서 추진하는 전 지구적 실천 프로그램 GAP(Global Action Programme) 연수분야 세계 20대 파트너 기관 중 하나로 선정됐다.

유네스코(사무총장 이리나 보코바)는 GAP의 정책지원, 기관통합적 접근, 지도자 연수, 청소년, 지역사회 각 분야에 실천활동 계획을 제출한 전 세계 500개 기관단체 중 분야별 20개 기관을 선정해 파트너 기관으로 지정했다고 18일 밝혔다.

통영시 지속가능발전교육재단(이사장 박은경)은 5개 분야 중 통영 RCE 세자트라 센터를 아시아태평양 거점 센터로 운영하고자 하는 실천계획으로 '지도자 연수' 분야 20개 파트너 기관 중 하나로 선정됐다.

이에 따라 오는 26일과 27일 유네스코 파리 본부에서 개최되는 첫 파트너 기관 협의회에 참석하는 등 통영 RCE 세자트라 센터가 명실공히 아시아태평양 거점 교육센터로 자리 잡을 것으로 기대된다. (하략)

출처 : 경남매일(2015. 5. 18).

한편 우리나라의 지속가능발전 개념 도입과 전개과정을 보면, 정부는 1992년 UN 환경 및 개발회의를 계기로 이 개념에 대해 인식하게 되었고, 1999년 4월

시민단체, 언론, 학계, 경제계를 중심으로 지속가능발전에 관한 국가기구 설치가 정부에 건의되었다. 이듬해 2000년 6월 5일 「세계환경의 날」을 맞아 당시 김대중 대통령이 대통령자문 지속가능발전위원회 설치를 천명하였다. 그 후 2007년 지속가능발전기본법이 제정됨으로써 이 법에 의해 국가와 지방자치단체의 지속가능한 발전 기본 전략과 그 이행계획을 수립, 촉진하는 일들이 추진되고 있다.

2. 지속가능발전과 복지정책

어느 사회를 막론하고 잘살기 위한 경제개발은 매우 중요하다. 그런데 이러한 목적의 많은 개발과 성장 위주의 정책이 긍정적인 결실만 가져온 것은 아니었다. 오히려 각종 사회불균형과 파괴현상이 드러나면서 점차 개발의 본질적인 방향에 대한 재검토의 필요성이 커지고 있다.

기존 개발주의자들은 사회보장을 비롯한 사회복지제도를 경제개발로부터 분리하였고, 오히려 지나친 사회복지에 대한 투자는 개발의 걸림돌로서 작용한다고 말한다. 그들은 경제정책이 일자리를 창출하고, 개인과 가족이 그들의 욕구를 충족시키는 데 필요한 소득을 제공할 수 있으므로, 게다가 사회복지정책을 위한 자원까지 공급할 수 있기 때문에, 당연히 경제개발이 사회적 안녕과 복지의 증진보다 더 높은 우선순위를 가져야 한다고 생각하였다(Pierson, 2001 : 96).

이 같은 상황 속에서 사회복지 정책과 제도는 오랫동안 경제개발의 관심사로부터 멀어지게 되었다. 심지어 사회복지 관련 전문가들조차 개발의 모순과 파괴로부터 비롯된 사회적 현실에 대해서 소극적으로 대처했다. 그 결과 사회복지 체계의 폭넓은 역동성에 기초하여 모두를 위한 경제성장을 추진하려는 시도들은 주목받지 못했다

지속가능한 발전의 개념과 복지 및 경제정책과의 조화에 대한 필요성이 본격화되기 이전까지, 대부분의 사람들은 사회복지와 경제개발은 양립할 수 없다고 믿었다. 그로 인해 각국의 사회안전망 예산과 각종 사회서비스 프로그램은 경

제상황에 맞춰 종종 삭감되기도 하고, 혹은 우선순위에서 밀려나 조정되기도 하였다.

그러나 경제성장만으로 이루어 낸 반쪽의 결실은 그리 오래가지 않았다. 고도 산업화 과정 속에서 각국은 무분별한 개발의 결과를 맞이하게 되었으며, 결국 성장 위주의 개발이 자동적으로 생활수준의 개선을 가져오는 것이 아니라는 사실을 인식하게 되었다. 실제로 많은 국가에서 급격한 경제성장이 있었음에도 불구하고 대다수 국민은 여전히 취약집단으로 남은 채, 일부 소수의 국민들에게만 그 개발이익이 집중된 사례들이 이러한 사실을 대변해 주고 있다.

출처 : art-and-anarchism.tumblr.com

경제적 가치와 '상생'의 가치가 반드시 대립하는 것은 아니다. 예를 들어, 에너지의 절약과 자원의 생태친화적 사용은 환경파괴를 막아줄 뿐만 아니라 경제적 비용 또한 줄여준다. 하지만 이와 달리 서로에게 미치는 영향을 고려하지 않고 특정 개인이나 집단의 이익만을 추구하게 된다면 세대 간, 집단 간의 조화 가능성은 사라진다. 그리고 이러한 상황이 무비판적으로 장기간 지속되면 과학에 의한 기술진보가 사회문제를 해결해 줄 수 있다는 왜곡된 확신이 나타날 수 있으며, 현세대가 행하는 지금의 행동이 다음 세대에 미칠 영향을 간과하게 만들 가능성이 높아진다.

지속가능발전의 중요성을 인식하지 못한 채 입안된 정책들은 결국 환경파괴적·시대단절적 결과들을 야기하게 되는 것이다. 따라서 복지와 경제, 나아가 사회의 상생을 지향하는 복지정책을 통하여 지속가능한 발전을 도모하는 것이 특히 필요하다는 것은 이러한 이유 때문이다.

'다음 세대의 필요를 충족시킬 수 있는 능력을 약화시키지 않으면서 현세대의 필요를 충족시키는 범위 내에서의 개발'로 '지속가능발전'의 개념을 이해한다면, 이론적으로는 충분히 받아들여질 수 있다. 그러나 이러한 개념을 어떻게 정책 수단화할 것이며 실제 현실에 적용할 수 있는지에 대해서는 많은 논란이 예상된다. 특히 사회구성원의 적극적인 복지권의 확보라는 측면에서는 그 구체적 대안이 절실하게 요구되는데, 다름 아닌 복지와 경제의 호혜적 성장을 도모하고, 나아가 세대 간 공존을 중시하는 지속가능발전의 관점에 기초한 복지정책의 구체적인 청사진이 필요하다.

이 비전의 디딤돌이 될 수 있는 지속가능발전의 핵심영역은 크게 세 가지로 나누어지는데, 사회, 환경 그리고 경제가 바로 그것이다.

〈표 13-1〉 **지속가능발전의 3대 핵심 영역**

분 야	강조점
사 회	사회제도에 대한 이해, 변화하는 과정 속에서 사회의 역할, 발전에 대한 올바른 이해의 공유, 민주적 참여시스템, 사회적 컨센서스의 강조와 다양성의 인정
환 경	자원의 중요성에 대한 강조, 환경위험이 인류에게 가져올 위기의 인식, 환경적 관심사를 사회경제적 정책개발에 포함하는 것
경 제	경제성장의 파급효과에 대한 인식, 사회정의의 실현과 환경적 측면에서 개인과 사회적 차원의 소비활동에 대한 사정과 규제

출처 : UNESCO(2005a), p. 7.

이 3대 영역은 지속적이고 장기적인 변화가 전제되어 있다. 또한 사회는 끊임없이 변화하는 과정 속에서 움직이는 유기체라는 점을 강조한다. 이렇게 볼 때 지속가능발전은 지금 현재의 상황을 그대로 유지시키는 것이라기보다 변화에 대한 방향과 전망을 제시하며 발전을 지향하는 데 목적을 둔다. 위 3대 영역에 기반하여 지속가능발전을 위한 복지정책의 의의를 정리해 보면 다음과 같다.

먼저 지속가능발전을 위한 복지정책은 사회구성원의 복지권을 최대한 보장하는 데 필수적인 사회자원을 유지, 전승시킬 수 있다.

둘째, 이러한 정책의 도입으로 고도기술문명이 가져온 집단이기주의, 환경파괴 등 각종 환경, 생태문제를 해결하고 예방할 수 있다.

셋째, 분절적으로 여겨지던 사회 제 분야 간의 연대와 통합을 통해, 전체 사회구성원의 삶의 질에 대한 동반적 성장을 도모할 수 있으며, 나아가 경제성장과 사회적 안녕의 상승효과를 기대할 수 있다.

이에 대해 제임스 미즐리(James Midgley)는 '사회개발론(social development)'이 지속가능한 복지 발전을 위한 복지정책을 구체화시킬 수 있는 이론으로 의미가 크다고 생각한다. 경제개발이 모든 사람의 생활수준을 곧바로 개선시키는 것이 아니라는 사실만은 분명하다. 사실 많은 국가에서 급격한 경제성장을 겪더라도 대다수는 여전히 불이익을 받는 채 남아 있는 반면, 소수의 국민들에게만 혜택이 전가되는 경향이 있다. 이러한 국가들에서는 경제개발이 정치지도자, 정부관료, 기업 소유자, 전문가, 고학벌, 그리고 기타 고소득자의 소득이 불균형적으로 증가되지만 빈곤집단에게는 거의 혜택이 돌아가지 않았다. 경제개발의 이러한 과정은 불균등한 혹은 왜곡된 개발로도 이해해 볼 수 있다. 지속가능발전을 위한 복지정책들과 프로그램들이 모든 시민의 안녕을 증진하고 재개발 과정에 모두 참여하는 것을 보장하기 위해 필요하다는 것은 이러한 이유 때문이다. 따라서 미즐리의 '사회개발론'은 복지정책과 경제정책은 한 사회의 변화하는 상황에 맞게 상호 협력되어야 하며, 복지정책이 가진 형평성, 예방적 속성과 경제정책이 가진 국가경쟁력, 효율적 속성이 접목되어 전체 사회구성원과 국가에 대해 윈-윈(win-win) 효과를 창출해야 한다는 점을 주목하고 있다는 점에서 중요한 의미가 있다.

이 장에서는 지속가능발전을 도모하는 동시에, 경제와 복지의 공존적 성장과 통합을 지향할 수 있는 복지정책 방향에 대해 사회개발론과 지속가능한 개발전략을 연결하여 살펴보고자 한다.

3. 지속가능발전 전략에 기반한 복지정책 : 사례연구

1) 개인적 전략

사회복지는 개인이 그들의 이익과 복지를 독립적으로 추구할 때 가장 잘 증진된다는 견해는 근대 자본주의 경제체계의 근본이다. 이러한 입장의 지지자들은 전체 사회의 복지는 개인이 자신들의 복지를 증진시키고자 노력할 때 발전한다고 생각한다. 그러나 이와 같은 개인주의적인 이데올로기가 보편적일 수는 없지만, 극단적인 자유방임적 접근을 막고, 개인의 자조적 시장참여를 독려하기 위한 국가적 차원에서는 이해될 수 있다.

사회개발론에서 다루어지는 개인주의적 전략은 개인 혼자만의 노력이 아닌 국가적 차원에서 정부나 다른 기관이 개인의 노력을 지지하는 것을 기반으로 한다. 타고난 기업가적 능력이 있다고 하더라도 시장이 적절하게 작동하지 않거나, 기업활동을 위한 기회가 차단되어 있다면 이러한 능력은 발휘될 수 없다. 따라서 사회개발의 개인적 전략을 지속가능발전을 위한 복지정책에 접목시켜 본다면, 개인이 시장에 참여하여 기능할 수 있도록 기회들을 최대화하기 위한 정책으로 생각할 수 있다. 다시 말해, 개인적 전략을 활용한 복지정책은 인적자본의 성장과 확충을 위한 개인의 노력과 정부의 지지가 합쳐진 정책을 의미한다.

첫 번째 사례인 "짚카(Zip-Car)"의 운영사례는 환경친화적 사업을 어떻게 만들어 내고 이를 지속가능하게 만들지를 잘 보여주고 있다. 즉, 생태보호, 환경보존 등의 이유로 개인 기업을 폐지하는 것이 아니라, 자신의 수익을 증진시키고자 하는 능력을 지원하고 강화할 수 있는 가능성이 엿보이는 부분이다. 두 번째 사례인 "대지를 위한 바느질" 역시 지역사회와 주민들이 공통의 편리를 찾아 공익과 사익의 균형점을 맞출 수 있는 정책으로 발전시킨 것이다. 이러한 사례들은 지속가능한 개발적 복지정책이 궁극적으로 지역과 개인 나아가 전체 사회의 공존을 위해 효과적일 수 있음을 보여준다.

사례연구 1 지역사회친화적 사업운영 : 짚카(ZipCar) 사례

- 설립자 : 로빈 체이스(Robin Chase), 안체 다니엘슨(Antje Danielson)
- 설립배경
  - 1999년 독일 출신의 다니엘슨은 교통과 관련된 리서치를 하던 중 당시 스위스와 독일 등에서 유행하던 '자동차 공유'라는 서비스를 미국에서 시작하는 아이디어를 생각해 냄
  - 이를 친구였던 체이스와 공유하게 되었고 이 과정에서 인터넷 기술을 잘 활용한다면 여러 가지 문제도 해결될 것으로 판단함
  - 또한 영리기업이 고객과 시장에서 의미 있는 수요를 창출할 수 있다면 환경적 이점까지도 만들면서 기여할 수 있다고 봄
  - 이에 카-쉐어링사업을 단지 작은 틈새시장이 아니라 에너지와 환경문제까지도 영향을 미칠 수 있는 운동으로 전환시키겠다는 포부로서 시작하게 됨
- 운영특징
  ① 짚카(ZipCar)를 이용하는 것은 "삶이 녹색이 되는 것, 그리고 이득을 보는 일"이라는 소비자 인식 성장 도모
  ② 환경파괴와 온실가스 발생의 방지라는 사회적 목적 성취와 지역사회 지지

사례연구 2 사회적기업 '대지를 위한 바느질' 착한 결혼문화 조성 앞장

성북구(구청장 김영배) 사회적기업인 '대지를 위한 바느질'은 '모두가 행복한 마을결혼식'이라는 슬로건 아래 결혼에 대한 허례허식을 걷어내고 결혼의 본질적인 의미를 되살린 마을결혼식을 치루면서 지역중심의 건전한 결혼문화를 조성하고 마을경제 회복에 앞장서고 있다.

'대지를 위한 바느질'의 마을결혼식은 결혼식의 작은 소품부터 웨딩드레스까지 모든 과정에서 환경과 사람을 생각했다. 친환경 소재의 웨딩드레스, 재생종이에 콩기름으로 인쇄한 청첩장 사용은 물론 결혼식 이후에도 키울 수 있도록 뿌리를 살린 부케와 부토니아는 화려한 꽃 대신 화분으로 장식해 식이 끝나면 하객들에게 답례품으로 주고 있다.

뿐만 아니라 성북구 장수마을 어르신들에게 결혼식 피로연 음식을 요청하여 제공하는 등 성북지역 음식점, 미용실, 꽃집 등을 이용, 결혼식을 통해 발생하는 경제효과가 특정 대기업이 아닌 동네에 환원되면서 마을경제 활성화에도 도움이 되고 있다.

김영배 구청장은 "성북구에서는 예식이 주로 이루어지는 토・일요일에 '대지를 위한 바느질'의 마을결혼식을 위한 장소로 성북구청 4층 아트홀을 제공하고 있다"며 "더 많은 예비부부들이 예식 비용을 절감하고 의미 있는 마을결혼식을 올릴 수 있도록 적극 협조하겠다"고 밝혔다.

출처 : 아시아경제(2015. 6. 13).

위 사례에서와 같이 비록 미약한 근로능력 내지 틈새시장임에도 불구하고 지역사회의 욕구와 지지 그리고 신뢰에 기초한다면 개인의 시장참여와 그것의 지속가능한 성장의 가능성은 충분히 존재한다. 즉, 지역사회로부터 지원되는 개인의 역량강화에 기반한 복지성장이 지역사회에서 얼마든지 실행될 수 있음을 보여주는 것이다. 더불어 이들의 사업방향이 지나친 시장중심 경제나 상품화를 지양하고 있다는 점 역시 지역과 공존할 수 있는 친복지적 생산활동을 강조하는 것으로서, 사회개발적 전망과 연결된다.

2) 지역적 전략

사회개발론적 접근에서는 지역의 발전과 성장은 지역사회 내에서 전 공동체가 조화롭게 일할 수 있을 때 가장 잘 증진된다고 본다. 특히 주민과 지역사회는 그들의 기본 욕구를 충족하고, 문제들을 스스로 해결하며, 발전기회를 만들기 위해 조직화할 수 있는 능력이 있다고 간주한다. 따라서 사회개발의 지역적 전략을 지속가능발전과 연결시켜 본다면, 개별 주민들이 자신들의 생활터전에서 복지정책을 통한 급여혜택을 구체적으로 경험하도록 디자인함으로써 복지의 중요성을 공감하도록 하는 데 의의가 있다. 또한 지역 특성에 맞는 생산력을 향상시킬 수 있는 지역경제정책을 도입하는 것도 고려할 수 있다.

사례연구 3 자치가 진보다 : "광주광역시 광산구 공익활동지원센터"

아파트 · 마을 공동체를 만들거나, 협동조합 · 사회적기업 같은 사회적 경제 기업을 설립하거나, 나눔 · 봉사 같은 공익활동에 참여하고 싶어도 어디서부터 어떻게 시작할지 몰라 쉽게 나서지 못하는 사람들에게 희소식이 생겼다.

광산구(구청장 민형배)가 오는 17일 오후 2시 수완지구 원당산 공원 내 '원당숲 어울마루'에서 '광산구공익활동지원센터(이하 공익활동센터)' 개소식을 연다. 공익활동센터는 민관협동 주민참여 중간지원조직으로 주민들의 공동체, 사회적 경제, 공익활동 활성화를 돕는 센터다. (중략)

손쉽게 설치할 수 있는 구 직영조직을 마다하고 광산구가 민관협동센터 설치에 3년 동안 공을 들인 이유는 자칫 센터가 행정의 하부기관으로 전락, 자율성 · 독립성 · 창의성이 생명인 주민참여를 저해할 수 있다고 판단했기 때문이다.

광산구는 그 과정에서 센터 설립을 위해 지원조례를 마련하고, 운영을 민간 비영리법인에 위탁하기로 했다. 이에 따라 지난 1월 지역단체와 인사들이 참여한 민간 사단법인 '마을두레(이사장 이희한)'가 정식 출범했다.

앞으로 3년간 (사)마을두레가 위탁운영하는 공익활동센터의 구체적인 사업들을 살펴보면 ▶ 사람, 정보, 재원 등 지역자원 조사와 발굴, ▶ 협동조합, 사회적기업, 마을기업을 지원하는 교육과 컨설팅, ▶ 다양한 공익활동 프로그램 개발과 시행, ▶ 지역의 자발적 공익문화 확산 등이다.

민형배 광산구청장은 "공익활동센터는 주민참여 활성화를 위한 새로운 민관협력 거버넌스 모델로 행정은 철저하게 지원만 할 것이고, 현재 행정이 맡아서 하고 있는 주민참여 업무도 민간이 더 잘 할 수 있는 분야는 과감하게 이관할 것이다"며 "전국에서 가장 모범되는 진정한 주민자치, 주민참여의 모델이 되도록 적극적으로 협력하겠다"고 밝혔다.

출처 : 광주광역시 보도자료(2013. 4. 10).

광산구의 사례는 지식기반 지역발전의 모델로서 그 역할을 제시했다는 점에서 큰 의미가 있다. 광산구 공익활동지원센터는 주민들의 마을 만들기, 사회적경제, 나눔과 봉사활동을 돕는 중간 지원 조직이다. 주민자치의 중요한 사례로도 볼 수 있다. 공익활동지원센터 이외에도 광산구에서는 '자치가 진보다'라는 슬로건 아래 광주광역시 광산구 생활임금 조례에 따라, 구에 소속되거나 구에서 출자·출연한 기관 노동자에게 생활임금을 적용하고 있다. 구의 사무를 대신하거나, 구에 공사·용역을 제공하는 기관과 업체에게는 소속 노동자들에게 생활임금을 적용할 것을 권고하고 있다. 광산구 생활임금은 월급으로 환산하면 2015년을 기준으로 150만 7,840원으로, 제도를 도입한 전국 자치단체들 중 가장 높다. 이처럼 지역사회 특징을 감안하여 지역경제를 확충하고, 경제발전과 복지성장을 함께 이룩한 점은 한국형 지역성장 모델의 가능성을 보여주는 부분이다.

사례연구 4 미국의 델타계획

이 프로젝트는 왜곡된 개발의 대표적인 사례로 여겨졌던 델타지역에 초점을 두고 있었다. 비록 그 지역은 주요한 농업 생산지이며 화학비료산업과 관광의 중심지였지만, 미국 내에서 가장 높은 빈곤 발생률을 나타내고 있었다.

이러한 문제에 직면하여, 델타지역의 3대 주(알칸사, 루이지애나, 미시시피) 주지사들은 미 연방정부에게 이 지역의 중요한 개발계획을 준비하기 위한 자금을 조달해 줄 것을 요청하였다. 이 요청은 승인되었고, 1988년 그 계획을 마련하기 위한 위원회가 알칸사 지역의 前 주지사였던 빌 클린턴의 지도하에 설치되었다. 위원회의 본부는 멤피스, 테네스에 설치되었고, 지역의 사회, 경제적 문제에 대한 연구를 착수, 정책을 만들기 시작하였다. 그 결과 1990년 그 지역의 경제와 사회개발에 대한 포괄적인 계획서인 「The Delta Initiatives」가 발간되었다. 델타계획이 여타의 지역개발과 다른 특징은 공통적인 기반시설 개발에 똑같은 강조를 주지 않았으며, 지역 내 대규모의 제조업 시설을 만들기 위해 외부의 투자가들을 끌어오는 전통적인 방식에만 의존하지 않았다는 면에서 큰 차이가 있다.

그리고 지역의 소규모 산업을 지원하기 위한 정책에도 우선권을 주었다. 무엇보다 사회개발에 대해 가장 큰 강조를 두었다는 점에서 대부분의 지역 개발과는 차이가 나는데, 델타계획을 위한 제안서의 1/4은 인적자본 개발의 중요성을 강조하고 있었다. 이 계획은 교육과 보건의료에 대한 투자의 증대는 경제개발을 위해 필수적이라는 것을 담고 있다. 즉, 사회적 개선이 없는 상황에서, 경제개발 노력은 유명무실해지기 쉽다고 주장한다. 더불어 당시 매우 불만족스럽다고 언급된 주거환경 개선의 필요성을 강조한 특징이 있다(김영화 · 박태정, 2003).

델타계획이 가지고 있는 경제개발 제안은 지역의 사회적 현실 및 사회적 개발 욕구와 밀접하게 관련되어 있었다. 외부 투자를 통한 직업 창출에만 의존하기보다는 지역주민 자신들의 생산력을 증대시키는 데 초점을 둔 것이다. 델타계획이 실행되는 과정에서 몇몇 어려움이 있었던 것은 사실이었지만, 그 성과는 비교적 긍정적인 것으로 평가되고 있다. 주민과 지역의 역량을 만들어 낼 수 있는 각종 투자와 교육에 주력하여 성공적인 발전을 만들어 낸 점은 유의미하게 짚어볼 부분이다.

3) 국가적 전략

국가주의적인 접근은 20세기에서도 중요한 역할을 하였다. 경제성장과 사회복지는 정부의 계획을 통해서 촉진된다는 생각은 다수 국가에서 수용, 실행되었다. 서구의 자유민주주의 국가에서뿐만 아니라 제3세계, 계획된 공산주의 국가에서도 이러한 양상은 나타난다. 비록 각종 정책에 대한 정부의 개입은 1980년대에 급진적인 우파에 의해서 비판받았지만, 정부가 긍정적인 사회변화를 창출한다는 관점만큼은 사장되지 않았다. 여러 가지 어려움에도 불구하고, 오늘날 많은 국가들은 경제와 사회개발 모든 분야에서 그 책임을 수행하고 있다. 이러한 국가들 가운데 스스로를 사회주의라고 간주하고 있는 국가들은 없지만, 자국의 경제, 사회 문제에 대해 광범위하게 개입하는 정부를 구성하고 있다. 이런 면에서 국가적 전략을 활용한 복지정책의 핵심적 접근방식은 통합계획을 통한 사회개발을 촉진하는 것이다. 더불어 경제성장, 복지 그리고 평등을 모색하고, 기본 욕구의 광범위한 제도적 수용을 통해 지속가능한 개발을 지향한다.

사회문제에 대한 국가적 차원의 접근은 유럽 주요 국가에서 다양하게 나타나고 있다. 특히 문제 자체뿐만 아니라, 그것과 연관되는 궁극적인 삶의 질의 보장을 어떻게 '지속가능'하게 만들 것인지를 고민하고 있다. 이는 다음 사례에서 보듯 고령사회 문제에 대한 접근에서도 잘 나타나 있다.

사례연구 5 스웨덴 노인돌봄 주연은 기초지자체…중앙정부는 감독만

(상략) 스웨덴 고령자복지제도 대대적으로 뜯어고친 에델 개혁(Ädel reform)은 1992년 1월에 시행됐다. 당시 스웨덴에서는 고령화가 급속히 진행돼 치매나 질병, 장애를 가진 고령자가 증가하면서 의료재정이 위협을 받았다. 이에 스웨덴은 노인의료비 급증에 제동을 거는 동시에 고령자 간호의 질적 향상과 효율화를 동시에 달성하는 것을 목표로 개혁을 단행했다.

에델개혁 전에는 광역자치단체인 란드스팅(landsting)이 고령자 의료를, 기초지자체인 코뮨(commune)이 고령자 복지서비스를 담당했다. 하지만 이 경계가 불분명한 탓에 제도를 효율적으로 운영하는 데 상당한 어려움이 있었다.

이에 스웨덴은 고령자와 장애인 대상 복지서비스를 전면적으로 코뮨으로 이관했다. 란드스팅이 담당했던 고령자 재택간호 서비스와 장기요양간호가 코뮨으로 넘어갔다. 이에 따라 장기요양간호, 재택간호, 초기의료 등이 코뮨 관할로 일원화됐다.

이후 역할분담이 명확해졌다. 코뮨은 보육, 학교교육, 고령자복지, 장애인복지 등 사회서비스를 비롯해 생활보호급부, 도시계획, 폐기물 처리 등 업무를 관할하게 됐다. 란드스팅은 사회서비스 중 의료와 문화활동, 대중교통을 맡았다. 중앙정부는 연금 등 현금에 의한 사회보험급부를 맡았다. 또 란드스팅과 코뮨이 법을 어기지 않는지 감독한다.

스웨덴은 지자체에 복지 관련 재정권한도 대폭 이양했다. 코뮨은 행정활동에 필요한 재원을 코뮨세라는 지방소득세로 조달하며 세율도 자유롭게 변경할 수 있다. 코뮨 1년 예산 중 7할 이상이 지방소득세로 충당될 정도로 재정분권이 이뤄져 있다. 중앙정부와 지자체의 세입구조가 8대2인 우리와는 정반대다.

스웨덴 코뮨의 행정은 주로 지방소득세와 서비스 이용자의 자기부담으로 운영된다. 재정수지 균형이 무너지면 각 지자체 판단으로 지방소득세 세율을 변경할 수 있다. 재정적자가 발생했을 때 코뮨 스스로 2년 내에 재정을 건전화해야 한다.

코뮨이 자율성을 갖고 있는 탓에 노인복지서비스의 경우 지역마다 차이가 있다. 같은 정도의 장기요양이 필요한 고령자라도 거주하는 코뮨이 다르면 제공받는 서비스가 달라진다. 하지만 이 경우 중앙정부가 적정 수준을 유지할 수 있게 개입한다. 정부는 해당 코뮨이 최소한의 복지를 제공하고 있는지, 그리고 코뮨이 주민들로부터 지나치게 많은 자기부담액을 부과하진 않는지를 감독한다. (중략) 이처럼 기초지자체가 주도적으로 노인복지정책을 펴고 중앙정부가 사후감독에 나서는 체계는 스웨덴 노인복지 수준을 향상시켰다. 스웨덴 현지에서 이를 실감한 이들은 이 같은 제도를 우리나라에도 적용해야 한다고 조언했다.

출처 : 뉴시스(2019. 9. 7). daero@newsis.com

한편 대표적인 국가주도형 복지를 펼치는 스웨덴의 경우 과거에 비해 많은 시장적 요소가 도입되고 있지만, 이것이 스웨덴의 복지국가가 '분해되고' 있다는 것을 의미하지는 않는다(NewYork Times, 1993 : B6). 심지어 중대한 변화가 일어나고 있다고 할지라도 스웨덴의 복지국가는 현재 분해되고 민영화되고 있는 영국, 미국의 복지국가 형태보다는 훨씬 더 '사회적 시장'에 더 가까운 국가로 보인다.

사례연구 6 스웨덴 목요클럽

스웨덴은 세계 최고 수준의 복지 선진국이다. 1인당 국민소득이 6만 달러에 육박하는 부자 나라인 데다 '요람에서 무덤까지'란 수식이 어울리듯 생애 전 주기에 걸쳐 복지제도가 촘촘하게 짜여져 있다. 세계가 부러워할 복지국가를 이룬 밑바탕에는 높은 사회적 신뢰가 자리 잡고 있다. 스웨덴이 원래부터 그렇지는 않았다. 좌우 정치세력이 사사건건 대립하고 파업이 잦을 정도로 사회 갈등이 심한 나라였지만 지속적인 소통 노력을 통해 상생의 문화를 만들어낼 수 있었다. 1946년 총리에 올라 23년을 재임한 타게 엘란데르(1901~1985)가 주도한 '목요클럽'이 그 씨앗이었다.

사회민주당 소속의 엘란데르 총리는 사민당이 추구하는 복지국가를 달성하려면 국민의 역량을 모아야 한다는 걸 알았다. 각계각층의 이해관계를 조정해 낼 소통의 장이 필요하다는 걸 절감한 그는 매주 목요일 총리 관저 등에서 만찬을 열고 재계 주요 인사, 노조 대표자, 우파 정치인 등 다양한 인사들을 초대해 얘기를 나눴다. 정치・사회 이슈들이 논의 테이블에 올랐고 이견을 좁히며 신뢰를 다져간 끝에 파업 종식 및 임금인상 자제, 연대임금제 도입, 재계의 투자 확대 등 복지국가의 기틀이 된 많은 사회적 합의들을 이끌어낼 수 있었다.

정세균 국무총리 후보자가 국회 인사 청문회에서 목요클럽을 언급했다. 정 후보자는 "우리 정치가 대결과 적대의 갈등 구도에서 벗어나야 한다"며 "스웨덴의 안정과 발전의 밑거름이 된 '목요클럽'과 같은 대화 모델을 되살려 각 정당과 각계각층의 대표들을 정기적으로 만나겠다"고 밝혔다. 총리가 되면 정기적인 소통의 장을 만들어 협치를 모색하겠다고 한 것이다.

우리나라는 극심한 정치적 대립과 사회 갈등에 빠져 새로운 도약의 동력을 찾지 못하고 있다. 소통을 통해 갈등을 풀고 공동체 이익을 극대화하는 방법을 찾아가는 상생의 문화 회복이 절실하다. 진정한 소통은 상대를 존중하고 나만 옳다는 아집을 버릴 때 비로소 가능하다. 전체의 이익을 위해서라면 내 몫을 양보할 수 있다는 자세도 필요하다. 우리나라도 노사정위원회에 이어 경제사회노동위원회 등 사회적대화기구를 가동했지만 의미있는 성과물을 만들어 내지 못하고 있다. 내 것은 움켜쥐고 상대의 양보만을 요구하기 때문일 게다. 목요클럽과 같은 협치와 상생의 모델을 우리는 언제쯤 만들어 낼 수 있을까.

출처 : 국민일보(2020. 1. 9).

사실 복지국가 스웨덴 모델의 특징은 모든 사람들한테 보편적 복지를 제공하는 '재분배와 평등'만 지향한 것이 아니라 '선택적 경제정책'을 통해 생산성 증가와 산업합리화를 도모해 경제성장을 꾀했다는 점이다. 자본의 수익성만 중시하지도 않고 노동세력이 경제를 주도하는 것도 아닌 스웨덴 모델은 저소득층뿐만 아니라 중간층의 광범위한 지지를 바탕으로 한 '중간층의 복지국가'를 지향했다는 점이 특징이다. 물론 1990년대 후반 이후 스웨덴에서도 소득격차가 점차 확대되고 있지만, 최상위와 최하위층을 뺀 나머지 국민 80%의 실질 가처분 소득은 그리 큰 격차가 없다는 점이 다른 국가 및 우리나라와의 차이점이라고 할 수 있다. 이 때문에 스웨덴 사회의 대다수는 소득 불균형이 심각하다고 느끼지 않는 것이다.

스웨덴 복지국가 모델의 가장 큰 시사점은 모든 국민에게 눈앞에 보이는 평등을 보장하기보다는 인적 자본 개발을 강조하는 '사회적 투자전략'을 강조했다는 것이다. 교육－노동－퇴직의 세 단계를 순서대로 밟아가는 것이 아니라 누구든지 자유롭게 노동시장을 떠나 교육을 받고 다시 노동시장에 참가하는 것이 쉽도록 정책을 펴온 것이다. 스웨덴 모델에서 교육과 적극적 노동시장정책은 매우 중요한 요소다. 특히 적극적 노동시장정책은 세계화에 성공적으로 대응할 수 있게 한 대표적인 정책이다. 즉, 사회정책과 경제개발의 긴밀한 협동관계로 인해 스웨덴은 사회개발을 성공적으로 채택한 사례로 분류된다.

4. 지속가능한 발전을 위한 한국적 복지정책의 의의와 방향

1) 의 의

앞서 살펴본 바와 같이 지속가능한 발전을 위한 복지정책이 한국 사회복지 영역에서 가질 수 있는 가장 큰 함의는 무엇보다 사회, 정치, 경제 영역의 균형을 이루어 낼 수 있다는 가능성이다. 사회, 노동, 복지 정책의 균형 잡힌 성장 속에서 경제발전이 이루어지고 또 경제발전을 바탕으로 사회발전이 완성되는 것을 보여준다. 그리고 이러한 발전은 자원의 생태친화적 활용을 통해 지금 세대의 성장과 다음 세대의 발전을 함께 도모할 수 있다는 점에서도 중요하다.

지속가능발전을 위한 복지정책은 우선 자선이나 사회사업과 달리, 개인에게 직접적으로 재화와 서비스를 제공하거나 그들을 치료, 재활하는 것에 목적을 두는 것이 아니다. 오히려 그 지역사회와 국가 혹은 사회적 과정이나 구조에 초점을 맞춘다. 무엇보다 사회와 경제 개발의 노력을 연계시키고자 하는 시도로서, 경제와 복지를 구분하는 이분법을 지양하고, 지속성을 이끌어 낼 수 있는 사회의 통합적 '개발'에 강조점을 둔다.

지속가능발전을 지향하는 복지정책의 의의는 첫째, 사회복지정책과 여타 다른 정책과의 상생적 관계를 통해 궁극적으로 국가 발전을 도모한다는 점에 있다.

둘째, 본 방법은 다양한 사회과학적 통찰력을 가지고 있는 다학제 간 접근법이므로, 기존의 사회복지 영역이 간과했던 부문에 대한 새로운 관점을 제시할 수 있다. 지금까지 우리나라 사회복지정책은 중도, 잔여적인 특징을 보여왔고 국민들의 욕구와 변화하는 사회에 관심보다는 대인서비스 및 특수직역을 위한 사회복지 프로그램을 강조하는 경향이 있었다. 이 점을 감안하면 지속가능발전을 위한 복지정책은 보편적·제도적 복지의 확산의 이념적 기초와 실천적 방안을 마련하는 데 용이한 장점이 있다.

셋째, 사회현상에 대해 일국적 입장뿐만 아니라 범세계적 차원을 동시에 통찰할 수 있는 관점을 제공한다.

넷째, 조직된 노력으로서 축적된 사회발전을 지향한다. 사회개발적 관점이 적용된 지속가능발전을 위한 복지정책에는 시장의 성장이나 역사적 진보에 의해 사회적 진보가 자연스럽게 일어날 수 있다는 생각이 거부된다. 오히려 사회복지 증진을 위해서는 조직적인 노력들이 필요하다고 간주되고 있으며 시대와 상황에 따라 적절한 전략들이 개발되어야 한다.

마지막으로 전체 사회구성원의 통합과 성장을 동시에 추구할 수 있다. 본 정책의 목표는 공동체, 지역사회와 국가 등에 대한 균형적인 관점을 확보하는 것이므로 경제성장에서 배제된 사람들의 권익보호에 초점을 맞추고 있으며, 국가복지의 향상이라는 관점에서 보편적인 차원의 제도 개선을 가능하게 한다.

2) 추진방향 및 주요 전략

지속가능한 성장을 위한 노력들은 이미 지구적 관심사가 되었다. 지속가능발전 개념은 지난 1970, 1980년대로 거슬러 올라가서 생산과 소비의 부조화, 기술문명의 과부하로 인한 환경의 파괴에서 비롯되었다. 특히 최근에는 초기의 환경적 관심사에서 더 확대되어 세계화 과정에서 발생하고 있는 각종 이슈까지도 포함하고 있다. 그러므로 오늘날의 지속가능한 발전전략에서 바라보는 지속가능성은 세계와 사회 그리고 개인적 측면의 실천과 관련하여 개념을 규정하고 있다. 지속가능성의 개념은 개인적인 면에서는 역량강화되고, 잠재적 가능성을 개발할 수 있게 하는 것이다. 지역사회 측면에서는 평등과 조화 그리고 호혜적 성장의 관점에서도 살펴볼 수 있다. 나아가 지구적 관점에서는 사회정의에 기반한 제도와 시스템을 중심으로 생태환경적 실천까지를 두루 포함하고 있다 (UNESCO, 2005b).

〈표 13-2〉 지속가능발전의 주요 추진방향(UNESCO, 2005b)

사회문화적 측면	환경적 측면	경제적 측면
• 인권보장 • 인간존엄과 개발을 위한 평화와 안전의 확보 • 개인의 잠재력과 존중에 기초한 성평등 • 문화적 다양성의 존중과 이해 • 건강한 인구와 안전한 환경을 위한 보건정책 • 효율적인 정부구조	• 천연자원의 보호와 지구적 생태체계의 존속과 보호 • 지구적 기후변화로 인한 이슈의 해결 • 저개발지역의 지역개발 • 지속성에 기반한 도시구성 • 재난방재	• 빈곤감소 • 기업의 의무와 신뢰도 증진 • 배분적 평등과 생태적 환경에 기반한 시장경제활동

이를 바탕으로 우리나라에서 적용될 수 있는 지속가능한 발전을 위한 한국적 복지정책의 구체적인 방향을 살펴보면 다음과 같다.

(1) 기본 욕구의 충족을 위한 복지정책의 확대

케인즈(Kaynes)는 인간의 욕구를 절대적 욕구와 상대적 욕구로 나누었다. 절대적 욕구란 주위의 다른 사람들이 어떠한 상태에 있는가에 관계없이 인간의 삶에 필수적인 것들을 포함하고 있다. 상대적 욕구는 주위의 사람들보다 더 만족스럽거나 다르다는 충족감을 느끼고 싶어 하는 욕구이다. 상생적 성장을 중심으로 지속가능한 사회개발적 복지정책의 핵심은 바로 절대적 욕구의 충족이다. 생계유지, 고용, 영양소가 충분한 식량공급, 에너지 · 주택 · 수도공급, 위생설비 그리고 보건 등에 대한 욕구가 이러한 예이다. 그러므로 향후 추진되어야 하는 지속가능발전을 위한 복지정책은 이러한 절대적 욕구충족에 대해 우선적으로 개입해야 한다.

(2) 빈곤의 제거와 성장력의 확보를 위한 복지정책 강화

빈곤은 지속가능한 방식으로 자원을 이용할 수 있는 능력을 감소시킨다. 동시에 자본주의의 경제성장 결과가 가져온 부정적 측면을 극대화시킨다. 따라서 지속가능발전을 위한 개발적 복지정책의 실천방향은 자원의 적절한 분배를 통해, 빈곤을 완화하는 데 일차적인 초점을 맞춰야 한다. 나아가 빈곤인구를 성장인구, 노동인구로서 변화시킬 수 있는 정책이 뒤따라야 한다.

상자글 13-2

"기본소득은 민주주의 실현의 강력한 수단이다. 아무런 조건 없이 지급하는 기본소득은 단순히 연명하기 위한 노동으로부터 해방된 사람들을 정치에 적극적으로 참여하게 만든다."

독일 좌파당 카티아 키핑 공동대표(38)는 '기본소득과 유럽좌파의 미래'를 주제로 개최된 2016년 서울 강연에서 이같이 밝혔다. 그는 2005년 20대의 나이로 독일 연방의원에 처음 당선된 뒤 내리 3선에 성공한 젊은 정치인이다. 2004년 '기본소득독일네트워크'를 출범시킨 대표적인 사회운동가 출신이기도 한 키팅 대표는 기본소득 국제연대사업의 일환으로 국내 노동당의 요청에 따라 연사로 참석했다.

최근 일자리 감소와 빈부격차 심화 등 사회문제가 심각해지면서 한국사회에서도 기본소득이 대안으로 부상하고 있다. 기본소득은 재산이나 노동 여부에 관계 없이 사회구성원에게 균등하게 지급되는 소득을 뜻한다. 지난달 스위스에서는 국민투표 결과 77%의 반대로 기본소득 도입이 부결됐다. 하지만 투표는 전 세계적으로 기본소득 논의를 확산시키는 계기가 됐다. 일례로 지난 2016년 6월 우리나라에서도 '제16차 기본소득지구네트워크' 총회가 열리기도 했다.

키핑 대표는 이날 강연에서 "기본소득은 시민들의 정치참여를 보장한다"면서 2014년 발표된 '유럽의 민주주의와 연대성과 평등을 위한 시민선언'을 소개했다. 유럽 시민들이 3년간에 걸친 작업을 통해 완성한 이 선언은 유럽 전역에 기본소득을 도입할 것을 주장한다. 키핑 대표는 "기본소득은 사회적인 유럽연합 시민권의 표현이며, 억압적인 자선시스템을 폐지하는 일종의 민주주의를 달성하기 위한 과정"이라고 설명했다. 현재 독일좌파당은 총 630석의 연방의회에서 64석을 차지하고 있는 원내 3당이다. 기독교민주당·사회민주당·기독사회당 연합정부 체제에서 제1야당 역할을 하고 있다. 독일 좌파당을 비롯해 유럽의 다수 정당들은 좌파운동을 공개적으로 펼치고 있다. 이들은 이구동성으로 유럽연합(EU)의 한계를 극복하기 위한 해법으로 기본소득을 제시하고 있다.

키핑 대표는 기본소득이 핀란드·체코·이탈리아·스페인·포르투갈 등 여러 국가의 좌파정당에서 핵심의제로 논의되고 있는 데 대해 "별로 놀라운 일이 아니다"라고 말했다. 이어 "기본소득은 모든 사람에게 물질적으로 보장하고 경제적으로 압박받지 않도록 한다. 공동체 형성에도 적극 참여할 수 있도록 해주기도 한다"고 설명했다.

키핑 대표는 생태문제 해법으로서 기본소득이 갖는 중요성도 강조했다. 그는 "자원의 소비를 줄이고 환경 파괴와 오염을 중단하는 것은 다른 종류의 생산양식과 소비양식을 전제로 한다. 이윤 중심의 생산·투자 논리는 생태위기를 심화시킬 수밖에 없다"면서 "모든 사람을 이런 변화과정에 민주적으로 참여하게 만들려면 기본소득이 필요하다"고 말했다. 그러면서 "사람들이 생존에 억눌리는 상황에서는 생태적 전환에 참여하는 것을 어쩔 수 없이 사양하게 된다"고 지적했다.

출처 : 경향신문(2016. 7. 10).

(3) 소득재분배를 통한 삶의 질적 변화 도모

지속가능한 발전은 단순 경제성장 이상의 것을 의미한다. 그것은 삶의 질을 향상시키는 과제를 가지고 있는데, 이런 면에서 성장내용을 규정하는 다른 측면은 소득재분배이다.

우리 사회에 고정관념처럼 남아 있는 '경제발전=사회발전'이라는 개념을 총체적으로 변화키고, 지속가능발전을 도모하기 위해서는 사회발전에 대한 관점이 우선적으로 변화되어야 한다. 즉, 사회발전의 방향은 전체 사회구성원의 최소한의 '인간다운 생활'을 보장하며, 그 구체적인 방법으로서 시장중재적 소득재분배정책을 실시하여야 한다.

(4) 친복지적 인구정책의 수립

발전의 지속가능성은 인구성장의 움직임과 밀접하게 관련되어 있다. 지속가능한 발전은 인구의 크기가 생태계의 생산능력과 양립할 수 있는 수준에서 안정될 때 가능하다.

현재 지구의 인구증가는 대부분 개도국에서 일어나고 있으며 지금과 같은 속도로 증가한다면 개도국은 심각한 인구문제에 직면하게 될 것이다. 전 지구적인 차원에서 볼 때 단순히 개도국의 인구증가가 문제되는 것은 아니다. 선진국의 1% 미만인 인구성장률 역시 문제이다. 그러나 선진국 1인의 증가는 개도국의 수십 명의 증가와 맞먹는 자원의 소비를 전제로 하고 있기 때문에 이러한 현실적 문제를 고려하여 각국 실정에 적합한 친복지적 인구정책이 수립, 운영되어야 한다. 또한 인구의 수보다는 인간으로서 최소한의 질적 삶의 보장이 더욱 중요하다는 것 역시 고려되어야 한다.

상자글 13-3 한국 환경파괴로 100억 달러 경제적 손실…세계 7번째

환경 파괴로 인해 한국이 2050년까지 연간 100억 달러(약 11조 8,760억 원)의 경제적 손실을 보게 될 것이라는 연구결과가 나왔다.

국제 자연보전기관인 WWF(세계자연기금)가 12일 발표한 보고서 '지구의 미래(Global Futures)'에 따르면, 지구 생태계 변화의 영향으로 매년 세계 총생산 중 최소 4,790억 달러(약 569조), 2050년까지 총 9조 8,600억 달러(약 1경 1,708조 7,500억 원)의 손실이 발생한다. '지구의 미래'는 자연파괴의 기회비용을 경제학 모델을 활용해 분석한 세계 최초의 보고서이다. 지난 2년 동안 전 세계 140개국을 분석한 프로젝트로 WWF를 비롯해 환경학자와 경제학자, 정책전문가 등 다양한 분야의 학자들이 연구에 참여했다. 보고서의 저자들은 현재와 같은 방식으로 자연자원이 소비된다고 가정했을 때 예상되는 기후변화와 극심한 강우, 가뭄, 물 부족, 지반침하, 동식물종 멸종 등의 영향으로 향후 30년간 발생할 경제적 손실을 분석했다.

특히 홍수와 폭풍, 해수면 상승의 영향으로 2050년까지 매년 3,270억 달러의 경제적

피해가 발생할 것으로 예상했다. 기후변화에 대응할 자연의 탄소저장력 상실로 인한 피해액도 1,280억 달러도 컸다. 이 밖에 벌을 비롯한 수분 곤충의 개체 수 감소(150억 달러), 농수 부족(190억 달러), 산림생태계 파괴(75억 달러)도 전 세계 경제에 큰 타격을 줄 것으로 분석됐다. 가장 큰 경제적 타격을 입게 될 것으로 예상되는 미국은 연간 GDP 손실액이 830억 달러에 달했다. 일본 역시 두 번째로 많은 800억 달러의 피해를 받게 될 것으로 내다봤다. 이어 영국(201억 달러)과 인도(200억 달러), 호주(200억 달러), 브라질(140억 달러) 순이었다. 한국의 GDP 손실액은 100억 달러로 조사대상 140개국 중 7번째로 큰 경제적 손실을 보게 될 것으로 예상됐다.

WWF-Korea 홍윤희 신임 사무총장은 "자연이 인류에게 주는 혜택의 극히 일부만 경제학적으로 수치화될 수 있다는 한계 때문에 이번 보고서에 등장하는 손실액이 극히 보수적이었다는 사실을 고려하면 '지구의 미래'가 전달하는 메시지는 충격적"이라고 평가했다. 선진국보다 상대적으로 적은 혜택을 받아온 개발도상국 역시 경제적으로 큰 손실을 보게 될 것으로 예상됐다. 특히 생태계 파괴가 생산량 감소와 교역, 물가에 영향을 주면서 아프리카와 중앙아시아, 남미 국가 일부의 피해가 심할 것으로 보인다. 2050년까지 경제 규모 대비 가장 큰 GDP 손실을 받게 될 국가는 마다가스카(4.2%), 토고(3.4%), 베트남(2.8%) 순이었다.

보고서의 저자들은 지금처럼 환경을 파괴하는 대신 생물다양성과 자연이 인간에게 주는 혜택을 보전하는 방식으로 발전이 진행되면 매년 전 세계 GDP 4,900억 달러 이상의 경제적 이익을 안겨줄 것으로 전망했다.

출처 : 중앙일보(2020. 2. 12). 천권필 기자 feeling@joongang.co.kr
https://news.joins.com/article/23703986#none

요컨대 성장과 분배의 지속가능한 전략에 있어서, 복지와 경제는 상호 상생관계이다. 즉, 복지와 경제의 문제는 순환론적 관계 속에서 이루어지는 것이며, 어떠한 가치를 우선하느냐 하는 것은 모든 상황적 관련성을 감안하여 결정되어야 한다. 더 많은 행복감, 만족할 만한 상태, 바람직한 상태는 이들과 관련된 가치의 문제이고, 의사결정 과정이나 자원배분 원칙은 선택의 문제와 관련된다. 복지와 경제, 형평성과 효율성, 가치배분 질서로서의 정치제도와 시장경제제도, 단기적 정책효과와 장기적 정책효과는 각기 분리되어 있다기보다는 서로 관련되어 움직이고 있다.

지속가능발전을 위한 복지정책은 단순히 경제 성장과 발전을 통해서만이 아니라 사회보장과 고용안정, 소득분배 구조의 개선, 균등한 기회의 제공, 선택의 자유, 민주적인 합의 등을 조화롭게 구현해 나갈 때 가능하다. 그러므로 한국 복지정책의 재편을 위해서는 실현 가능한 복지목표의 재정립이 필요하다. 그것은 국가발전 수준과 경제구조, 그리고 사회적 상황을 고려하여 재편성되어야 한다. 구체적으로 저소득층이나 생계유지능력이 없는 사람들의 인간다운 삶을 기본적으로 보장하면서, 고용안정 프로그램, 공공 사회복지서비스의 활성화를 통해 생활 안정과 개선을 위한 프로그램을 조화롭게 실시하여야 할 것이다.

참고문헌

Christopher Pierson(2001). *The Welfare State.* Polity Press.

Midgley, J. 저. 김영화 · 박태정 공역(2003). **복지와 경제의 상생적 사회개발.** 서울 : 양서원.

UNESCO(2005a). Quality education and education for sustainable development.

________(2005b). United Nations Decade of education for sustainable development 2005-2014.

World Commission for Environment and Development WCED(1987). *Our Common Future.* Oxford : Oxford University Press.

이 장의 요약

1. 지속가능한 개발이란 인간이 모든 문제해결의 중심인 동시에 공존을 위해 후세대를 배려하는 것에 기초하고 있으며, 현세대의 자원과 환경의 개발로 인해 후세대의 안녕을 위협하지 않도록 진행되는 개발을 의미한다.
2. 사회개발이란 사회복지를 촉진하기 위해 경제개발을 도모하는 가운데 사회변화를 계획해 나가는 종합적인 과정을 의미한다.
3. 지속가능성의 개념은 개인적인 면에서는 역량강화와 관련되어 있고 잠재적 가능성을 개발하는 차원으로 생각할 수 있다. 지역사회 측면에서는 평등과 조화 그리고 호혜적 성장의 관점에서 살펴볼 수 있다. 나아가 지구적 관점에서는 사회정의에 기반한 제도와 시스템을 중심으로 생태환경적 실천까지를 포함한다.
4. 지속가능발전을 위한 복지정책은 단순히 경제성장과 발전을 통해서만이 아니라, 사회 보장과 고용안정, 소득분배 구조의 개선, 균등한 기회의 제공, 선택의 자유, 민주적인 합의 등을 조화롭게 구현해 나갈 때 가능하다.

주요 용어

- 지속가능발전 : 다음 세대의 필요를 충족시킬 수 있는 능력을 약화시키지 않으면서 현세대의 필요를 충족시키는 환경이 지탱 가능한 범위 내에서의 개발을 의미한다.
- 리우선언 : 1992년 브라질 리우에서 개최된 지구환경 보존을 위한 이념적 방향을 선언한 것으로서 개최 도시인 리우를 따서 리우선언이라 한다.

추천자료

권승문 · 김세영 저(2022). 오늘부터 시작하는 탄소중립 기후위기 시대, 우리는 무엇을 입고 먹고 탈까?. 서울 : 휴머니스트.

김영화 외 공역(2004). 세계화와 인간복지. 서울 : 삼우사.

김영화 · 박태정 공역(2012). 사회사업과 사회개발-개발적 사회사업의 이론과 기술. 경기 : 양서원.

박지형(2019). 스피노자의 거미 : 자연에서 배우는 민주주의. 서울 : 이음.

CHAPTER 14

한국 사회복지정책의 쟁점과 과제

한국의 사회복지정책은 어떻게 변화될 것인가? 한국이 선택하는 복지국가의 길은 무엇일까? 비록 부침(浮沈)을 거듭하여 왔지만 근·현대 한국의 복지정책은 많은 문제를 가지고 짧은 시간 동안 발전해 오고 있다. 이제 우리에게 던져진 숙제는 복지와 성장을 지속가능하도록 만드는 일이다. 지금 한국 복지정책은 북유럽의 사회민주주의적 복지국가의 가치와 신자유주의적 정책이 혼합되어 나타나는 양상이다. 그런 점에서 한국형 복지모델과 정책방향은 여전히 '현재 진행형'이다.

다행스럽게도 한국은 사회적 연대감이 중요한 사회적 가치로 간주되고 있다. 이러한 맥락을 바탕으로 이 장에서는 한국 사회복지정책의 쟁점과 변화방향에 대해 살펴보기로 한다.

1. 한국 사회복지정책의 쟁점

사회복지는 오늘날 모든 국가에서 가장 중요한 과제이다. 앞서 복지정책의 역사에서 드러난 것처럼 잔여·시혜적 접근에서 시작하여 제도적 복지국가의 등장에 이르기까지, 매우 다양한 사회-문화적 흐름 속에서 각국은 나름대로 복지국가를 만들기 위해 노력해왔다.

한국에서 사회복지의 출발은 난민들과 전쟁고아들을 중심으로 한 응급구호 사업으로 볼 수 있다. 외국 원조를 재정적 기반으로 한 시설중심의 구호사업은 독일 노동자 중심의 분배정책과 다르고, 영국의 국민 생활 전반의 수준 향상에 중점을 둔 사회서비스와도 다르다. 복지정책에는 소극적이었으나 그래도 사회보장을 중심으로 최저생계선을 유지시키려고 노력한 미국의 형태와도 다른 역사적 출발과 사회적 배경을 가지고 있다. 우리나라에서 나타난 사회복지 정책의 배경은 사회적 약자나 사회적 취약계층, 소외자 중심의 잔여적이고 응급구호적인 성격을 갖게 된 것과 연결되어 있다. 그런 만큼 일반 국민들에 대한 삶의 질이라든가, 노동자 중심의 복지정책은 한국에서는 1990년대 이후 사회환경적 변화와 경제위기를 경험하면서 이슈로 부상한 것이다. 한국 사회복지정책의 변화과정에서 나타나고 있는 쟁점을 정리하면 다음과 같다.

첫째, 전반적으로 제도적 복지로 진입하려는 노력이 많이 나타나고 있지만, 시장중심적이면서 잔여적인 속성이 내재되어 있다. 이러한 현상이 나타나게 된 원인은 여러 가지로 볼 수 있겠으나 무엇보다 급속한 산업화 과정 속에서 나타난 경제개발과 사회정책의 부조화 현상에 기인한다. 또한 정치권력의 정당성 유지라는 한국적인 상황도 포함되어 있다.

둘째, '불균형적 개발로 인한 복지정책의 지체현상'이 나타났다. 광복 이후 지난 70여 년 동안 우리나라는 '경제성장'에만 몰두해 있었다. 비록 외형적 성장은 어느 정도 이루었지만 시민의식과 사회정책은 미처 채 따라가지 못하는 '불균형현상'이 곳곳에서 나타나고 있다. 한국사회는 압축적인 산업화 이후 지금까지 여러 분야에서 성장에 따른 각종 사회문제가 나타나고 있다. 복지국가는 단순히 경제 성장과 발전을 통해서만이 아니라 사회보장과 고용안정, 소득분배구조의 개선, 균등한 기회의 제공, 선택의 자유, 민주적인 합의, 공정한 규칙 등을 조화롭게 구현해 나갈 때 가능함을 깊이 인식할 필요가 있다.

셋째, 새로운 사회변화에 대처하는 복지정책의 보완이 필요하다. 지금 우리사회에서 이슈가 되고 있는 노동시장의 양극화, 2차 산업노동 수요의 축소와 3차 산업 저성장, 저출산·고령화, 여성경제활동 참가의 확대, 노동세대 부담의 증가와 연금개혁에 따른 퇴직세대의 불안, 세습빈곤의 확대와 같은 문제들은 기존 사후소득보장적(전통주의적) 복지국가로는 더 이상 감당할 수 없는 사회적 위험이다. 그런 만큼 새로운 사회적 위험에 대응할 수 있는 정책변화가 필요한 시점이다.

2. 한국 사회복지정책의 변화방향

1) 생애주기별 정책 개발

기존의 전통적 복지국가 관점에서 접근한 정책들은 주로 노동시장에서 이탈된 인구만을 대상으로 하는 데 반해, 새로운 복지정책의 방향은 모든 국민들의 생애주기적 위험에 대해 국가가 적극적인 보호조치를 취하는 데 초점을 두어야 한다. 이러한 정책적 전환은 인적자본의 활성화를 중심적 가치로 두는 고용서비스 강화, 소득보장을 넘어 보다 적극적으로 노동수요를 창출하는 사회서비스의 강화, 그리고 '노인과 아동이 있는 가족'에 대한 적극적 지원을 포함하는 가족 복지 등으로 구체화될 수 있을 것이다.

〈표 14-1〉 생애주기별 관점에서 본 사회복지정책 개혁과제

대 상		아동/ 청소년	청년/ 근로세대	노 인
목 표		• 보육/ 교육	• 핵심인재 양성 • 근로가정 소득 보장 • 고용 가능성 증대 • 기초보장	• 고용 가능성 증대 • 노후보장
정책 과제	기존 제도 보완	• 공보육 · 유아교육 확대 • 공교육 내실화와 경쟁력 강화(수준별 이동수업, 영재교육, 학교선택권 확대, 직업교육 내실화 방과 후 교육, 교원평가제) • 이러닝(e-learning) • 예방적 건강 서비스	• 학자금 융자제도 확충 • 적극적 노동시장정책의 MWP정책 강화(EITC, 사회보험료 경감, 최저임금 인상) • 양성평등과 모성보호 • 산재예방 • 예방적 건강서비스 • 기초보장과 자활 프로그램의 내실화	• 고령자(55~64세) 직업훈련 및 고용촉진 • 예방적 건강서비스
	제도 확충 · 신설	• 부모보험 도입 • 저소득가정 아동 종합지원(Dream Start, 아동발달계좌) • 새터민 및 이주민 2세 포용 정책	• 대학교육의 사회적 적합성 제고(연구중심과 교육중심의 이원적 특성화, 성과중심 평가의 강화) • 직무와 연계된 평생학습체제의 구축 • 이주노동자 정책	• 장기요양서비스 구축 • 퇴직연금의 공적연금 전환 • 기초보장연금

출처 : 양재진(2012). p. 16.

2) 사회복지정책 대상자의 확대

같은 복지지출수준을 보이는 나라들이라고 해도 소수의 취약계층에게만 혜택이 집중된다면 전체 국민의 지지를 확보하기 힘들다. 실제로 굳건한 정치적 기반을 유지하는 나라들의 경우 복지국가의 각종 프로그램들이 전 국민을 대상으로 하는 보편성의 특징이 있다. 우리나라가 복지국가를 보다 강건하게 만들기 위해서는 취약계층 중심 접근에서 벗어나 보다 적극적인 수혜자 확대정책을 펴는 것이 필요하다. 나아가 보편주의적인 수혜자 확대 전략은 사각지대를 없애고 양극화를 개선할 수 있다. 현재 우리나라 사회보험의 보편주의화는 상당한 정도로 진척되어 있지만, 사회서비스는 여전히 취약계층을 중심으로 한 선별주의에 머물고 있어 이를 시급하게 개선해야 한다.

복지사각지대의 문제를 해결하기 위해서는 인력과 재원이 확보되어야 한다. 2022년 한국보건사회연구원에서 실시한 조사결과에 따르면 시군구 지역의 복지대상자는 2017년 1,136만 명에서 2021년 1,405만 명으로 약 23% 증가하였다. 이러한 증가추이는 복지사각지대 주민을 적극적으로 찾아내기 위한 노력에 기인하는데, 2017년도 사각지대 발굴 대상자사 29만 명이었던 것에 비해 2021년에는 134만 명으로 347% 이상 늘어났다(한국보건사회연구원, 2022). 과거와 달리 사각지대 주민을 확인하고 지원하는 정책과 노력이 이어지는 것은 바람직한 변화이다. 하지만 사회복지전담공무원과 같이 이를 담당하는 전문인력 충원은 2017년 35,116명에서 2021년 41,211명으로 약 17% 증가에 머물고 있다. 그로 인해 2021년 기준 사회복지전담공무원 1인당 복지 대상자는 341명으로 여전히 과중한 현실이다.

그런 만큼 지속가능한 정책실행에 필요한 인적·물적 자원을 충분히 확보하여야 한다. 나아가 각종 법과 제도 적용에서 제외된 사각지대에 속한 사람들의 현황과 특징을 파악하여 정책 대상자로 포함하는 방법을 찾아야 할 것이다.

3) 적극적 노동복지정책의 시행

최근 상황에서는 노동시장에서 탈락되지 않도록 하거나 노동시장으로의 복귀를 보다 적극적으로 돕는 정책들이 주목받고 있다. 노동시장에서의 취업 가능성을 높이는 교육, 재교육이나 직업훈련, 노인·여성·장애인 등 노동시장 약자에 대한 취업보조나 취업공간으로서 공공부문 직종의 개발 혹은 사회적기업의 활성화 등이 포함된다. 또한 기존 노동복지정책의 개별적·단발적·사후적 성격에서 벗어나 사회변화에 유연하게 대처할 수 있는 예방적 기능을 높여야 한다. 즉, 사회·경제적 구조에 부응하는 노동복지정책이 실시되어야 한다. 노동친화적 복지국가를 만들고 보다 적극적인 노동복지정책을 실시하기 위해서는 중소 영세기업에 종사하는 취약 노동자와 영세자영업자를 위한 정책적 대안을 가져야 한다. 또한 전술한 것과 같이 취약계층에게 국가가 적절하게 대처하지 못하는 사각지대의 문제를 함께 해결하는 것이 중요하다.

나아가 복지서비스의 사회투자적 성격을 강화하는 것이 복지국가 구축에서 필요조건이며, 이는 동시에 보편적 소득보장 체계의 기반 위에서 이루어져야 할 것이다(황덕순, 2011).

4) 전달체계 개혁

사회복지 전달체계란 공공부조와 사회서비스가 전달되는 흐름을 의미하는 것으로서, 사회복지 전달체계 내에서 중요한 것은 '누가', '무엇을', '누구에게', '어떠한' 방식으로 배분되는 것인지가 중요한 문제가 된다. 사회복지 담당 인력 부족 및 업무부담의 가중으로 인해 '찾아가는 복지행정'을 구현하기 어려운 실정이다. 전달체계의 개선은 근본적으로 사회복지전담 행정기관 및 인력을 설치, 육성하는 데 있다. 아울러 지방자치단체의 복지 관련 사업을 중앙부처 복지 관련 기관인 고용노동부, 교육부, 여성부 등과 연계하여 일관되고 효율적인 업무처리 체계를 구축하는 것도 요구된다(서울복지재단, 2008).

문재인 정부에서 제시되었던 지역통합돌봄(커뮤니티케어, community care) 정책의 경우, 우리나라 상황에 맞는 전달체계와 사회서비스를 결합하고자 하는 시도로 볼 수 있다.

상자글 14-1 커뮤니티케어의 비전과 4대 과제

- 비전과 목표
  - 비전 : 어르신이 살던 곳에서 건강한 노후를 보낼 수 있는 포용국가
  - 목표 : 2025년까지 지역사회 통합 돌봄(커뮤니티케어) 제공기반 구축
- 4대 핵심요소
  ① 주거지원 인프라 확충 : 어르신 맞춤형 케어안심주택, 집수리 사업, 커뮤니티케어형 도시재생뉴딜
  ② 방문건강 및 방문의료 : 집중형 방문건강서비스, 방문의료, 어르신 만성질환 전담예방관리, 병원 '지역연계실' 운영
  ③ 재가 돌봄 및 장기요양 : 차세대 노인장기요양보험 구축, 재가 의료급여 신설, 식사 배달 등 다양한 신규 재가서비스, 회복・재활서비스
  ④ 서비스연계를 위한 지역 자율형 전달체계 구축 : 케어안내창구 신설(읍면동), 지역케어회의 등 지역사회 민・관 서비스 연계・협력(시군구)
- 단계별 계획
  ① 1단계(2018~2022) : 선도사업 실시와 핵심 인프라 확충
  - 선도사업 실시 : 커뮤니티케어 모델 개발
  - 생활 SOC 투자 : 케어안심주택, '주민건강센터', 커뮤니티케어 도시재생뉴딜
  - 법・제도 정비 : '(가칭)지역사회 통합 돌봄 기본법' 제정, 개별법 및 복지사업지침 정비

  ② 2단계(2023~2025) : 지역사회 통합 돌봄(커뮤니티케어) 제공기반 구축
  - 장기요양 등 재가서비스 대대적 확충
  - 인력 양성, 케어매니지먼트 시스템 구축 및 품질관리체계
  - 재정 전략 마련

  ③ 3단계(2026년 이후) : 지역사회 통합 돌봄(커뮤니티케어) 보편화 단계
  - 케어가 필요한 사람 누구나에게 요구에 맞게 보편적 케어 제공
  - 지역사회 중심으로 자율적 실행

출처 : 정책브리핑(http://www.korea.kr/special/policyCurationView.do?newsId=148866645)

3. 한국 사회복지정책의 과제

지금까지의 논의를 종합할 때 한국 사회복지의 과제는 다음과 같은 여섯 가지로 살펴볼 수 있다.

첫째, 복지제도에 대한 국민들의 공감대와 동의를 얻는 일이다. 그동안 역대 한국 정부는 정권획득과 정권유지를 위하여 국민들에게 현실적으로 불가능한 공약을 하였고, 이러한 공약을 실천하는 과정에서 실현 불가능한 정책은 폐기하거나 아니면 무리한 시행을 감행하거나 하였다. 예를 들면, 그동안 연금제도는 조금 받고 많이 지불하는 형태였으므로, 연금 재정의 고갈에 대한 염려로 국민들에게 더 많은 부담을 지우는 결과로 나타나고 있다.

둘째, 국민들의 복지의식 수준을 높이는 일이다. 200년 이상의 복지역사를 가진 복지국가들을 보면, 국민들의 복지의식 수준은 대단히 높다. 복지의식이라 함은, 예를 들어 연대성, 부의 재분배에 대한 세대 간, 계층 간의 협력, 빈부격차와 양극체제에 대한 문제의식, 공동체 정신, 상부상조 정신 등을 들 수 있다. 시민계급 형성과 시민사회의 발전과정을 경험하지 못한 우리는 모든 문제를 개인적으로 책임지고 해결해야 하는 개인책임주의에 익숙하였다. 우리는 사회적 위험에 대비한 계층 간, 세대 간의 연대성을 고취시키는 데 어려움이 있었고, 사회적 협동이나 공동체 정신을 함양하는 데 취약하였다. 또한 국가에 대한 의무를 요구하는 시민으로서 권리개념도 약하여 공정한 사회적 분배장치를 요구하는 데도 강력하지 못하였다. 개인과 가족, 친인척 중심으로 문제를 해결하려는 자립정신은 한편으로는 복지의 가장 중요한 원칙이라 볼 수 있으나 개인적 차원에서 해결할 수 없는 문제(예 실업이나 질병, 사회적 재난 등)나 해결할 능력이 없는 사람들에게조차 개인적으로 해결할 것을 요구하고, 그것을 당연한 것으로 받아들인다면, 우리나라의 국민들의 복지의식 수준은 낮다고 할 것이며, 국민들의 이해와 동의를 기반으로 만들어지는 사회복지정책의 수립에 많은 시행착오와 시간이 걸릴 것이다.

셋째, 정책형성자(policy-maker)들의 한국 복지제도에 대한 문제의식과 복지에 대한 전문가적 지식과 소양, 그리고 사회복지정책 결정의 역량이 필요하다. 정책형성자들이라 함은 정치가뿐만 아니라 전문가, 교수, 관련 실무자, 욕구를 가진 시민, 저널리스트 등을 일컫는다. 이들이 어떻게 생각하고 판단하여 행동하느냐에 따라 사회적으로 많은 영향을 미친다. 사회적 문제를 쟁점화하고 해결하기 위하여 정책가들은 자신의 문제의식이 중요함을 깨닫고 복지쟁점에 대한 적절한 사회적 행동(social action)을 통하여 복지발전에 기여해야 할 것이다.

넷째, 복지재정 확보의 노력이다. 복지재정은 우선 일차적으로 국민의 세금에서 나오게 되므로, 모든 국민들이 공정하다고 판단하는 세제를 통하여 납세의 의무를 지도록 하는 것이 중요하다. 각 개인의 수입이 제대로 파악되지 않는 제도적 결함 속에서 탈세하고, 감세하는 것이 능력 있는 것으로 잘못 인식되고 있다면, 한 나라의 조세제도는 와해된다. 세금 누수현상을 막고, 사회적 약자에게 더욱 많은 혜택이 돌아가게 만드는 조세제도와 복지제도를 만드는 것이 필요하다. 그동안 불공평하게 방치되어 있던 여러 분야의 세금제도를 수정하고, 납세와 더불어 개인에게 돌아오는 사회적 이익은 가시적으로 분명하게 해야 할 것이다. 국민이 내는 세금 이외에도 개인과 기업이 내는 기여금이 있는데, 이미 국가에 납부한 기여금은 그 성격이 무엇이든지 간에 또한 사회적 재산임을 인식하여, 특혜가 되지 않도록 공정하게 집행되도록 하여야 할 것이다.

다섯째, 주민들의 참여와 지역 특징에 기반한 지역복지의 확대이다. 사회복지정책은 한 지역의 특색과 그 지역이 가진 고유한 문제들이 반영되어야 하며, 한 지역이 당면한 문제들과 지역민들의 특성을 중심으로, 주민이 참여하는 주민중심의 복지가 이루어져야 한다. 예를 들어, 국외 사례로는 2011년에 수립된 영국의 런던플랜이나 2015년에 수립된 리즈플랜, 2006년에 수립된 복지 건강도시를 표방한 일본의 도쿄비전, 그리고 미국의 시애틀 복지사업투자계획 등을 들 수 있다. 이들 도시는 각각 현재 그들 도시가 처한 경제사회적 어려움을 극복하기 위해 정부기관과 민간기업, 시민들의 의견을 수립하여 탄생된 지역계획들이다. 국내의 예로서는 서울시민의 복지권을 보장하기 위해 현재 서울시민복지기준이 2014년에 마련되어 실시 중에 있고, 그 뒤를 이어 세종, 광주, 부산, 대구가 시민복지기준선 설정을 확정하였다. 이는 최저선보장(national minimum) 뿐만 아니라, 사각지대를 해소하고 각 지역이 그 지역 주민들의 삶의 질을 높이기 위한 적정선(decent standard) 설정을 위한 노력이라고 볼 수 있다. 이는 곧 최저임금에서 생활임금, 나아가서 기본소득(basic income)까지를 논할 수 있는 여지를 마련하고 있다는 데 큰 의의가 있다.

여섯째, 사회적 자본의 구축과 확산이다. 산업화를 지나 지식정보화 시대를 맞이하고 있는 현시점에서 경제성장은 인간의 생활편의 측면에서 괄목할 만한 발전을 이루어 왔다. 그러나 이러한 발전이 곧 모든 국민의 삶의 질 제고를 담보하는 것은 아닌바 불평등과 각종 사회문제는 여전히 해결되어야 할 것들이다.

빈곤과 실업의 문제가 심각한 사회문제로 대두되는 상황에서 사회적 자본이 기존 재화의 불평등한 배분구조를 변화시킬 수 있는 대안적인 자본으로 주목을 받고 있다. 또한 복지국가로의 성장을 위한 건강한 시민사회를 구축하는 데 기여할 수 있다는 점에서도 사회적 자본은 중요하다. 사회적 자본은 '삶의 질' 향상에 대한 시대적 요청에 기여할 수 있다. 지속가능한 사회를 정착시키기 위한 노력이 중요한 만큼, 사회복지정책에서 사회적 자본은 반드시 고려되어야 할 중요한 사항이다(박태정, 2010).

마지막으로 한국 사회복지모형의 개발이다. 이미 과거에도 여러 번 한국 사회복지 모형이 개발되었으나 현실에 적합하지 못하다는 비판을 받아왔다. 1995년 한국보건사회연구원에서 "한국적 복지모형의 정립과 정책방향"을 비롯하여 2006년 8월에 수립된 '비전2030'에 이르기까지 그동안 여러 번 한국의 복지모형 개발의 시도가 있어 왔으나, 더욱 구체적이고 실현 가능한 내용으로 나와야 할 것이다. 앞으로 사회복지는 국가의 핵심적인 정책으로서 국민의 삶의 질 향상을 위해 임무를 수행하여야 한다. 따라서 한국 복지모형개발은 그동안의 우리가 겪었던 남북의 분열과 대립, 지역 간의 갈등과 균열을 극복하고, 지역공동체를 형성하여 다문화사회로 나아가는 데 꼭 필요한 작업이다. 한국 복지모형의 개발에서는 무엇보다도 사회적 취약계층과 사회적 약자에 대한 생존과 권리의 문제해결이 우선되어야 하며, 최저생계선이 보장되는 기반 위에 삶의 질을 높이기 위한 사회복지정책과 복지서비스가 개발되어야 한다. 사회적 연대와 통합을 위하여 사회적 소수자와의 공존을 위한 복지정책, 평등과 화합을 위한 성인지적 복지정책, 지속가능한 발전을 위한 사회개발적 복지정책이 주요 영역으로

자리매김하여야 한다.

사회복지정책은 특정 시기와 대상에게만 필요한 것이 아니다. 사회변화와 국가 발전수준과 경제구조, 그리고 국민의 욕구를 충분히 고려하여 모두를 위한 복지정책이 개발되어야 하며 반드시 실현 가능한 정책목표를 수반하여야 한다. 그동안 복지국가의 기반을 닦는 데 힘을 쏟았다면, 지금부터는 복지정책을 질적으로 발전시키고 개발하는 데 초점을 맞추어야 할 시기이다. 과거 20세기 후반을 지배한 복지국가 정책들은 지금 현재 맞고 있는 세계사적 전환의 소용돌이의 중심에서 수정과 변화를 요구받고 있다. 그 중심은 토착적이면서 지속가능한 복지정책을 개발하는 것이다. 복지국가, 복지제도가 존재하지 않았더라면 인류는 능력 있거나 가진 자가 베푸는 시혜 그리고 승자독식 사회의 냉혹한 경쟁원리에 의해 여전히 지배되고 있을 것이다. 사회복지정책이 지키려고 하는 가치와 목적은 모두가 자유롭고 행복한 삶을 살게 하는 것이다. 다름 아닌 국가가 국민 개인의 인간다운 삶을 기본적으로 보장하고 누구나 기본적인 복지권을 누릴 수 있는 사회, 그리고 이를 바탕으로 개인의 행복추구권에 의해 자아실현이 가능한 사회가 복지정책이 궁극적으로 도달해야 할 복지국가의 종착점이다.

참고문헌

김영화 외(2007). **한국사회복지론**. 경기 : 양서원.

김영화 외(2007). **한국사회복지의 정치경제학**. 경기 : 양서원.

박태정(2010). 균형적 관점에서 본 사회자본의 개발방향. **사회보장연구**.

______(2014). **사회복지역사탐구**. 서울 : 학지사

서울복지재단(2008). 사회복지서비스 민간전달체계 개선방안 연구. 보건복지부 연구용역보고서.

양재진(2012). 한국복지국가의 발전 전략 : 복지제도 개혁과 정치사회적 기반 형성 과제를 중심으로. **시민사회와 NGO, 10**(2), 3-40.

한국보건사회연구원(2022). 사회복지담당공무원 실태조사 및 행정환경 변화에 따른 복지전달체계 강화방안 연구. 연구보고서.

황덕순(2011). 한국 복지국가의 발전과 노동. **경제논집**.

이 장의 요약

1. 한국 사회복지정책의 쟁점은 근현대 한국 사회복지 역사에서 나타난 특징과 연결된다. 준비되지 못한 타율적인 근대화, 외세침략과 독립운동, 한국전쟁과 분단이라는 역사적 소용돌이는 '복지국가'에 대한 충분한 고민을 하지 못하게 만들었다. 이는 복지를 둘러싼 인식과 가치가 정리되지 못한 채 제도의 외피만 덧대어지므로 인해 미성숙한 복지 그리고 정책갈등을 낳게 한 원인으로 작용하고 있다.
2. 성숙한 시민의식, 신뢰, 공동체적 유대감 회복과 정립은 한국 사회복지정책이 발전하는 데 가장 시급하게 요구되는 사항이다. 이를 위해 지역민의 참여와 지역적 특징이 반영되고 공감대를 얻을 수 있는 한국형 복지모델과 방향을 찾아야 할 것이다.
3. 한국 사회복지정책이 당면한 과제는 국가가 국민 개인의 인간다운 삶을 기본적으로 보장하고 누구나 기본적인 복지권을 누릴 수 있는 사회, 그리고 이를 바탕으로 개인의 행복추구권에 의해 자아실현이 가능한 사회를 만드는 것이다. 이를 위해 개인과 집단 그리고 국가의 합일화된 노력은 반드시 선행되어야 한다.

주요 용어

- 사회서비스 : 돌봄, 교육, 주거, 고용, 보건, 의료, 환경문제 등의 해결을 위한 공공서비스를 의미한다.
- 사회적 자본(사회자본) : 신뢰와 호혜성에 기반한 사회적 상호관계를 통해 사회구성원 공동의 이익을 만들어 낼 수 있는 자원을 의미한다. 나아가 더불어 성장할 수 있게끔 하는 원동력이라 할 수 있다.

추천자료

김영화 외(2007). **한국사회복지론**. 경기 : 양서원.
송정화 역(2015). **익숙한 절망 불편한 희망 : 서양 좌파가 말하는 한국 정치**. 경기 : 문학동네.
윤홍식 · 정준호 · 김유선 · 신진욱 · 김영순(2020). **우리는 복지국가로 간다**. 서울 : 사회평론아카데미.
이정우 외(2015). **불평등 한국, 복지국가를 꿈꾸다**. 서울 : 후마니타스.

찾/아/보/기

인명

내용

저/자/소/개

■ **김영화**

이화여자대학교에서 사회학(학사, 석사), 독일 보훔대학교(Bochum)에서 사회정책을 전공하였고(사회과학 박사), 1987년에서 2019년 2월까지 경북대학교 사회복지학과 교수로 재직하고 정년퇴임하였다. 2019년 3월부터 2022년 9월까지 3년 7개월 간 대구사회서비스원 대표이사로 재직하였으며, 지역사회돌봄체계 구축을 위해 노력하였다. 코로나 기간 중 긴급돌봄서비스 체계를 구축하였다. 현재는 '중장기국가교육발전전문위원회' 공동 위원장으로 있다.

대표 논문으로는 "Productive Welfare : Korea's Third Way?"(2003)가 있고, 저서로는 『한국사회복지론』(공저, 2007), 『한국사회복지의 정치경제학』(공저, 2007) 등이 있으며, 역서로는 『세계화와 인간복지』(공역, 2004) 등이 있다. 현재 관심 분야는 사회복지이론의 발굴과 한국사회복지론의 정립에 있다.

■ **박태정**

경북대학교에서 사회복지학 박사학위를 받은 후 현재 서울사이버대학교 사회복지대학에 재직 중이다.

논문으로 "마을공동체 활동의 본질적 의미에 대한 질적 연구"(2019), "시설 내 인권증진을 위한 노인보호전문기관 옴부즈맨 프로그램 연구"(2018), "베이비부머 세대들의 삶을 통해 본 일과 은퇴의 경험적 의미에 대한 연구"(2013), 주요 저서로는 『사회복지역사』(2020), 『사회사업과 사회개발-개발적 사회사업의 이론과 기술』(2012) 등이 있다. 현재 관심 분야는 사회적 자본, 지역사회복지, 인권 관점, 사회서비스 등에 관한 것이다.

■ **장경은**

경북대학교에서 사회복지학 박사학위를 받은 후 2021년 5월까지 대구보건대학교 사회복지과에 재직하였고, 2021. 5. 21. 우리 곁을 떠났다.

논문으로 "죽음준비교육이 노인의 자아통합감, 죽음불안, 삶의 의미에 미치는 효과: 혼합적 연구방법활용"(2019), "대구지역 사회복지전공 대학생의 죽음태도는 어떠한가?"(2015), "대구지역 나눔문화 활성화 방안"(공저, 2014), "죽음준비교육이 대학생의 죽음태도와 자살생각에 미치는 효과"(2012) 등과, 저서로는 『한국사회복지론』(공저, 2007) 등이 있다. 관심 분야는 성공적 노화, 죽음준비교육 등이었다.

【제5판】

사회정의실현을 위한 **사회복지정책론**

|공저자| 김영화 · 박태정 · 장경은

|1판 1쇄| 발행 2008년 3월 10일
|1판 3쇄| 발행 2011년 7월 25일
|2판 1쇄| 발행 2015년 8월 31일
|3판 1쇄| 발행 2016년 8월 31일
|4판 1쇄| 발행 2020년 8월 31일
|5판 1쇄| 발행 2023년 8월 30일

|발행인| 김 동 훈
|발행처| 공 동 체

|주소| 경기도 고양시 일산동구 호수로 358-39, 동문타워 I 905호(백석동)
|전화| 031) 814-3000(대표)
|팩스| 031) 814-3100
|홈페이지| http://www.compub.co.kr
|전자우편| compub@naver.com
|출판등록| 2005년 10월 6일
|등록번호| 제396-2005-36호

|ISBN| 979-11-6725-421-4
정가 24,000원